Konrad Adenauer 1917–1933

Dokumente aus den Kölner Jahren

RHEINPROVINZ
Dokumente und Darstellungen
zur Geschichte der rheinischen Provinzialverwaltung
und des Landschaftsverbandes Rheinland

Herausgegeben vom
LANDSCHAFTSVERBAND RHEINLAND

Rheinisches Archiv- und Museumsamt
– Archiv des LVR –

Redaktion: Wolfgang Schaffer

Band 15

LANDSCHAFTS VERBAND RHEINLAND LVR
Qualität für Menschen

KONRAD ADENAUER 1917–1933

Dokumente aus den Kölner Jahren

Herausgegeben von Günther Schulz
im Auftrag der Stiftung Bundeskanzler-Adenauer-Haus
Bearbeitet von Simon Ebert und Bettina Hinterthür
Mit einem Beitrag von Hans Peter Mensing: Kursbuch Adenauer 1917–1933

Gedruckt mit freundlicher Unterstützung
der Stiftung Bundeskanzler-Adenauer-Haus, Bad Honnef

Tel.: (0221) 9561740, Fax: (0221) 9561741
www.sh-verlag.de, info@sh-verlag.de

Umschlagabbildung: Adenauer vor einem Modell des Grüngürtels
(Abb. a.d. Bestand der Stiftung Bundeskanzler-Adenauer-Haus)
Lektorat: Susanne Elsner; Satz: Walburga Fichtner;
Umschlaggestaltung: Guido Klütsch.
Druck: Freiburger Graphische Betriebe, Freiburg. Printed in Germany
Das Papier erfüllt die Anforderungen der Alterungsbeständigkeit
gemäß DIN 6738.
ISBN 978-3-89498-161-7

Vorwort

Vierzig Jahre nach dem Tod Konrad Adenauers liegen zahlreiche Darstellungen und Quellenwerke über sein Wirken als der erste Kanzler der Bundesrepublik Deutschland vor, doch seine Arbeit als Kölner Oberbürgermeister von 1917 bis 1933 fand weit weniger Aufmerksamkeit. Diese Phase in den Blick zu rücken und Aufmerksamkeit auf sie zu lenken, ist das Ziel des vorliegenden Bandes. Die Bearbeiter haben aus zahlreichen Archiven umfangreiches Material über Adenauers Wirken, mit dem Hauptaugenmerk auf Köln und dem Rheinland, zusammengetragen, es wurde eine Auswahl von „Schlüsseldokumenten" getroffen und zu neun Themengebieten geordnet, ergänzt durch kurze einführende Texte. Vollständigkeit war dabei weder möglich noch angestrebt, der Band ist vielmehr als Lesebuch konzipiert: um zum einen eine breite Öffentlichkeit anhand von zentralen Texten über Adenauers Wirken als Oberbürgermeister zu informieren und um zum anderen – gewissermaßen als „Türöffner" – weitere Forschungen anzuregen und zu zeigen, wie wichtig und ergiebig die weitere Untersuchung und Dokumentation der ersten, der Kölner „Ära Adenauer" zu sein verspricht.

Für gemeinsame Projektdiskussionen und für kritischen Rat danke ich den Herren Prof. Dr. Rudolf Morsey – auch für kritische Lektüre und für viele Hilfen –, Georg Mölich, Prof. Dr. Hugo Stehkämper, Dr. Wolfgang Werner und Dr. Hans Peter Mensing, der auch das „Kursbuch" zum vorliegenden Band beisteuerte. Dank gebührt des Weiteren dem Landschaftsverband Rheinland, der das Projekt finanziell ermöglichte, der Stiftung Bundeskanzler-Adenauer-Haus, die sich an den Kosten der Drucklegung beteiligte, Herrn Notar Konrad Adenauer und dem Konrad-Adenauer-Freundeskreis, die den Abschluss der Bearbeitung finanziell sicherstellten, und schließlich den Mitarbeiterinnen und Mitarbeitern der Abteilung Verfassungs-, Sozial- und Wirtschaftsgeschichte des Instituts für Geschichtswissenschaft der Universität Bonn für tatkräftige Mithilfe beim Erfassen und Korrekturlesen der Dokumente.

Bonn, im Mai 2007
Günther Schulz

INHALTSVERZEICHNIS

Über die Edition 9

Verzeichnis der Dokumente 10

I. Einführung 15
1. Die Weimarer Republik – eine schwierige Zeit 17
2. Vorgeschichte: Adenauers Werdegang bis 1917 21
3. Wirken im Krieg und in der Weimarer Republik 27
4. Die Machtbasis: Ämter, Funktionen, persönliche Kontakte 36
5. Forschung und Quellen 42

II. Darstellung und Dokumente 49
1. Arbeit vor Ort: Kommunal- und Regionalpolitik 51
2. Grundlagen: Adenauers wirtschafts- und gesellschaftspolitische Überzeugungen 94
3. Die Kommune im Staatsgefüge 116
4. Die Parteien 169
5. Die Rheinlandfrage 191
6. Kirchen und Religionsgemeinschaften 234
7. Berlin, Preußen und das Reich 271
8. Europa 287
9. Zeitgenossen, Weggefährten, Netzwerke 302

III. Kursbuch Adenauer (von Hans Peter Mensing) 327

IV. Anhang 381
Abkürzungen 382
Archivalische Quellen 384
Gedruckte Quellen und Literatur 386
Biographischer Index und Personenregister 395
Register der Institutionen 417
Verzeichnis der Abbildungen 423

Über die Edition

Zu vielen der hier ausgewählten Themenfelder sind die überlieferten Quellen so umfangreich, dass sie eigenständige, sachthematisch ausgerichtete Publikationen erlauben würden. Doch der Charakter der Überblicksdarstellung erfordert es, sich auf eine aussagekräftige Auswahl zu beschränken. Von den 85 hier abgedruckten Dokumenten sind 75 unveröffentlicht. Die Aufnahme bereits publizierter Texte war in den Fällen erforderlich, in denen es sich um zentrale Dokumente für das Verständnis von Adenauers Wirken handelt.

Die Texte umfassen Briefe, Reden, Zeitungsartikel und Verwaltungsanweisungen, ferner Erinnerungen von Zeitgenossen Adenauers. Die Schreibweise der Vorlagen wurde beibehalten, Rechtschreibfehler stillschweigend korrigiert, erforderliche Veränderungen durch die Bearbeiter (Auslassungen, Ergänzungen) durch eckige Klammern gekennzeichnet, hand- und maschinenschriftliche Ergänzungen oder Korrekturen in den Vorlagen unkommentiert eingearbeitet. Hervorhebungen in der Vorlage wie Unterstreichungen usw. wurden nicht übernommen, weil häufig nicht feststellbar ist, von wessen Hand sie ausgeführt wurden und welchem Zweck sie dienten. Die Dokumente wurden grundsätzlich ungekürzt aufgenommen. Davon wurde nur dann abgewichen, wenn es die mit der Edition verbundene Akzentsetzung gebot. Wird aus einem umfangreichen Dokument ein Auszug wiedergegeben, der für den thematischen Zusammenhang relevant ist, so wurde dies in der Kopfzeile angegeben und der Kontext in eckigen Klammern zusammengefasst. Auf diese Weise erfüllen die Texte ihre Aufgaben im Rahmen der Dokumentation, ohne diese durch unnötige Längen zu belasten. Wenn dennoch auch längere Texte aufgenommen wurden, so aufgrund ihres Charakters als Schlüsseldokumente, bei denen sich aus inhaltlichen Gründen eine Kürzung verbot. Die Dokumente wurden durchnummeriert und mit einer Kopfzeile versehen, die über Ort, Datum und Gattung des Textes, den Fundort und, soweit ermittelt, früheren Abdruck informiert. Zur Orientierung über die abgedruckten Quellen dient das chronologisch geordnete Dokumentenverzeichnis mit Angabe der Seitenzahlen und des inhaltlichen Bezugs.

Die Kommentierung erfolgte unter dem Aspekt der Lesefreundlichkeit, der Anmerkungsapparat wurde bewusst knapp gehalten. Soweit erforderlich, werden Sachverhalte und Ereignisse kurz erläutert. Angaben über die in den Dokumenten genannten Personen wurden, um den Anmerkungsapparat zu entlasten, in einem biographischen Index zusammengefasst.

Verzeichnis der Dokumente in chronologischer Folge

Datum	Gegenstand	Nr.	Seite
4. Oktober 1917	Synagogengemeinde Adass Jeschurun an Adenauer	48	258
8. Oktober 1917	Adenauer an die Synagogengemeinde Adass Jeschurun	49	259
18. Oktober 1917	Antrittsrede als Bürgermeister der Stadt Köln vor der Stadtverordnetenversammlung	3	64
11. Dezember 1917	Adenauer an Johann Hamspohn	6	69
14. November 1918	Adenauer an die Verwaltung der Stadt Köln	4	67
28. November 1918	Aufruf Adenauers an die Kölner Schüler bezüglich des Einzugs englischer Besatzungstruppen	5	68
1. Februar 1919	Ansprache Adenauers vor einer Versammlung der linksrheinischen Abgeordneten in der Nationalversammlung, der linksrheinischen Abgeordneten in der preußischen Landesversammlung und der Oberbürgermeister der besetzten rheinischen Städte	37	203
12. Juni 1919	Ansprache Adenauers aus Anlass der Eröffnungsfeierlichkeiten der Universität Köln bei dem Festakt im Gürzenich	9	72
15. September 1919	Ansprache Karl Trimborns auf dem Parteitag der Rheinischen Zentrumspartei in Köln (Auszug)	29	180
30. Oktober 1919	Rede Adenauers vor der Stadtverordnetenversammlung (Auszug)	20	103
11. Dezember 1920	Rede Adenauers nach seiner Wahl zum Vorsitzenden des Provinzialausschusses vor dem Rheinischen Provinziallandtag in Düsseldorf	2	62
18. Juni 1921	Adenauer an Johann Hamspohn	40	223
21. März 1922	Artikel in der „Frankfurter Zeitung“: „Die Adenauerschen Pläne für Köln“	8	71
7. Juni 1922	Anweisung Adenauers an die Verwaltung	21	107
12. Juli 1922	Adenauer an Kardinal Schulte	44	241
28. August 1922	Eröffnungsrede Adenauers als Präsident des 62. Deutschen Katholikentags	45	242

Datum	Gegenstand	Nr.	Seite
9. November 1922	Aufzeichnung Adenauers „Die politische Lage innerhalb des deutschen Katholizismus“	46	252
14. Februar 1923	Adenauer an Reichskanzler Cuno	38	218
12. März 1923	Lord Kilmarnock an Curzon of Kedleston	39	220
12. Dezember 1923	Gegenvorschlag Adenauers zu einer Denkschrift Tirards	41	224
1924	Entwurf für einen Lebenslauf Adenauers (wahrscheinlich um 1924)	1	34
9. Januar 1924	Niederschrift über eine Besprechung Adenauers mit Vertretern der Reichsregierung	42	228
10. Januar 1924	Gespräch zwischen Adenauer und einem Abgesandten des französischen Politikers Loucheur (Auszug)	43	233
30. Januar 1924	Johann Hamspohn an Reichsbankpräsident Schacht	74	316
11. Mai 1924	Rede Adenauers zur Eröffnung der ersten Kölner Messe	10	76
15. April 1925	Artikel in der „Kölnischen Volkszeitung“: „Die Einheit von Reich und Rhein. Ein bemerkenswertes Schlußwort des Oberbürgermeisters Dr. Adenauer“	24	110
20. Juni 1925	Artikel in der „Kölnischen Volkszeitung“: „Der Ruf vom Rhein. Oberbürgermeister Dr. Adenauer: Schmiedet freiwillig keine neuen Ketten!“	64	281
Dezember 1925	August Thyssen an Adenauer	75	316
9. Januar 1926	Adenauer an den Reichstagsabgeordeten Sollmann	80	321
31. Januar 1926	Ansprache Adenauers zur Feier der Räumung Kölns von britischer Besatzung	11	78
3. März 1926	Adenauer an den Oberpräsidenten der Rheinprovinz	82	322
13. Mai 1926	Vortrag Adenauers „Der Kampf gegen die Selbstverwaltung“ auf der Tagung der KPV in Aachen	26	123
13. Mai 1926	Der Kampf gegen die Selbstverwaltung. Die Aussprache Dr. Adenauer – Dr. Brüning auf der Tagung der KPV in Aachen	27	138
2. Juli 1926	Hafendirektor Boecker an Adenauer	15	85
24. Juli 1926	Adenauer an Hafendirektor Boecker	16	86
10. August 1926	Postkarte Adenauers an Oberpräsident Fuchs	83	323

Datum	Gegenstand	Nr.	Seite
29. November 1926	Der Vorsitzende der Zionistischen Vereinigung für Deutschland, Kurt Blumenfeld, an Adenauer	50	260
1. Dezember 1926	Adenauer an Justizrat Hugo Mönnig	30	181
2. Dezember 1926	Adenauer an den Vorsitzenden der Zionistischen Vereinigung für Deutschland, Kurt Blumenfeld	51	261
2. Dezember 1926	Adenauer an Prälat Prof. Dr. Kaas	52	262
7. Dezember 1926	Deutsches Komitee „Pro Palästina“ an Adenauer	53	262
16. Dezember 1926	Adenauer an Prälat Prof. Dr. Kaas	54	264
20. Dezember 1926	Adenauer an Staatssekretär Weismann im preußischen Staatsministerium	14	84
20. Dezember 1926	Ludwig Kaas an Adenauer	55	265
22. Dezember 1926	Adenauer an Ludwig Kaas	56	266
31. Dezember 1926	Adenauer an Johannes Horion	81	321
1927	Artikel „Großstadt“ von Adenauer im Staatslexikon der Görres-Gesellschaft 1927	25	113
19. Januar 1927	Albert Vögler an Adenauer	77	318
20. Januar 1927	Adenauer an das Deutsche Komitee „Pro Palästina“	57	266
24. Januar 1927	Zeitplan einer Berlin-Reise Adenauers	65	285
25. Januar 1927	Deutsches Komitee „Pro Palästina“ an Adenauer	58	267
29. April 1927	Artikel in der „Kölnischen Zeitung“: „Die Entscheidung im Kölner Brückenstreit“	12	79
24. Mai 1927–11. September 1928	Auszug aus dem Gästebuch Adenauers	84	324
20. November 1927	Rede Adenauers auf dem Bankett des Deutschen Fußball-Bundes anlässlich des Länderspiels Deutschland – Niederlande	68	296
22. November 1927	Adenauer an den Präsidenten des Deutschen Komitees „Pro Palästina“, Graf Bernstorff	59	267
12. Mai 1928	Ansprache Adenauers zur Eröffnung der PRESSA	13	82
29. Mai 1928	Adenauer an Staatssekretär Pünder	63	280
2. August 1928	Ansprache Adenauers aus Anlass des Besuchs des französischen Erziehungsministers Herriot	66	295
6. Dezember 1928	Adenauer an Dannie Heineman	79	320
12. Februar 1929	Danktelegramm Mussolinis an Adenauer	67	296

Datum	Gegenstand	Nr.	Seite
14. Juni 1929	Artikel in der „Kölnischen Volkszeitung“: „Oberbürgermeister Dr. Adenauer und die Deutschnationalen“	36	188
25. Juli 1929	Louis Hagen an Adenauer	72	312
1. August 1929	Adenauer an Geheimrat Hagen	73	315
21.Oktober 1929	Joseph Heß an Adenauer	61	278
24. Oktober 1929	Adenauer an Joseph Heß	62	279
11. November 1929	Wilhelm Sollmann an Adenauer	34	185
14. November 1929	Adenauer an Wilhelm Sollmann	35	186
20. Januar 1930	Vertrag zwischen der Stadt Köln und der Ford Motor Company	17	86
27. März/8. April 1930	Adenauer an das Sekretariat des Olympischen Komitees, Lausanne	7	70
22. April 1930	Adenauer an Dannie Heineman	69	297
29. Mai 1930	Vortrag Adenauers „Staat und Gemeinden. Zum Entwurf des Selbstverwaltungsgesetzes“ auf der 13. Hauptversammlung der KPV in Koblenz	28	147
22. September 1930	Ansprache Adenauers auf der Generalversammlung der Görres-Gesellschaft (Auszug)	47	257
13. Dezember 1930	Adenauer an Ella Schmittmann	70	299
31. Dezember 1930	Mitgliedsliste des Bundes der Auslandsdeutschen	85	325
26. Januar 1931	Ansprache Adenauers aus Anlass des Besuchs des amerikanischen Botschafters Sackett	71	300
25. Februar 1931	Adenauer an Generaldirektor Peter Schlack	32	182
26. September 1931	Adenauer an Geheimrat Prof. Dr. Duisberg	76	317
12. November 1931	Adenauer an Edmund C. Heine, Ford	22	108
29. Dezember 1931	Adenauer an Prorektor Prof. Dr. Heinrich Konen	31	181
30. Mai 1932	Adenauer an Dannie Heineman	23	110
6. August 1932	Adenauer an Botschafter Wolff-Metternich	33	184
21. Oktober 1932	Adenauer an den Präsidenten der Kölner Industrie- und Handelskammer, Dr. Silverberg	78	319
5. Januar 1933	Adenauer an Alfred Hugenberg	18	88
17. Juli 1933	Der preußische Minister des Innern an Adenauer	19	93
1933	Adenauers Beitrag zum „Kalender katholischer Jugend 1933“	60	269

I. EINFÜHRUNG

1. Die Weimarer Republik – eine schwierige Zeit

Die Jahre 1917 bis 1933 – die (erste) Ära Adenauer in Köln – bilden keinen geschlossenen Zeitraum. Sie umfassen die beiden letzten Kriegsjahre, Kriegsende und revolutionäre Unruhen 1918/19 sowie eine Zeit neuer, vor allem inflationsbedingter Notlagen bis zur Währungsreform im November 1923, ferner die „goldenen" zwanziger Jahre 1924 bis 1929 und die nachfolgende Weltwirtschaftskrise. An ihrem Ende steht die „Machtübernahme" durch die Nationalsozialisten.

Köln wurde am 6. Dezember 1918 von britischen Truppen besetzt. Während der Revolution erhob sich eine von der Rheinlandbewegung getragene heftige Diskussion um die Errichtung eines von Preußen losgelösten Rheinstaates, der von manchen als Teil des Deutschen Reiches, von anderen als selbständiger Staat gedacht wurde – eine Diskussion, die mit der Ruhrbesetzung 1923 neue Impulse erhielt. Zunächst war das Rheinland von den Ereignissen im Ruhrgebiet nur am Rande betroffen, spürte aber die wirtschaftlich-sozialen Auswirkungen des Ruhrkampfes. Besonders Inflation und Arbeitslosigkeit wirkten sich mit aller Wucht auch hier aus. Es herrschte eine krisenhafte Situation. Vor allem die Versorgung der Bevölkerung mit Nahrungsmitteln war schwierig.[1] Die prekäre Lage entspannte sich erst mit der Einführung der Rentenmark am 15. November 1923. Sie besserte sich auch, weil kurz zuvor im Ruhrgebiet die Arbeit wieder aufgenommen worden war. Die auf der Londoner Reparationskonferenz im August 1924 getroffenen Vereinbarungen legten einen verbindlichen Räumungsplan für die besetzten Gebiete fest. Die Kölner Zone sollte bis zum 31. Januar 1926 geräumt werden. Insgesamt war die 1918/19 errichtete staatliche Ordnung bis 1924 „mehr als ein Mal in Frage gestellt; die Regierungen sahen sich mit einer Vielzahl nahezu unlösbar erscheinender politischer, wirtschaftlicher und sozialer Probleme konfrontiert".[2] Demgegenüber waren die mittleren Jahre der Republik, 1924 bis 1929/30, eine Phase relativer Stabilität. Neben Erfolgen in der Außenpolitik, wie der Räumung des Rheinlandes, gab es „Fortschritte bei der inneren Befriedung und Festigung der Republik, verbunden mit einem begrenzten wirtschaftlichen Aufschwung",[3] eingeleitet durch die Währungsreform und die mit dem Dawes-Plan verbundenen amerikanischen Kredite.

Insgesamt aber litt die Wirtschaft in der Weimarer Republik an binnen- und weltwirtschaftlichen Problemen. Der Aufschwung war eine Scheinblüte, weil die Investitionen niedrig blieben, die Arbeitsproduktivität unter dem Vorkriegsniveau

1 Hans-Peter Schwarz, Konrad Adenauer. Der Aufstieg 1876–1952 (Stuttgart ³1991), S. 260f.

2 Eberhard Kolb, Die Weimarer Republik (München ⁶2002), S. 37.

3 Ebd., S. 74.

stagnierte, das Lohnniveau überhöht war und die Arbeitslosigkeit hoch blieb. Im Dezember 1923 gab es in Köln 50 130 Arbeitssuchende, im Dezember 1924 21 660, im Dezember 1925 waren es 37 139.[4] Zu den wachsenden wirtschaftlichen Problemen in der mittleren Phase der Republik kamen massive innenpolitische Auseinandersetzungen hinzu, etwa um den Dawes-Plan (1924), den Neubau eines Panzerkreuzers (1928) und den Young-Plan (1929). Die Phase der relativen Stabilität endete 1929/30 abrupt. Die Bildung des ersten Präsidialkabinetts im März 1930 mündete bald in eine Staatskrise. Zudem setzte mit der Weltwirtschaftskrise eine wirtschaftliche Talfahrt ein, die katastrophale Ausmaße annahm.[5] Wichtigste Kennzeichen dieser Zeit waren extrem hohe Arbeitslosigkeit und der dadurch begünstigte Aufstieg der NSDAP zur Massenbewegung. Von Herbst 1929 bis Anfang 1933 stieg die Zahl der Arbeitslosen im Deutschen Reich von 1,3 auf mehr als sechs Millionen: Jeder dritte Arbeitnehmer war arbeitslos.[6]

Die wirtschaftliche Entwicklung ab 1929, vor allem die hohe Arbeitslosigkeit, brachte die Städte und Kommunen in große Schwierigkeiten. Die Belastungen aus Kriegs- und Nachkriegszeit verstärkten die Wirkungen der wirtschaftlichen und politischen Krise.[7] Vor allem die Lösung der sozialen Probleme hatte das Reich – ähnlich wie schon während des Krieges – auf die Kommunen abgewälzt. Im Einzelnen bedeutete dies: Wiedereingliederung der heimkehrenden Soldaten und Milderung sozialer Notlagen wie Massenarbeitslosigkeit, Lebensmittelknappheit, materielles Elend und daraus resultierende gesundheitliche Misere. Um die gesellschaftliche Ordnung zu stabilisieren, konsolidierten die Städte im ersten Jahrfünft der Republik ihr Wohlfahrtswesen und bauten es flächendeckend aus.[8] Sie betrieben Wirtschaftsförderung, um Arbeitsplätze zu erhalten, und schufen wirtschaftliche und kulturelle Anreize, um Unternehmen zu bewegen, sich bei ihnen anzusiedeln. Hinzu kam ein Konkurrenzkampf zwischen den Städten, der zu erheblichen Investitionen in die Infrastruktur führte, etwa zum Bau von Straßen-, Eisen- und Untergrundbahnen, von Flughäfen, Messehallen, Sportstätten und Schwimmbädern.[9]

Diese ehrgeizigen, überwiegend kreditfinanzierten Entwicklungsprojekte brachten die Kommunen in Zeiten leerer Kassen und wachsender wohlfahrtsstaatlicher

4 Kölner Verwaltung, Wirtschaft und Statistik (Köln 1932), S. 89.

5 Rolf Walter, Wirtschaftsgeschichte vom Merkantilismus bis zur Gegenwart (Köln 1995), S. 158ff.

6 Kolb, Weimarer Republik, S. 125.

7 Friedrich-Wilhelm Henning, Finanzpolitische Vorstellungen und Maßnahmen Konrad Adenauers während seiner Kölner Zeit (1906-1933), in: Hugo Stehkämper (Hg.), Konrad Adenauer. Oberbürgermeister von Köln (Köln 1976), S. 125.

8 Paul Brandmann, Leipzig zwischen Klassenkampf und Sozialreform (Köln u.a. 1998), S. 248, 329.

9 Vgl. Harold James, Deutschland in der Weltwirtschaftskrise (1924–1936) (Darmstadt 1988), S. 98f.

Verpflichtungen in eine schwierige finanzielle Situation. Die hohen Ausgaben waren nicht durch entsprechende Einnahmen gedeckt, so dass die Städte zunehmend von Krediten abhängig wurden.[10] Die Ausgabenpolitik der Kommunen war seit Beginn der Weimarer Republik auf mannigfaltige Kritik gestoßen. In den Reichsbehörden galt ihre Finanzwirtschaft als unverantwortlich, weil sie die Reichsinteressen nicht berücksichtigte.[11] Der Handlungsspielraum der Kommunen wurde von der Reichs- und den Landesregierungen weiter eingeschränkt. Die Gesetzgebung stärkte die Zentralgewalt und brachte die Gemeinden in immer stärkere Abhängigkeit von der Reichspolitik.[12] Diese Entwicklung begann bereits in den ersten Jahren der Weimarer Republik: So gestaltete die Erzberger'sche Finanzreform die Finanzbeziehungen zwischen Reich, Ländern und Gemeinden stärker zugunsten des Reichs. Weil das Reich immer größere Anteile des Steueraufkommens zur Deckung des eigenen Finanzbedarfs heranzog, wurden die Einnahmen der Kommunen fortlaufend gemindert. Die Kompetenzverteilung zwischen Reich und Gemeinden blieb während der Weimarer Republik ein dauerhafter Konfliktherd. Die Reichs- und Landesverfassungen garantierten zwar die kommunale Selbstverwaltung, doch der Inhalt dieser Garantien blieb umstritten.[13]

1929 waren viele Kommunen nicht mehr in der Lage, der wachsenden Ausgaben Herr zu werden. Steuererhöhungen scheiterten häufig am Widerstand der Gemeindeparlamente. Die Kürzung der Investitionsmittel, z.B. für kommunale Baumaßnahmen, führte zu weiterem Anwachsen der Arbeitslosigkeit. Dies verschlechterte die Lage der Kommunen drastisch. Das Reichsgesetz über Arbeitsvermittlung und Arbeitslosenversicherung von 1927 sollte die Gemeinden entlasten, führte aber in der Praxis dazu, dass sie dauerhaft für eine große Zahl von Arbeitslosen zu sorgen hatten, wofür die kommunale Wohlfahrtspflege jedoch nicht ausgelegt war.[14] In Köln wurden im Sommer 1932 etwa 40 Prozent der Bevölkerung von der Stadt „in irgendeiner Weise" unterstützt.[15] Sparmaßnahmen einzuleiten war schwierig, weil etwa vier Fünftel aller kommunalen Ausgaben durch Gesetz festgelegt waren und damit nicht kurzfristig verändert werden konnten.[16] Gleichzeitig ließ die Weltwirtschaftskrise die Einnahmen sinken. Köln hatte, nimmt man die Jahre 1931 und 1932 zusammen,

[10] Ebd., S. 101.

[11] Dieter Rebentisch, Kommunalpolitik, Konjunktur und Arbeitsmarkt in der Endphase der Weimarer Republik, in: Rudolf Morsey (Hg.), Verwaltungsgeschichte. Aufgaben. Zielsetzungen, Beispiele (Berlin 1977), S. 111.

[12] Ebd., S. 156.

[13] Lothar Weiß, Rheinische Großstädte während der Weltwirtschaftskrise (1929–1933) (Köln u.a. 1999), S. 116.

[14] Rebentisch, Kommunalpolitik, S. 112f.

[15] Henning, Finanzpolitische Vorstellungen, S. 149.

[16] James, Deutschland, S. 106.

Mindereinnahmen (ordentliche Mittel) von mehr als 200 Millionen Reichsmark gegenüber den Vorjahren.[17] Die Städte gingen in allen Bereichen, in denen dies möglich war, dazu über, die Ausgaben drastisch zu reduzieren, etwa bei Kultur und Bildung. Hinzu kamen Einstellungs- und Beförderungssperren und die Streichung von zusätzlichen sozialen Leistungen der Kommunen. Andere Sparmaßnahmen waren durch Notverordnungen des Reichskanzlers Brüning vorgegeben, so die Senkung der Beamtengehälter und Löhne und die Senkung der Gewerbesteuern.[18]

Mit Beginn der Bankenkrise im Sommer 1931 gerieten die Kommunen an den Rand der Zahlungsunfähigkeit. Hinzu kam 1932 eine Änderung der Steuersätze zu Ungunsten der städtischen Finanzen, wodurch zahlreiche Städte in Zahlungsrückstand gerieten oder die Tilgung ihrer Schulden teilweise einstellten, darunter Dortmund, Gelsenkirchen und Köln. Die Domstadt konnte fällige Schatzanweisungen aus dem Jahr 1929 nicht mehr tilgen.[19] Die Reichsregierung war selbst in dieser Situation nicht willens, die Kommunen zu unterstützen. Brüning betrieb seit seinem Amtsantritt am 30. März 1930 eine rigorose Deflationspolitik mit Kürzung staatlicher Ausgaben, Erhöhung der Abgaben und Steuern und stärkerer Besteuerung von höheren Einkommen. Sein Ziel war es, innenpolitisch die öffentlichen Finanzen zu konsolidieren und außenpolitisch das Reich von den Reparationen zu befreien. Diesem Kurs ordnete er die Wirtschaftspolitik unter. Doch erst Anfang Juli 1932, gut einen Monat nach seinem Sturz, wurden die Reparationen eingestellt.[20] Die Kommunen sollten sich nach Meinung Brünings durch Kürzung der Ausgaben selbst helfen, ohne dass man ihnen neue Finanzmittel zuwies oder die Steuern zu ihren Gunsten erhöhte.[21] Die Ansätze zur Konsolidierung der Gemeindehaushalte stießen auch auf politisch motivierte Ablehnung, weil die hohe Verschuldung der Kommunen der Reichsregierung ein Druckmittel verschaffte, um die Kommunalpolitik zu beeinflussen.[22] Bis zum Ende der Weimarer Republik blieb die Finanzlage der Kommunen problematisch und das Verhältnis zu den Reichsbehörden gespannt. Eine Lösung des Schuldenproblems brachte erst das Gemeindeumschuldungsgesetz vom 21. September 1933, zu einem Zeitpunkt, als Geld- und Kapitalmarkt sich entspannten.[23] Mit der nationalsozialistischen „Machtergreifung“ hatten sich die kommunalpolitischen Rahmenbedingungen grundlegend geändert. Viele Ober-

[17] Henning, Finanzpolitische Vorstellungen, S. 138.

[18] Rebentisch, Kommunalpolitik, S. 134.

[19] Weiß, Rheinische Großstädte, S. 197.

[20] Kolb, Weimarer Republik, S. 133, 137f.

[21] Rebentisch, Kommunalpolitik, S. 124f.

[22] James, Deutschland, S. 113.

[23] Weiß, Rheinische Großstädte, S. 202.

bürgermeister und Mitarbeiter der städtischen Verwaltungen waren zwangsweise ausgetauscht worden. Das Problem der Verschuldung der Kommunen war nun nur noch ein Randthema.

2. Vorgeschichte: Adenauers Werdegang bis 1917

Als Adenauer im Herbst 1917 Oberbürgermeister seiner Heimatstadt wurde, hatte er bereits eine elfjährige erfolgreiche kommunalpolitische Laufbahn hinter sich: Die Mitglieder der Kölner Stadtverordnetenversammlung hatten ihn am 7. März 1906 zum Beigeordneten gewählt und drei Jahre später, im Juli 1909, zum Finanz- und Personaldezernenten und Ersten Stellvertreter von Oberbürgermeister Max Wallraf.[24] In dieser Funktion wirkte er maßgeblich an der Eingemeindung von Vingst, Kalk, Merheim und Mülheim im Jahr 1914 mit.[25] Seit Beginn des Weltkrieges war er zusätzlich für die Ernährung der inzwischen 600 000 Einwohner zählenden Metropole verantwortlich. Dabei erwarb er sich große Verdienste. Köln stand im Ruf, im Krieg die bestversorgte Großstadt zu sein. Adenauer sicherte die Fleischversorgung der Bevölkerung durch Lieferverträge mit Landwirten und durch zentrale Vorratshaltung. Er drängte auf die Rationierung von Brot und die Produktion eines Einheitsbrotes, um die vorhandenen Grundnahrungsmittel so effizient wie möglich zu verarbeiten.[26]

Adenauer wurde am 5. Januar 1876 als dritter Sohn des Sekretärs und späteren Kanzleirats am Kölner Oberlandesgericht, Konrad Adenauer (1833–1906), und dessen Ehefrau Helena (1849–1919) in der Domstadt geboren. Zusammen mit seinen beiden Brüdern und seiner jüngeren Schwester wuchs er, katholisch erzogen, in kleinbürgerlichen Verhältnissen auf. Die Familie wohnte in der Balduinstraße, nach der Schleifung der Stadtmauer eine Parallelstraße zum Hohenstaufenring. Die drei Brüder schafften die Aufnahme ins städtische humanistische Apostelngymnasium.[27] Hier legte Adenauer 1894 sein Abitur ab. Da seine Eltern ihm ein Studium nicht finanzieren konnten, begann er zunächst eine Banklehre beim Bankhaus Seligmann

[24] Everhard Kleinertz, Adenauer als Beigeordneter der Stadt Köln (1906–1917), in: Stehkämper (Hg.), Konrad Adenauer, S. 33, 51f.

[25] Hermann Pünder, Konrad Adenauer – Meister der Selbstverwaltung, in: Der Städtetag 6 (1967), S. 292.

[26] Kleinertz, Adenauer als Beigeordneter, S. 65.

[27] Die Aufnahme in das humanistische Gymnasium und der erfolgreiche Abschluss schufen nicht nur die formalen Voraussetzungen, ein Studium aufnehmen zu können, sondern ermöglichten auch den Zugang zur höchsten Sozialschicht der Stadt; vgl. Schwarz, Aufstieg, S. 77.

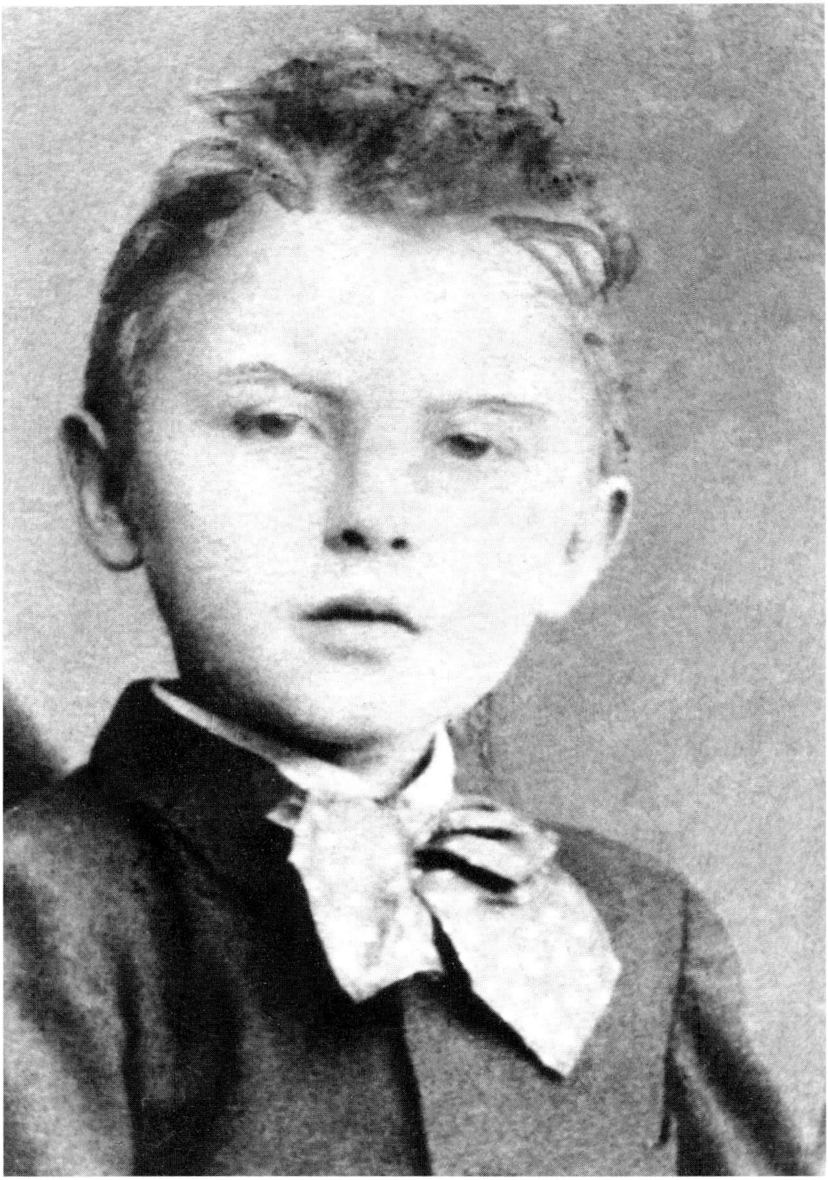

Abb. 1: Im Alter von 5 Jahren

Abb. 2: Adenauer (ganz rechts) im Kreise von Kommilitonen 1896

in Köln. Ein Bürgerstipendium ermöglichte ihm schließlich doch das Studium: Nach nur vierzehn Tagen Lehre nahm er das Jurastudium 1894 an der Universität Freiburg auf. Zwei Semester studierte er in München, 1895 wechselte er nach Bonn, wo er 1897 das Erste Staatsexamen ablegte. Das viereinhalb Jahre lange – unbezahlte – Referendariat und die Berufsjahre als Assessor bis zum Wechsel in die Kommunalverwaltung verbrachte er wieder in seiner Heimatstadt. Diese ersten Berufsjahre „unterscheiden sich in nichts von der üblichen Anfangslaufbahn des Durchschnittsjuristen und ließen nicht ahnen, welchen Aufstieg Konrad Adenauer noch nehmen würde".[28] Er erhielt zunächst eine unbezahlte Stelle beim Amtsgericht der Domstadt, wechselte aber bereits im Januar 1902 auf eine Vertretungsstelle bei der Staatsanwaltschaft. Von Oktober 1903 bis 1905 übernahm er die Vertretung von Rechtsanwalt Justizrat Hermann Kausen beim Kölner Oberlandesgericht, im Anschluss war er, bis zur Ernennung zum Beigeordneten im Frühjahr 1906, Hilfsrichter beim Landgericht Köln.[29]

[28] Pünder, Konrad Adenauer, S. 292.
[29] Schwarz, Aufstieg, S. 101–109.

Der Eintritt in die Kanzlei Kausen war zugleich Adenauers Eintritt in die Kölner Gesellschaft und die Stadtpolitik.[30] Hermann Kausen war nicht nur der renommierteste Zivilanwalt Kölns, sondern auch Fraktionsvorsitzender des Zentrums in der Stadtverordnetenversammlung.[31] „Adenauer erhielt einen eindrucksvollen Anschauungsunterricht über die Erfolge forensischer Beredsamkeit. Er lernte das Geflecht gesellschaftlicher und politischer Verbindungen kennen, wurde mit den Honoratioren der Stadt bekannt und vertraut und erreichte den Anschluss an die politische und gesellschaftliche Spitze des katholischen Köln."[32] Damit kam er in Kontakt mit dem politischen Katholizismus Kölner Prägung.[33] Die Domstadt war Anfang des 20. Jahrhunderts das Zentrum des rheinischen Katholizismus und organisatorischer und geistiger Mittelpunkt der Deutschen Zentrumspartei. Seit 1904 war dort das Generalsekretariat der Christlichen Gewerkschaften ansässig, das von der rheinischen Zentrumspartei und publizistisch von dessen Organ, der „Kölnischen Volkszeitung", unterstützt wurde und enge Beziehungen nach Mönchengladbach hatte, dem Sitz der Zentrale des Volksvereins für das katholische Deutschland.[34] Zwar trat Adenauer in den spektakulären Debatten des Zentrums- und Gewerkschaftsstreits seit 1906 nicht in Erscheinung, doch wird er davon nicht unbeeinflusst geblieben sein.[35]

Die Wahl zum Beigeordneten verdankte Adenauer wesentlich der Vermittlung von Kausen. Beworben hatte er sich aus eigenem Antrieb. „Als rheinischer Katholik nichtadliger Herkunft, der keinem feudalen Studentenkorps angehörte und nicht einmal das Reserveoffiziers-Patent besaß, bestand für Adenauer so gut wie keine Chance für einen Eintritt in den preußischen Verwaltungsdienst, geschweige denn für eine entsprechende Karriere. Ein Jurist seiner Herkunft und Prägung konnte die Richterlaufbahn ins Auge fassen – falls er sich nicht als Rechtsanwalt niederlassen wollte – oder aber einen Einstieg in die städtische Verwaltung. Letztere Möglichkeit ergriff Adenauer, als in Köln 1906 eine Beigeordnetenstelle neu besetzt werden mußte."[36] Die Wahl zum Beigeordneten war nicht parteipolitisch begründet.

[30] Ernst Deuerlein, Das Rheinische in Konrad Adenauer (Köln 1968), S. 152.

[31] Schwarz, Aufstieg, S. 121.

[32] Deuerlein, Das Rheinische, S. 152.

[33] „Der politische Katholizismus Kölner Prägung befürwortete die Umgestaltung des Zentrums zu einer interkonfessionellen christlichen Partei. Im Gewerkschaftsstreit vertrat die Kölner Richtung gegenüber der ‚Berlin-Trierer-Richtung' die Ansicht, daß es katholischen Arbeitern durchaus gestattet sein müsse, sich interkonfessionellen christlichen Gewerkschaften anzuschließen." (ebd.)

[34] Vgl. Bernhard Forster, Adam Stegerwald (1874–1945). Christlich-nationaler Gewerkschafter, Zentrumspolitiker, Mitbegründer der Unionsparteien (Düsseldorf 2003), S. 64–72.

[35] Deuerlein, Das Rheinische, S. 153.

[36] Rudolf Morsey, Konrad Adenauer, Oberbürgermeister von Köln 1917–1933, in: Klaus Schwabe (Hg.), Oberbürgermeister (Boppard 1981), S. 84.

Adenauer war zwar Mitglied des Zentrums, hatte sich bis dahin aber nicht parteipolitisch betätigt. Allerdings gehörte er zu diesem Zeitpunkt bereits zur Elite der Stadt. 1904 hatte er Emma Weyer geheiratet, die Tochter einer angesehenen und begüterten Familie. Ihr Vater war Direktor der Kölner Rückversicherungsgesellschaft.[37] Ihre Großtante mütterlicherseits war zusammen mit Adolph Kolping für den Gesellenverein aktiv gewesen.[38] Der Bruder ihrer Mutter war der 1906 zum Oberbürgermeister gewählte Max Wallraf. Adenauer bewegte sich im gut katholischen Milieu, in dem er sich am wohlsten fühlte. Regelmäßiger Gottesdienstbesuch und die Lebensführung nach christlichen Grundsätzen waren wichtige Elemente der eigenen Lebensgestaltung.[39] Der rheinische Katholik Adenauer war „nicht nur von der Konfessionalität seiner Herkunft geprägt, sondern auch von der politischen und kulturellen Orientierung der bürgerlichen Welt seiner Heimat, in die er durch Schulbildung und akademische Sozialisation hineinwuchs. Das Kölner katholische Bürgertum des Kaiserreichs und der Zwischenkriegszeit war im Rahmen der konfessionellen Spielräume und der politischen Kultur jener Jahrzehnte liberal in einem spezifischen Verständnis: Seine Liberalität äußerte sich in Weltoffenheit und in deutlichem Widerwillen gegenüber einer – politisch wie ideologisch begründeten – nationalen Beengtheit.“[40]

Die strenge Frömmigkeit seiner Eltern teilte Adenauer nicht bedingungslos. In seiner Suche nach dem eigenen Standpunkt fand er in den Büchern zur praktischen Lebensphilosophie des Schweizer Staats- und Völkerrechtlers Carl Hilty Orientierung. Bei ihm finden sich Werthaltungen, die bei Adenauer zeitlebens eine große Rolle spielten, wie Mäßigung der Lebensführung und Lob der Arbeit. Pflichttreue und Fleiß zählten für ihn zu den wichtigsten Charaktereigenschaften. Hierin spiegelt sich vielleicht eine Aufstiegsmentalität, wie sie bei Angehörigen des wilhelminischen Kleinbürgertums nicht selten war.[41] Auch den Kampf gegen den Materialismus thematisiert Hilty. Adenauer hat moderne Erscheinungsformen

[37] Ebd.

[38] Emma Weyer war die Enkelin des Rechtsanwalts Reiner Wallraf, der Vorstandsmitglied im Gesellenverein gewesen war. Emma Weyers Großtante Theodore Berghaus – die Schwägerin von Reiner Wallraf – war eine enge Beraterin Kolpings gewesen; vgl. Thomas Mergel, Grenzgänger. Das katholische Bürgertum im Rheinland zwischen bürgerlichem und katholischem Milieu 1870–1914, in: Olaf Blaschke (Hg.), Religion im Kaiserreich: Milieus – Mentalitäten – Krisen (Gütersloh 1996), S. 181 (Anm. 37).

[39] Schwarz, Aufstieg, S. 114, 117.

[40] Anselm Doering-Manteuffel, Rheinischer Katholik im Kalten Krieg. Das christliche Europa in der Weltsicht Adenauers, in: Martin Greschat (Hg.), Die Christen und die Entstehung der Europäischen Gemeinschaft (Stuttgart 1994), S. 238.

[41] Ulrich von Hehl, Wertvorstellungen im Denken Konrad Adenauers, in: ders. (Hg.), Adenauer und die Kirchen (Bonn 1999), S. 15.

Abb. 3: Am Tag der Hochzeit 1919: Adenauer und seine zweite Frau Gussie mit den Kindern aus erster Ehe Konrad, Maria und Max (von links)

des Materialismus wiederholt als Schädigung der Gesellschaft gebrandmarkt. Hiltys praktische Glaubensauslegung, die keine weitergehenden philosophischen und theologischen Kenntnisse voraussetzte, sprach ihn offensichtlich an, der selbst kein Freund theoretischer Diskurse war.[42] Auch die Adenauer eigene religiöse Toleranz wird schon von Hilty thematisiert. Soweit zu erkennen ist, erhielt er für den eigenen religiösen Standpunkt in diesen Jahren wichtige Impulse, die sich in seinem späteren Wirken immer wieder zeigten.

Es waren also Ausbildungsjahre im doppelten Sinne: für den Beruf wie für die Persönlichkeitsbildung. Dazu gehörten auch seine beginnenden gesellschaftlichen Aktivitäten, die ihn schließlich in den Tennisclub „Pudelnaß" führten, wo er seine Frau kennenlernte. Durch diesen Klub gewann er Zugang zu einem Kreis der „besseren" Kölner Gesellschaft. Hier fand er Gleichgesinnte, die seine politischen und religiösen Überzeugungen teilten und durch die er die sozialen Schranken überwand, die er in seiner Referendarzeit zu spüren bekommen hatte.[43] Dass die berufliche

[42] Schwarz, Aufstieg, S. 112, 114.

[43] Henning Köhler, Adenauer. Eine politische Biographie (Frankfurt 1994), S. 40.

Entwicklung mit der Wahl zum Oberbürgermeister gekrönt würde, war zu Beginn seiner Berufsausbildung nicht abzusehen. Der Weg in den Kommunaldienst war wahrscheinlich nicht seine erste Option. Sein Aufstieg innerhalb der Stadtverwaltung war eine Kombination aus hervorragenden Leistungen und günstigen personalpolitischen Konstellationen.[44] Aus einfachen Verhältnissen stammend, war er nun Mitglied der städtischen Elite – eine Entwicklung, die Adenauer, auch angesichts seines relativ geringen Alters, glänzende Perspektiven für die Zukunft bot. Das berufliche Glück korrespondierte aber nicht mit dem privaten. 1916 starb seine Frau Emma – ein Verlust, den er nur schwer überwand. Wenige Monate nach seiner Wahl notierte er in sein Tagebuch: „Das Jahr 1917 war für mich schwer, sehr schwer, voll körperlicher und geistiger Qual und Elend. Das ganze Jahr ist erfüllt von Schmerz und Leid und Sehnsucht nach meiner teuren Frau. [...] In jungen Jahren zu einer großen Stellung berufen, bin ich ein viel beneideter Mann, und dabei arm, bitterarm."[45] Diese düstere Stimmung legte sich im darauf folgenden Jahr: Unterstützt durch neues privates Glück – 1919 heiratete er Gussie Zinsser, die Tochter eines Kölner Universitätsprofessors und Nachbarn –, konnte er sich ganz seinem neuen Amt widmen.

3. Wirken im Krieg und in der Weimarer Republik

Am 18. September 1917 wählten die Stadtverordneten Konrad Adenauer einstimmig zum Bürgermeister. Durch Erlass des Königs von Preußen vom 21. Oktober 1917 wurde ihm der Titel „Oberbürgermeister" verliehen. Damit war er mit 41 Jahren der jüngste Oberbürgermeister Preußens und stand einer der größten Städte Deutschlands vor. Zwölf Jahre später, am 17. Dezember 1929, wählten die Stadtverordneten ihn erneut für zwölf Jahre zum Oberbürgermeister. Insgesamt hatte er dieses Amt fünfzehn Jahre inne: bis zur Entlassung durch die Nationalsozialisten im Frühjahr 1933. Einen Tag nach der Kommunalwahl vom 12. März, aus der sie als stärkste Partei hervorgingen, vertrieben ihn die Nationalsozialisten aus dem Amt.[46]

Dem Oberbürgermeister gelang gleich zu Beginn seiner Amtszeit ein erfolgreiches Krisenmanagement („politische Meisterprüfung"[47]): Er organisierte in den

[44] Ebd., S. 59.
[45] Tagebuchaufzeichnung Adenauers vom 31.12.1917 (StBKAH).
[46] Siehe Dokument 19.
[47] Schwarz, Aufstieg, S. 202.

Hungerjahren im und nach dem Ersten Weltkrieg mit Umsicht die Nahrungsmittelversorgung der Kölner; er meisterte den politischen Umsturz 1918, indem er sich mit dem örtlichen Arbeiter- und Soldatenrat arrangierte und von diesem zum „Beauftragten für Ruhe und Ordnung" bestellt wurde; er errichtete und leitete den Wohlfahrtsausschuss der Stadt, der sich aus Vertretern der Sozialdemokratie, den Vorsitzenden der bürgerlichen Parteien, einem Christlichen Gewerkschaftssekretär, einem Arbeitgebervertreter sowie einem Vertreter des Gouvernements und dem Regierungspräsidenten zusammensetzte; Adenauer lenkte die vier Armeekorps, die von Westen kommend durch die Stadt zogen, erfolgreich über die Rheinbrücken – innerhalb von nur drei Wochen mussten die besetzten Gebiete und das gesamte linksrheinische Gebiet geräumt werden – und verhinderte ein Eingreifen der durchmarschierenden Truppen gegen den Arbeiter- und Soldatenrat; er brachte die britischen Besatzer – insgesamt 55 000 Mann – in 88 Kölner Schulen, fünf Hotels, mehr als 2000 Privatwohnungen und einer Anzahl stillgelegter Fabriken unter.[48]

Seit Anfang Dezember 1918 hatte Köln damit gerechnet, von den Alliierten besetzt zu werden. Das Waffenstillstandsabkommen vom 11. November 1918 sah die Besetzung der linksrheinischen deutschen Gebiete vor. Zu den Besatzungszonen gehörten die drei Brückenköpfe Köln, Koblenz und Mainz, die durch britische, belgische, französische bzw. amerikanische Truppen besetzt wurden. Köln war Teil der britischen Okkupationszone, die Stadtverwaltung stand unter britischer Aufsicht. Schließlich musste Adenauer mit den verheerenden wirtschaftlichen Folgen, vor allem Hungersnot, Arbeitslosigkeit – im Dezember 1918 gab es 25 000 Arbeitslose in der Stadt – und der Gefahr von Unruhen zurechtkommen.[49] Dem Oberbürgermeister gelang in den Monaten der Labilität im Winter 1918/19 „eine bemerkenswerte Festigung seiner Kölner Machtposition".[50] Er veranlasste die britischen Besatzer, den Arbeiter- und Soldatenrat abzuschaffen, ohne die Sozialdemokraten zu verprellen. Bis 1926 regierte er die Stadt mit einer strategischen Mehrheit des Zentrums in Kooperation mit den Sozialdemokraten. Auch in das Beigeordnetenkollegium und in zentrale Verwaltungspositionen wurden SPD-Vertreter aufgenommen.

Aus wirtschaftlicher Perspektive waren die Jahre bis zur Währungsreform im November 1923 von der Inflation und den sozialen Auswirkungen des Ruhrkampfs auf die Kölner Zone geprägt. Ein Achtel der Kölner Bevölkerung war 1923 auf

[48] 1920 wurde die Zahl der britischen Truppen in etwa halbiert, 1925 waren es nur noch 9160 Mann; ebd., S. 197.

[49] Ebd.; Marie-Luise Recker, Adenauer und die englische Besatzungsmacht (1918–1926), in: Stehkämper (Hg.), Konrad Adenauer, S. 101ff.

[50] Schwarz, Aufstieg, S. 200.

Abb. 4: Besetzung der Stadt Köln durch englische Truppen im Juni 1919

Erwerbslosenfürsorge angewiesen,[51] 50 000 Menschen waren arbeitslos. Adenauer befürchtete den Zusammenbruch der öffentlichen Ordnung, wenn die Zahlungsfähigkeit der Kommunen und Betriebe nicht wieder hergestellt würde – dies schien freilich mehr als ungewiss: Als die Rentenmark am 15. November 1923 im Deutschen Reich – nicht aber im besetzten Rheinland – eingeführt wurde, wollte Reichskanzler Stresemann die Zahlungen an die besetzten Gebiete einstellen. Die Lage entspannte sich schließlich dadurch, dass die Rentenmark entgegen früheren Befürchtungen

51 Gerd Schirrmacher, Hertha Kraus – zwischen den Welten. Biographie einer Sozialwissenschaftlerin und Quäkerin (1897–1968) (Frankfurt 2002), S. 93f.

Abb. 5: Eröffnung des Müngersdorfer Stadions am 16. September 1923

von der Rheinlandkommission im besetzten Gebiet als Zahlungsmittel anerkannt wurde.[52] In dieser Zeit größter politischer und wirtschaftlicher Unsicherheit brachte der Kölner Oberbürgermeister großangelegte Infrastrukturprojekte auf den Weg. Diese zeigten nach dem Krisenjahr 1923 positive Wirkungen. Er betrieb wirtschaftliche und kulturelle Infrastrukturpolitik als Grundlagenförderung. Seine Wirtschaftspolitik diente erstens dazu, die Kommune zu kräftigen, zweitens sozialpolitischen und drittens außenpolitischen Aufgaben. Der kommunalen und regionalen Wirtschaftsförderung waren die auswärtigen Beziehungen und die Kulturpolitik untergeordnet.[53] Adenauer entwickelte Köln zur wirtschaftlichen und kulturellen Metropole im Westen Deutschlands. Seine Planungen liefen „darauf hinaus, sofort nach Ende des Krieges zu beginnen, ‚seine' Stadt zur attraktivsten Großstadt im Rheinland zu machen, zum leuchtenden Vorbild für die Stadtplanung, zum mächtigen Wirtschaftszentrum und zum Hauptanziehungspunkt für Touristen, die nicht nur den Dom, die Museen und die Dampferfahrt auf dem Rhein genießen, sondern darüber hinaus durch große Ausstellungen angelockt werden sollten. Das war ein kühnes Programm."[54] „Diese positive Wertung des Gesamtwerkes wird durch die Feststel-

52 Schwarz, Aufstieg, S. 267, 288; Köhler, Adenauer, S. 179.

53 Guido Müller, Adenauers Europa- und Kulturpolitik als Kölner Oberbürgermeister 1917–1933, in: Geschichte in Köln 47 (2000), S. 70.

54 Köhler, Adenauer, S. 116.

lung nicht geschmälert, daß mancher dieser genialen Pläne Anfang der zwanziger Jahre geradezu in der Luft lag und für vieles auch örtlich in Köln besonders günstige Voraussetzungen gegeben waren."[55]

In Adenauers Stadtplanung kam dem ausgedehnten Gelände des aufgegebenen Festungsrayons eine Schlüsselrolle zu.[56] Zudem war die Eingemeindung von Worringen und, damit verbunden, der Ausbau des Kölner Nordens zum Industriestandort von Bedeutung. Bereits 1919 erwarb die Stadt Köln das Gelände des Festungsrayons und errichtete hier 1921 bis 1923 den sieben Kilometer langen inneren und den 30 Kilometer langen äußeren Grüngürtel.[57] Dessen Kernstück waren die Sportanlagen mit dem Müngersdorfer Stadion: mit 82 ha Umfang die zweitgrößte Sportanlage Deutschlands und Ort regelmäßig stattfindender sportlicher Großveranstaltungen. Nach der Eingemeindung von Worringen im Norden (1922) war Köln die flächenmäßig größte Stadt Deutschlands. Die West-Ost-Ausdehnung betrug 21 km, die Rheinfront 28 km. Im Norden der Rheinmetropole, im Stadtteil Niehl, befand sich seit 1922 ein neuer Rheinhafen mit mehreren Becken im Bau – 1926 war das erste fertig gestellt. Ferner wurde der Neubau einer Brücke, der den Norden der Stadt mit Mülheim verbinden sollte, 1926 ausgeschrieben und 1929 die größte Kabelbrücke der Welt errichtet. Im Norden wurden neue Industriegebiete erschlossen. Bis 1928 siedelte sich in Niehl jedoch nur ein einziges größeres Unternehmen an: die niederländisch-britische Glanzstoff Courtaulds GmbH, die Kunstseide herstellte. Sie hatte in Spitzenzeiten mehr als 2500 Beschäftigte.[58] 1930 gelang es Adenauer, durch tatkräftiges Werben die Firma Ford zum Bau einer Produktionsstätte in Köln-Niehl zu bewegen. 1926 nahm der Flughafen Butzweiler Hof den Betrieb auf, und der Bau des Autobahnteilstücks Köln–Bonn wurde begonnen, das 1932 eröffnet wurde.

Seit 1920 setzte sich Adenauer für die Gründung einer Messe ein. Sie wurde 1924 in Deutz eröffnet. Sie war nicht nur Ort gewerblicher Ausstellungen, sondern auch kultureller Großveranstaltungen, darunter 1925 die Jahrtausend-Ausstellung der Rheinlande und 1928 die PRESSA, die damals größte Weltfachausstellung für das Pressewesen. Diese Großereignisse machten Köln in ganz Europa bekannt und halfen dem Oberbürgermeister, internationale Kontakte zu knüpfen.[59] Die Stadt etablierte sich nicht nur durch die PRESSA, sondern auch durch die Ansiedlung

55 Pünder, Konrad Adenauer, S. 293.

56 Vgl. Carl-Wolfgang Schümann, Adenauers Ansichten zur Architektur im Spiegel der Akten, in: Stehkämper (Hg.), Konrad Adenauer, S. 155–160.

57 Schwarz, Aufstieg, S. 237f.

58 Volker Frielingsdorf, Konrad Adenauers Wirtschaftspolitik als Kölner Oberbürgermeister (1917–1933) (Basel 2002), S. 125.

59 Müller, Adenauers Europa- und Kulturpolitik, S. 60. Siehe hierzu auch den Katalog zur Jahrtausend-Ausstellung.

der „Westdeutsche Rundfunk AG" (WERAG) als Standort des Nachrichten- und Informationswesens.[60] Seit 1919 hatte Köln wieder eine Universität, 1925 wurde das Musikkonservatorium in eine Musikhochschule umgewandelt und dieser ein Musiklehrerseminar angegliedert. Nach der Währungsreform setzte in der Rheinmetropole eine rege Förderung des gemeinnützigen Wohnungsbaus ein. Es entstanden neue Siedlungen, und die Stadt erhielt Gasfernversorgung. Nach dem Abzug der englischen Besatzungstruppen wurden die Kasernen im Stadtteil Riehl 1926 zu einem Alten- und Siechenheim umgebaut.

Konrad Adenauer förderte auch die Kölner Museen. Deren Zahl war bereits vor dem Ersten Weltkrieg groß – genannt seien nur das Wallraf-Richartz-Museum, das Museum für Naturkunde, das Schnütgen-Museum, das Historische Museum der Stadt und das Museum für Vor- und Frühgeschichte. Die räumliche Ausstattung war aber mitunter dürftig. Bereits 1920 wurde auf Anregung des Oberbürgermeisters eine Denkschrift zum Ausbau der Museen ausgearbeitet und darin besonders deren Raumbedarf hervorgehoben. Sämtliche Museumsgebäude waren überfüllt. Es wurde empfohlen, die bestehenden Gebäude um- und auszubauen und den personellen Bestand zu erweitern. Die Vorschläge ließen sich aber in den folgenden Jahren nur unzureichend verwirklichen.[61] Seit 1925 betrieb Adenauer die Errichtung eines Rheinischen Museums, das sowohl die Kultur- als auch die Kunstgeschichte des Rheinlandes zeigen sollte. Er plante, den Inhalt der Jahrtausend-Ausstellung von 1925 möglichst zusammenzuhalten und in einer Dauerausstellung zu präsentieren. Großen Wert legte er dabei auf eine wirtschaftliche Abteilung, deren Konzeption dem Kölner Wirtschaftshistoriker Bruno Kuske oblag. Doch ließen sich die Planungen über Jahre hin nicht realisieren. Erst 1931 wurden die Grundsätze für den Aufbau des Rheinischen Museums festgelegt. Ziel war ein Heimatmuseum in großem Stil für die gesamte Geschichte und Kultur des Rheinlandes, das in den Gesamtzusammenhang der Kölner Museen eingefügt und Grundlage und Vorbild für die Heimatmuseen der Rheinprovinz sein sollte. Seinen Standort sollte es in der Deutzer Kaserne finden. Bis 1933 konnte ein Teil der Ausstellungsfläche eingerichtet, dieses Vorhaben aber ebenso wie der Neubau der Universität von Adenauer nicht mehr vollendet werden.[62]

Der Oberbürgermeister war auf eine funktionierende Verwaltung angewiesen. Deren Umstrukturierung blieb in der gesamten Amtszeit Adenauers ein Problem, das nicht abschließend gelöst werden konnte. Durch die Übernahme immer wei-

60 Hans-Werner Frohn, Arbeiterbewegungskulturen in Köln 1890–1933 (Essen 1997), S. 26f.

61 Kurt Düwell, Universität, Schulen und Museen. Adenauers wissenschafts- und bildungspolitische Bestrebungen für Köln und das Rheinland (1917–1933), in: Stehkämper (Hg.), Konrad Adenauer, S. 197.

62 Ebd., S. 198, 203; Müller, Adenauers Europa- und Kulturpolitik, S. 55.

ter reichender Aufgaben in kommunale Trägerschaft im Rahmen des Ausbaus der kommunalen Leistungsverwaltung expandierte die Stadtverwaltung bereits vor dem Ersten Weltkrieg. Im Laufe des Krieges kamen weitere Aufgaben hinzu, so dass die Beschäftigten besonders in der Kriegswirtschaftlichen Abteilung immer zahlreicher wurden. Die Tendenz zum Ausbau der Verwaltung hielt nach 1918 an, auch weil sich die Aufgaben mehrten, die Bürger gegen nachkriegsbedingte Armut und Deklassierung abzusichern. Obwohl viele kriegswirtschaftliche Ämter aufgelöst wurden, stieg die Zahl der Angestellten und Beamten in der Stadtverwaltung innerhalb von drei Jahren auf fast das Doppelte, besonders durch Stellenvermehrung im Sozialbereich. Dies und Umorganisationen hatten zur Folge, dass die Verwaltung nach Kriegsende mit ca. 40 großen und kleinen Ämtern völlig unübersichtlich strukturiert war. 1920/21 erließ Adenauer 35 Verfügungen zur Veränderung ihrer Struktur, was die Zustände freilich eher verschlimmerte.[63] Zusätzlich wurden bestehende Ämter erweitert, Zuständigkeiten neu verteilt und Ämter rationeller organisiert.[64] Durch die Eingemeindung Worringens vergrößerten sich die meisten Dienststellen jedoch weiter.

Bis zur Währungsstabilisierung wurden weitere Beamte und Angestellte eingestellt,[65] anschließend aber, um die Verwaltung zu vereinfachen und zu verbilligen, wurde ihre Zahl reduziert. Erst am 31. Januar 1928 änderte eine umfassende Reform die unübersichtliche Verwaltung der Stadt. Die Zahl der städtischen Ämter reduzierte man auf 19; diese wurden durch 17 weitere, nicht in die Verwaltung integrierte städtische Dienstleistungsbetriebe – wie Straßenbahnen, Leihhaus und Botanischer Garten – ergänzt. Das Ziel, die Verwaltung durch eine zweckmäßige Arbeitsorganisation zu rationalisieren und die Zuständigkeiten klar abzugrenzen, wurde aber letztlich wohl nicht erreicht.[66] Die Finanzkrise 1929 führte auch in Köln zu außergewöhnlichen finanziellen Anforderungen, u.a. durch die mit der extremen Arbeitslosigkeit verbundenen wohlfahrtsstaatlichen Belastungen und die scharfen Kreditbeschränkungen der Kommunen. Ein eiserner Sparkurs war nötig, begleitet von Steuererhöhungen. „In den Jahren 1930 und 1931 war das Denken und Handeln Adenauers von den zerrütteten Finanzen seiner Stadt bestimmt."[67]

[63] Klaus Pabst, Konrad Adenauers Personalpolitik und Führungsstil, in: Stehkämper (Hg.), Konrad Adenauer, S. 253f., 283.

[64] Verwaltungsberichte der Stadt Köln 1921, S. 1. Es sollten „durchgreifende Maßnahme[n] zur Vereinfachung und Verbilligung der Verwaltung" eingeleitet werden.

[65] Verwaltungsberichte der Stadt Köln 1923, S. 6-10.

[66] Pabst, Adenauers Personalpolitik, S. 284.

[67] Köhler, Adenauer, S. 237.

Dokument 1

Entwurf für einen Lebenslauf Adenauers (wahrscheinlich um 1924)

Quelle: HAStK 902/255/1.

A d e n a u e r Konrad, geboren 5.1.1876 in Köln, stu=
dierte nach Besuch des Gymnasiums an St. Aposteln in Köln
an den Universitäten Freiburg i.Br., München und Bonn Rechts
wissenschaft und Volkswirtschaft. Am 19.10.1901 legte er
das Assessorexamen ab und war dann 2 Jahre bei der Staats=
anwaltschaft in Köln, 2 Jahre in der Rechtsanwaltspraxis
beim Oberlandesgericht in Köln und kurze Zeit als Hilfsrich=
terbeim Landgericht daselbst tätig. Am 7.3.1906 wurde er
von der Stadtverordnetenversammlung seiner Vaterstadt auf
die Dauer von 12 Jahren zum Beigeordneten gewählt und am
13.6.1906 in sein Amt eingeführt. Am 1.10.1909 rückte er in
die Stelle des Ersten Beigeordneten auf. Während des Krie=
ges organisierte und leitete er die gesamte Lebensmittel= pp
Versorgung der Bevölkerung der Stadt Köln. Am 18.9.1917
wurde er von der Stadtverordnetenversammlung einstimmig zum
Bürgermeister der Stadt Köln gewählt und am 18.10.1917 in
sein Amt eingeführt. Am 21.10.1917 erhielt er den Titel
"Oberbürgermeister".

Aus der Fülle seiner bisherigen größeren Arbeiten sind
hervorzuheben:

die auf seine Anregung und sein Betreiben im Jahre 1918
erfolgte Gründung des Forschungsinstituts für Sozialwissen
schaften;

die Neugründung der Universität Köln, wozu er die Genehmi=
gung der Preußischen Staatsregierung nach Ueberwindung
größter Schwierigkeiten unter persönlicher Einsetzung al=
ler seiner Kräfte und in klarer Erkenntnis des gegebenen
Zeitpunktes am 4.1.1919 erwirkte.

Seiner persönlichen Initiative sind weiter zuzuschrei=
ben u.a.:

die Aufstellung eines neuen Generalbebauungsplanes für
das gesamte Stadtgebiet nach großzügigen, modernen städte=
baulichen Gesichtspunkten;

die Schaffung ausgedehnter zusammenhängender Grünanlagen,
des Stadions und zahlreicher sonstiger Sportplätze;
die Errichtung grosser Ausstellungsbauten und die Gründung der Kölner Messe;
die Eingemeindung Worringens;
der Bau des neuen Handelshafens Köln=Niehl und die Bereitstellung und Erschließung eines umfangreichen Industriegeländes im Norden der Stadt mit Wasser= & Bahnanschluß;
der Bau der Gürtelbahn;
Die Gründung einer Hochschule für Musik mit besonderen Abteilungen für Kirchen= und Schulmusik und einer Volksakademie für Musik steht unmittelbar bevor.

Von den Adenauer übertragenen bedeutenderen Aemtern seien u.a. genannt:
die Mitgliedschaft bei der Zentralstelle für die Gliederung des Deutschen Reiches (1920);
die Mitgliedschaft in dem s.Zt. gebildeten parlamentarischen Beirat des Reichskommissars für die besetzten rheinischen Gebiete;
die Mitgliedschaft im vormaligen Preußischen Herrenhaus.

Er bekleidet zurzeit ausserdem noch u.a. das Amt
des Präsidenten des Preussischen Staatsrates und zwar seit dessen Bestehen, ferner
des Vorsitzenden des Rheinischen Provinzialausschusses
sowie des 1. Vorsitzenden des Kuratoriums der Universität Köln
Mitglied des Rheinischen Provinziallandtages;
stellvertretender Vorsitzender des Deutschen Städtetages;
Vorstandsmitglied des Preußischen Städtetages;
Vorstandsmitglied des Rheinischen Städtetages;
Vorsitzender des Stadt= und Landkreisverbandes für die

besetzten rheinischen Gebiete;
~~Erster Vorsitzender des Kuratoriums der Universität Köln~~;
Den Aufsichtsräten einer Reihe bedeutender wirtschaft=
licher Unternehmungen gehört er teils als Vorsitzender,
teils als Mitglied an.
Eine Reihe Auszeichnungen wurden Oberbürgermeister
Adenauer verliehen, u.a. erhielt er anlässlich seiner
kriegswirtschaftlichen Tätigkeit das Eiserne Kreuz am weiss-
schwarzen Bande. Von der Universität Köln wurde ihm die
Würde eines Dr.rer. pol. h.c., Dr.med.h.c., Dr.jur. h.c.
et Dr.phil. h.c. verliehen.

4. Die Machtbasis: Ämter, Funktionen, persönliche Kontakte

Durch sein Amt als Oberbürgermeister gehörte Adenauer zahlreichen Gremien an. Er war Mitglied des Provinzialausschusses der Rheinprovinz 1918–1932 und von 1920–1932 dessen Vorsitzender, was ihm breiten parlamentarischen Spielraum für das Engagement zugunsten seiner rheinischen Heimat eröffnete. Auf Provinzialebene kamen u.a. der Vorsitz im Verwaltungsrat der Provinzial-Feuerversicherungsanstalt und der Landesbank der Rheinprovinz hinzu. Einflussreiche Ämter im preußischen Staat bzw. im Reichsverband hatte er als Präsident des Preußischen Staatsrates 1921–1933, als Mitglied des engeren Vorstandes des Deutschen Städtetages 1921–1933 und als Vorstandsmitglied des Preußischen und Rheinischen Städtetages inne. Während der Besetzung des Ruhrgebiets durch die Franzosen 1923 hatte Adenauer großen Einfluss auf Verhandlungen und politische Initiativen der Reichsregierung. Auch in den Jahren nach Beendigung der Krise im Rheinland blieb er mit zahlreichen ausländischen Politikern in Verbindung, unter anderem durch mehrere Reisen nach Westeuropa und durch die Mitgliedschaft im Deutschen Komitee der Paneuropa-Union.

Persönliche Beziehungen spielten für die Durchsetzung seiner Vorstellungen und Ziele stets eine wichtige Rolle. Bereits in seiner mehr als ein Jahrzehnt dauernden Tätigkeit als Beigeordneter hatte Konrad Adenauer unter Beweis gestellt, dass er die Fähigkeiten besaß, das Amt des Oberbürgermeisters auszuüben. Er war als gewissenhafter und umsichtiger Verwaltungsfachmann anerkannt.[68] Voraussetzungen für die Wahl waren neben persönlicher Qualifikation auch Beziehungen zur Kölner Gesellschaft und Kontakte zu den maßgeblichen Personen der Kommunalpolitik. Adenauer hatte zum Zeitpunkt seiner Wahl zum Oberbürgermeister schon ein Netzwerk persönlicher Beziehungen zu einflussreichen Kölnern und rheinischen Politikern und Vertretern der Wirtschaft geknüpft. Seine Wahl erfolgte zwar nicht auf Grundlage gezielter Parteipatronage, aber ohne die Unterstützung wichtiger Exponenten der Kölner Kommunalpolitik hätte er dieses Amt nicht erlangt. Zu seinen bemerkenswerten Eigenschaften gehörte es, sich an gleichaltrige und ältere Vertreter aus dem „gutbürgerlichen" katholischen Milieu zu halten, in dem er auch seine Frau kennenlernte.[69] Katholische Studentenvereinigung, Tennisverein und Bürgergesellschaft waren das Umfeld, in dem er sich gern aufhielt, darunter auch das „Häuschen", eine Vereinigung von Mitgliedern des Kartellverbandes katholischer deutscher Studentenvereine (KV), dem auch Karl Trimborn angehörte, ferner der spätere Regierungspräsident von Köln, Hans Elfgen, der Vorsitzende des Rheinischen Zentrums und Mitverleger der „Kölnischen Volkszeitung", Hugo Mönnig, und andere wichtige Vertreter aus Politik und Wirtschaft der Stadt. Er hatte engen Kontakt zu Louis Hagen, Teilhaber des Bankhauses Sal. Oppenheim, Großaktionär, Mitglied im Aufsichtsrat zahlreicher Unternehmen, einem der wichtigsten deutschen Bankiers und seit 1915 Präsident der Kölner Handelskammer.[70] Hagen unterstützte Adenauer auch in der Stadtverordnetenversammlung. Beide arbeiteten bei vielen wirtschaftlichen Problemen eng zusammen, etwa zur Zeit der Rheinlandbesetzung. Aus diesem Personenkreis stammten auch die wichtigsten Befürworter seiner Wahl zum Oberbürgermeister. Die Protagonisten waren Hugo Mönnig und Johannes Rings vom Zentrum, Louis Hagen und Bernhard Falk von der liberalen Fraktion und Adenauers Vorgänger Max Wallraf.[71]

Der Oberbürgermeister war zwar in erster Linie Verwaltungsbeamter und weniger Parteipolitiker, hatte sich aber mit Parteipolitik auseinanderzusetzen, nicht zuletzt in der Stadtverordnetenversammlung. Diese bestand vor 1918 nur aus Vertretern des Zentrums und der Liberalen. Seit 1919 erweiterte sich das Parteienspektrum. Mit der MSPD und der USPD waren nun auch die Linksparteien ein wichtiger

[68] Schwarz, Aufstieg, S. 172.

[69] Ebd., S. 128.

[70] Vgl. Hermann Kellenbenz, Louis Hagen, in: Rheinische Wirtschaftsbiographien 10 (1974), S. 138ff.

[71] Schwarz, Aufstieg, S. 162.

kommunalpolitischen Faktor.[72] Adenauers Verhältnis zu den einzelnen Parteien war naturgemäß unterschiedlich. Zu seiner eigenen Fraktion, dem Zentrum, war sein Verhältnis gut, aber nicht immer störungsfrei. Als stets größte Fraktion der Stadtverordnetenversammlung war sie die Basis der jeweiligen Mehrheiten für die Durchsetzung seiner Projekte. Meinungsverschiedenheiten waren aber keine Seltenheit.[73]

Sein Verhältnis zu den Liberalen variierte. Die liberale Stadtfraktion hatte – nach Sondierungsgesprächen – seine Wahl unterstützt. Namentlich Louis Hagen war ein Freund seiner Kandidatur, verließ allerdings 1919 die Liberalen und wechselte zum Zentrum.[74] In Einzelfragen kam es immer wieder zu Auseinandersetzungen zwischen den Liberalen und Adenauer, besonders Johann Kaiser war ein Gegner; er warf dem Oberbürgermeister einmal vor, dieser habe in Köln mehr zu sagen als „jemals der König von Preußen oder der deutsche Kaiser".[75]

Zur sozialdemokratischen Fraktion war sein Verhältnis lange Zeit erstaunlich gut, die „Koalition" zwischen dem Zentrumsoberbürgermeister und den Sozialdemokraten war recht fest gefügt. Die Sozialdemokraten, die seit der Wahl von 1924 über elf Sitze verfügten (Zentrum 30), unterstützten Adenauer, wofür er personelle Wünsche der SPD hinsichtlich der Stadtverwaltung teilweise berücksichtigte.[76] 1920 ernannte er drei Sozialdemokraten zu Beigeordneten.[77] Erst gegen Ende der zwanziger Jahre und besonders im Kommunalwahlkampf von 1929 kam es zu tiefer gehenden Zerwürfnissen zwischen Adenauer und Vertretern der Sozialdemokratie. Dennoch unterstützte die SPD den Oberbürgermeister bei einzelnen Entscheidungen auch nach 1929. Die Fraktionen nutzten die Zusammenarbeit zum wechselseitigen Vorteil.[78] Gestaltete sich die Zusammenarbeit zwischen Oberbürgermeister und Sozialdemokratie somit trotz aller Meinungsverschiedenheiten und Gegensätze insgesamt eher konstruktiv, verhielt es sich bei den Kommunisten gänzlich anders. Diese waren seit der Wahl von 1924 mit 15 Sitzen zweitstärkste Fraktion, büßten aber 1929 zwei Sitze ein und wurden zur drittstärksten Kraft.[79] Anders als die Sozialdemokraten arbeiteten sie nicht mit dem Oberbürgermeister zusammen.

[72] Köhler, Adenauer, S. 139.

[73] Wolfgang Stump, Konrad Adenauers Beziehungen zur Zentrumspartei, in: Stehkämper (Hg.), Konrad Adenauer, S. 440.

[74] Kellenbenz, Louis Hagen, S. 147.

[75] Zitiert nach Schwarz, Aufstieg, S. 295.

[76] Ebd., S. 309.

[77] Pabst, Adenauers Personalpolitik, S. 259–262.

[78] Andreas Henseler, Die Kölner SPD in der Endphase der Weimarer Republik (1928–1933), in: Gerhard Brunn (Hg.), Sozialdemokratie in Köln (Köln 1986), S. 162f.

[79] Monika Domke, Die Kommunalpolitik von SPD und KPD von 1928 bis 1930, in: Reinhold Billstein (Hg.), Das andere Köln (Köln 1979), S. 226.

Umgekehrt wurden ihre Vorschläge zur Bekämpfung der Arbeitslosigkeit oder zur Steuerpolitik von der Stadtverordnetenversammlung stets abgelehnt. Nur ein einziges Mal hat Adenauer sich der Hilfe der Kommunisten bedient: Als es 1927 in der Stadtverordnetenversammlung unterschiedliche Auffassungen über die Gestaltung der Mülheimer Brücke gab, konnte er seinen Plan nur mit Hilfe der extremen Linken durchsetzen.[80]

Konrad Adenauers starke Position innerhalb der Kommunalpolitik beruhte auf der Rheinischen Städteordnung von 15. Mai 1856.[81] Er war auf zwölf Jahre gewählt und konnte nicht durch ein Misstrauensvotum gestürzt werden. Seine Amtsführung fand zwar keineswegs immer den Beifall aller, aber er war weithin als fähiger Leiter der Stadtverwaltung anerkannt. Seit 1924 stand er auf dem Höhepunkt seiner Macht. Köln boomte, und zahlreiche Großveranstaltungen gaben ihm die Möglichkeit zu glänzender Repräsentation. Sein Prestige wuchs. Gegenüber der Stadtverordnetenversammlung verhielt er sich jedoch mit den Jahren zunehmend gebieterisch.[82] Der Streit um die Mülheimer Brücke illustriert gut seine Unbedenklichkeit, eigene Vorstellungen gegen die Vorbehalte weiter Kreise der Stadtverordnetenversammlung durchzusetzen. Dies bezahlte er mit verstärktem Unmut der Fraktionen. Die heraufziehenden Finanzprobleme der Stadt belasteten das politische Klima zusätzlich. Das Verhältnis zur SPD verschärfte sich auch, weil die „Chemie" zwischen Adenauer und dem Fraktionsvorsitzenden Görlinger nicht stimmte; die Liberalen sahen die Finanzpolitik kritisch, und auch in den Reihen des Zentrums regte sich Unmut. Pressepolemiken und parteipolitische Attacken griffen die Bemessung von Adenauers Gehalt und die Finanzierung der Erweiterung seines Privathauses auf und ließen seine Popularität sinken. Dies wäre einer ausführlichen Dokumentation wert.[83] Der Wahlkampf von 1929 wurde mit großer Härte geführt und endete für Adenauer mit einer denkbar knappen Wiederwahl. Obwohl kein ernsthafter Gegenkandidat zur Wahl stand, wurde er lediglich mit 49 zu 47 Stimmen gewählt.[84] Seine zweite Amtszeit begann unter wenig günstigen Umständen und blieb bis zu seiner Entlassung von Problemen gekennzeichnet. Adenauers Stellung war aber bis auf den Wahlkampf 1929 durch eine oppositionelle Mehrheit nie ernsthaft gefährdet.

Sein Verhältnis zum staatlichen Aufsichtsorgan über die Kommunen, dem Regierungspräsidenten, gestaltete sich eher schwierig. Adenauer überging nach

80 Köhler, Adenauer, S. 197.
81 Pabst, Adenauers Personalpolitik, S. 256.
82 Köhler, Adenauer, S. 199.
83 Siehe dazu ebd., S. 222–228.
84 Schwarz, Aufstieg, S. 316.

Möglichkeit die zwischengeschaltete Aufsichtsbehörde und verhandelte direkt auf der höheren Ebene, etwa mit dem Land- oder dem Reichstag. Dies sorgte für Verstimmung im Regierungspräsidium, hat die Beziehungen aber nicht nachhaltig gestört. Trotz aller Schwierigkeiten haben die Kölner Regierungspräsidenten den meisten Projekten des Oberbürgermeisters zugestimmt.[85] Häufig genutzte Beziehungen zu anderen staatlichen Behörden ergaben sich aus Adenauers Mitgliedschaft im Preußischen Staatsrat sowie in den Gremien auf Provinzialebene. Er nahm diese Ämter nicht nur pro forma wahr, sondern nutzte sie für die Unterstützung seiner Interessen als Stadtoberhaupt. Das zeigt sich auch darin, dass er Vorsitzender des Provinzialausschusses und Präsident des Preußischen Staatsrats war, also Führungsrollen innerhalb dieser Gremien innehatte. Besonders aus dem Vorsitz im Provinzialausschuss erwuchsen Möglichkeiten, Einfluss zu nehmen. Er beaufsichtigte die Geschäftsführung des Provinzialverbandes und hatte ein Mitspracherecht bei der Besetzung leitender staatlicher Verwaltungspositionen in der Rheinprovinz. Besonders dieses Mitspracherecht nahm Adenauer konsequent wahr, so dass kaum ein Beamter ohne seine Zustimmung ernannt wurde.[86] Hierbei leisteten ihm seine Personenkenntnisse sowie persönliche Beziehungen und Mittelsmänner wertvolle Dienste. Er kannte einflussreiche Persönlichkeiten in Berlin, schon durch sein Amt als Präsident des Preußischen Staatsrats. Dieses Gremium war eines der drei obersten Staatsorgane des Freistaates Preußen, bestimmt zur Vertretung der Provinzen.[87] Seine Bedeutung im Verfassungsleben Preußens blieb aber gering, so dass die Präsidentschaft in diesem Gremium Adenauer keine weitreichenden Einflussmöglichkeiten bot. Aber er konnte die daraus entstandenen persönlichen Beziehungen zu leitenden staatlichen Beamten für die Interessen der Stadt nutzen. So besaß er gute Kontakte zu Staatssekretär Freund im preußischen Innenministerium, zu Ministerialdirektor von Leyden, dort Leiter der Kommunalabteilung, und zu Staatssekretär Pünder in der Reichskanzlei. Häufig waren dies Personen, die aus dem Rheinland stammten oder dort tätig gewesen und für Adenauers Vorhaben oder Bitten daher sensibilisiert waren.[88] Grundsätzlich half auch seine exponierte Stellung innerhalb der Zentrumspartei. Er hatte sich innerhalb weniger Jahre als Oberbürgermeister einen Ruf in der Partei erarbeitet, dass er 1921 und 1926 als möglicher Kanzlerkandidat

85 Horst Romeyk, Adenauers Beziehungen zum Rheinischen Provinzialverband und zu staatlichen Behörden, in: Stehkämper (Hg.), Konrad Adenauer, S. 311f.

86 Ebd., S. 309, 328.

87 Konrad Adenauer, Adenauer als Präsident des Preußischen Staatsrats, in: Stehkämper (Hg.), Konrad Adenauer, S. 358.

88 Romeyk, Adenauers Beziehungen, S. 321.

galt und sein Name bei anderen Kabinettsumbildungen zumindest im Spiel war.[89] Adenauer gehörte zu den führenden Repräsentanten der Deutschen Zentrumspartei in der Weimarer Republik und verfügte über enge Verbindungen zur Parteispitze, besonders zu Ludwig Kaas, Parteivorsitzender von 1928–1933, und dessen Vorgänger Wilhelm Marx (1922–1928), dem mehrmaligen Reichskanzler.[90]

Kontakte hatte er auch zu führenden Persönlichkeiten der Wirtschaft. Denn neben den politischen Ämtern war Konrad Adenauer Mitglied im Aufsichtsrat zahlreicher städtischer und privater Wirtschaftsbetriebe, häufig als deren Vorsitzender – so bei der Köln-Bonner Eisenbahn, der Rheinischen Luftverkehrsgesellschaft, der Kölner Messe- und Ausstellungsgesellschaft und der Gemeinnützigen Aktiengesellschaft für Wohnungsbau (GAG). Er war u.a. Mitglied des Aufsichtsrats der Deutschen Bank, der Deutschen Lufthansa AG (Berlin), der Rheinischen Aktiengesellschaft für Braunkohlebergbau und Brikettfabrikation (Köln), der Rheinisch-Westfälischen Elektrizitäts AG, der Rheinischen Wohnungsfürsorge-Gesellschaft (Düsseldorf) sowie der Studien-Gesellschaft für die Rheinisch-Westfälische Schnellbahn. Zudem war er seit 1925 Mitglied des Reichswirtschaftsrats, der zwar nicht sehr einflussreich war, dem aber die Spitzenvertreter der deutschen Wirtschaft angehörten. Zu August Thyssen, mit dem er regelmäßig korrespondierte, und Hugo Stinnes, den „Ruhrbaronen", hatte Adenauer gute Kontakte, zu Letzterem besonders aus der Zeit der Rheinlandbesetzung, ebenso zu Carl Duisberg, dem Generaldirektor der Bayer-Werke. Mit Johann Hamspohn, Direktor der AEG, verband den Oberbürgermeister ein freundschaftliches Verhältnis. Eng war seine Verbindung zu Robert Pferdmenges vom Schaaffhausen`schen Bankverein – einer der wenigen, die Adenauer öffentlich als Freund bezeichnete. Bereits aus seiner Zeit beim Oberlandesgericht Köln kannte er Paul Silverberg, den bedeutendsten Industriellen Kölns in der Weimarer Republik. Ein enges persönliches Verhältnis verband ihn ferner mit Dannie N. Heineman, amerikanischer Staatsbürger, der für den belgischen Mischkonzern „Société Financiére de Transports et d'Entreprises Industrielles" SOFINA tätig war. Die beiden kannten sich seit 1907 über Hamspohn.[91]

Durch seinen raschen Aufstieg hatte Adenauer auch die Aufmerksamkeit von Vertretern der Industrie an Rhein und Ruhr auf sich gezogen. Beide Seiten hatten

89 Hugo Stehkämper, Konrad Adenauer und das Reichskanzleramt während der Weimarer Zeit, in: ders. (Hg.), Konrad Adenauer, S. 427.

90 Stump, Adenauers Beziehungen zur Zentrumspartei, S. 433, 439; vgl. Rudolf Morsey, Adenauer und Ludwig Kaas (1929–1931), in: ders./Konrad Repgen (Hg.), Adenauer-Studien III. Untersuchungen und Dokumente zur Ostpolitik und zur Biographie (Mainz 1974), S. 226ff.

91 Schwarz, Aufstieg, S. 180–185; Köhler, Adenauer, S. 195f.

neben persönlichen Verbindungen wirtschaftliche Motive für die Kontakte. Die Stadt Köln als Großverbraucher war für Unternehmer wie Silverberg ein wichtiger Kunde. Außerdem war Adenauer als möglicher Kandidat für höhere politische Ämter auf Reichsebene für die Wirtschaft interessant. Wichtig waren auch enge Beziehungen zur katholischen Kirche, teilweise verbunden mit der Zentrumsarbeit. Als Oberbürgermeister hatte Adenauer zunächst Verbindungen zum Kölner Erzbischof Kardinal Schulte. Mit ihm korrespondierte er verschiedentlich über Belange der Zentrumspartei.[92] Bereits 1922 war Adenauer Präsident des Katholikentags in München, wo er einen Konflikt mit dem Münchener Erzbischof Kardinal Faulhaber nicht scheute.[93]

Adenauer hat alle diese Kontakte für die Interessen der Domstadt genutzt und dadurch erreicht, dass seine umfangreichen Projekte in Köln in den zwanziger Jahren von den staatlichen Stellen in der Regel gefördert wurden.[94]

5. Forschung und Quellen

Die Adenauerforschung hat sich bislang überwiegend auf die Zeit seiner Kanzlerschaft und deren unmittelbaren Vorgeschichte seit dem Ende des Zweiten Weltkrieges konzentriert. Die Jahre von 1917 bis 1933 treten dahinter zurück. Eine der frühesten Arbeiten war die Untersuchung Karl Dietrich Erdmanns zur Rheinlandpolitik. Darin analysierte Erdmann Adenauers Rolle in der Rheinlandpolitik in der Zeit von Revolution und Friedensvertrag 1918/19 bis zum Ruhrkampf 1923/24. Seine Beurteilungen und Einschätzungen sind bis heute immer wieder revidiert worden. So urteilte er 1966: „Die politische Frage, ob der Weg, den er nach dem ersten Weltkrieg gehen wollte und den er nach dem zweiten Weltkrieg ging, richtig oder falsch war, wird umstritten bleiben."[95] Heute besteht Konsens über die Frage, dass der spezifische Weg nach dem Zweiten Weltkrieg in den Westen richtig war. Auch Erdmanns These „Das große Thema seines Lebens ist die Aussöhnung zwischen

[92] Morsey, Adenauer und Kaas, S. 228f.

[93] Vgl. Kapitel II, 6.

[94] Romeyk, Adenauers Beziehungen, S. 328.

[95] Karl Dietrich Erdmann, Adenauer in der Rheinlandpolitik nach dem Ersten Weltkrieg (Stuttgart 1966), S. 9. Neue Erkenntnisse zu diesem Themenkomplex könnten sich aus der derzeit laufenden archivischen Erschließung der hauptsächlich im Pariser Nationalarchiv verwahrten Akten der Interalliierten Rheinlandkommission durch das DHI in Paris ergeben.

Frankreich und Deutschland" (S. 12) muss ergänzt werden; denn auch die Westbindung Deutschlands insgesamt und darüber hinaus die elementare Verwurzelung der Demokratie, parlamentarischer Werte, Überzeugungen und Praktiken bei den Deutschen war ein großes Thema seines Lebens.

Unter den frühen Publikationen zu Adenauers Vita und Wirken in der Weimarer Zeit ragt der inhalts- und umfangreiche Sammelband heraus, den Hugo Stehkämper 1976 aus Anlass des 100. Geburtstags des Oberbürgermeisters und Kanzlers als Festgabe der Stadt Köln veröffentlichte. Die Autoren betraten mit ihren Themen Neuland.[96] Die Darstellung füllte zahlreiche Lücken der Forschung auf der Grundlage intensiver Archivstudien und ist nach wie vor die zentrale Darstellung von Adenauers Wirken in der Weimarer Republik. Gleichfalls zum 100. Geburtstag gab das Historische Archiv der Stadt Köln den Katalog zur Ausstellung „Konrad Adenauer. Seine Zeit – Sein Werk" heraus. Dessen erster Teil illustriert in 20 Themenpunkten Adenauers Wirken in Köln zwischen 1917 und 1933 anhand von Einleitungstexten und Quellenregesten.[97] Seither sind zahlreiche Arbeiten hinzugekommen. Die grundlegende Adenauerbiographie von Hans-Peter Schwarz und die ihr folgende von Henning Köhler beziehen die Weimarer Jahre ausführlich ein.[98] Schwarz hat zudem eine Auswahl von Reden Adenauers ediert.[99] Darüber hinaus erschien eine Fülle von Detailstudien. Rudolf Morsey veröffentlichte unter anderem Aufsätze über Adenauers Entwicklung vom Kommunalpolitiker zum Kanzler und sein Verhältnis zu Ludwig Kaas.[100] Hugo Stehkämper hat Adenauers Rolle beim 62. Katholikentag in München 1922 sowie seine Kanalbaupläne am linken Niederrhein quellenreich analysiert.[101] Claudia Valder-Knechtges hat den Kontakt zur Kölner Musikszene und Martin Weikert das Verkehrswesen in Köln unter Adenauer untersucht.[102] Es liegen Aufsätze von Guido Müller über die Europa- und Kulturpolitik des Oberbürger-

96 Stehkämper (Hg.), Konrad Adenauer.

97 Everhard Kleinertz/Hugo Stehkämper, Konrad Adenauer. Seine Zeit – Sein Werk. Ausstellungskatalog, hg. vom Historischen Archiv der Stadt Köln (Köln 1976).

98 Schwarz, Aufstieg; Köhler, Adenauer.

99 Hans-Peter Schwarz (Hg.), Konrad Adenauer. Reden 1917–1967 (Stuttgart 1975).

100 Rudolf Morsey, Der Staatsmann im Kölner Oberbürgermeister Konrad Adenauer, in: Rheinische Vierteljahrsblätter 40 (1976), S. 199ff.; ders., Vom Kommunalpolitiker zum Kanzler. Die politische Rolle Adenauers in der Zeit der Weimarer Republik und in der Ära der Besatzungsherrschaft (1919–1949), in: Konrad Adenauer. Ziele und Wege (Mainz 1972), S. 13ff.; ders.: Konrad Adenauer; ders.: Adenauer und Kaas.

101 Hugo Stehkämper, Adenauer als Katholikentagspräsident 1922 (Mainz 1977); ders., Der Kölner Oberbürgermeister Konrad Adenauer und die Kanalpläne für den linken Niederrhein (1919–1926), in: Zeitschrift des Aachener Geschichtsvereins 84/85 (1977/78), S. 327ff.

102 Claudia Valder-Knechtges, Oberbürgermeister Konrad Adenauer und das Kölner Musikleben (1917–1933/45) (Bergisch Gladbach 1995); Georg Martin Weikert, Die Verkehrsbeziehungen der Stadt Köln zur Zeit des Oberbürgermeisters Konrad Adenauer (Trier 1999).

meisters, von Andrea Hoffend zur Gründung des italienischen Kulturinstitutes, von Petra Adenauer zum sportpolitischen Wirken Adenauers und von Sabine Saphörster zur Ansiedlung der Ford-Werke vor.[103] Einen Vergleich der außenpolitischen Konzeptionen von Adenauer und Gustav Stresemann hat Andreas Rödder gezogen.[104] Ferner werfen zahlreiche Darstellungen, deren Fokus auf andere Themenfelder gerichtet ist, ein Schlaglicht auch auf Adenauers Wirken in der Weimarer Republik. Dazu gehören die Untersuchung von Lothar Weiß über die kommunale Finanz- und Sozialpolitik rheinischer Großstädte während der Weltwirtschaftskrise, worin auch Köln einbezogen wird,[105] ferner der Vergleich von Oberbürgermeistern in der Weimarer Zeit,[106] schließlich die Rhöndorfer Ausgabe der Adenauerbriefe[107] und weitere Publikationen der Stiftung Bundeskanzler-Adenauer-Haus. Diese Veröffentlichungen beschäftigen sich zwar schwerpunktmäßig mit der Nachkriegszeit, enthalten aber auch viele Rückbezüge auf die früheren Jahre.

2004 widmete sich eine Sektion der Tagung des Brauweiler Kreises für Landes- und Zeitgeschichte dem Thema Konrad Adenauer 1917 bis 1933. Daraus gingen Aufsätze über sein Verhältnis zu den Christlichen Gewerkschaften, seine Rolle während der Rheinstaatsbestrebungen 1918/19 und die Prägungen von Adenauer und Theodor Heuss hervor.[108] In Erinnerung an die Entlassung als Oberbürgermeister im Oktober 1945 veranstaltete der Landschaftsverband Rheinland in Zusammenarbeit mit der Thomas-Morus-Akademie Bensberg 2005 eine Studienkonferenz über Adenauer als Kommunal- und Regionalpolitiker. Erschienen sind dazu Beiträge über Adenauer und die Rheinische Elektrizitätswirtschaft und sein Verhältnis zur Sozialdemokratie

[103] Müller, Adenauers Europa- und Kulturpolitik; Andrea Hoffend, Konrad Adenauer und das faschistische Italien, in: Quellen und Forschungen aus italienischen Archiven und Bibliotheken 75 (1995), S. 481ff.; Petra Adenauer, Konrad Adenauers sportpolitisches Wirken als Oberbürgermeister von Köln 1917–1933, in: Jahrbuch des Kölnischen Geschichtsvereins 57 (1985), S. 243ff.; Sabine Saphörster, Die Ansiedlung der Ford-Motor-Company 1929/30 in Köln, in: Rheinische Vierteljahrsblätter 53 (1989), S. 178ff.

[104] Andreas Rödder, Der Mythos von der frühen Westbindung, in: Vierteljahrshefte für Zeitgeschichte 41 (1993), S. 543.

[105] Lothar Weiß, Rheinische Großstädte während der Weltwirtschaftskrise (1929–1933): Kommunale Finanz- und Sozialpolitik im Vergleich (Köln u.a. 1999).

[106] Walter Först, Rheinische Städte und ihre Oberbürgermeister während der Weimarer Zeit, in: Stehkämper (Hg.), Konrad Adenauer, S. 531ff. sowie der von Klaus Schwabe herausgegebene Büdinger Tagungsband „Oberbürgermeister" 1981.

[107] Hans Peter Mensing (Bearb.), Konrad Adenauer, Briefe (Berlin 1983–1998/Paderborn 2000–2006).

[108] Bernhard Forster, Konrad Adenauer und die Christlichen Gewerkschaften 1917–1933. Schlaglichter auf ein spannungsreiches Vertrauensverhältnis, in: Geschichte im Westen 19 (2004), S. 24ff.; Martin Schlemmer, Konrad Adenauer und die Rheinlandfrage. Eine unerledigte Streitfrage?, in: Geschichte im Westen 19 (2004), S. 7ff.; Guido Müller, Adenauer und Heuss – ein Vergleich der soziokulturellen und politischen Lebenswelten zweier bürgerlicher Politikerbiographien, in: Geschichte im Westen 19 (2004), S. 135ff.

in Köln und der Rheinprovinz.[109] Impulse, die Weimarer Phase Adenauers stärker in den Blick zu rücken, vermittelt auch die Kölner Stadtgeschichte, die derzeit in Arbeit ist.[110] Der Band über Köln in der Weimarer Zeit wird von Günther Schulz bearbeitet. Aus begleitenden Lehrveranstaltungen sind zahlreiche Forschungsarbeiten zur Geschichte Kölns teils entstanden, teils im Entstehen, viele haben engen Bezug zum Oberbürgermeister. Dazu gehören Magister- und Diplomarbeiten über die Verkehrs-, die Wohnungs- und die Fiskalpolitik, die Ernährungslage und -politik und den Kunsthandel – jeweils in Köln während der Weimarer Jahre. 2002 erschien die Dissertation von Volker Frielingsdorf über Adenauers Wirtschaftspolitik als Kölner Oberbürgermeister.[111] In Arbeit sind weitere Dissertationen, unter anderem über den Haushalt der Stadt in der Weimarer Zeit.

Die Quellenbasis für solche Arbeiten ist dadurch stark beeinträchtigt, dass die Akten der Stadtverwaltung im Zweiten Weltkrieg weitgehend vernichtet wurden. Erhalten geblieben sind die Akten des Oberbürgermeisters (Bestand 902 im Historischen Archiv der Stadt Köln). Da dieser äußerst umfangreiche Bestand auch Schlüsseldokumente zu fast allen Tätigkeitsfeldern Adenauers außerhalb Kölns zwischen 1917 und 1933 enthält, sind seine Quellen auch der Kern der vorliegenden Publikation. Obwohl dieser Aktenbestand schon häufig intensiv genutzt wurde, gibt es immer noch Bereiche von Adenauers Tätigkeit, die nicht systematisch analysiert worden sind, so Adenauers Tätigkeit im Vorstand des Deutschen und Preußischen Städtetags und in den genannten Aufsichtsräten. Einblick in die persönlichen Kontakte bietet der Nachlass Adenauer in der Stiftung Bundeskanzler-Adenauer-Haus in Rhöndorf. Wichtig ist auch die Überlieferung des Provinzialausschusses der Rheinprovinz im Archiv des Landschaftsverbandes Rheinland in Pulheim-Brauweiler. Allerdings enthält der Bestand lediglich Tagungsordnungen und Beschlussprotokolle, die es nicht gestatten, den Prozess der politischen Willensbildung im Einzelnen zu rekonstruieren, so dass sie über das bereits Bekannte hinaus keine neuen substantiellen Erkenntnisse über Adenauers Arbeit im Provinzialausschuss erwarten lassen. Weitere Informationen zu Adenauers Betätigung auf der Provinzialebene lassen sich aus den Beständen des Oberpräsidiums der Rheinprovinz im Landeshauptarchiv Koblenz gewinnen. Das Oberpräsidium war die staatliche Aufsichtsbehörde für die

[109] Boris Gehlen, Für Köln und „den billigsten Strompreis der Welt“: Konrad Adenauer und die Rheinische Elektrizitätswirtschaft 1932/33, in: Geschichte im Westen 20 (2005), S. 136ff.; Simon Ebert, Konrad Adenauers Beziehungen zur Sozialdemokratie in Köln in der Weimarer Republik, in: Geschichte in Köln 53 (2006), S. 99ff.

[110] Die ersten Bände der Stadtgeschichte erschienen 2004 und 2005: Werner Eck, Köln in römischer Zeit. Geschichte einer Stadt im Rahmen des Imperium Romanum (Geschichte der Stadt Köln, Bd. 1), (Köln 2004); Klaus Müller, Köln von der französischen zur preußischen Herrschaft. 1794–1815 (Geschichte der Stadt Köln, Bd. 8), (Köln 2005).

[111] Frielingsdorf, Adenauers Wirtschaftspolitik.

Provinzialverwaltung. Wie die Studie von Hugo Stehkämper über die Kanalpläne für den linken Niederrhein zeigt, lassen sich hier durch Untersuchung konkreter Projekte Informationen über Adenauers Betätigung auf Provinzialebene finden.

Bisher für die Adenauerforschung noch nicht ausgewertet sind die Akten des Preußischen und Deutschen Städtetags im Landesarchiv Berlin sowie die über seine Tätigkeit im engeren Vorstand dieses Gremiums im Stadtarchiv Köln. Ferner könnten die Akten des Reichsministeriums und des Reichskommissars für die besetzten Gebiete und die der Rheinischen Volkspflege, eine dem Reichsministerium für die besetzten Gebiete unterstellte Einrichtung, die sich mit Presse- und Kulturarbeit zur Pflege des Deutschtums und der Abwehr des Separatismus in den besetzten rheinischen Gebieten befasste, von Interesse sein – insbesondere deshalb, weil Adenauer als Oberbürgermeister der größten Stadt in den besetzten Gebieten ein wichtiger Ansprechpartner für die Regierungsstellen war. Diese Bestände sind von Erdmann, Schwarz und Köhler nicht einbezogen worden.

Aus dem bislang Gesagten schälen sich hauptsächlich zwei Fragestellungen heraus, die – jede für sich genommen – einen Fokus der Adenauerforschung bilden können: Adenauer als Politiker in der Region. Hierzu gehören beispielsweise sein Engagement innerhalb der Deutschen Zentrumspartei sowie seine Ansichten zur Wirtschafts- und Sozialpolitik auf regionaler Ebene. Nach wie vor ist das Thema „Adenauer und die Gewerkschaften" ebenso ein Desiderat wie „Adenauer und die Ruhr", sowohl was seine Kontakte zu den Unternehmen als auch was die politische Frage der Ruhrbesetzung und des Ruhrkampfs anlangt. Ein weiterer Schwerpunkt künftiger Forschung könnte sein, was Rudolf Morsey in einem Aufsatz mit dem Titel „Der Staatsmann im Kölner Oberbürgermeister" bezeichnet hat. Diese Thematik betrifft die Prägung Adenauers nicht nur durch seine kommunalpolitische Tätigkeit, sondern auch durch diejenige im Provinzialausschuss und im Preußischen Staatsrat, in den Aufsichtsräten der Aktiengesellschaften und andernorts. Dabei geht es um Adenauers grundlegende politische Orientierungen, um die Ausbildung seines politischen Koordinatensystems. Dies betrifft seine weltanschauliche Prägung ebenso wie die Maximen seines Handelns. Als Beispiel sei genannt, dass Adenauer, nachdem das Zentrum in Köln seit 1919 die absolute Mehrheit verloren hatte, er aber als direkt gewählter Oberbürgermeister davon in seiner Amtsführung nicht grundlegend erschüttert war, mit den Sozialdemokraten eng kooperierte – sowohl in Köln als auch in Berlin. Hier zeichnet sich möglicherweise ein flexibleres Bild von Adenauer als Mehrheitspolitiker ab.

Bei alledem erscheint eine Neuorientierung erforderlich: Adenauer wird meist ausschließlich aus dem Blickwinkel der späteren Kanzlerschaft untersucht. Seine

Rolle wird grundsätzlich anders, nämlich offener, wenn man sie aus der Perspektive der zwanziger und frühen dreißiger Jahre nicht als Vorgeschichte der späteren Politik sieht, sondern unter dem Gesichtspunkt, dass die weitere Entwicklung zeitgenössisch, von den zwanziger und frühen dreißiger Jahre her, nicht absehbar war. Dieser Perspektivenwechsel lässt vieles in neuem Licht erscheinen. Die Forschungen zu Adenauer in der Weimarer Republik sollten sich also, so wäre zu wünschen, zum einen auf Lücken im Sachlichen konzentrieren. Solche Lücken betreffen etwa sein Engagement auf zahlreichen Gebieten außerhalb Kölns. Bekanntlich hat er in Köln kulturelle Einrichtungen stark ausgebaut – genannt wurden die Gründung der Universität, der Musikhochschule, der Ausbau von Oper, Schauspiel und Museen, die Ansiedlung der WERAG, des späteren WDR – doch über sein Engagement für Kunst und Kultur außerhalb Kölns ist noch so gut wie nichts bekannt.

Relativ viel wissen wir über Adenauers Politik in Köln auf den Gebieten des Städte- und Wohnungsbaus und der Infrastruktur – man denke an den Grüngürtel, das Müngersdorfer Stadion, die Köln-Mülheimer Hängebrücke, die Messe und den Niehler Hafen, die Ansiedlung von Ford, ferner an den Siedlungsbau im Rahmen der GAG. Wie aber sah sein Engagement auf solchen Feldern außerhalb Kölns aus? Genannt sei etwa der Autobahnbau des Provinzialverbandes, bei dem Adenauer intensiv mit dem Provinzialverbandsvorsitzenden (Landeshauptmann) Johannes Horion zusammenarbeitete. Bekannt ist, dass er sich in Köln auf dem Gebiet des Gesundheitswesens, des Sozialen engagiert hat, etwa indem er die Riehler Heimstätten gründete und förderte als ein Projekt betreuten Wohnens, wie man heute sagen würde. Wie aber sah sein soziales Engagement außerhalb der Stadt aus, und welche wirtschaftlichen Vorstellungen vertrat er außerhalb der Domstadt? Ähnliches gilt für seine Weltanschauung, seine Prägung durch den spezifischen Katholizismus im Rheinland wie durch die bürgerliche Gesellschaft Kölns, ebenso für seine gesellschaftspolitischen Vorstellungen.[112] Auch Adenauers persönliche Netzwerke, seine Verbindungen in Politik, Wirtschaft und Gesellschaft sind bei weitem noch nicht umfassend untersucht.[113]

[112] Siehe dazu Günther Schulz, Adenauer in seinem Verhältnis zu Wirtschaft und Gesellschaft, in: Anselm Doering-Manteuffel/Hans-Peter Schwarz (Hg.), Adenauer und die deutsche Geschichte (Bonn 2001), S. 63ff.; ders., Konrad Adenauers gesellschaftspolitische Vorstellungen, in: Hans Pohl (Hg.), Adenauers Verhältnis zu Wirtschaft und Gesellschaft (Bonn 1992), S. 154ff.

[113] Siehe dazu Romeyk, Adenauers Beziehungen; Pabst, Adenauers Personalpolitik.

II. DARSTELLUNG UND DOKUMENTE

1. Arbeit vor Ort: Kommunal- und Regionalpolitik

Konrad Adenauer wurde am 18. September 1917 von der Stadtverordnetenversammlung zum Oberbürgermeister gewählt. Am 18. Oktober führte ihn Regierungspräsident Karl von Starck in das Amt ein, nachdem das preußische Staatsministerium durch Ermächtigung des Königs die Wahl am 6. Oktober bestätigt hatte.[1] Bereits kurze Zeit später, am 28. Dezember 1917, wurde er Mitglied des Rheinischen Provinziallandtages und am 20. März 1918 auch des Provinzialausschusses; zu dessen Vorsitzenden wurde er am 11. Dezember 1920 gewählt.[2] Die Provinzialverwaltung war als Mittelbehörde, auf der Ebene der Provinz, den obersten Staatsbehörden nachgeordnet. Ihre Aufgaben umfassten u.a. das Landarmenwesen, die Verwaltung von Arbeits-, Heil- und Pflege-, Hebammenlehr- und Blindenanstalten, die Verwaltung der Provinzialmuseen und der -straßen. Ferner waren ihr die Landesbank der Rheinprovinz sowie die Provinzialfeuer- und die Provinziallebensversicherungsanstalt angegliedert.[3] Ihre Organe waren der Provinziallandtag, der Provinzialausschuss und der Landesdirektor, der in der Rheinprovinz Landeshauptmann hieß. Der Provinziallandtag war das Repräsentativorgan der Provinzialbevölkerung und die Legislative des Provinzialverbandes. Am 16. Juli 1919 führte die verfassunggebende preußische Landesversammlung per Gesetz das direkte Wahlrecht ein; in der Rheinprovinz wurde es wegen der Oberhoheit der Besatzungsmächte erst am 3. Dezember 1920 eingeführt. Die Provinziallandtage wurden aufgelöst und in allgemeiner, gleicher, unmittelbarer und geheimer Wahl nach den Grundsätzen der Verhältniswahl neu gebildet. Das höchste Organ der provinzialen Selbstverwaltung war damit nach Zusammensetzung und Verhandlungspraxis zu einem regionalen Parlament demokratischen Stils geworden.[4] Konrad Adenauer hat die größere Teilnahme der Bevölkerung an der Verwaltung und Politik der Provinz in seiner Rede nach der Wahl zum Vorsitzenden des Provinzialausschusses ausdrücklich begrüßt.[5]

Der Provinziallandtag wurde in der Weimarer Republik zunehmend „politisiert", doch er blieb im Grundzug ein Instrument der praxisorientierten Verwaltung. Obwohl ihm die Regelung der Angelegenheiten des Provinzialverbandes vorbehalten

[1] Gertrud Wegener, Die Wahl Konrad Adenauers zum Oberbürgermeister von Köln im Jahre 1917, in: Stehkämper (Hg.), Konrad Adenauer, S. 95.

[2] Romeyk, Adenauers Beziehungen, S. 295.

[3] Ders., Verwaltungs- und Behördengeschichte der Rheinprovinz 1914–1945 (Düsseldorf 1985), S. 286.

[4] Horst Lademacher, Die Rheinprovinz und ihre Selbstverwaltung, in: Walter Först (Hg.), Provinz und Staat (Köln 1971), S. 36.

[5] Siehe Dokument 2.

war, lag der Großteil der Verwaltungstätigkeit in der Praxis beim Provinzialausschuss und beim Landeshauptmann. Der Wahl Adenauers zum Vorsitzenden des Provinzialausschusses waren Absprachen vorausgegangen, für die wohl in erster Linie die Parteiverhältnisse im Landtag ausschlaggebend waren, in dem das Zentrum fast über eine Zweidrittelmehrheit verfügte.[6] Als profilierter Verwaltungsfachmann hatte der Oberbürgermeister die Bedeutung des Provinzialausschusses für die Erweiterung der Selbstverwaltung erkannt, das Amt bewusst angestrebt und bis 1933 ununterbrochen inne. Zwar war er auch bis 1933 Mitglied des Provinziallandtages, konzentrierte sich aber in seiner Arbeit auf den Ausschuss, der wesentlich mehr Einflussmöglichkeiten bot als der selten zusammentretende Landtag. Der Vorsitz im Provinzialausschuss verlieh Adenauer eine gewisse Machtstellung innerhalb des Provinzialverbandes und bot ihm damit auch die Möglichkeit, auf die Entscheidungen des Ausschusses Einfluss zu nehmen. Neben der Beeinflussung von Beschlüssen war besonders das Zustimmungsrecht bei der Besetzung der leitenden staatlichen Verwaltungsposten eine wichtige Kompetenz des Gremiums.[7] Die Tätigkeit auf der Ebene der Provinz war freilich weniger öffentlichkeitswirksam als das Amt des Kölner Oberbürgermeisters. Der Provinzialverband nahm konkrete Verwaltungsaufgaben wahr, die kaum der politischen Diskussion bedurften und deshalb weitgehend unbeachtet von der Öffentlichkeit stattfanden. Über die Arbeit der Provinzialverwaltung, die sich durch „stilles Wirken" auszeichnete, war in der Bevölkerung wenig bekannt.[8]

Als Kölner Oberbürgermeister und Vorsitzender des Provinzialausschusses gehörte Konrad Adenauer zu den einflussreichsten Personen der politischen Szene im Rheinland. Die Tätigkeit auf Ebene des Provinzialverbandes war der Verwirklichung seiner Interessen als Oberbürgermeister zuträglich, konnte er doch Entscheidungen auf Provinzialebene, die die Stadt Köln betrafen, beeinflussen. Diese Form der Interessenvertretung nutzte er, indem er auf Beschlüsse hinwirkte, die für die Domstadt vorteilhaft waren. Seine Vorstellungen von den Aufgaben der Kommunalpolitik machte der Oberbürgermeister anlässlich seiner Rede zur Amtseinführung deutlich. Als wichtigste Leitlinien seines Handelns für die kommenden Jahre nannte er die Gesundung der Finanzen, die durch den Krieg zerrüttet waren, die Wiederbelebung der Kölner Wirtschaft mit ihrer besonderen Stellung im deut-

6 Romeyk, Adenauers Beziehungen, S. 296.

7 Lademacher, Die Rheinprovinz, S. 49.

8 Wolfgang Franz Werner, Der Provinzialverband der Rheinprovinz, seine Kulturarbeit und die „Westforschung", in: Burkhard Dietz u.a. (Hg.), Griff nach dem Westen. Die „Westforschung" der völkisch-nationalen Wissenschaften zum nordwesteuropäischen Raum (1909–1960) (Münster 2003), S. 743.

schen und internationalen Wirtschaftsleben und verstärktes soziales Engagement.[9] Sein Ziel war es, seiner Heimatstadt, die in der im 19. Jahrhundert rapide wachsenden Städtelandschaft an Bedeutung verloren hatte, wieder zu einer herausragenden Stellung zu verhelfen. Die Stadt sollte wieder ein bedeutendes Wirtschaftszentrum werden, neue Wege in der Stadtplanung gehen, mit dem Dom als Hauptattraktion ein Anziehungspunkt für Besucher aus aller Welt sein, aber eine Kulturmetropole auch darüber hinaus.[10] Seine Planungen zielten darauf, Köln zur führenden Stadt des Westens zu machen.

Vor der Verwirklichung dieser Idee galt es aber zuerst, die Wirren nach dem Ende des Weltkrieges und die Revolution zu bewältigen. Köln als Festungsstadt an der Grenze zu den westlichen Nachbarländern war in dieser Situation besonderen Belastungen ausgesetzt. In Zusammenarbeit mit dem Arbeiter- und Soldatenrat, den Adenauer als Partner der städtischen Verwaltung anerkannte,[11] gelang es ihm, die Entwicklung in geordnete Bahnen zu lenken und Chaos zu verhindern. Die Waffenstillstandsbedingungen stellten die Stadt dann vor neue Probleme. Die linksrheinischen Gebiete mussten innerhalb von drei Wochen geräumt werden. Adenauer organisierte in dieser Zeit den Durchzug von mehr als einer halben Million Soldaten auf dem Rückweg von der Front. Nach dem Abzug der letzten Truppen begann die sieben Jahre dauernde Zeit der Besetzung. Die Waffenstillstandsbestimmungen sahen die Besetzung des linksrheinischen Gebietes durch Truppen der Entente vor. Köln gehörte zur britischen Besatzungszone.[12] Wie sehr ihm an einem guten Verhältnis gelegen war, zeigt seine Aufforderung an die Schüler Kölns, sich gegenüber den Besatzern friedlich zu verhalten.[13] Er begrüßte ihren Einzug grundsätzlich, denn mit ihrer Unterstützung sei die Aufrechterhaltung der öffentlichen Ordnung besser zu gewährleisten. Am 6. Dezember 1918 rückten britische Soldaten in Köln ein. Die Engländer lösten zunächst den Arbeiter- und Soldatenrat auf und setzten die städtische Verwaltung mit dem Oberbürgermeister an der Spitze wieder ein. Dies war ganz in Adenauers Sinne, es war der Anfang einer konstruktiven Zusammenarbeit zwischen dem Stadtoberhaupt und den Besatzungstruppen.[14] Bei der Bewältigung der anstehenden Probleme konnte die Stadtverwaltung auf die Hilfe

[9] Siehe Dokument 3.
[10] Köhler, Adenauer, S. 116.
[11] Siehe Dokument 4.
[12] Schwarz, Aufstieg, S. 194, 196.
[13] Siehe Dokument 5.
[14] Recker, Adenauer und die englische Besatzungsmacht, S. 101.

der Besatzung zählen. Die Verhandlungen zwischen Adenauer und den obersten Befehlshabern gestalteten sich in der Regel positiv.

Das liberale Besatzungsregime erlaubte es dem Oberbürgermeister, seine Pläne ohne größere Behinderungen in die Tat umzusetzen. Schwieriger waren anfangs die Rahmenbedingungen: Die Inflation, hohe Arbeitslosigkeit, unzureichende Lebensmittelversorgung sowie die drohende Abtrennung vom Reich stellten die Stadt vor große Probleme. Unter diesen Umständen mussten die anspruchsvollen Vorhaben des Oberbürgermeisters erheblichem Zweifel begegnen. Zugleich bot der Neuanfang aber auch weitreichende Gestaltungsmöglichkeiten für jemanden, der feste Vorstellungen und Durchsetzungsvermögen besaß. Konrad Adenauer nutzte diese Chance und nahm bereits in den ersten Jahren seiner Amtszeit große Projekte in Angriff, die für die Entwicklung und Gestalt der Stadt weitreichende Bedeutung hatten. Ein Grundbaustein seiner Konzeption war der Wunsch, die Stadt kulturell und wirtschaftlich wieder intensiv mit den Nachbarstaaten zu verbinden, um sie zum Knotenpunkt der Beziehungen zum Westen zu machen. Diesen Gedanken äußerte er bereits vor Kriegsende, im Dezember 1917.[15] Er findet sich in zahlreichen Reden Adenauers während seiner Oberbürgermeisterzeit und war Ausgangspunkt vieler seiner Vorhaben.

Am Anfang der städtebaulichen Neugestaltung der Domstadt stand das Ende der Festungsanlagen. Die Festungsringe mussten nach dem Beschluss der Siegermächte geschleift werden, wodurch eine riesige Fläche zur Bebauung frei wurde. Der äußere Rayon sollte mit Grünanlagen gestaltet werden, um in der an Grünflächen armen Stadt Räume zur Erholung zu schaffen. Damit knüpfte Adenauer an Überlegungen an, die bereits unter Oberbürgermeister Wilhelm Becker Teil der Stadtplanung gewesen waren.[16] Für den Rayon plante er einen breiten Grünstreifen mit angrenzenden mehrgeschossigen Mietshäusern.[17] Zwar wurden beide Projekte nie in der vorgesehenen Form abgeschlossen, aber das, was fertig gestellt wurde, setzte einen bedeutenden städtebaulichen Akzent. Im Zusammenhang mit der Umgestaltung der Stadt durch Nutzung der Rayongürtel standen weitere grundlegende städtebauliche Fragen an, wie die Anlage eines Industriegebietes im Norden mit einem neuen Rheinhafen. Die Eingemeindung Worringens im Norden wurde im Rahmen dieser Pläne sinnvoll und 1922 vollzogen. In dieser Angelegenheit nutzte Adenauer seine Position als Vorsitzender des Provinzialausschusses – der Provinzialverband musste der Eingemeindung Worringens durch Köln zustimmen. Auch bei der preußischen

[15] Siehe Dokument 6.

[16] Schwarz, Aufstieg, S. 241.

[17] Schümann, Adenauers Ansichten zur Architektur, S. 159.

Staatsregierung warb Adenauer für die Eingemeindung massiv und diente damit auch seinen Interessen als Oberbürgermeister.[18] Als Fachmann für die Umsetzung seiner städtebaulichen Vorhaben gewann er den Hamburger Stadtplaner Professor Fritz Schumacher. Dieser war zwischen 1920 und 1923 in Köln tätig.[19] Dort entwickelte sich ab 1919 eine rege Bautätigkeit. Der Niehler Hafen entstand, und der innere Rayongürtel wurde gestaltet. Außerdem wurde das Müngersdorfer Stadion als größte Sportstätte der Stadt errichtet, denn Adenauer wollte Köln auch als Stadt des Sports etablieren. Moderne Anlagen sollten helfen, die Olympischen Spiele 1936 nach Köln zu bringen, doch die Bewerbung[20] scheiterte, und Berlin kam zum Zuge.

Das ehrgeizige Programm Adenauers für die Neugestaltung seiner Heimatstadt wurde auch über die Grenzen des Rheinlandes hinaus wahrgenommen. Im März 1922 beschäftigte sich die „Frankfurter Zeitung" in einem Artikel mit seinen Plänen; sie fanden eine wohlwollende Beurteilung.[21] Konrad Adenauer hatte sich in wenigen Jahren als Oberbürgermeister einen Namen gemacht, und seine Vorhaben wurden weit über Köln hinaus aufmerksam verfolgt. Die Rheinmetropole erhielt mit diesen Projekten ein neues städtebauliches Gesicht. Doch auch auf anderer Ebene war der Oberbürgermeister nicht untätig, Köln sollte auch in Kultur und Wissenschaft eine Führungsrolle im Westen haben. Neben der Gründung der Musikhochschule bemühte er sich intensiv um den Aufbau einer Universität. Dabei konnte er auf die 1901 gegründete Handelshochschule rekurrieren. Die Gründungsphase begann bereits in der Revolutionszeit. Die preußische Regierung unterstützte die Pläne. Dabei spielte wohl auch eine Rolle, dass die Universität ein Mittel war, um Bestrebungen, das Rheinland vom Reich loszulösen, einzudämmen.[22] Mitentscheidend für die Zustimmung des preußischen Kultusministeriums war die Zusicherung, die Stadt werde die Kosten der Universitätsgründung übernehmen.[23] Damit ging Adenauer nicht unerhebliche finanzielle Risiken ein, die die Stadt später noch schwer belasteten, aber er war festen Willens, diese Möglichkeit nicht ungenutzt zu lassen, und setzte sich gegen alle Bedenken durch. Welche Erwartungen er mit der Gründung verband, äußerte er in seiner Rede bei der Eröffnung. Als wichtigste Aufgabe sah er die Völkerverständigung, den Austausch und die Vermittlung von Kultur zwischen den Völkern Europas. Er befürwortete die Annäherung an die westlichen

[18] Romeyk, Adenauers Beziehungen, S. 298.
[19] Schwarz, Aufstieg, S. 238.
[20] Siehe Dokument 7.
[21] Siehe Dokument 8.
[22] Schwarz, Aufstieg, S. 245.
[23] Düwell, Universität, Schulen und Museen, S. 171.

Demokratien, die Integration Deutschlands in das westliche Europa, wie er es bereits 1917 ausgeführt hatte.[24] Dieser Aspekt spielte auch eine wichtige Rolle bei den Planungen für die Kölner Messe, die bereits unmittelbar nach Kriegsende eingesetzt hatten. 1924 wurde sie eröffnet. Auch hier engagierte sich Adenauer stark, bot doch die Messe in seinen Augen eine Möglichkeit, die Kölner Wirtschaft zu beleben, was er als ein zentrales Ziel vor Augen hatte. Zugleich verband sich damit die Chance, mit dem westlichen Ausland in engen Kontakt zu treten und das Rheinland mit den westlichen Nachbarn wirtschaftlich zu verflechten.[25]

Abb. 6: Eröffnung der Universität 1919: Konrad Adenauer und Gründungsrektor Christian Eckert (Bildmitte von links)

Nach den stürmischen Anfangsjahren mit Revolution, Rheinlandbewegung und Inflation verlief das gesellschaftliche und politische Leben wieder in geregelteren Bahnen. Aus der unumstrittenen Machtposition heraus, die sich Adenauer in den ersten Jahren seiner Amtszeit gesichert hatte, ging er daran, weitere Großprojekte

[24] Siehe Dokument 9.
[25] Siehe Dokument 10.

Abb. 7: Befreiungsfeier vor dem Kölner Dom nach Abzug der britischen Besatzungstruppen 1926

zu verwirklichen. Die herausragenden Unternehmungen der Zeit zwischen 1925 und 1929 waren der Bau der Mülheimer Brücke und die internationale Presseausstellung PRESSA 1928, ferner die Jahrtausendfeier der Zugehörigkeit des Rheinlandes zum Reich 1925 und die Befreiungsfeier nach Abzug der Besatzungstruppen 1926.[26] Der Prozess bei der Entscheidung über den Bau der Mülheimer Brücke verdeutlicht Adenauers mitunter eigenwilligen Führungsstil. Obwohl sich das zur Entscheidungsfindung eingesetzte Preisgericht mit großer Mehrheit für die wesentlich kostengünstigere Bogenbrücke entschied, beharrte Adenauer auf dem Bau einer Hängebrücke. Er argumentierte in der entscheidenden Stadtverordnetenversammlung so lange für seine Idee, bis er schließlich die Abstimmung mit Hilfe der Kommunisten gewann.[27] Die Entscheidung für die Hängebrücke war ein Alleingang des Oberbürgermeisters und wurde in der Presse heftig diskutiert.[28] Wie auch das Beispiel der PRESSA zeigt, scheute Adenauer keine Ausgaben, wenn er sich für eine Sache entschieden hatte. Die PRESSA war als internationale Kulturschau konzipiert und informierte über

[26] Siehe Dokument 11.

[27] Schümann, Adenauers Ansichten zur Architektur, S. 164.

[28] Siehe Dokument 12.

Herstellung und Verbreitung von Presseerzeugnissen sowie modernen Formen der Nachrichtenvermittlung. Die Ausstellung wurde mit großem Aufwand inszeniert. Sie war eine kulturelle Großveranstaltung, es traten mehr als 40 Nationen auf.[29] Für Adenauer war es eine Gelegenheit, die Verbundenheit der europäischen Nationen zu unterstreichen. In seiner Ansprache zur Eröffnung betonte er die gemeinsamen kulturellen Grundlagen der Völker. Die Ausstellung solle den Blick für die Möglichkeiten und die Notwendigkeit der internationalen Zusammenarbeit öffnen.[30]

Neben den vielen Projekten, die Adenauer in Köln anregte und durchführte, gab es auch in der Region Vorhaben, die die Stadt betrafen und bei denen er sich engagierte. Großes Interesse hatte er an Verkehrsfragen und setzte sich für die Anlage von Autostraßen in der Rheinprovinz ein.[31] Dazu nutzte er seine Beziehungen zur preußischen Regierung, wenn er etwa vor einer Entscheidung des Kabinetts dem zuständigen Staatssekretär ein Telegramm sandte, in dem er die Notwendigkeit des Straßenbaus unterstrich.[32] Ein Beispiel für ein Projekt, das Adenauer hingegen verhindert hat, sind die Kanalpläne für den linken Niederrhein. Bereits seit 1919 gab es Erwägungen, einen Rhein-Schelde-Kanal zu bauen.[33] Im Verlauf der Planungen, die sich über mehrere Jahre hinzogen, entwickelte die Stadt Aachen eigene Pläne, die den Interessen Kölns und anderer Wirtschaftsräume der Rheinprovinz zuwiderliefen. Der Kölner Hafendirektor Alois Boecker betonte in einer Nachricht an den Oberbürgermeister die negativen Folgen des Kanalbaus für den Hafen Niehl.[34] Als Gegenmaßnahme gab Adenauer u.a. ein Gutachten bei dem Kölner Wirtschaftshistoriker Bruno Kuske in Auftrag,[35] um bei den Beratungen des Provinzialausschusses Argumente gegen das Kanalprojekt zur Hand zu haben. Er verstand es, die Gegner der Aachener Pläne zusammenzubringen und im Ausschuss einen Antrag herbeizuführen, der – unterstützt durch weitere Einflussnahme – den Bau des Kanals verhinderte. So verlegte er etwa eine Sitzung des Provinzialausschusses auf einen späteren Termin, damit Gutachten, die sich gegen die Kanalpläne aussprachen, den Mitgliedern noch vor der Sitzung zur Kenntnis gebracht werden konnten.[36] Im Ausschuss vermied Adenauer eigene Stellungnahmen zu dem Projekt, weil er als Vorsitzender Neutralität wahren wollte. Hinter den Kulissen wirkte er jedoch ent-

[29] Schwarz, Aufstieg, S. 297.

[30] Siehe Dokument 13.

[31] Romeyk, Adenauers Beziehungen, S. 303.

[32] Siehe Dokument 14.

[33] Zum genauen Verlauf der Planungen siehe: Stehkämper, Adenauer und die Kanalpläne.

[34] Siehe Dokument 15.

[35] Siehe Dokument 16.

[36] Stehkämper, Adenauer und die Kanalpläne, S. 357f.

scheidend auf eine Front gegen die Kanalpläne hin. Hier zeigt sich wieder, welche Möglichkeiten ihm der Vorsitz im Provinzialausschuss für das Wirken in der Region und für Köln bot. So, wie er die Eingemeindung Worringens hatte vorantreiben können, konnte er in anderen Fällen bremsen. Zugleich wird ersichtlich, dass viele Vorgänge auf Provinzebene eng mit Kölner Interessen zusammenhingen und Adenauer bei den Entscheidungen des Provinzialausschusses eine Schlüsselrolle spielte. Das letzte große Projekt seiner Amtszeit war der Neubau der Universität. Dieser wurde durch die stark steigenden Studentenzahlen – 1929 waren es rund 6000 – notwendig. Die Finanzierung war wegen des zunehmenden Defizits im Stadthaushalt, von der Opposition gern auf zügellose Ausgabenpolitik des Oberbürgermeisters zurückgeführt, heftig umstritten und wurde in der entscheidenden Sitzung der Stadtverordnetenversammlung von den Sozialdemokraten abgelehnt.[37] Die Weltwirtschaftskrise führte 1931 zur Stilllegung des Baus. Erst 1933 wurde er wieder aufgenommen und 1934 fertig gestellt.[38]

Vor der Kommunalwahl 1929 polarisierte sich das politische Umfeld in Köln stark. Adenauer schlug immer offener Kritik an der städtischen Finanzpolitik entgegen, auch aus dem Zentrum.[39] Seine Wiederwahl fiel mit 49 zu 47 Stimmen denkbar knapp aus. Seine zweite Amtsperiode war vor allem durch große finanzielle Schwierigkeiten belastet. Das Jahr 1929 war der Beginn der Finanzkrise in Deutschland. Köln blieb anfangs noch verschont. 1930 war aber bereits offensichtlich, dass nur rigoroses Sparen die Stadt vor dem Kollaps bewahren konnte. Adenauer verfocht nun einen strengen Sparkurs, konnte aber ein hohes Defizit 1930 und 1931 nicht verhindern.[40] Die Stadt war zahlungsunfähig. Die Finanzkrise bestimmte nun das Handeln des Oberbürgermeisters fast vollständig. Ein Lichtblick in dieser Zeit war die Ansiedlung der Automobilfirma Ford im Januar 1930 auf einem am Niehler Hafen gelegenen Gelände.[41] Damit gelang es – in Konkurrenz u.a. mit Düsseldorf –, ein renommiertes Großunternehmen nach Köln zu holen, das neue Arbeitsplätze schuf. Aber die Haushaltsprobleme der Stadt blieben akut. Die Finanzkrise der Kommunen wurde von Kritikern auf zügellose Ausgabenpolitik zurückgeführt. Adenauer musste sich von prominenter Seite den Vorwurf der Misswirtschaft gefallen lassen. Alfred Hugenberg, Wirtschaftsführer und Parteivorsitzender der DNVP, griff ihn

37 Düwell, Universität, Schulen und Museen, S. 190.

38 Bernd Heimbüchel, Die neue Universität. Selbstverständnis – Idee und Verwirklichung, in: ders./Klaus Pabst, Kölner Universitätsgeschichte, Bd. II: Das 19. und 20. Jahrhundert (Köln/Wien 1988), S. 528.

39 Schwarz, Aufstieg, S. 310.

40 Henning, Finanzpolitische Vorstellungen, S. 147.

41 Siehe Dokument 17.

Abb. 8: Die Mülheimer Brücke nach der Einweihung 1929

in einer Rede an. Adenauer hat diese Vorwürfe in einem Brief, in welchem er seine Ausgabenpolitik verteidigte, Punkt für Punkt widerlegt.[42]

Seine Tätigkeit als Oberbürgermeister war in den letzten Jahren durch die Auseinandersetzung mit den Schuldenproblemen bestimmt, doch diese blieben ungelöst. Nach der nationalsozialistischen „Machtergreifung" am 30. Januar 1933 wurde seine Amtstätigkeit massiv beeinträchtigt, doch er blieb gegenüber allen Störfeuern standhaft. Beim Besuch Hitlers am 17. Februar weigerte er sich, diesen am Flughafen zu begrüßen. Der Sieg der NSDAP bei den Reichstagswahlen vom 5. März ließ die Verhältnisse unerträglich werden. Adenauer wurde im Vorfeld der Kommunalwahl vom 12. März 1933 anhaltend bedroht und drangsaliert.[43] Die Parole der NSDAP lautete: „Fort mit Adenauer". Für eine Versammlung am 10. März entwarf der Oberbürgermeister eine Rechtfertigungsrede, die er aber wegen des kurzfristigen Verbots der Versammlung nicht mehr halten konnte, die jedoch als Flugblatt verbreitet wurde. Inhalt war ein Rechenschaftsbericht, mit dem er sein Handeln gegenüber den Angriffen der Nationalsozialisten verteidigen und falsche Zahlen und Behauptungen widerlegen wollte. Der Bericht ist zugleich eine Bilanz seiner Arbeit als Oberbürgermeister. Es war zu diesem Zeitpunkt nur noch eine Frage der

[42] Siehe Dokument 18.

[43] Rudolf Morsey, Adenauer und der Nationalsozialismus, in: Stehkämper (Hg.), Konrad Adenauer, S. 462.

Zeit, wann ihn die Nationalsozialisten aus dem Amt vertreiben würden. Nachdem er am 12. März vor einer Verhaftung gewarnt worden war, verließ Adenauer am frühen Morgen des 13. März Köln in Richtung Berlin. Seine Frau und seine Kinder hatte er im Caritas-Krankenhaus in Hohenlind untergebracht.[44] Am 17. Juli 1933 erhielt er die Entlassung durch den preußischen Innenminister.[45]

Die Amtszeit Konrad Adenauers als Kölner Oberbürgermeister war eine Zeit voller Aktivitäten und Veränderungen. Schon bei seinem Antritt hatte er sich und seiner Heimatstadt ehrgeizige Ziele gesetzt. Seine Erfolge, seine Verdienste für die Stadt sind zahlreich und beeindruckend. Köln galt seit Mitte der zwanziger Jahre „als Paradebeispiel glänzender, gewiß produktiver, aber eben auch verschwenderischer kommunaler Finanzwirtschaft", und Adenauer war „die treibende Kraft hinter allem".[46]

[44] Ebd., S. 463ff.

[45] Siehe Dokument 19.

[46] Schwarz, Aufstieg, S. 312.

Dokument 2

Düsseldorf, 11. Dezember 1920: Rede Adenauers nach seiner Wahl zum Vorsitzenden des Provinzialausschusses vor dem Rheinischen Provinziallandtag in Düsseldorf

Quelle: Stenographische Berichte über die Verhandlungen des Rheinischen Provinziallandtags im Ständehaus zu Düsseldorf (Düsseldorf 1920), S. 172–174.

Meine verehrten Damen und Herren! Namens meiner Kollegen im Vorsitz und namens der Herren Schriftführer nehme ich den Dank, den uns der verehrte Herr Abgeordnete Hueck eben ausgesprochen hat, gerne an. Ich darf ihn wohl auch unsererseits zu einem sehr guten Teil weitergeben an die Beamten der Provinzialverwaltung, die vom obersten angefangen bis unten hin durch die ausgezeichnete Vorbereitung es uns ermöglicht haben, in so verhältnismäßig kurzer Zeit mit einem ausgedehnten Programm fertig zu werden. (Bravo!)

Den Dank, meine verehrten Damen und Herren, den Herr Hueck uns gezollt hat, muß ich aber eigentlich Ihnen allen weitergeben, denn Sie haben uns die Geschäftsführung außerordentlich leicht und angenehm gemacht. Ich glaube, wir alle können, wenn wir auf die Tagung zurücksehen, nur erfreut darüber sein, daß ein Parlament, das, wie ich im Eingange der Verhandlungen sagte, noch keine Tradition in seiner heutigen Zusammensetzung hat, so reibungslos gearbeitet hat. Wenn hinter den Kulissen auch nicht immer alles so geklappt hat, so ist das ja natürlich; es wird sich aber schon bessern. (Zuruf links: Wenn Sie sich bessern!) Das tun wir alle. Nun, meine verehrten Damen und Herren, glaube ich wohl in Ihrer aller Namen zu sprechen, wenn ich mich den Worten, die der Herr Ober-Präsident[1] an die ausscheidenden Mitglieder des Provinzialausschusses und insbesondere an seinen bisherigen Vorsitzenden, Herrn Grafen Beissel, wie ich wohl sagen darf, meinen verehrten Freund, gerichtet hat, aus vollem Herzen anschließe. (Bravo!) Meine verehrten Damen und Herren! In den Jahren, in denen ich die Ehre gehabt habe, unter dem Herrn Grafen Beissel arbeiten zu können, habe ich immer wieder seinen Gerechtigkeitssinn, sein goldenes Gemüt, die Hingabe an seine Arbeit und die Liebe zur rheinischen Heimat bewundert. Er mag versichert sein, daß die Zeit, während der er an der Spitze des Provinzialausschusses tätig gewesen ist, in der Geschichte der Rheinprovinz unvergessen sein wird, und daß diejenigen, die während dieser Zeit mit ihm in nähere Berührung gekommen sind, auch dem Menschen immer ein treues Gedenken bewahren werden. (Beifall.) Ich darf in diesem Zusammenhange, meine verehrten Damen und Herren, wohl auch mit einem Worte des Dankes noch desjenigen Herrn gedenken, der vor mir lange Jahre den Vorsitz im Provinziallanctag geführt hat, des verehrten früheren Oberbürgermeisters der Stadt Bonn, des Herrn Spiritus. (Bravo!) Diejenigen von Ihnen, die ihn kennen gelernt haben, wissen, wie auch er sich immer den Pflichten seines Amtes gewidmet hat. Ich glaube, Sie alle werden mit mir darin übereinstimmen, daß in dieser Stunde auch ihm ein Wort des Dankes, nicht an letzter Stelle, gebührt.

Meine verehrten Damen und Herren! Mit diesem 59. Rheinischen Provinziallandtag hat eine neue Epoche in der Geschichte der Vertretung der Rheinprovinz eingesetzt. Ich glaube, daß diese neue Epoche der Rheinprovinz zum vollen Segen gereichen wird. Nicht etwa, meine verehrten Damen und Herren, als wenn ich damit auch nur mit einem Gedanken die Arbeiten kritisieren wollte, die in der Zeit vorher geleistet worden sind. Im Gegenteil, diese Arbeiten sprechen für sich selbst. Jeder von Ihnen, der den Haushaltsplan der Rheinprovinz mit Aufmerksamkeit durchgelesen hat, hat dort die Zeugen für die hervorragende Tätigkeit, die auch bis zu diesem Zeitpunkte auf allen Gebieten geleistet worden ist, gefunden. Aber, meine verehrten Damen und Herren, alles zu seiner Zeit. So erfordert unsere Zeit – das ist der Beginn der neuen Epoche in der Geschichte der Rheinischen Provinziallandtage und der Rheinischen Provinzialverwaltung – eine stärkere Teilnahme der Einwohner der Provinz an ihrer Vertretung und Verwaltung. (Zustimmung.) Ich glaube – ich sagte es eben schon –, daß diese stärkere Teilnahme der Provinz in vollstem Maße zum Segen gereichen wird. Es werden dadurch, meine Damen und Herren, wertvolle neue Kräfte in den Dienst des Gemeinwohls eingeschaltet. Meine Damen und Herren, die mit dieser größeren Teilnahme weiterer Bevölkerungskreise und damit mit einem größeren Interesse der Öffentlichkeit verbundene stärkere öffentliche Kritik wirkt – ich erfahre das ja tagtäglich, da ich selbst Leiter eines großen Gemeinwesens bin, an mir selbst – erfrischend auf die gesamte Verwaltung. Diese starke Teilnahme der Öffentlichkeit weckt auch das Gefühl der Verantwortung bei den Einwohnern der Provinz und sie macht die Bevölkerung politisch reifer und sie vereinigt sie wieder stärker mit ihrer rheinischen Heimat.

Die Entwickelung der Selbstverwaltung, meine Damen und Herren, ist ja noch nicht abgeschlossen. Der letzte Beschluß, den wir in dieser Tagung gefaßt haben, hat darauf hingewiesen. Bei den Vorberatungen dieses Beschlusses, meine Damen und Herren, ist für mich, und, ich glaube, für jeden, der daran teilnehmen konnte, von besonderer Bedeutung gewesen, daß bei aller Verschiedenheit der Meinungen doch ein Gefühl immer wieder durchdrang, das Gefühl der Liebe zum deutschen Vaterlande und zu unserer rheinischen Heimat (Bravo!) Dieses Gefühl der Liebe zum deutschen Vaterlande und zur rheinischen Heimat, meine Damen und Herren, schließt auch um uns alle, die wir hier im Saale versammelt sind, mögen wir einem Stande, einer Partei, einem Berufe, einer Konfession angehören, welcher wir wollen, ein starkes und unzerreißbares Band. (Beifall.)

Diesem Gefühl, meine verehrten Damen und Herren, bitte ich jetzt mit mir Ausdruck zu geben, indem Sie mit mir einstimmen in den Ruf: Das deutsche Volk und die rheinische Heimat, sie sollen leben hoch! hoch! hoch! (Das Haus stimmt in die Hochrufe begeistert ein.)

[1] Rudolf Felix Joseph von Groote.

Dokument 3

Köln, 18. Oktober 1917: Antrittsrede als Bürgermeister der Stadt Köln vor der Stadtverordnetenversammlung

Quelle: Verhandlungen der Stadtverordnetenversammlung Köln, 23. (Außerordentliche) Sitzung vom 18. Oktober 1917, S. 236f. Abgedruckt bei Schwarz, Reden, S. 23–25.

Für die ehrenden Worte, mit denen Sie, sehr verehrter Herr Regierungs-Präsident,[1] mich entsprechend den gesetzlichen Vorschriften in mein Amt als Bürgermeister der Stadt Cöln eingeführt haben, danke ich Ihnen herzlich. Die Einführung durch ein Organ der Staatsregierung soll darauf hinweisen, daß auch die Selbstverwaltung ihre Rechte aus dem Brunnen der staatlichen Macht schöpft, und daß auch die sich selbstverwaltenden Körperschaften Teile des staatlichen Organismus sind. Nehmen Sie meine Versicherung entgegen, daß die Stadt Cöln, die untrennbar mit dem Deutschen Reiche vereinigte Metropole der Rheinlande, dessen immer eingedenk sein und sich stets als Glied des großen deutschen Vaterlandes fühlen wird. Heute weilen Sie, sehr verehrter Herr Präsident, zum ersten Male in unsrer Mitte. Ich benutze gerne diesen Anlaß, um Sie herzlich willkommen zu heißen. Wir sind überzeugt, daß Sie ebenso, wie Ihr hochgeschätzter Herr Vorgänger,[2] die Freiheit der Selbstverwaltung achten und uns dort, wo es not tut, tatkräftig unterstützen werden. Mögen Sie das alte Cöln als Ihre neue Heimat von Herzen lieb gewinnen und sich in unsrer Stadt bald ganz heimisch fühlen.

Meine verehrten Herren Stadtverordneten! Sich ganz auswirken mit den Kräften des Verstandes und der Seele, mit seiner ganzen Persönlichkeit schöpferisch tätig sein zu können, ist der schönste Inhalt menschlichen Lebens. Das Feld hierzu haben Sie, meine verehrten Herren, mir durch die Wahl zum Bürgermeister der Stadt Cöln geöffnet. Dafür danke ich Ihnen von Herzen. Mein Dank ist um so wärmer, als es meine Vaterstadt ist, deren Leitung Sie meiner Hand anvertraut haben, die Stadt, die wegen ihrer Eigenart, ihrer stolzen Vergangenheit, ihres mächtig pulsierenden Gegenwartslebens auch jetzt noch jedem ihrer Kinder „eyn Kroyn boven allen steden schoyn" ist. Das Gefühl des Dankes gegen Sie, meine verehrten Herren, wird mich nicht verlassen. Sie haben, obgleich zwei Parteien angehörend, mich einmütig gewählt. Ob ich meiner Aufgabe gerecht werde, muß die Zukunft zeigen. Das eine aber ist gewiß: Das durch meine einmütige Wahl bekundete Vertrauen in meine Gerechtigkeit und Unparteilichkeit wird Sie nicht täuschen.

Meine verehrten Herren! Der Kriegssturm rast durch die Welt und die von ihm aufgejagten schweren Wolken verwehren uns noch mehr als sonst den Blick in die Zukunft. Doch treten von ihren Aufgaben drei schon jetzt als besonders wichtig in ihren Umrissen hervor. Gesunde Finanzen müssen die Grundlage aller staatlichen und kommunalen Betätigung sein. Die überaus günstige finanzielle Entwicklung unsrer Stadt hat der Krieg, wie Sie wissen, nachteilig beeinflußt. Unsre erste Aufgabe wird sein, unsre Finanzen in Einklang zu bringen mit den durch den Krieg geschaffenen veränderten Verhältnissen. Auf wirtschaftlichem Gebiete hat der Krieg tiefgehende Verheerungen angerichtet. Über die Größe des Schadens dürfen uns die – manchmal ungesunden – Blüten, die daneben in einzelnen Wirtschaftszweigen hervortreten, nicht hinwegtäuschen. Hier werden wir mit starker Hand und – tut es not – mit großen Mitteln eingreifen, bedrohten Existenzen helfen, zerstörte wieder aufrichten müssen. Über das Gebiet der Einzelwirtschaft hinaus wird sich unser Blick auf die gesamte wirtschaftliche Stellung Cölns zu lenken haben. Welche Umwälzung der Krieg in der wirtschaftlichen Struktur Deutschlands, dessen Wirtschaftsleben so eng mit dem Auslande verbunden war, bringen wird, steht noch dahin. Eifrig darauf zu achten, daß Cöln seine stolze Stellung im deutschen und internationalen Wirtschaftsleben wieder erhält und weiter ausbaut, wird unsere ernste Sorge sein. Sozial bluten wir aus tausend Wunden. Aber der Krieg hat uns auch die Augen für unsre sozialen Pflichten geöffnet. Er hat uns davon überzeugt, daß wir alle Glieder eines Körpers sind, daß das Wohl und Wehe eines Standes letzten Endes auch das des andern ist. Unsre soziale Erkenntnis hat der Krieg erweitert und vertieft: der Hebung aller Klassen, die einer solchen bedürfen, muß unsre soziale Arbeit gelten und sie muß sich erstrecken auf alle Gebiete menschlichen Lebens. Mit warmem

Herzen und starkem Willen wollen wir die neuen Wege sozialer Erkenntnis, die ein Geschenk des Krieges ist, gehen. Unsre ganze Arbeit mit sozialem Geiste und Verständnis zu erfüllen und zu durchdringen, wird meine vornehmste und liebste Pflicht sein.

Meine verehrten Herren! Vor mir haben auf diesem Platze gestanden Wilhelm v. Becker und Max Wallraf, Männer, deren große Arbeit und Erfolge uns allen bekannt sind. Das Erbe dieser hervorragenden Männer zu wahren und zu mehren, ist mein fester Wille. Helfen Sie mir dabei; auf Ihre Hilfe bin ich angewiesen. Bewahren Sie mir vor allem das Vertrauen, das mir heute aus Ihren Worten so warm und herzlich entgegenklingt. Die gleiche Bitte richte ich an Sie, meine verehrten Herren Beigeordneten, an alle, die im Dienste der Stadt tätig sind, an unsre Presse und die ganze Bürgerschaft. Der Krieg hat uns tiefe Wunden geschlagen, und der Friede, der Wiederaufbau wird uns noch schwerere Aufgaben bringen als der Krieg. Und doch blicke ich getrost und frohen Mutes in Cölns Zukunft. Der Geist unsrer Vorfahren, ihr Fleiß, ihre Unternehmungslust, ihr Wagemut, der Cöln zur bedeutendsten und reichsten Stadt des deutschen Mittelalters gemacht hat, er weht auch jetzt noch durch unsre Stadt, er wird Cöln einer glücklichen Zukunft entgegenführen.

Meine verehrten Herren! Manches Kriegsgewitter hat Cölns Mauern in den vergangenen zwei Jahrtausenden umtobt. Raub und Mord, Plünderung und Brand, Pest und Hunger haben in ihren Straßen und Gassen gewütet. Wie anders heute: seit drei Jahren rast der furchtbarste Krieg, den die Welt je gesehen, und noch gehen wir hier in der Grenzmark des Reiches ungestört unsrer friedlichen Beschäftigung nach; noch hat kein Feind den Boden unsrer Stadt betreten, noch hat kein Blut die Wellen des Rheins gerötet und unversehrt ragen die Türme des Domes zum Himmel. Das danken wir dem Heldenmut des unter dem kraftvollen Zepter unsers erhabenen Kaisers für immer geeinten deutschen Volkes, des Volkes, das sich gleich groß gezeigt hat im Kampf und Streit wie im Dulden und Ertragen. Mit tiefem Danke wollen vor allem wir am Rheine dessen gedenken, denn dem Rhein und dessen Metropole gilt in erster Linie der Feinde Ansturm und die feindliche Eroberungsgier. Wie könnten wir diese für Köln so bedeutungsvolle Stunde würdiger schließen, als mit dem von heißer Dankbarkeit durchglühten Schwur der Treue zu Kaiser und Reich, dem Rufe: Seine Majestät, unser allergnädigster Kaiser und König, er lebe hoch, hoch, hoch!

[1] Karl von Starck.

[2] Otto von Steinmeister.

Dokument 4

Köln, 14. November 1918: Adenauer an die Verwaltung der Stadt Köln

Quelle: HAStK 725/86, Kopie.

Ein Mitglied des Arbeiter- und Soldatenrats[1] ist mir als Beigeordneter zur Seite gestellt, der mir die Wünsche des Arbeiter- und Soldatenrats übermittelt und die Interessen des A.S.R. bei mir vertritt.

Der A.S.R. hat erklärt, sich aller Eingriffe in die städt. Verwaltung zu enthalten und daß auch keines seiner Organe zu solchen Eingriffen berechtigt sei. Die Dienststellen haben lediglich meinen Weisungen bezw. denen meiner Vertreter zu folgen. Ich erwarte im Anschluß an meine Verfügung vom 9.11.1918 A 1/b, daß sämtliche Beamte, Angestellte und Hilfskräfte der städt. Verwaltung, ganz gleich auf welchem politischen Standpunkte sie stehen, ihre ganze Arbeitskraft aufbieten, um den ordnungsmäßigen Fortgang der Dienstgeschäfte zu ermöglichen. Alle Schriftstücke der Verwaltung gehen selbstverständlich nach wie vor unter der bisherigen Firma heraus. Siegel und Stempel bleiben unverändert.

Je einen Abdruck erhalten die Herren Beigeordneten, Assessoren und sämtliche Dienststellen.

Adenauer

[1] Heinrich Schäfer

Dokument 5

Köln, 28. November 1918: Aufruf Adenauers an die Kölner Schüler bezüglich des Einzugs englischer Besatzungstruppen (Faksimile)

Quelle: HAStK 1010/1, Bl. 27. Abgedruckt bei Stehkämper (Hg.), Konrad Adenauer. Oberbürgermeister von Köln, S. 112.

Liebe Schüler und Schülerinnen!

In wenigen Tagen treffen fremde Besatzungstruppen in Cöln ein. Da ergeht an Euch die ernste und eindringliche Mahnung, nichts zu tun, was Euch die Feindseligkeit der fremden Soldaten zuziehen kann. Bedenkt, daß hierunter nicht nur Ihr, sondern auch Eure Eltern und Eure Vaterstadt schwer leiden würden.

Seid höflich und zurückhaltend! Vergesset nicht, daß Ihr Deutsche seid. Vergesset auch nicht, daß die Besatzung unserer Vaterstadt durch fremde Soldaten eine schwere Zeit, vielleicht die schwerste unseres ganzen Lebens werden wird.

Zeigt dieses Merkblatt auch Euren Eltern und allen denen, die Euch nahe stehen, und saget ihnen, daß sich, wer anders handelt, versündigt an dem Andenken unserer Gefallenen, an dem Wohle unseres Volkes und der Zukunft unseres Vaterlandes. Cöln, den 28. November 1918.

Der Oberbürgermeister
Adenauer.

Verlags-Anstalt und Druckerei A.-G.

Dokument 6

Köln, 11. Dezember 1917: Adenauer an Direktor Johann Hamspohn, Wannsee bei Berlin

Quelle: HAStK 902/103/1, Bl. 61, Kopie mit Paraphe.

Sehr geehrter Herr Direktor!

Für Ihr freundliches Schreiben und insbesondere für das Interesse, das Sie meinem Ihnen entwickelten Plan zeigen, danke ich Ihnen bestens. Ich lege auf Ihre weitere Unterstützung sehr grossen Wert und freue mich, daß Sie dieselbe mir in Aussicht stellten. Gestern war Herr Direktor Heineman aus Brüssel bei mir. Wir haben uns etwa 1 1/2 Stunde lang über alle möglichen Dinge unterhalten und ich hatte den Eindruck, als wenn er durchaus aus sich herausgegangen wäre. Die Idee, Cöln zum Mittelpunkt der Bestrebungen zu machen, die nach Friedensschluß auf eine Wiederanknüpfung der kulturellen und wirtschaftlichen Lage mit unseren Nachbarländern hinzielen, fand seinen vollen Beifall. Er hat mir zugesagt, sofort nach seiner Rückkehr nach Belgien mit einigen hervorragenden Belgiern Fühlung zu nehmen und mir dann über das Ergebnis seiner Versuche zu schreiben. Ich werde nicht verfehlen, Sie in der Angelegenheit auf dem Laufenden zu halten.

Ich hoffe, Sie demnächst in Cöln begrüssen zu können und bin
mit bestem Grusse

Ihr sehr ergebener
A[denauer]

Dokument 7

27. März/8. April 1930: Adenauer an das Sekretariat des Olympischen Komitees, Lausanne Mon Repos

Quelle: HAStK 610/72, Bl. 41f., handschr. korrigierter Entwurf ohne Ort und Unterschrift, in Kopfzeile Vermerk „1.) Schreiben (auf Wappenbogen mit beigelegter französischer und englischer Übersetzung)".

Ich beehre mich sehr ergebenst, dem Internationalen Olympischen Komitee die Einladung zu unterbreiten, die 11. Olympischen Spiele 1936 in Köln am Rhein abzuhalten.

Durch seine große, mit allen modernen Einrichtungen versehene Stadion-Anlage ist Köln in der Lage, den Olympischen Spielen eine allen Anforderungen entsprechende Stätte zu bieten. Die glanzvolle und einwandfreie Abwicklung mehrerer in den letzten Jahren im Kölner Stadion abgewickelter Veranstaltungen sehr großen Ausmasses hat bewiesen, daß nicht nur das Kölner Stadion für die Aufnahme solcher großen sportlichen Geschehnisse in jeder Beziehung geeignet ist, sondern daß auch die Stadt selbst in der Lage ist, den Anforderungen bezüglich Unterbringung eines mit derartigen Veranstaltungen verbundenen Fremdenzustroms gerecht zu werden. Ich möchte ganz besonders auf das 14. Deutsche Turnfest 1928 in Köln hinweisen, bei dem im Kölner Stadion 50 000 Turner und Turnerinnen zu Vorführungen und Wettkämpfen zusammentraten und mehr als 150 000 Festteilnehmer in der Stadt selbst mehrere Tage lang einwandfrei untergebracht und verpflegt worden sind.

Daß Köln durch seine günstige geographische Lage zu den West- und Nordländern und als bedeutender Knotenpunkt wichtigster Eisenbahn- und Fluglinien in hervorragendem Maße für die Abhaltung der Olympischen Spiele geeignet ist, braucht wohl nicht besonders betont zu werden. Wie mir bekannt geworden ist, beabsichtigt der Olympische Kongreß im Anschluß an seine Berliner Tagung eine Besichtigung der Kölner Stadionanlage vorzunehmen. Bei dieser Gelegenheit werde ich dem Olympischen Komitee Pläne für den beabsichtigten Ausbau der Stadionanlage und der sonst für die Olympischen Spiele notwendigen Sportstätten unterbreiten, um ggf. Wünsche der zuständigen Stellen des Olympischen Komitees entgegennehmen zu können.

Ich darf versichern, daß ich die Übertragung der 11. Olympischen Spiele nach Köln am Rhein mit besonderer Freude begrüßen würde.

Mit dem Ausdruck vorzüglichster Hochachtung

Oberbürgermeister

Dokument 8

Frankfurt, 21. März 1922: Artikel in der „Frankfurter Zeitung": „Die Adenauerschen Pläne für Köln"

Quelle: „Frankfurter Zeitung" vom 21. März 1922.

Köln, 17. März. Die von der Stadtverordnetenversammlung in ihrer gestrigen Sitzung definitiv genehmigten Pläne zur Anlegung eines neuen Handelshafens und eines Industriegeländes am linken Rheinufer unterhalb der Stadt sowie einer Gürtelbahn, die beide Anlagen miteinander und mit dem übrigen Eisenbahnennetz verbinden soll, bilden nur einen Teil der Unternehmungen, durch die Köln seine wirtschaftliche Zukunft zu sichern und seine städtebauliche Entwicklung in gute Bahnen zu lenken beabsichtigt. Vor wenigen Monaten erst sind die hiesigen Handelskreise mit dem Projekt eines Kaufmanns- und Börsenhauses größten Stils an die Öffentlichkeit getreten; ungefähr zur gleichen Zeit wurde der Bau eines Hochhauses auf dem Heumarkt beschlossen; einige Wochen ist es her, daß die Stadtvertretung die Kosten für die sofort in Angriff zu nehmende Errichtung umfangreicher Messe- und Ausstellungsgebäude bewilligte; jetzt sind die gestern gefaßten Beschlüsse gefolgt, die das Kernstück der gesamten Unternehmungen betreffen, und dies wiederum steht in nächstem Zusammenhang mit den auf weite Sicht angelegten städtebaulichen Entwürfen des Professors Schumacher, die die Erschließung zweier, in engerem und weiterem Ringe um die Stadt herum führender Rayongelände sowie des soeben eingemeindeten Worringen unter Ausnutzung aller dabei gegebenen wirtschaftlichen, hygienischen und künstlerischen Möglichkeiten zum Gegenstande haben. Den Skeptikern, denen die Fülle dieser Projekte und ihr Tempo, zumal angesichts der allgemeinen Lage Deutschlands, zu amerikanisch vorkam, hat der Oberbürgermeister Adenauer immer entgegengehalten, daß die ganz eigenartige Situation Kölns, wie sie durch den plötzlichen Fortfall des Festungspanzers und durch die Verschiebung des wirtschaftlichen Schwergewichts Europas nach Westen gegeben sei, Anstrengungen besonderer Art rechtfertige und notwendig mache. Er hat ferner, um allen Bedenken die Spitze abzubrechen, speziell für die Hafen- und Industrieanlagen die Zusage gemacht, daß ihre Ausführung in Etappen, und zwar immer nur in dem Umfange, in dem die Bedürfnisfrage geklärt sei, erfolgen solle, und er ist demgemäß mit dem Vorschlage, an den ersten Bauabschnitt heranzugehen, erst dann hervorgetreten, als er Verträge mit mehreren Firmen abgeschlossen hatte, die sich im Industriegelände und am Hafen niederlassen wollen.

Die Linke-Hofmann-Werke haben im Industriegelände 53 Hektar erworben, das Ölwerk Stern-Sonneborn 5 Hektar; im Handelshafen ist starke Nachfrage nach einer leistungsfähigen Kipperanlage; von einer Reederei wird ein großer Lagerplatz für Massenumschlagsverkehr begehrt; außerdem beabsichtigt eine hiesige Unternehmung, den Umschlag von Sand und Kies im neuen Hafen vorzunehmen. Demgemäß ist für den ersten Bauabschnitt die Herrichtung der Teile des Industriegeländes, in denen die beiden genannten Firmen sich ansiedeln wollen, in Aussicht genommen, außerdem der Bau eines Teiles des Hafenvorbeckens (mit Kipper- und Kranlagen), sowie der notwendigen Bahnanlagen. Vom Industriegelände, dessen Gesamtumfang 460 Hektar betragen soll, wird der zunächst in Angriff zu nehmende Bauteil etwa ein Siebentel des Ganzen ausmachen: von der 33,5 Hektar großen Wasserfläche, die dem Hafen mit seinen fünf Becken insgesamt zugedacht sind, sollen zunächst 8,3 Hektar geschaffen werden. Die Kosten der ersten Bauetappe sind nach dem Preisstande von Mitte Februar auf 225 Millionen Mark veranschlagt. Für den Vorschlag, jetzt mit der Ausführung dieser Anlagen zu beginnen, führt Adenauer aber noch ein weiteres Moment an, nämlich die Hafenpläne anderer Städte (Karlsruhe, Mannheim, Speyer, Frankfurt, Mainz, Düsseldorf, Neuß), angesichts deren Köln nicht länger zögern dürfe.

Es ist den sachlichen Gründen und dem hervorragenden taktischen Geschick des Oberbürgermeisters tatsächlich gelungen, die beträchtlichen Widerstände, die sich noch im Sommer 1920 seinen Plänen entgegenstellten, fast restlos zum Schweigen zu bringen; der Einstimmigkeit des gestrigen Beschlusses entspricht die widerspruchslose Billigung, die die zum Teil umgearbeiteten Projekte diesmal bei den Vertretern des Wirtschaftslebens und in der Kölner Presse gefunden haben.

Dokument 9

Köln, 12. Juni 1919: Ansprache Adenauers aus Anlass der Eröffnungsfeierlichkeiten der Universität Köln bei dem Festakt im Gürzenich

Quelle: Eröffnungsfeier der Universität Köln. Reden gehalten bei dem Festakt im großen Saal des Gürzenich am 12. Juni 1919 und bei der Akademischen Feier in der Aula der Universität am 20. Juni 1919 (Köln 1919), S. 9–12. Abgedruckt bei Schwarz, Reden, S. 38–41; Werner Weidenfeld, Konrad Adenauer und Europa. Die geistigen Grundlagen der westeuropäischen Integrationspolitik des ersten Bonner Bundeskanzlers (Bonn 1976), S. 273f.

Eine weihevolle Stunde! Was ein Jahrhundert hindurch geistige Führer Kölns erstrebt und gewünscht haben, es ist geworden: Die Alma mater Coloniensis ist aus hundertjähriger Ruhe neu erstanden.[1] Alma mater Coloniensis! Ein halbes Jahrtausend Geschichte entrollt das Wort vor unserer Seele. Farbenprächtige Bilder wechseln in bunter Folge; die würdevollen Gestalten der Rektoren und Professoren, der Magister und Doktoren, die unübersehbare Schar der Scholaren aus aller Herren Länder steigt aus den alten Matrikeln auf, die seit dem ersten Semester der Universität Köln, seit dem Jahre 1389, in fast ununterbrochener Folge vor uns liegen. Und noch weiter rückwärts schweift unser Blick. Wir erinnern uns voll Ehrfurcht, welch' große Männer schon an der Vorläuferin der Kölner Universität gelebt und gewirkt haben; vor unserem geistigen Auge ragen empor die ehrfürchtigen Gestalten des großen Albert,[2] des Aquinaten Thomas,[3] des Schotten Duns.[4]

Ein geschichtlicher Tag! Dankbar preisen wir die gütige Fügung, die uns gewürdigt hat, eine solch' ehrwürdige Körperschaft neuem kraftvollen Leben entgegenzuführen: Nächst Heidelberg, der ein Jahr früher gegründeten, ist es die älteste deutsche Universität, die ihre Hallen von neuem erschließt. Geschmückt mit des Alters Ehrenkrone, gehüllt in die Gewänder einer großen Vergangenheit, tritt die Universität Köln von neuem ein in den Kreis ihrer Mitschwestern.

Große Vergangenheit verpflichtet! Sie verpflichtet zum Streben nach gleich großer Zukunft! – Zukunft! Wie ein schwarzer Schatten fällt das Wort auf unsere Festesfreude. Haben wir noch eine Zukunft? Dunkel liegt sie vor unseren Blikken. Dunkel ist die Zukunft dieser Stadt, dunkel die Zukunft dieses Volkes: Die deutsche Macht ist gebrochen; der Feind steht im Lande; ein Frieden soll uns aufgezwungen werden, der uns versklavt; im Innern des Landes wandert der Geist der Zwietracht und des Aufruhrs, der Geist des Spartakus und Bolschewismus umher. Dunkel und schwarz liegt die Zukunft vor uns. Trotzdem – wir brauchen nicht zu verzagen – wir haben eine Zukunft, wir glauben an das deutsche Volk: es wird genesen von dieser Krankheit, es wird geläutert hervorgehen aus diesem Fegefeuer; voll Kraft und Gesundheit wird es seinen Platz unter den Völkern des Erdballes wieder einnehmen. An dem Werke der Genesung unseres Volkes mitzuarbeiten, das ist die nächste hohe Aufgabe der Universität Köln. Das Werk der inneren Läuterung soll sie fördern, in Gemeinschaft mit ihren Schwestern, durch Pflege der wahren Wissenschaft und Weisheit, der wahren Freiheit und Gesittung.

Aber darüber hinaus fällt der Universität Köln noch eine besondere Aufgabe zu. Wie auch der Friedensvertrag aussehen mag, hier am Rhein, an der alten Völkerstraße, werden während der nächsten Jahrzehnte die deutsche Kultur und die Kulturen der westlichen Demokratien zusammenstoßen. Wenn ihre Versöhnung nicht gelingt, wenn die europäischen Völker nicht lernen, über der berechtigten Wahrung ihrer Eigenart das aller europäischen Kultur Gemeinsame zu erkennen und zu pflegen, wenn es nicht gelingt, durch kulturelle Annäherung die Völker wieder zu einigen, wenn auf diesem Wege nicht einem neuen Kriege unter den europäischen Völkern vorgebeugt wird, dann ist Europas Vormacht in der Welt dauernd verloren. Das hohe Werk dauernder Völkerversöhnung und Völkergemeinschaft zum Heile Europas zu fördern, sei die besondere Aufgabe der Universität Köln, der Universität in der westlichsten deutschen Großstadt, die mitten in den Aufeinanderprall der verschiedenen Kulturen hineingestellt ist. Schon einmal hat die Universität Köln eine ähnliche Mission erfüllt, als sie – die nach dem Muster der berühmten Sorbonne in Paris gegründete – wie keine andere deutsche Universität zahlreiche Ausländer an sich fesselte und sie mit deutschem Wesen und deutschem Geist vertraut machte. Deutsches Wesen soll die Universität Köln den deutschen Stämmen am Rhein erhalten; wahre deutsche Art soll sie auch dem Ausland zeigen und vermitteln und von diesem, in beide Teile förderndem Austausch, das Gute seiner Kultur empfangen und dem deutschen Volke zuführen. Vor allem aber soll sie das Wesensverwandte aller europäischen Kultur zeigen; sie soll zeigen, daß zwischen allen europäischen Völkern schließlich doch viel mehr des Gemeinsamen als des Trennenden ist. Dem wirklichen Völkerbunde, dem Fortschritte der Völker zu einer höheren Stufe der Entwicklung zu dienen, sei ihr heiliger Beruf!

In dieser Stunde denen zu danken, die mitgeholfen an dem großen Werke, ist mir eine besonders liebe Pflicht. Es drängt mich, zu danken Seiner Magnifizenz, dem Rektor der Universität Köln, Herrn Geheimrat Eckert, der in voller Selbstlosigkeit und Hingabe die wertvollsten Dienste geleistet, Herrn Geheimrat Moritz, der, getragen von reiner Liebe zur Sache, uns seine reichen Erfahrungen zur Verfügung gestellt hat, Herrn Abgeordneten Meerfeld, der, als es galt, den anfänglichen Widerstand der preußischen Regierung zu überwinden, uns eine sehr wertvolle Hilfe gewesen ist. Danken muß ich an dieser Stelle und in dieser Stunde den drei Fraktionsvorsitzenden der Kölner Stadtverordneten-Versammlung, den Herren Mönnig, Falk und Sollmann. Sie waren seit über einem Jahre treue Helfer bei der Durchführung des Universitätsplanes. Ein Wort dankbarer Erinnerung lassen Sie mich weihen dem verstorbenen Ehrenbürger der Stadt Köln, Gustav von Mevissen, dessen hochherzige Freigebigkeit zur Errichtung der nunmehr zur Fakultät gewordenen Handelshochschule geführt hat. Er hat den ersten Schritt ermöglicht auf dem Wege, dessen Vollendung wir heute sehen. Zu danken haben wir weiter vor allem der preußischen Staatsregierung, als deren Vertreter ich Herrn Unterstaatssekretär Becker, den verdienstvollen Förderer wissenschaftlicher und kultureller Bestrebungen, besonders herzlich willkommen heiße. Die preußische Staatsregierung hat, altes Unrecht wieder gutmachend, unseren Plänen jede Förderung zuteil werden lassen; das werden wir ihr nicht vergessen. Besonderer Dank ist zu zollen der Stadtverordneten-Versammlung; in dieser niederdrückenden, trostlosen Zeit hat sie Glauben an die Zukunft gehabt und die große Aufgabe erkannt, die der Universität Köln gestellt ist. Sie hat in festem Vertrauen auf die Zukunft unserer Stadt und unseres Volkes sich nicht vor den finanziellen Lasten der Universität gescheut. Den Beschluß wird noch die späte Nachwelt rühmen. Wenn alles das, was sonst unsere Zeit geschaffen hat, dahin gesunken ist in Schutt und Moder: dies Werk wird weiter leben als ein Zeichen idealen Sinnes und eines seiner Kraft bewußten Bürgertums, geschaffen in der schwersten Zeit des deutschen Volkes.

Jetzt ist unsere Tat getan. Wir haben unsere Aufgabe gelöst: Die Universität Köln lebt nunmehr ihr eigenes Leben. In Ihre Hand, meine verehrten Kommilitonen, in die Hand der Professoren und Studenten ist jetzt ihr Schicksal gelegt. Empfangen Sie das Kleinod, das wir Ihnen anvertrauen, mit Ehrfurcht vor seiner Vergangenheit, mit Vertrauen in seine Zukunft! Empfangen Sie es mit der ganzen Hingebung begeisterungsfähiger, ideal gesinnter Herzen! Ein Gelöbnis nie schwindender Liebe, nie ermüdender Arbeit und Sorge für die Universität Köln sei für Sie und für uns der Spruch, den ich im Namen der gesamten Bürgerschaft spreche: Vivat floreat crescat Alma mater Coloniensis!

[1] Die 1389 gegründete Universität Köln war nach der Besetzung des Rheinlandes durch Napoleon im April 1798 von den französischen Militärbehörden geschlossen worden, nachdem sich die Professoren geweigert hatten, einen Treueeid auf die Französische Republik zu leisten.

[2] Albertus Magnus.

[3] Thomas von Aquin.

[4] Johannes Duns Scotus.

Dokument 10

Köln, 11. Mai 1924: Rede Adenauers zur Eröffnung der ersten Kölner Messe

Quelle: StBKAH, Nl. Adenauer 01.04, ms., handkorrigiertes Redemanuskript.

Auch in der bewegten 2000jährigen Geschichte dieser Stadt wird der erste Mai des Jahres eintausendneunhundertvierundzwanzig als ein besonderer Tag verzeichnet werden. Während schwere innenpolitische und soziale Krisen das Reich bis ins Innerste erschüttern, während aussenpolitisch fast unerträgliche Spannungen herrschen, wird nach vielen Jahrhunderten zum ersten Male wieder in Köln ein internationaler Markt eröffnet, wird eröffnet in der von fremden Truppen besetzten Stadt, von dem Präsidenten des Deutschen Reiches selbst, der umgeben ist von dem Reichskanzler,[1] von Reichs- und Staatsministern.

Wir danken dem Herrn Reichspräsidenten[2] für sein Erscheinen, die Stadt Köln, das ganze besetzte Gebiet heißt ihn mit der ganzen Ehrerbietung, die wir seiner hohen Stellung und seiner Person schulden, willkommen. Von Herzen willkommen heissen wir auch den Herrn Reichskanzler und die übrigen hohen Würdenträger, alle diejenigen, die aus dem unbesetzten Gebiet zu uns gekommen sind. Wir wissen und fühlen, dass nicht alle das Interesse an der Kölner Messe, dass darüber hinaus die Teilnahme und das Gemeinschaftsgefühl mit dem besetzten Gebiet sie zu uns geführt haben.

Die uralte Einrichtung der Messen hat in den letzten Jahren den Prophezeiungen vieler Zweifler zum Trotz sich als durchaus lebensfähig, ja als nicht mehr zu entbehrender Faktor unseres neuzeitlichen Wirtschaftslebens erwiesen. Auch heute noch ist trotz aller Verkehrseinrichtungen die Großmesse das beste Mittel, unter Aufwendung der geringsten Zeit und der wenigsten Kosten Angebot und Nachfrage zusammenzubringen. Neben diesen ersten Zweck der Messen tritt aber infolge der neuzeitlichen Entwicklung unserer Wirtschaft, ihrer Spezialisierung, der ständigen Änderungen und Verbesserungen ihrer Erzeugnisse der zweite Zweck der Messen fast gleichberechtigt: Die Messe gewährt die beste Gelegenheit zum Vergleichen und gibt dadurch den stärksten Antrieb zum Fortschritt. So sind denn auch vom volkswirtschaftlichen Standpunkte aus betrachtet alle grossen Messen der letzten Jahre Erfolge gewesen, auch wenn bei der einen oder anderen der unmittelbare Absatz auf der Messe selbst nicht allen Erwartungen entsprochen hat.

In den Kreis ihrer Schwestern tritt heute die Kölner Messe. Unendliche Schwierigkeiten, vornehmlich begründet in der Lage des besetzten Gebietes, waren zu überwinden, ehe sie ihre Pforten öffnen konnte. Es gibt nichts, was nicht verbesserungsfähig wäre, und so wissen wir, dass auch unser Werk nicht vollkommen ist. Wir haben getan, was in unsern Kräften stand, und wir sind zufrieden, wenn es der Kritik stand hält und wenn wir die wohlwollende Mitarbeit aller interessierten Kreise erhalten. Im Verein mit ihren Schwestern soll die Kölner Messe der ganzen deutschen Wirtschaft dienen. Aber neben dieser allgemeinen sind ihr zwei besondere Aufgaben zugedacht. Sie soll sein der Zentralmarkt des westdeutschen Wirtschaftsgebietes. Gerade dieses Gebiet, das größte Produktionsgebiet der Welt, das so schwer gelitten hat und das doch unentbehrlich ist für die deutsche, für die europäische Wirtschaft, für die Lösung der Wiederherstellungsfrage, bedarf des gewaltigen Antriebs einer großen internationalen Messe.

Noch eine zweite besondere Aufgabe hat die Kölner Messe: sie soll die Wirtschaftsfäden mit den übrigen westeuropäischen Ländern von neuem anspinnen und fest und dauerhaft knüpfen. Wohl ist das eine schwere Aufgabe, die viele Enttäuschungen bringen wird, aber diese Aufgabe muss angefaßt und gelöst werden. Es muss in Europa wieder eine Atmosphäre des Friedens geschaffen werden und es scheint, dass dabei die Wirtschaft der Politik Wegbereiterin sein muss. Die letzten 10 Jahre haben soviel Schutt und Geröll zwischen den Völkern angehäuft, dass es scheinbar den Politikern fast zu schwer ist, es zu entfernen. Eine solche Wolke gegenseitigen Mißverständnisses hat sich zwischen die Parteien gelegt, dass sie sich, dass sie das gemeinsame Interesse ihrer Länder auch ohne böse Absicht anscheinend nicht mehr verstehen. Möge denn die Wirtschaft den Völkern wieder klar machen, dass kein Volk ohne das andere bestehen kann, dass es ganz falsch ist, anzunehmen, die Wohlfahrt des einen sei das Unglück des anderen, dass gerade umgekehrt die Wohlfahrt des anderen die eigene Wohlfahrt fördert und hebt. Gemeinsam sind die wirtschaftlichen Interessen der Völker Europas, gemeinsam ihre kulturellen, gemeinsam ihre ethischen. Ist diese Erkenntnis durchgedrungen, dann wird auch auf politischem Gebiete eine dauernde Einigung sich leicht und fast von selbst ergeben.

Wenn die Kölner Messe zu einer Verständigung zwischen Deutschland und den übrigen westeuropäischen Ländern zunächst auf wirtschaftlichem Gebiete mitbeitrüge, wenn sie dadurch mitschüfe an der größten Aufgabe, die es heute für jeden Menschen nur geben darf, der Herbeiführung eines dauernden wahrhaften Friedens in Europa, dann würde das der größte Erfolg der Kölner Messe sein. Der Geburtstag der Kölner Messe fällt in eine fruchtbare Zeit. Wir haben es unternommen, dies Werk zu schaffen, trotzdem wir wissen, dass es nur gedeihen kann, wenn Wirtschaftsfrieden ist im Innern und ein wahrer Friede herrscht nach aussen. Wir haben es gewagt im festen Vertrauen darauf, dass endlich doch der Geist des Friedens und der Versöhnung siegreich bleiben wird über die Dämonen des Unfriedens und des Hasses, dass nach langem, hartem Winter über unser Vaterland, über ganz Europa auch wieder der Frühling heraufziehen wird.

In diesem Sinne bitte ich Sie, Herr Reichspräsident, die erste Kölner Messe für eröffnet zu erklären.

[1] Wilhelm Marx.
[2] Friedrich Ebert.

Dokument 11

Köln, 31. Januar 1926: Ansprache Adenauers zur Feier der Räumung Kölns von britischer Besatzung

Quelle: StBKAH, Nl. Adenauer 01.04, ms., handkorrigiertes Redemanuskript. Abgedruckt bei Schwarz, Reden, S. 54.

Die Stunde ist gekommen, die so heiß, so inbrünstig ersehnte, der Tag der Freiheit ist angebrochen! Unsere Herzen fliegen empor, empor zu Gott dem Allmächtigen. Dank sei ihm, der uns gestärkt hat in schwersten Tagen, der uns geführt hat durch Not und Gefahr! Vereint sind wir wieder mit unserm Staate, unserm Volke, unserm Vaterlande, vereint und frei nach sieben Jahren der Trennung und Unfreiheit! In gemeinsam getragener, gemeinsam überwundener Not erwächst die treueste Kameradschaft. Ihr, deutsche Volksgenossen in den noch besetzten Gebieten, habt mit uns Schulter an Schulter gestanden. Euch, die ihr noch der Freiheit entbehrt, grüßen wir in dieser Stunde in Liebe und Treue!

Schweres haben wir erdulden müssen durch die harte Faust des Siegers in sieben langen Jahren. Heute, in dieser weihevollen Stunde, laßt uns davon schweigen; ja wir wollen gerecht sein, trotz vielem, was uns widerfahren ist, wir wollen anerkennen, daß der geschiedene Gegner auf politischem Gebiet gerechtes Spiel hat walten lassen. Hoffen wir, daß unsere Leidenszeit nicht umsonst gewesen ist, daß nunmehr ein wahrhaft neuer Geist in die Völker Europas einzieht. Die Grundsätze des Rechts und der Moral, die für das Verhältnis der Einzelmenschen zueinander gelten, die jeden Menschen als frei und gleich und gleichberechtigt erklären, diese Grundsätze müssen auch in Wahrheit, nicht nur in Worten, Geltung erhalten für die Gesellschaft der Völker!

Brüder, Schwestern! Wir sprechen die gleiche Sprache, wir lieben die gleiche Heimat. Ob reich, ob arm, ob links, ob rechts: die innersten und tiefsten, die menschlichsten Gefühle sind uns allen gemeinsam. Gemeinsame Not haben wir getragen, erfahren haben wir, was Schicksalsgemeinschaft ist. Wenn jetzt die Last von uns genommen wird, wenn wir hinaustreten in die Freiheit, dann laßt uns das niemals vergessen! Dieser Platz wurde dereinst geweiht durch die Worte: „Dem Geiste deutscher Einigkeit und Kraft sollen diese Dompforten Tore des herrlichsten Triumphes werden." Auf diesem geheiligten Platze haben die fremden Truppen gestanden; laßt uns ihm von neuem die Weihe geben! Ein Symbol der deutschen Einheit und Einigkeit ist unser Dom, wie Schwurfinger ragen seine mächtigen Türme empor in den nächtlichen Himmel.

Wohlan! heben auch wir zum Schwur die Hand! Und Ihr Alle in deutschen Landen, die Ihr jetzt im Geiste bei uns weilt, schwört mit uns! Schwören wir Einigkeit, Treue dem Volke, Liebe dem Vaterlande! Ruft mit mir: Deutschland, geliebtes Vaterland, hoch! hoch! hoch!

Dokument 12

Köln, 29. April 1927: Artikel in der „Kölnischen Zeitung": „Die Entscheidung im Kölner Brückenstreit"

Quelle: „Kölnische Zeitung", Abendausgabe 29. April 1927.

In später Nachtstunde haben die Kölner Stadtverordneten gestern den Streit um die neue Rheinbrücke bei Köln-Mülheim zugunsten der Hängebrücke entschieden. Weite Kreise der Öffentlichkeit werden durch dieses Ergebnis sehr überrascht sein. Einer der interessantesten Fälle – interessant deshalb, weil gerade das Gegenteil von dem beschlossen wurde, was der größte Teil der Öffentlichkeit erwartet hatte – hat in der Geschichte der Kommunalpolitik der Stadt Köln seinen Abschluß gefunden. Nach dem Spruch des Preisgerichts, das sich aus Autoritäten auf dem Gebiet der Brückenbautechnik und Brückenbaukunst zusammensetzte und mit neun gegen zwei Stimmen für die Bogenbrücke „Aus einem Guß" der Firma Krupp aussprach, hätte eigentlich niemand daran zweifeln dürfen, daß die Kruppsche Bogenbrücke wenigstens im Rahmen des Entwurfs „Aus einem Guß" gebaut würde. War doch die Entscheidung des Preisgerichts fast einstimmig gefällt worden, und in großen Kreisen unvoreingenommener und nichtbeteiligter Fachleute des Brückenbauwesens wußte man nur Lob und Bewunderung für den genialen und kühnen Entwurf. Aber die zwei gegnerischen Stimmen wogen schwer, so schwer, daß gestern abend das ganze Preisrichterkollegium schachmatt gesetzt werden konnte. Denn eine von den beiden Stimmen war die des Oberbürgermeisters Dr. Adenauer. Er hatte lange gegen das System der Bogenbrücke angekämpft, mit zäher Tatkraft verstand er es, sich freie Hand zu behalten. Formell ist er im Recht, wenn er sagt, eine Bindung an die Firma Krupp sei durch den Beschluß der Preisrichter nicht gegeben. Aber tatsächlich und moralisch, daran ist nun einmal nichts zu ändern, lag doch eine Bindung vor.

Warum hat man denn überhaupt ein Preisgericht einberufen, wenn man sich dessen Weisungen doch nicht anschließen wollte? War es notwendig, die Mitglieder des Preisgerichts so bloßzustellen, an ihrem Arbeiten und Wirken vorüberzugehen und keine Notiz hiervon zu nehmen? Man weiß doch aus den Mitteilungen der Anhänger der Bogenbrücke in der gestrigen Sitzung, daß sämtliche Preisrichter noch auf demselben Standpunkt stehen wie früher. Konnte man die Entscheidung der aus allen Berufsschichten zusammengesetzten Stadtverordnetenversammlung überlassen, von der doch die wenigsten Mitglieder überhaupt wissen, was ein Zugband ist und was der Horizontalschub bedeutet? Man kann es, mit wenigen Ausnahmen, den Stadtverordneten überhaupt nicht zumuten, vom sachlich-technischen Gesichtspunkt aus zur Brückenfrage Stellung zu nehmen. Dafür war das Preisgericht da, und seiner Entscheidung hatte von Rechts wegen die Stadtverordnetenversammlung nachzukommen. Aber wenn man die Parteien zu Preisrichtern machen wollte, dann konnte man ja sofort diesen Weg wählen und hätte viel Geld, Zeit, Ärger und Aufwand an Gutachten gespart.

Der Andrang zu der Sitzung war außerordentlich stark. Schon eine halbe Stunde vor Beginn waren die Zuschauertribünen dicht besetzt. Auch auf der sehr unzulänglichen Pressetribüne drängte man sich in fürchterliche Enge. Der Oberbürgermeister nahm, wie bereits mitgeteilt, eingehend zu dem ganzen Problem Stellung. Man kann nicht behaupten, daß seine Ausführungen geschickt waren und Überzeugungskraft besaßen. Was er über die Bedeutung einer Brücke als solcher bei Köln-Mülheim sagte, war nichts Neues. Die Bedeutung einer Brücke bei Mülheim hat man schon vor Jahren erkannt. Er bestritt wieder jede Verpflichtung, auch die moralische, gegenüber der Firma Krupp und berief sich auf das formelle Recht der Stadtverwaltung. Mit besonderm Nachdruck betonte er, daß der Rechtsausschuß auf dem Standpunkt stehe, daß die Stadt über alle Entwürfe frei verfügen könne. Er setzte sich lebhaft für die Hängebrücke ein und ritt eine scharfe Attacke gegen die Bogenbrücke, wie es nicht anders zu erwarten war. Die Hängebrücke fand er schöner, in ihrem ganzen System, ihrer Linienführung und ihrem Überbau. Daß er in seiner Beweisführung so weit ging, die Hohenzollernbrücke als Vergleich zu dem Kruppschen Entwurf heranzuziehen, der doch, was selbst jeder Laie weiß, eine ganz anders geartete und viel höher stehende Brückenbautechnik darstellt, hat viel Kopfschütteln verursacht. Von dem überwältigenden technischen Eindruck des Kruppschen Entwurfs wollte er nichts wissen. Für viele eine Überraschung war die Haltung des Zentrums, das, obwohl sich einige führende Zentrumsmitglieder bisher eifrig der Kruppschen Sache angenommen hatten, sich in einer Erklärung für die Hängebrücke aussprach. Es sei aber zu Ehren dieser Anhänger von Krupp im Zentrumslager gesagt, daß sie bei der Abstimmung ihrer Meinung treu blieben und gegen die Hängebrücke stimmten.

Aber was sollte das gegen die starke Überzahl der übrigen Zentrumsleute besagen? Die Stellungnahme der Mehrheit der Zentrumsfraktion war schon ein gefahrdrohendes Zeichen für den weiteren Verlauf der Verhandlungen, zumal auch die immerhin beträchtliche Fraktion der Kommunisten sich zur Hängebrücke bekannte. Wenn beim Zentrum die tiefern Zusammenhänge seiner Stellungnahme auf der Hand liegen, so ist die Haltung der Kommunisten doch sehr merkwürdig. Es will doch niemand behaupten, daß Sachlichkeit sie zu ihrem Vorgehen berechtigte. Wenn die Kommunisten u.a. erklärten, „sie wollten überall frei sein, wo sie wären, nichts über ihrem Haupt dulden, keinen Eisenbeton und kein Eisen, zumal es diese Dinge in den Gefängnissen der Republik genug gäbe", so kann man das doch nicht als brückenbautechnische Erklärung würdigen. Eine solche verzerrte politische Darlegung mußte aber wesentlich dazu beitragen, dem Urteil des Preisgerichts den Todesstoß zu versetzen. Die Mieterpartei sprach sich ebenfalls für die Hängebrücke aus.

Mit den Gegnern der Bogenbrücke rechnete der Stadtverordnete Regierungsbaumeister Kloth (Lib. Arbeitsgemeinschaft) scharf ab. Dem Antrag der Liberalen Arbeitsgemeinschaft für die Bogenbrücke hatten sich die Wirtschaftspartei und der Vertreter der Völkischen angeschlossen; auch Sozialdemokraten und Demokraten waren für die Bogenbrücke. Kloth verstand es in scharfsinniger Weise, der lahmen Begründung der Gegenseite entgegenzutreten. Er erklärte, daß seine Fraktion sich an das Urteil des Preisgerichts gebunden fühle, solange nicht nachgewiesen sei, daß dieses Urteil in technischer, ästhetischer und wirtschaftlicher Hinsicht ein Fehlspruch sei. Mit vollem Recht konnte er behaupten, daß ein solcher Nachweis bis heute noch nicht geführt worden sei. Mit sachverständigen Worten verstand er es, den Kruppschen Entwurf eingehend und richtig zu würdigen; er pries die Bogenbrücke als ein Meisterwerk deutscher Technik. In seiner bekannten launischen und geistreichen Art stellte sich der Demokrat Fuchs in die Reihe der Bogenbrückenfreunde. Mit beißendem Spott bekämpfte er seine Gegner. Er fand den Kruppschen Entwurf technisch und künstlerisch hervorragend, der bei seiner Ausführung dem Stadtbild nur zur Zierde gereichen würde. Von den Einwänden des Oberbürgermeisters hatte er sich nicht im geringsten überzeugen können. Auch die Sozialdemokraten traten mit überlegenen Argumenten in den Kampf für die Bogenbrücke.

Aber es nutzte alles nicht. Der Wille des Oberbürgermeisters, der sich bei seiner Begründung u.a. eines reizvollen Neumerkantilismus städtischer Art bediente, hat sich durchgesetzt. Bei der Abstimmung, die namentlich vorgenommen wurde, stimmte die Mehrheit für eine Hängebrücke. Daß diese Entscheidung in der Öffentlichkeit nicht ruhig hingenommen wird, darf nach der eigenartigen Vorgeschichte nicht überraschen, zumal die Zusammensetzung der Mehrheit in diesem Fall nicht die Gewähr für eine sachliche Erledigung des Brückenbaustreits gegeben hat.

Dokument 13

Köln, 12. Mai 1928: Ansprache Adenauers zur Eröffnung der PRESSA

Quelle: StBKAH, Nl. Adenauer 01.04, ms., handkorrigiertes Redemanuskript.

Meine hochverehrten Damen und Herren!
Mit aufrichtigster, von Herzen kommender Freude heiße ich Sie im Namen der Internationalen Presse-Ausstellung willkommen. Das Werk vieler schwerer Tage, das Ergebnis mühsamer Arbeit wird heute der Öffentlichkeit übergeben, fast 2 Jahre, nachdem wir uns mit der Bitte um Mitarbeit und Unterstützung an diejenigen, die zur engeren oder weiteren Gefolgschaft Gutenbergs gehören, die dem Buch oder der Presse dienen, an die Reichsregierung und an die Preußische Staatsregierung, an die Staaten der Erde wandten. Unser Ruf ist an keiner dieser Stellen ungehört und unerwidert verhallt, überall hat er ein volles und starkes Echo gefunden.

Ich folge nicht nur meiner Pflicht, ich folge einem Drange meines Herzens, wenn ich in erster Linie den Mitgliedern der Reichsregierung, des Reichstages und des Reichsrates, dem Preußischen Herrn Ministerpräsidenten[1] und den übrigen Vertretern Preußens den Tribut der Dankbarkeit zolle für die tatkräftige Unterstützung, welche unser Ausstellungsplan bei ihnen gefunden hat. Ohne die fördernde Zustimmung, ohne die moralische Unterstützung der Reichsregierung wäre diese internationale Ausstellung nicht möglich gewesen. Ich bitte Sie, verehrter Herr Reichsminister,[2] den Ausdruck meines warmen und tiefgefühlten Dankes entgegenzunehmen und auch gegenüber dem Herrn Reichspräsidenten[3] und dem Herrn Reichskanzler[4] der Dolmetscher unserer dankbaren Verehrung zu sein. Mit herzlichster Dankbarkeit gedenke ich in dieser Stunde der vielen, vielen klugen Köpfe und fleißigen Hände, die an diesem großen Werke geschaffen haben. Sie dürfen heute mit Fug und Recht eines der besten und edelsten Gefühle des Menschen empfinden, das Gefühl der Freude und Befriedigung über ein großes und gelungenes Werk.

Es ist schwer, wenn nicht unmöglich, in wenigen Sätzen den Sinn einer so großen Ausstellung klarzulegen, und ich muß um ihre Nachsicht bitten, wenn ich diesen Versuch unternehme. Diese Ausstellung hat zum Gegenstand die Welt des in Wort und Bild gefassten und vervielfältigten Gedankens. Der in Wort gefasste Gedanke ist die mächtigste und stärkste, die umfassendste Manifestation des menschlichen Geistes. Sie ist so tausendfältig wie die Betätigung des Menschen überhaupt. Die Geschichte des menschlichen Wortes ist die Geschichte der Menschheit, ihrer Kultur, ihrer Religionen, ihrer Gesittung, ihrer Kämpfe, ihrer Revolutionen, ihres Ringens und Strebens. Die Entwicklung und Geschichte des menschlichen Wortes, seine Vielfältigkeit, seinen bestimmenden Einfluß in Kultur und Geschichte, in Niedergang und Aufstieg der Menschheit, die Macht, die es gerade in unseren Tagen, in denen der Fortschritt der Technik seine Verbreitung und Vervielfältigung so ungeheuer erleichtert hat, in der Form der Zeitung ausübt, darzustellen: das ist der Zweck dieser Ausstellung. Der geistige Inhalt soll ihr das Gepräge geben, die Technik der Vervielfältigung und Verbreitung erscheint auf ihr nicht als Herrin, sondern als Mittlerin.

Der menschliche Geist muß wurzeln in dem Boden des eigenen Volkes, der eigenen Nation, aber die Landesgrenzen dürfen ihn nicht einengen, er muß bei aller Wahrung seiner berechtigten nationalen Eigenschaften seiner Natur nach über sie hinausstreben zur geistigen Gemeinschaft und Verbundenheit aller Kulturvölker. Auch diese Ausstellung, die eine Ausstellung des menschlichen Geistes ist, muß, auf deutschem Boden entstanden, die Züge dieses Landes tragen. Aber auch sie musste ihrem Wesen und ihrer Bestimmung nach hinausstreben über die Landesgrenzen. Auf unser Anpochen haben sich die Türen weit geöffnet: mit dem größten Entgegenkommen, mit vollendeter Liebenswürdigkeit und Herzlichkeit ist unsere Bitte um Beteiligung in allen Kulturländern und vom Generalsekretariat des Völkerbundes aufgenommen worden.

Mit wahrer und aufrichtiger Freude heiße ich daher die Vertretungen von 43 Staaten und des Völkerbundes willkommen, an ihrer Spitze begrüße ich die Herren Botschafter und Gesandten und den Herrn Generalsekretär des Völkerbundes.[5] Seien Sie versichert, meine Herren, daß ganz Deutschland der Beteiligung Ihrer Länder und Ihrem Erscheinen am heutigen Tage die größte Bedeutung beilegt. Diese Ausstellung wird durch ihre Internationalität den Blick weiten für die gemeinsame Grundlage aller menschlichen Kultur, für die Möglichkeiten, ja die Notwendigkeiten übernationaler Zusammenarbeit.

Es hat eine Zeit gegeben, in der sich alle Kulturvölker als eine Einheit fühlten, in der man eine civitas humana kannte. Aus dieser Zeit winken als Mahner über den Rheinstrom zu uns herüber die erhabenen Bauten des Mittelalters, die stummen und doch so beredten Zeugen einer Epoche der Menschheitsgeschichte, die noch ein einheitliches Denken, ein solidarisches Fühlen aller Kulturvölker kannte. Möge diese Ausstellung die Überzeugung von der Gemeinsamkeit in den erhabensten und wesentlichsten Grundlagen der menschlichen Kultur, das Gefühl der Zugehörigkeit zu einer großen, in Gedeih und Verderb miteinander verflochtenen Völkerfamilie stärken und beleben, möge diese Ausstellung werden ein Werkzeug des Friedens!

[1] Otto Braun.

[2] Vermutlich handelt es sich um Wilhelm Külz, 1926/27 Reichsinnenminister, der als Ehrengast an der Eröffnung teilnahm.

[3] Paul von Beneckendorff und von Hindenburg.

[4] Wilhelm Marx.

[5] Sir James Eric Drummond.

Dokument 14

Köln, 20. Dezember 1926: Adenauer an Staatsekretär Weismann im preußischen Staatsministerium, Berlin, Telegramm

Quelle: HAStK 902/82/1, Bl. 49.

Höre, daß in morgiger Kabinettssitzung Frage der Abgabenerhebung für geplante Autostraße Köln-Düsseldorf entschieden werden soll. Angelegenheit ist durch ungünstige Stellungnahme des Ruhrsiedlungsverbandes, dessen Bezirk überhaupt nicht berührt wird, in schwierige Lage geraten. Verband befürchtet durch Einführung von Wegeabgaben Wiederherstellung der Zustände früherer Jahrhunderte. Preußischer Finanzminister[1] soll ebenfalls Gegner des Projekts sein. Mache darauf aufmerksam, daß genannter Grund nicht stichhaltig sein kann, zumal auf neuen künstlichen Wasserstraßen und neuen Brücken ebenfalls Abgaben für Verzinsung und Tilgung pp. erhoben werden. Bitte Sie auf das dringendste, bei Ministerpräsident Braun nach Kräften zugunsten einer Genehmigung der Vorgänge einzutreten. Provinzialverwaltung kann ohne Abgabenerhebung keinesfalls die dringend notwendige Straße bauen.

Provinzialausschuß hat sich für das Projekt auf das dringendste eingesetzt, zumal Arbeitslosenbeschäftigung auf längere Zeit dadurch gesichert ist.

Oberbürgermeister Adenauer

[1] Hermann Höpker-Aschoff.

Dokument 15

2. Juli 1926: Hafendirektor Boecker an Adenauer

Quelle: HAStK 902/222/2, hs., ohne Ort, in der Kopfzeile Vermerk „Herrn Oberbürgermeister durch die Hand des Herrn Dezernenten vorzulegen".

Nachdem das Kanalprojekt längere Zeit geruht hatte, scheint es nach der vorliegenden Zeitungsnachricht[1] Aussicht auf Verwirklichung zu haben. Ich möchte nochmals darauf hinweisen, daß nach Fertigstellung des Kanals das natürliche Hinterland für den Hafen Niehl verloren ist, und wir beinahe unseren gesamten Umschlag in Niehl verlieren werden. Es muß mit aller Macht erstrebt werden das Projekt zu Fall zu bringen. Die Handelskammer Köln wird sich in ihrer nächsten vertraulichen Sitzung gleichfalls mit dem Kanalprojekt befassen. Herr Syndikus Eggermann ist von mir eingehend informiert worden.

Boecker 2/VII (1926)

[1] Boecker bezieht sich auf einen dem Brief beiliegenden Bericht in der Abendausgabe der „Kölnischen Zeitung" vom 30.6.1926, in dem über den Antrag der Reichstagsfraktion des Zentrums, den Kanalbau zu unterstützen, und über die bevorstehende Gründung eines Kanalvereins im Aachener Raum berichtet wird.

Dokument 16

24. Juli 1926: Adenauer an Hafendirektor Boecker

Quelle: HAStK 902/222/2, Bl. 543, ohne Ort und Unterschrift.

1.) Ich habe heute mit Professor Kuske wegen der Bearbeitung des Aachener Kanalprojektes gesprochen. Er erklärte sich erst nach einigem Drängen meinerseits bereit dazu, weil er zu überlastet sei. Ich habe ihm zugesagt, dass ihm die von ihm benötigten Geldmittel für Hilfsarbeiter, die er unbedingt haben muss, zur Verfügung gestellt würden.
2.) Herrn Beigeordneten Dr. Greven zur Kenntnis.
3.) Herrn Beigeordneten Haas zur Kenntnis und ev. weiteren Veranlassung. Über die Verrechnung der Ausgaben würde denn nach meiner Rückkehr Bestimmung getroffen werden.

Adenauer

Dokument 17

Köln, 20. Januar 1930: Vertrag zwischen der Stadt Köln und der Ford Motor Company

Quelle: HAStK 903/685, Bl. 10ff., Kopie.

Geheimvertrag

1.
Die Ford Motor Company A.G. verpflichtet sich, ihren Sitz und ihre Zentralverwaltung für Deutschland nach Köln zu verlegen und sich auf dem am Niehler Hafen erworbenen Industriegelände fabrikmäßig zum Zwecke der Montage oder der Herstellung von Kraftfahrzeugen, Traktoren usw. niederzulassen. Die Ford Motor Company A.G. verpflichtet sich ferner, ihre Arbeiter und Angestellten tunlichst aus dem Stadtkreis Köln zu entnehmen.

2.
Mit Rücksicht hierauf und insbesondere auf die eintretende Entlastung des Kölner Arbeitsmarktes und des Wohlfahrts-Etats erhebt die Stadt Köln ihrerseits für

je 1 000 000 Gewerbeertrag der Ford Motor Company A.G. eine Gewerbeertragssteuer von 75 000. Die Spitzen des steuerpflichtigen Betrags, die 1 000 000 nicht erreichen, werden bei der Besteuerung verhältnismässig berücksichtigt. Bei der Gewerbekapitalsteuer gehen die Parteien davon aus, dass von dem Aktienkapital der Ford Motor Company A.G. von 15 000 000 6 000 000 auf Grundstücke und Aufbauten entfallen. Von den verbleibenden 9 000 000 hat die Ford Motor Company A.G. jährlich 76 000 als Gewerbekapitalsteuer zu entrichten. Sollte das Aktienkapital höher oder niedriger als 15 000 000 sein, so tritt eine entsprechende Ermässigung der zu veranlagenden Gewerbekapitalsteuer ein unter Absetzung eines gleichen Prozentsatzes für Grundstücke und Aufbauten.

3.
Sollte der Gewerbeertrag die Summe von 4 000 000.– RM pro Jahr überschreiten, so ist die Stadt Köln bereit, über ein weiteres Entgegenkommen zu verhandeln. Im Fall der Änderung der staatlichen Gewerbesteuergrundbeträge oder der Gemeindezuschläge hierzu tritt eine entsprechende Änderung der vorgenannten Pauschalbeträge ein. Im Falle einer Abänderung der zurzeit bestehenden Steuergesetze ist die Stadt Köln bereit, der Ford Motor Company A.G. unter den neuen Gesetzen ein in diesem Vertrage entsprechendes Entgegenkommen zu zeigen.

4.
Falls die Stadt Köln anderen amerikanischen Automobilfabriken unter den gleichen Verhältnissen, alles in allem genommen, ein grösseres Entgegenkommen zeigt, wird sie der Ford Motor Company A.G. das entsprechende Entgegenkommen auch zeigen.

5.
Dieser Vertrag gilt für die Dauer von 6 Jahren vom Tage der Eröffnung des Betriebes in Köln an gerechnet. Nach Ablauf von 6 Jahren ist die Stadt Köln bereit, das Abkommen unter denselben Bedingungen um 6 weitere Jahre zu verlängern.

Köln, den 20. Januar 1930
gez. Adenauer
Oberbürgermeister.
Ford Motor Company A.-G. Berlin
gez. Edm. C. Heine

Dokument 18

5. Januar 1933: Adenauer an Alfred Hugenberg, Berlin

Quelle: HAStK 902/105/3, Bl. 279–285, Kopie, ohne Ort.

Ich bestätige den Empfang Ihres gefl. Schreibens von 13. ds. Mts.

Ich darf zunächst auf Grund dieses Schreibens feststellen, dass die Wiedergabe Ihrer Ausführungen in der Kölnischen Zeitung nicht richtig gewesen ist. Die Fassung des Berichts in der Kölnischen Zeitung hatte in weiteren, übrigens auch in mir politisch nicht nahestehenden Kreisen der Kölner Bürgerschaft deswegen Unwillen hervorgerufen, weil man glaubte, daraus entnehmen zu können, dass Sie in Ihrer Rede mir den Vorwurf gemacht hätten, es seien öffentliche Mittel für mich als Privatperson verwendet worden. Was nun Ihre weiteren Ausführungen in Ihrem Schreiben vom 13. ds. Mts. angeht, so erlaube ich mir, darauf folgendes zu bemerken:

1.) Bei der Beurteilung der Kreditoperation Klepper wird immer wieder übersehen, dass der Stadt Köln der Gegenwert der von Herrn Klepper zur Diskontierung gegebenen Wechsel gar nicht zugeflossen ist. Die Kölner Filiale der Dedi-Bank[1] hatte der Stadt Köln 12 Millionen RM geliehen. Sie verlangte die Rückzahlung möglichst noch vor dem 31.12. zwecks Bereinigung ihrer Bilanz. Die Stadt Köln hatte nach aller Voraussicht die Möglichkeit, aus ihr zugesagten Geldern im Laufe des Sommers die 12 Millionen RM zurückzuzahlen, sie konnte es aber nicht vor dem 1.1. Ich habe dann Herrn Klepper zwar zunächst gebeten, der Stadt Köln 12 Millionen RM vor dem 31.12. zu leihen. Als ich Herrn Klepper um das Darlehen bat, ich habe ihn übrigens meines Wissens bei dieser Gelegenheit zum ersten Male gesprochen, und ihm sagte, die Kölner Filiale der Dedi-Bank lege grossen Wert darauf, die 12 Millionen RM noch vor Jahresschluss zurückgezahlt zu erhalten im Hinblick auf ihre Bilanz zum 31.12., hat er mir sofort erwidert, er dürfe nach dem Statut der Preussenkasse keinen Kommunalkredit geben – mir war das unbekannt. Er hat dann den Vorschlag gemacht, der später zur Ausführung gekommen ist, und ausgeführt, dass dadurch die Bilanz der Kölner Filiale eine entsprechende Verbesserung erfahre und es für die Preussenkasse gleichgültig sei, welcher Bank sie ihre Wechsel, die sie in genügender Zahl habe, gebe. Die weiteren Verhandlungen sind dann zwischen einem Direktor der Kölner Filiale und Herrn Klepper direkt ohne mein Zutun geführt worden.

2.) Was Ihre Ausführungen über meine von Ihnen so bezeichnete „kommunale Misswirtschaft“ im allgemeinen angeht, so ist es sehr schwer, wenn nicht unmöglich, im Rahmen einer schriftlichen Auseinandersetzung, wenn diese nicht das Mass des Gestatteten bei weitem überschreiten soll, zu antworten. Ich bin aber durchaus bereit, Ihnen oder einem von Ihnen damit zu betrauenden sachverständigen Herrn mündlich jede gewünschte Auskunft über die Finanzwirtschaft der Stadt Köln seit der Stabilisierung zu geben.

Ich möchte mich hier, ehe ich zu Ihren speziellen Beanstandungen komme, auf folgende allgemeine Ausführungen beschränken: Die Stadt Köln war bei Ende des Krieges über 100 Jahre Festung. Es harrte noch das ganze alte, zwischen der Stadt und den Vororten liegende Rayongelände, das durch die Entfestigungen von 1906/7 von den Baubeschränkungen frei geworden war, der städtebaulichen Erschliessung. Dazu kam jetzt das ausserordentlich grosse, nunmehr von den Beschränkungen frei werdende Rayongelände jenseits der Vororte. Ferner gab der Fortfall der Festungseigenschaft und der damit Hand in Hand gehende Fortfall der Rayonbeschränkungen in der Stadt überhaupt die Möglichkeit, Bahnen zu bauen und Industriegelände zu schaffen – bei Abbruch des Krieges hatte Köln keinen Quadratmeter Gelände zur Verfügung, das gleichzeitig Wasser- und Bahnanschluss hatte. Es hat endlich die Bevölkerung Kölns in der Zeit von 1919–1930 ohne Eingemeindung um rund 100 000 Menschen zugenommen. Aus diesen Tatbeständen ergab sich eine Reihe ganz grosser und umfangreicher städtebaulicher Aufgaben, die angefasst und möglichst erfüllt werden mussten. Die Verhältnisse in Köln lagen etwas anders als in den andern Städten.

Ich füge Ihnen in der Anlage bei eine Zusammenstellung der langfristigen und kurzfristigen Schulden der Stadt Köln nach dem Stande vom 31.12.31, geordnet nach dem Verwendungszweck der aufgenommenen Gelder. Sie werden daraus, wie ich hoffe, ohne weiteres ersehen, dass für direkte Luxusausgaben verhältnismässig wenig ausgegeben worden ist. Die rechtzeitige Konsolidierung des grössten Teils unserer schwebenden Schulden ist uns dadurch unmöglich geworden, dass uns die Aufnahme einer uns angebotenen grossen langfristigen Anleihe im Jahre 1925 nur zum Teil genehmigt wurde und dass uns im Jahre 1928 die Aufnahme einer langfristigen Auslandsanleihe von mindestens 25 Millionen Dollar, die uns verbindlich angeboten war und auf die uns bereits ein Vorschuss von 41 Millionen RM gegeben worden war, durch die Stellung, die die massgebenden Stellen gegenüber der Aufnahme langfristiger Auslandsanleihen durch die Kommunen einnahmen, unmöglich gemacht worden ist.

Dass hier und da Fehlinvestitionen vorgekommen sind, ist ohne weiteres zuzugeben. Es ist das bei der Fülle der Aufgaben und bei der Schwierigkeit der ganzen Situation verständlich, ich glaube jedenfalls entschuldbar. Zu diesen

Fehlinvestitionen rechne ich auch die Ihnen bekannte Erbauung der Müllverwertungsanstalt. Ich führe hier zur Entschuldigung des damaligen Dezernenten, dem ich die Angelegenheit in weitem Masse zur selbständigen Erledigung überlassen habe, an, dass die Motoren-Fabrik Deutz A.-G. und die Maschinenbauanstalt Humboldt A.-G. damals glaubten, eine neues Verfahren zur Müllverwertung gefunden zu haben, und dass der Kölner Bau das Probestück sein sollte. Die Motoren-Fabrik Deutz A.-G. und die Maschinenbauanstalt Humboldt A.-G., ein, wie Ihnen bekannt sein wird, sehr grosses und für Köln wichtiges industrielles Unternehmen, hoffte durch den Kölner Bau zahlreiche Aufträge im Inland und Ausland zu bekommen. Derartige Aufträge wären der Stadt Köln indirekt durch Beschäftigung Arbeitsloser, Steuern usw. zugute gekommen. Die Motoren-Fabrik Deutz A.-G. und die Maschinenbauanstalt Humboldt sind von ihren Leuten schmählich getäuscht worden und wir mit ihnen; sie sowohl wie die Stadt Köln haben dadurch erhebliche finanzielle Verluste gehabt.

Ob man bei der von der Stadt Köln befolgten Grundstückspolitik von Fehlinvestitionen sprechen kann, ist mir sehr zweifelhaft. Ich stehe deswegen dieser Angelegenheit verhältnismässig objektiv gegenüber, weil ich, wenn auch formell, so doch materiell nicht die Verantwortung dafür trage. Ich habe die Grundstückspolitik zur fast restlos selbstständigen Bearbeitung meinem damaligen 1. Bürgermeister Dr. Matzerath, einem sehr klugen Manne, und dem Grundstücks-Ausschuss, in dem unsere besten und zuverlässigsten Stadtverordneten waren, überlassen. Übrigens habe ich, als nach meiner Auffassung schliesslich doch zuviel gekauft wurde, ehe die Kapitalknappheit sich merklich fühlbar machte, den Ankauf weiteren Grund und Bodens inhibiert. Man wird aber bei der Beurteilung der Grundstückskäufe nicht übersehen dürfen, dass durch die neue Entfestigung Kölns genau wie bei den vergangenen grosse Grundstückstransaktionen nötig wurden.

Bisher habe ich nicht den Eindruck, dass unsere Grundstücke zu hoch in die Bilanz eingesetzt seien. Wir haben in den 11 Monaten des Jahres 1931 für 1,9 Millionen RM Grundstücke verkauft. Darauf sind 1,5 Millionen RM in bar gezahlt worden, ein Zeichen dafür, dass wir in der Bemessung des Kaufpreises nicht zu hoch gegangen sind. Trotzdem liegen die Kaufpreise durchgängig über unseren Bilanzwerten (im Jahre 1926 ist eine Abwertung der Grundstückswerte teilweise bis auf 60% vorgenommen worden). Sie führen an, dass die Schuldenlast der Grundstücksverwaltung dem Werte der zweifellos nicht zu niedrig in die Bilanz eingesetzten Grundstücke voll entspräche, und ziehen daraus für unsere Finanzpolitik ungünstige Schlussfolgerungen. Ich darf demgegenüber darauf hinweisen, dass absichtlich bei den Bilanzen unserer Grundstücksverwaltung auch schon vor dem Zusammenbruch der Wert der Grundstücke sogar etwas unter die Schuldsumme der Grundstücksverwaltung gesetzt worden ist, um uns davor zu schützen, dass die Stadtverordneten aus erhofften Gewinnen der Grundstücksverwaltung Summen in den laufenden Haushaltsplan einstellten. In der Bilanz der Grundstücksverwaltung vom 31.3.19 betrugen die Aktiven 74,3 Millionen, die Passiven 86,1 Millionen M.

Über den Erwerb der Kohlenfelder kann man geteilter Meinung sein. Wir haben sie zu teuer bezahlt, das ist richtig, aber der Besitz der Felder an sich, die von 2 benachbarten Zechen aus ohne Niederbringung neuer Schächte in Abbau genommen werden können, ist für uns bei den Verhandlungen mit der Ruhr-Gas-A.-G. über den Bezug von Ferngas, die auf einen toten Punkt infolge der unseres Erachtens untragbaren Forderungen der Ruhr-Gas-A.-G. angekommen waren, sehr wichtig gewesen. Die Verhandlungen sind dadurch wieder in Fluss gekommen und haben zu einem für uns tragbaren Ergebnis geführt. Ihr Besitz ist auch jetzt bei den Verschiebungen, die auf dem Gebiete der Elektrizitätswirtschaft im Westen vor sich gehen, für uns wertvoll.

Was die Pressa angeht und die Einweihungsfeierlichkeiten der neuen Köln-Mülheimer Brücke, so erscheinen die dafür aufgewendeten Beträge heute sicher sehr hoch. Man muss aber meines Erachtens auch hier folgendes berücksichtigen: Für „Essen“, das heisst für Speisen und Getränke, sind in dem Pressa-Jahre ausgegeben worden 364 279,68 RM. Wenn man bedenkt, dass 500, darunter 39 internationale Veranstaltungen in dem Jahre stattgefunden haben, wenn man weiter bedenkt, dass damals die Preise erheblich höher waren als jetzt, so glaube ich, kann man doch über diese Angelegenheit zu einem erheblich milderen Urteil kommen.

Was die Einweihungsfeierlichkeiten der Köln-Mülheimer Brücke angeht, so bitte ich, zunächst folgendes vorausschicken zu können: Mülheim ist im Jahre 1914 eingemeindet worden. Damals war ihm der Bau einer Brücke fest zugesichert worden. Die Mülheimer selbst hatten schon Jahrzehnte vorher sich mit dem Plan beschäftigt. Die Brücke wurde erst vollendet am 13.10.29. Für den ganzen Stadtteil Mülheim, der 58 000 Menschen umfasst, war die Eröffnung der Brücke ein Tag von allergrösster Bedeutung. Es kam hinzu, dass die Befreiung der Rheinlande bald bevorstand und dass darum auch die Einweihung der Brücke zu einem wirklichen Volksfest werden sollte. Dass sie ein wirkliches Volksfest war, bitte ich aus dem beiliegenden Bericht der Kölnischen Zeitung zu entnehmen.[2] Zu der Hauptfeier, die auf der Brücke stattfand, waren 3426 Personen eingeladen – übrigens haben die Kosten für die Einladungskarten ohne Briefumschläge 792 RM betragen.

Zum Schluss wiederhole ich nochmals, dass es sehr schwer ist, die Finanzpolitik, die während einer Reihe von Jahren geübt wurde, in einer verhältnismässig kurzen Darlegung auseinanderzusetzen. Ich bin aber zu einer ausführlichen Darstellung, wie ich oben bereits schrieb, durchaus bereit. Ich bin der Überzeugung, und zwar nach wie vor, dass in der Hauptsache die von mir befolgte Politik richtig war, weil die Möglichkeiten, die die Entfestigung Kölns boten, ausgenutzt werden mussten und nur in jenen Jahren ausgenutzt werden konnten.

Das Gesamtbild der finanziellen Lage Kölns ist übrigens, wenn man die gegenwärtige abnorme Arbeitslosigkeit ausser Betracht lässt, nicht so ungünstig, wie es erscheint, wenn man immer wieder lediglich die Höhe der Schuldsumme sieht und nicht auch auf das achtet, was an positiven Werten geschaffen worden ist. Der beste Beweis hierfür ist folgender: Im Jahre 1913 genügten die Erträgnisse der Werke und Bahnen nicht, um Zinsen und Tilgungsquoten der gesamten städtischen Schulden zu decken; es mussten für einen nicht unerheblichen Teil des Schuldendienstes, etwa für [unleserlich]/4 bis [unleserlich]/5 Steuererträgnisse in Anspruch genommen werden. Jetzt ist trotz der ungünstigen wirtschaftlichen Lage der Ertrag der Werke und Bahnen höher als der gesamte städtische Schuldendienst, dabei hält sich der Preis für Strom und Gas durchaus im Durchschnitt der Preise anderer Städte oder gemischtwirtschaftlicher Unternehmungen.

Hochachtungsvoll
gez. Dr. Adenauer

[1] Deutsche Bank und Disconto-Gesellschaft, die 1929 aus dem Zusammenschluss von Deutscher Bank und Disconto-Gesellschaft entstanden war.

[2] Der Bericht wird hier nicht mit abgedruckt.

Dokument 19

Berlin, 17. Juli 1933: Der Preußische Minister des Innern an Herrn Oberbürgermeister Dr. Conrad Adenauer, Köln am Rhein

Quelle: StBKAH, Nl. Adenauer 01.06.1, behändigte Erstausfertigung, auf Kopfbogen „Der Preußische Minister des Innern". Abgedruckt bei: Hans Peter Mensing (Bearb.), Adenauer im Dritten Reich (Berlin 1991), S. 155.

Auf Grund des § 4 des Gesetzes zur Wiederherstellung des Berufsbeamtentums vom 7. April 1933 (Reichsgesetzblatt I Seite 175) entlasse ich Sie aus dem Dienst der Stadt Köln.

i.V. Grauert

An Herrn Oberbürgermeister Dr. Conrad Adenauer
In Köln a/Rh. Max Bruchstr. 6

2. Grundlagen: Adenauers wirtschafts- und gesellschaftspolitische Überzeugungen

In den Krisenjahren der Weimarer Republik kamen auf den Leiter einer Kommune große Herausforderungen zu, weil die Städte den wirtschaftlichen Wiederaufbau nach dem Ende des Krieges unter schwierigen Rahmenbedingungen bewältigen mussten. Die Kriegsfolgen, die Inflation, die Finanznöte der Kommunen infolge der Erzberger'schen Finanzreform und die Weltwirtschaftskrise wirkten sich auf den Handlungsspielraum der Kommunen und ihrer leitenden Beamten aus.[1]

Ähnliches galt für die gesellschaftspolitische Ebene. Die Situation der unteren sozialen Schichten, insbesondere die Arbeitslosigkeit, war ein brennendes Problem. Die Lösung war mit der Frage verbunden, wie Sozialpolitik bzw. Gesellschaftspolitik zu gestalten sei. Die Vorstellungen von der inneren Ordnung der Gesellschaft, dem Verhältnis der Gruppen untereinander und dem Verhältnis zwischen Staat und Gesellschaft mussten in dem neuen staatlichen Rahmen ausgefüllt werden. Konrad Adenauer besaß feste Überzeugungen, aber er hat sich nicht schriftlich über theoretische Grundlagen seiner Wirtschafts- oder Gesellschaftspolitik geäußert, so dass diese nur aus seinen Aktivitäten und Äußerungen erschlossen werden können. Als sein großes, übergeordnetes Ziel als Oberbürgermeister kristallisiert sich die Absicht heraus, seine Heimatstadt als die führende rheinische Metropole wieder zu festigen, sie zum wirtschaftlichen und kulturellen Mittelpunkt des Rheinlandes, zu einer Drehscheibe für die Verbindungen auch mit dem westlichen Ausland zu machen.[2] Er trieb in seiner Amtszeit mehr als ein Dutzend wirtschaftlich relevanter Projekte in so unterschiedlichen Bereichen wie Industrie- und Strukturpolitik, Verkehr, Handel, Wohnungsbau, Energie und Arbeitsmarkt voran.

1919 betonte er vor der Stadtverordnetenversammlung den Nachholbedarf Kölns bei Infrastrukturmaßnahmen: „Unsre Häfen reichen bei weitem nicht mehr [...], daher müssen wir unsre Häfen vergrößern, unsre sonstigen Verkehrseinrichtungen verbessern, Lager- und Kühlhäuser errichten, Kontorgebäude und Hotels bauen, und zwar sobald wie möglich."[3] Er plante ein breit angelegtes Investitionsprogramm, um die Position der Stadt als Wirtschaftszentrum und Handelsplatz zu stärken. Die Vorlage für den Hafenbau fand 1922 die Zustimmung der Stadtverordnetenversammlung. Ein neuer Rheinhafen sollte die Verbindung mit den holländischen und belgischen Seehäfen und mit Großbritannien verbessern und die Stadt im Umkreis

[1] Siehe Einführung (Kapitel I, 1.).

[2] Schwarz, Aufstieg, S. 243f.

[3] Siehe Dokument 20.

Abb. 9 und 10:
Der Neubau der Messe 1924

des Hafens attraktiver für die Industrie machen.[4] Adenauers Aktivitäten zielten darauf ab, günstige Rahmenbedingungen für Wirtschaftsansiedlung zu schaffen. Dabei sollte die Kommune unterstützend und fördernd auftreten, ohne privatwirtschaftliche Initiative zu unterdrücken. Das Prinzip der Subsidiarität „hatte für sein Verständnis von Wirtschaft und Gesellschaft, von gesamtstaatlichen und kommunalen Planungen [...] fundamentale, kaum zu überschätzende Bedeutung".[5] Die Stadt sollte wirtschaftlich nur dann tätig werden, wenn es dem allgemeinen Wohl diente. Dazu gehörte etwa die Übernahme der Energie- und Wasserversorgung aus privatwirtschaftlicher Hand.[6] Adenauers Handeln war geprägt von „der Gemeinwohlorientierung des Wirtschaftens bei grundlegender Akzeptanz der Marktwirtschaft".[7] Die Wirtschaftsordnung sollte freiheitlich sein, ohne bedeutende unternehmerische Konzentrationen mit einem starken Mittelstand. Staatliche Zentralisierung, Sozialisierung und zentralstaatliche Wirtschaftslenkung lehnte er ab.[8]

Einblick in wirtschaftliche Fragestellungen hatte er durch seine Kontakte zu Unternehmerpersönlichkeiten Kölns und der Weimarer Republik und durch seine Aufsichtsratsmandate.[9] Privatwirtschaft, Industrie und Banken unterstützte er nach Möglichkeit, aber nur so weit, wie es für die Interessen der Stadt notwendig war. Ein Favorit der Schwerindustrie, wie ihn die Kölner SPD 1921 bezeichnete, war er keineswegs. Aber er nutzte seine Beziehungen zu Wirtschaftsgrößen wie August Thyssen, Paul Silverberg und Louis Hagen, holte sich Rat, ohne Konflikte zu scheuen oder sich abhängig zu machen.[10] Er gewann dadurch ein besseres Verständnis wirtschaftlicher Interessen und Problemlagen. Ein weiterer Aspekt seiner wirtschaftspolitischen Maßnahmen war die Förderung der Beschäftigung. In seiner Antrittsrede formulierte Adenauer sozialen Fortschritt und Hebung des Wohlstandes für alle Schichten als wichtige Ziele seiner Amtstätigkeit.[11] Köln litt jedoch während der Weimarer Republik anhaltend unter hoher Erwerbslosigkeit.[12] Darin sah der Oberbürgermeister, über die finanzielle Belastung der Stadt durch Wohlfahrtsausgaben hinaus, eine Bedrohung des sozialen Friedens. Wirtschaftspolitik war daher für ihn

[4] Müller, Adenauers Europa- und Kulturpolitik, S. 53.

[5] Schulz, Adenauer in seinem Verhältnis zu Wirtschaft und Gesellschaft, S. 69.

[6] Rolf Wenzel, Konrad Adenauer und die Gestaltung der Wirtschafts- und Sozialordnung in Westdeutschland 1945–1951/52 (Flensburg 1983), S. 22.

[7] Schulz, Adenauer in seinem Verhältnis zu Wirtschaft und Gesellschaft, S. 67.

[8] Wenzel, Die Gestaltung der Wirtschafts- und Sozialordnung, S. 20.

[9] Siehe dazu auch Kapitel II, 9.

[10] Schulz, Adenauer in seinem Verhältnis zu Wirtschaft und Gesellschaft, S. 71f.

[11] Siehe Dokument 3.

[12] Siehe Einführung (Kapitel I, 1.).

Abb. 11: Besichtigung einer Lufthansa-Maschine auf dem Flughafen Butzweiler-Hof 1926

zugleich Sozialpolitik, soweit sie Arbeitsplätze schuf.[13] Seine mit hoher Kreditaufnahme verbundenen Infrastrukturmaßnahmen rechtfertigte er u.a. mit dem Hinweis auf die Rückwirkungen der Wirtschaft auf die sozialen Verhältnisse. „Insbesondere wies er seine expansive öffentliche Ausgabenpolitik als Schlüssel zur Lösung der gesellschaftlichen Kardinalfrage der Arbeitslosigkeit aus."[14] Die Kommune selbst solle ihre Aufträge möglichst an die heimische Industrie vergeben. In einem Rundschreiben an sämtliche Dienststellen wies der Oberbürgermeister 1922 ausdrücklich darauf hin, dass die Kölner Industrie bei der Vergabe städtischer Aufträge zu berücksichtigen sei, wenn die Preise oder Lieferbedingungen ähnlich denen auswärtiger Anbieter seien.[15]

Unter dem Aspekt der Beschäftigungspolitik ist auch die Gründung der Universität 1919 zu sehen, weil sie Köln durch die Ausbildung qualifizierter Arbeitskräfte für Wirtschaftsansiedlung attraktiver machte. Zudem war die Universität selbst

[13] Pabst, Adenauers Personalpolitik, S. 293.

[14] Wenzel, Die Gestaltung der Wirtschafts- und Sozialordnung, S. 25.

[15] Siehe Dokument 21.

Abb. 12: Besuch bei Generaldirektor Heine in den Ford-Werken

Arbeitgeber im Dienstleistungsbereich, ebenso wie die „Westdeutsche Rundfunk AG" (WERAG), die er nach erbittertem Wettbewerb mit Düsseldorf nach Köln holte,[16] und der Flughafen Butzweilerhof, der 1926 seine Pforten öffnete. Adenauers Wirtschaftspolitik sollte ferner die deutsche Volkswirtschaft mit den westlichen Nachbarländern verflechten. Dank der geographischen Lage und der Struktur der einheimischen Industrie war Köln als Brücke zu den westlichen Industrienationen geradezu prädestiniert.[17] Mit dieser Verflechtung wollte er zwei elementaren Zielen seiner Wirtschaftspolitik näherkommen: der Verständigung mit den ehemaligen Kriegsgegnern und der Aussicht, Köln wirtschaftlich zu stärken. Der Bau der Messe war Teil dieser Planungen.[18] Auch andere Projekte gehören in diese Kategorie, wie die Universität und die PRESSA – Adenauer wies in der Rede zur Eröffnung der Universität auf den wirtschaftlichen Faktor hin –,[19] die zwar nicht primär aus wirtschaftlichen Gründen angegangen wurden, bei denen aber internationale Verständigung und wirtschaftliche Interessen eine Rolle spielten.

16 Först, Rheinische Städte und ihre Oberbürgermeister, S. 574 ff.

17 Schwarz, Aufstieg, S. 244.

18 Siehe Dokument 10.

19 Siehe Dokument 9.

Die Bedeutung außenpolitischer Erwägungen bzw. internationaler Rahmenbedingungen in Adenauers wirtschaftlichen Denkkategorien zeigt ein Briefwechsel mit dem Generaldirektor der Fordwerke, Heine. Die wirtschaftlichen Schwierigkeiten Deutschlands führte der Oberbürgermeister hauptsächlich auf zwei Ursachen zurück: Das deutsche Volk habe über seine Verhältnisse gelebt, und Deutschland sei zudem von den ehemaligen Kriegsgegnern wirtschaftlich systematisch ausgebeutet worden. Die Reparationszahlungen waren für ihn die Hauptursache, dass die deutsche Wirtschaft sich nicht erholen konnte. Die Kriegsgegner wären besser beraten, wenn sie sich von wirtschaftlichen Interessen leiten ließen und nicht von Ressentiments.[20] Hier klang auch der Wunsch nach Verständigung an, bei der Adenauer die Wirtschaft als Vehikel ansah. Er bemerkte bereits bei der Eröffnung der Kölner Messe 1924: „Es muss in Europa wieder eine Atmosphäre des Friedens geschaffen werden und es scheint, dass dabei die Wirtschaft der Politik Wegbereiterin sein muss."[21] Die Politik dürfe die Wirtschaft nicht zu stark beeinflussen. Dahingehend äußerte er sich im Mai 1932 in einem Brief an Heineman, in dem er erwähnt, er befürchte, „dass Politik und Psychologie der Völker noch für lange Zeit über alle wirtschaftliche Einsicht triumphieren werden".[22]

Adenauers wirtschaftspolitische Planungen zeugen von Sachverstand und Gespür für das praktisch Machbare. Sein Handeln zeigt, dass er sich über die Rahmenbedingungen im Klaren war, die eine Stadt schaffen musste, um der Wirtschaft ein positives Umfeld zu bieten. Seine Wirtschaftspolitik sollte helfen, Köln auf den Weg zur führenden Industrie- und Handelsmetropole des Westens zu bringen. Sie hatte die Funktion, den Standort zu stärken, die Einnahmen der Stadt zu verbessern und somit die Grundlage für die weitere Kommunalpolitik bereitzustellen. Sein Verhältnis zur Wirtschaft war funktional: Die Wirtschaftspolitik sei Mittel, um der Kommunalpolitik den nötigen finanziellen Handlungsspielraum zu verschaffen, sie war für ihn Mittel zum Zweck.[23] Eine gesunde Wirtschaft sei die Voraussetzung für die Hebung des sozialen Wohlstands und sichere sozialen Frieden.

Diese Ziele standen auch im Zentrum der gesellschaftspolitischen Prägungen Adenauers. Seine Vorstellungen von der inneren Ordnung der Gesellschaft sind stark von seiner Herkunft und seinem Werdegang beeinflusst. Ein bestimmender Faktor war seine Religiosität. Sein Handeln war „vor allem von der katholischen Soziallehre geprägt, insbesondere vom Solidarismus, von der Betonung des Werts

[20] Siehe Dokument 22.

[21] Siehe Dokument 10.

[22] Siehe Dokument 23.

[23] Wenzel, Die Gestaltung der Wirtschafts- und Sozialordnung, S. 23.

Abb. 13: Der Stadtplaner: Adenauer vor einem Modell des Grüngürtels

der Familie, gesellschaftlicher Gliederung und sozialen Ausgleichs“[24]. Christliche Grundsätze hatten für ihn „unerschütterliche Richtigkeit“ als Leitfaden der Politik. Erst das Abweichen von ihnen hatte seiner Meinung nach Deutschland und Europa in Krieg und Chaos gestürzt.[25]

Entscheidende Bedeutung hatte in diesem Zusammenhang der Gegensatz von christlicher und materialistischer Weltanschauung.[26] Wiederholt wies Adenauer auf den Materialismus als zentrales Problem der Zeit hin. Die Ausbreitung des Materialismus war für ihn Indiz eines moralischen Verfalls der Gesellschaft. Wenn Deutschland wieder zu alter Stärke zurückfinden wolle, müsse es dem Materialismus abschwören, den man jahrzehntelang gepflegt habe und der die Wurzel des deutschen Unglücks sei. Man könne des kapitalistischen Zeitalters nur Herr werden, wenn der Materialismus durch den Idealismus, insbesondere den christlichen,

[24] Schulz, Adenauer in seinem Verhältnis zu Wirtschaft und Gesellschaft, S. 67.

[25] Siehe Dokument 45.

[26] Zur Auseinandersetzung Adenauers mit dem Materialismus siehe Anneliese Poppinga, Konrad Adenauer – Geschichtsverständnis, Weltanschauung und politische Praxis (Stuttgart 1975), S. 174–180.

überwunden werde.[27] Die Zentrumspartei sei vor allem deshalb sehr wichtig, weil sie die christlichen Grundwerte vertrat, die eine Überwindung der inneren Gegensätze in der deutschen Gesellschaft und des Materialismus ermöglichten. Vielleicht am stärksten war Adenauers Handeln von gesellschaftspolitischen Vorstellungen geprägt. In den schwierigen Zeiten des Krieges und der Inflation bildete sich seine Auffassung von der Bedeutung der Kommunen als des wichtigsten Trägers sozialer Leistungen aus. Zu seinen kommunalpolitischen Grundeinstellungen gehört ferner die Erkenntnis von der Bedeutung starker kleiner Einheiten, in denen das Handeln auf Konsens beruht und bürgernah ist.[28] Dies äußerte sich u.a. in seinen Überlegungen zur Stadtreform. Eine Gefahr barg nach Adenauers Meinung die große Bevölkerungskonzentration in den Großstädten. Die Stadtbewohner würden losgerissen „von dem in seinem innersten Wesen begründeten notwendigen Zusammenhang mit der Natur". Die Entfremdung von der Natur führe zu geistigen und körperlichen Schäden. Besonders Großstädte brauchten mehr Möglichkeit zu räumlicher Ausdehnung.[29] Er versuchte das städtische Umfeld so zu gestalten, dass den Stadtbewohnern die Verbindung mit der Natur erhalten blieb. Vor diesem Hintergrund sollte seine Stadtplanung durch die Grüngürtel die Bebauung auflockern, die Stadt dezentralisieren und Unterzentren schaffen.[30]

Aus Adenauers Wertschätzung der Leistungen der kommunalen Selbstverwaltung erklärt sich seine ablehnende Haltung gegenüber zentralstaatlichen Tendenzen und Großbürokratien. Er sah in der Zentralisierung eine Gefährdung der in den Gemeinden praktizierten „realitätsnahen Bedürfnisbefriedigung" der Bürger.[31] Er forderte den Ausbau der kommunalen Selbstverwaltung und verstärkte Provinzialautonomie.[32] Er setzte auf das verantwortungsbewusste Handeln des Einzelnen wie das der Kommunen, die in Selbstverwaltung möglichst weite Teile des Gemeindelebens ordnen und bestimmen sollten. Weiterhin war er offen für die Kooperation mit unterschiedlichen politischen und gesellschaftlichen Kräften. Davon zeugt seine jahrelange Zusammenarbeit mit der SPD in der Stadtverordnetenversammlung wie auch sein gutes Verhältnis zu Spitzenvertretern der Wirtschaft. Zeitgenossen haben ihm sowohl zu große Nähe zur Großindustrie als auch eine zu weit links orientierte Politik vorgeworfen. Solche Vorwürfe verkennen jedoch das Anliegen des

[27] Siehe Dokument 24.

[28] Günther Schulz, Konrad Adenauers gesellschaftspolitische Vorstellungen, in: Hans Pohl (Hg.), Adenauers Verhältnis zu Wirtschaft und Gesellschaft, S. 159ff.

[29] Siehe Dokument 25.

[30] Wenzel, Die Gestaltung der Wirtschafts- und Sozialordnung, S. 29.

[31] Ebd., S. 18.

[32] Siehe Kapitel II, 3.

Oberbürgermeisters, gesellschaftlichen Ausgleich herzustellen und konkurrierende Kräfte einzubinden. Adenauer agierte aus der gegebenen Situation heraus und war im politischen Alltagsgeschäft pragmatisch und beweglich.[33] Dabei ließ er sich jedoch von Prinzipien leiten, die hauptsächlich seiner religiösen Prägung und seinen kommunalpolitischen Erfahrungen entsprangen. Sie gaben seinem Handeln Orientierung, ohne ihn auf eine bestimmte Vorgehensweise festzulegen. Dadurch entstand Spielraum für praktische Lösungen, für das energische Angehen wirtschaftlicher und gesellschaftlicher Probleme.

[33] Schulz, Adenauers gesellschaftspolitische Vorstellungen, S. 162f.

Dokument 20

Köln, 30. Oktober 1919: Rede Adenauers anlässlich der Einführung der Stadtverordneten[1] [Auszug]

Quelle: Stenographische Berichte über die Verhandlungen der Stadtverordnetenversammlung zu Köln, Köln 1919, S. 332ff.

[Eingangs betonte Adenauer die Bedeutung der praktischen Arbeit in der Kommunalverwaltung. Durch den Ersten Weltkrieg stehe diese vor gravierenden Problemen. Der Verwaltungsapparat sei durch den Krieg geschwächt und müsse neu aufgebaut werden. Als kurzfristiges Problem sah er besonders die Versorgung der Bevölkerung im kommenden Winter. Trotz der Bedeutung dieser Fragen für die Bürgerschaft dürfe man die Entscheidungen über langfristig angelegte Projekte nicht vergessen, die für die Entwicklung Kölns von höchster Bedeutung seien.]

Drei Angelegenheiten von allergrößter Tragweite sind im Werden und unterliegen schon in Bälde ihrer weiteren Beschlußfassung. Die eine ist die Gestaltung des zwischen der Altstadt und den Vororten sich in einer Größe von 360 Hektar erstreckenden noch unbebauten Geländes. Die Festungseigenschaft Kölns hat die in der Geschichte der Städteentwicklung und des Städtebaues wohl einzig dastehende Tatsache zur Folge gehabt, daß eine riesige Fläche mitten in der Stadt noch unerschlossen daliegt. Das ist eine Gelegenheit, die für den Städtebauer niemals wiederkehrende Möglichkeiten schafft; eine solche Fläche in solcher Lage ruft geradezu nach einer Höchstleistung auf städtebaulichem Gebiet. Der Bebauungsplan, der vor mehreren Jahren für das Gebiet von der Stadtverordneten-Versammlung beschlossen worden ist, wird meines Erachtens der Sache nicht gerecht. Ich habe deshalb der Stadtverordneten-Versammlung vorgeschlagen, diese Pläne wieder aufzuheben, und auf Grund eines von uns erwirkten Spezialgesetzes zu beschließen, die Umlegung des ganzen Gebiets von ungefähr 1100 Besitzstücken und ferner die unentgeltliche Abtretung der Grundflächen, die zur Anlage von etwa 400 Morgen zusammenhängender Grünanlagen und Wasserflächen nötig sind, durch die Grundstückseigentümer herbeizuführen. Finanzielle Lasten werden hierdurch der Stadt nicht entstehen. Sowohl für die Abtretung der Grundflächen wie für die Kosten der Anlage sollen die Grundstückseigentümer durch Änderung der Bauklassen entschädigt werden. Die Stadtverordneten-Versammlung hat zu meiner lebhaften Genugtuung diesem Antrag stattgegeben. Drei ausgezeichnete Städtebauer, Professor Jansen in Berlin, Professor Schumacher in Hamburg, Bauinspektor Stooß in Köln sind mit der Ausarbeitung von Plänen beauftragt, welche in künstlerischer und sozialer Beziehung den höchsten Ansprüchen genügen sollen, Ansprüchen, die diesen in der Geschichte des Städtebaues einzig dastehenden Möglichkeiten gerecht werden. Mitte November sollen diese Pläne fertig werden; ich hoffe, daß Sie noch im Laufe des Jahres über sie Beschluß fassen können. Sie werden dann Beschluß zu fassen haben über ein Werk, das bestimmt ist, – ich übertreibe nicht – für die nächsten Jahrhunderte dem Angesicht der Stadt Köln sein künstlerisches Gepräge zu geben.

Der Förderung durch Sie harrt dann ein zweites Werk, in seinen Ausmaßen noch größer, in seiner Bedeutung für die kommenden Generationen nicht geringer. Sie wissen, daß die landschaftliche Schönheit der nähern Umgebung Kölns auf der linken Rheinseite nicht groß ist. Vielleicht ist Ihnen aber noch nicht allen bekannt, daß die vorhandenen landschaftlichen Reize in 50 bis 100 Jahren noch weiter stark gemindert werden. Dann sind die Braunkohlenwerke auf dem Vorgebirge erschöpft, und sie werden herniedersteigen in die jetzt noch still daliegende Ebene, um die in dieser liegende Braunkohle im Tiefbau zu gewinnen. In einigen Jahrzehnten werden in dieser nächsten Umgebung Kölns Schlote rauchen und Schachttürme sich emporrecken.

Gegen Schädigung und Beeinträchtigung hierdurch Köln soweit als möglich zu sichern, ist eine absolute Lebensfrage für uns. Das läßt sich noch erreichen ohne uns erdrückende Lasten, wenn wir entschlossen die sich uns bietende Gelegenheit nützen. Rund um Köln zieht sich im Zuge der Militärringstraße der Rayon, zusammen eine Fläche von 16 000 Morgen ausmachend. Sie steht im Werte dem benachbarten Gelände erheblich nach, weil sie durch die Rayonbelegung der Bebauung und der mit ihr zusammenhängenden Spekulation gegen entsprechende Entschädigung der Grundstückseigentümer bisher entzogen ist. Das Gelände muß dauernd für die Stadt gewonnen werden, auf der rechten Rheinseite zur Anlage von Grünflächen und Siedlungen, und auf der linken Seite eines durchschnittlich 1 Kilometer breiten und 25 Kilometer langen Wald- und Wiesenstreifens. Dieser Wald- und Wiesenstreifen wird die linksrheinische Stadt vor den Braunkohlenbergwerken decken. Er wird ferner in Verbindung gebracht mit dem Vorgebirgs- und Blücherpark, dem Stadtwald, und den an diesen sich anschließenden eben erwähnten, zwischen Köln und den Vororten neu geplanten Grünflächen, die den Bewohnern der linken Rheinseite eine wundervolle Gelegenheit zum Wandern und Spielen geben. Dieser Waldgürtel wird den weitesten Schichten der Bevölkerung zugute kommen, da er zu Fuß durch die eben erwähnten strahlenförmig vom Stadtkern auslaufenden Anlagen mit der Straßenbahn auf den zahlreich schon über die Dorfstraßen laufenden Linien überall leicht erreichbar ist. Wohl war ich mir bewußt, daß es sich hier um ein Projekt auch von großer finanzieller Tragweite handle, als ich Anfang Dezember 1918 bei der Stadtverordneten-Versammlung unter Darlegung obiger Gesichtspunkte beantragte, von der preußischen Landesregierung das Enteignungsrecht für diese Riesenfläche zu verlangen. Die Stadtverordneten-Versammlung hat sich trotz mancher in der Sache liegenden, und von mir nicht verkannten Schwierigkeiten doch der Überzeugung, daß es sich um eine Lebensnotwendigkeit für Köln handle, nicht verschlossen, und meinem Antrag zugestimmt. Das Enteignungsrecht ist uns am 3. Dezember 1918 verliehen worden; die Planoffenlegung ist bereits erfolgt, das Enteignungsverfahren ist eingeleitet.

Inzwischen hat aber die Reichsregierung der Nationalversammlung ein Rayonsteuergesetz vorgelegt, das den Interessen der Festungsstädte nicht gerecht wurde und uns besonders die Verwirklichung unserer Pläne unmöglich gemacht hätte. Durch Vermittlung unsrer Abgeordneten haben wir in Weimar erreicht, daß die Beschlußfassung über dies Gesetz ausgesetzt worden ist, bis ein von uns vorgeschlagenes bodenpolitisches Entfestigungsgesetz, das den besonderen bodenpolitischen Interessen der Festungsstädte Rechnung tragen soll, von der Reichsregierung vorgelegt ist. Die Vorlage dieses Gesetzes ist bald zu erwarten. Es wird den Festungsstädten im allgemeinen und damit auch der Stadt Köln den für ihre Lebensinteressen notwendigen Erwerb des Rayongeländes rechtlich und finanziell ermöglichen. Es wird nicht zulassen, daß die Grundstückseigentümer bei der Enteignung aus der infolge des Krieges bevorstehenden Auflassung der Festungen und Aufhebung der Rayons Gewinn ziehen – das würde ein durch nichts begründeter Kriegsgewinn sein – (Sehr richtig!), anderseits wird es Schädigungen der landwirtschaftlichen Betriebe möglichst zu vermeiden und zu mildern suchen, indem dem Kleinbesitz auf Antrag Entschädigung in Land statt in Geld, den Landwirten auch ein Vorpachtrecht auf die enteigneten Grundstücke eingeräumt wird. In Köln wird die Umwandlung des Landes in öffentliche Anlagen ganz allmählich und langsam erfolgen und auch so die Beeinträchtigung der landwirtschaftlichen Betriebe möglichst erträglich gestaltet werden. Von den 16 000 Morgen des Kölner Rayons entfallen auf städtischen, staatlichen und Großgrundbesitz 75 Prozent, auf kleinere Besitzer nur 25 Prozent. In den Kreisen der beteiligten Grundbesitzer hat eine starke Gegnerschaft gegen den

Plan eingesetzt. Er darf aber nie und nimmer und unter keinen Umständen zum Scheitern kommen; es ist das für Köln eine Lebensfrage.

Handelt es sich bei diesen beiden, von mir kurz gekennzeichneten Projekten um Angelegenheiten von höchster künstlerischer und sozialer Bedeutung, so komme ich nunmehr zum Schluß zu einer Vorlage, die, wenn nicht alle Zeichen trügen, einem neuen Emporstieg des wirtschaftlichen Lebens unsrer Stadt die Wege ebnen wird. Unsre alte Stadt Köln war im Mittelalter eine der stolzesten und reichsten Hansastädte; ihr Import- und Exporthandel hatte weithin Geltung und Bedeutung. Dann schlug der Welthandel andre Wege ein, und unsre Stadt sank langsam herab von ihrer stolzen Höhe; ihre Bewohner verarmten, ihre Häuser und Speicher verödeten. Das 19. Jahrhundert brachte neuen Aufschwung; mit dem wirtschaftlichen und politischen Emporstieg des Deutschen Reichs wuchsen Handel und Industrie in Köln wiederum mächtig empor. Der Friedensvertrag von Versailles bringt für Deutschland und Europa eine neue wirtschaftliche Epoche und für Köln allem Ermessen nach die Möglichkeit einer besondern wirtschaftlichen Blüte. Ich meine hier nicht die Zustände, die sich infolge der besondern Verhältnisse vor der Ratifikation des Friedens ergeben haben und die in der Hauptsache vorübergehender Natur sind; nein, es handelt sich um eine Entwicklung, die tiefer wurzelt, die von bleibenden wirtschaftlichen Faktoren getragen wird.

Der Friedensvertrag enthält wesentliche Eingriffe in die deutsche Eisenbahntarifpolitik. Für den überseeischen Verkehr eines großen Teils von Deutschland liegen an sich nichtdeutsche Seehäfen wie Rotterdam, Amsterdam, Antwerpen und vielleicht Le Havre günstiger als die deutschen Häfen Bremen und Hamburg. Durch entsprechende Tarife der deutschen Eisenbahnen ist der überseeische Verkehr für diese Gebietsteile Deutschlands von den ausländischen Seehäfen ab und auf die deutschen Seehäfen hingelenkt worden. Das ist in Zukunft nach den Bestimmungen des Friedensvertrags nicht mehr möglich, und so wird ein großer Teil des Güterverkehrs, der bisher über die deutschen Seehäfen nach West-, Mittel- und Süddeutschland ging, in der Folge über die westlichen ausländischen Seehäfen gehen. Damit gewinnt die Wasserstraße des Rheines ganz außerordentlich an Bedeutung. Es erscheint aber ferner für die obengenannten Teile Deutschlands die Entstehung eines großen deutschen Markt- und Handelsplatzes nötig. Dieser Platz zu werden, hat Köln alle Aussichten: es hat eine hervorragende Verkehrslage, ist Endpunkt der Rhein-Seefahrt, besitzt ausgezeichnete Eisenbahnverbindungen, große Bank- und Handelshäuser, und endlich ist es für eine Reihe von Jahren infolge der feindlichen Besatzung die beste Gelegenheit zum Handel mit den westlichen Staaten. Diese Entwicklung hat auch bereits in Köln eingesetzt: Eine außerordentlich große Reihe von Firmen hat sich hier niedergelassen, mehrere Hamburger Import- und Exporthäuser haben bereits Filialen errichtet; dasselbe haben ausländische Banken, erste Finanzinstitute und Firmen getan. Diese Entwicklung, meine Damen und Herren, kann nur voranschreiten, nur dann zu einem dauernden Erfolg führen (Zuruf Falk: Wenn Deutschland wieder in die Höhe kommt), wenn wir ihr die Möglichkeit dazu geben durch Schaffung der Verhältnisse, die sie braucht.

Die hat sie jetzt nicht: unsre Häfen reichen bei weitem nicht mehr, unsre Lagerhäuser sind überfüllt, Kontorräume sind nicht mehr zu haben, daher müssen wir unsre Häfen vergrößern, unsre sonstigen Verkehrseinrichtungen verbessern, Lager- und Kühlhäuser errichten, Kontorgebäude und Hotels bauen, und zwar sobald wie möglich. Ich beabsichtige für diese Zwecke von Ihnen eine Summe von rund 100 Millionen Mark zu erbitten. Ich weiß, daß damit ein gewisses Risiko verbunden ist. Aber trotzdem! Wir werden die Gelegenheit benutzen, wir werden es wagen müssen, und ich hoffe, daß die Zukunft unserm Vertrauen in sie recht geben wird, daß wir einer neuen größeren wirtschaftlichen Blüte unsrer geliebten Vaterstadt damit den Weg bereiten werden!

[1] Am 5. Oktober 1919 hatten in Köln die ersten Kommunalwahlen in der Weimarer Republik stattgefunden.

Dokument 21

Köln, 7. Juni 1922: Anweisung Adenauers an die Verwaltung

Quelle: HAStK 902/182/1, Konzept mit hs. Korrekturen.

Verschiedene Vorgänge in der letzten Zeit geben mir Veranlassung, darauf hinzuweisen, dass es im Interesse der Stadt Köln, der in ihrem Bezirk ansässigen Industrie und Arbeiterschaft unbedingt geboten ist, die hiesige Industrie (nach Möglichkeit) bei der Vergebung städtischer Aufträge zu berücksichtigen. Es kann unter keinen Umständen zugelassen werden, dass bei gleichen oder annähernd gleichen Preisen und Lieferungsbedingungen der Zuschlag an auswärtige Firmen erteilt wird. Es muss stets im Auge behalten werden, dass es für das Wirtschaftsleben der Stadt von ausschlaggebender Bedeutung ist, dass die hier befindliche Industrie immer ausreichende Beschäftigung hat; dazu kommt, dass die Stadt durch die hiesige Industrie auch mancherlei finanzielle Vorteile zu verzeichnen hat, die durch erhöhte Steuern und Gebühren und oft nicht unbedeutende freiwillige Spenden zu Wohltätigkeits- und sonstigen gemeinnützigen Zwecken in die Erscheinung treten.

Ich ersuche deshalb, auch in den zuständigen Kommissionen und Deputationen nötigenfalls auf diese Gesichtspunkte besonders hinzuweisen. Ferner ersuche ich mir von allen Fällen, in denen trotz gleicher oder annähernd gleicher Bedingungen auswärtige Firmen gegenüber hiesigen bevorzugt werden, vor Erteilung des Zuschlags bei nennenswerten Aufträgen unter Darlegung der Gründe Bericht zu erstatten.

Je einen Abdruck erhalten die Herren Beigeordneten, Stadtdirektoren und sämtliche Dienststellen.

Dr. Adenauer

Dokument 22

12. November 1931: Adenauer an Generaldirektor Heine, Ford Motor Company A.-G., Köln-Niehl

Quelle: HAStK 902/105/3, Kopie ohne Ort, mit Paraphe.

Sehr geehrter Herr Heine!

Ich erhalte die Nr. 13 der „Saturday Evening Post" vom 26.9.31 mit dem Artikel von Garet Garrett. Es fällt mir schwer, auf ein derartig gehässiges Pamphlet zu antworten. Ich habe noch niemals in einer französischen Zeitung etwas derartig ausgesucht Einseitiges gelesen. Ich möchte mich auf wenige Sätze der Erwiderung beschränken.

Es ist richtig, dass in den Jahren nach dem Zusammenbruch das deutsche Volk über seine Verhältnisse gelebt hat. Es ist das kein Wunder, wenn man bedenkt, dass das deutsche Volk politisch vollkommen unvorbereitet und unmündig die demokratische Verfassung erhielt, dass die alten Autoritäten von heute auf morgen fortfielen, dass neue Schichten, die des Regierens vollkommen ungewohnt waren, ans Ruder kamen, dass Deutschland gleichzeitig von seinen bisherigen Feinden, wenigstens von einem Teil derselben, systematisch weiter unterdrückt und wirtschaftlich ausgeplündert wurde. Ich meine aber – und das ist die Hauptsache –, ein amerikanischer Finanzmann oder Politiker sollte kein moralisierender Prediger sein. Von dem Standpunkte der amerikanischen Interessen aus soll er die schwebenden Fragen betrachten und eine Lösung suchen. Dabei wird er sich folgendes vor Augen halten müssen:

Deutschland hatte vor dem Kriege grosse Einkünfte aus seinen im Ausland angelegten Kapitalien. Trotz der Einkünfte, die es aus diesen Kapitalien hatte, konnte es seine Bevölkerung nur kleiden und ernähren, wenn es in erheblichem Masse Produkte ausführte. Also auch schon vor dem Kriege waren Erträgnisse der im Ausland bereits angelegten Kapitalien und Ausfuhrüberschuss zusammen nötig zur Kleidung und Ernährung. Wie sind die Dinge jetzt? Deutschland hat keine nennenswerten Kapitalien im Ausland, aus denen es Erträgnisse erzielt. Es hat grosse private Schulden und die Reparationsschulden zu verzinsen und zurückzuzahlen. Selbst wenn es die Ansprüche der eigenen Bevölkerung an Ernährung und Kleidung auf Kosten der von anderen Ländern gewünschten Ausfuhr auf das Notdürftigste begrenzt, kann es Reparationen, Zinsen und Tilgungsraten der privaten Auslandsschulden nur zahlen, wenn es in allerstärkster Weise Waren ausführt.

Als amerikanischer Finanzmann und Politiker würde ich bei dem Suchen nach einer Lösung der gegenwärtigen Schwierigkeiten diese unverrückbaren und unumstossbaren Sätze als Ausgangspunkt nehmen. Ich würde mir dann weiter die Frage stellen, ob das weltwirtschaftliche Gefüge eine solch riesige deutsche Ausfuhr erträgt oder ob es nicht selbst darüber zusammenbricht. Ich glaube, dass es sich erübrigt, mehr zu sagen. Wenn die Amerikaner ihren eigenen Interessen und den Interessen der Weltwirtschaft folgen, würden sie richtig handeln. Lassen sie sich von Hass gegen Deutschland leiten, wie der Schreiber des Artikels, so werden auch sie Schaden leiden.

Ich füge das Heft wieder bei und bin mit ausgezeichneter Hochachtung

Ihr sehr ergebener
A[denauer]

Dokument 23

Köln, 30. Mai 1932: Adenauer an Dr. D. Heineman, Brüssel

Quelle: Nl. Adenauer, Bad Honnef-Rhöndorf, Bestand Dannie N. Heineman, Brüssel, Kopie, ohne Ort, mit Paraphe.

Sehr verehrter Herr Heineman!

Herzlich danke ich Ihnen auch für die Übersendung der deutschen Fassung Ihres Geschäftsberichtes. Wenn ich auch den französischen schon gelesen hatte, so gewährt mir doch das Studium der deutschen Übersetzung noch einen klareren Überblick. Ich wünsche Ihnen Glück zu der auf hohem wissenschaftlichem Niveau stehenden Arbeit. Leider befürchte ich, dass Politik und Psychologie der Völker noch für längere Zeit über alle wirtschaftliche Einsicht triumphieren werden.

Von Herrn Geheimrat Eckert höre ich, dass Sie bereit sind, uns wieder einen Vortrag zu halten.[1] Ich freue mich sehr darüber. Hoffentlich sehen wir uns bald einmal.

Mit herzlichen Grüssen von Haus zu Haus bin ich

Ihr sehr ergebener
A[denauer]

[1] Heineman hatte am 28. November 1930 im Hansasaal in Köln den Vortrag „Skizze eines neuen Europa" gehalten.

Dokument 24

Köln, 15. April 1925: Artikel in der „Kölnischen Volkszeitung": „Die Einheit von Reich und Rhein. Ein bemerkenswertes Schlußwort des Oberbürgermeisters Dr. Adenauer"

Quelle: „Kölnische Volkszeitung", Nr. 276, Abendausgabe vom 15. April 1925.

Nach herzlichen Dankesworten für die ausgezeichneten Reden[1] hob Oberbürgermeister Dr. Adenauer die Pflicht besonderen Dankes gegenüber dem Einberufer der Veranstaltung, Herrn Justizrat Mönnig, hervor, der seit Jahren in selbstloser Weise unter Hintansetzung selbst seiner persönlichen Bedürfnisse für die deutsche Sache am Rhein unermüdlich gearbeitet habe. (Allseitiger lebhafter Beifall!)

Dann fuhr er fort:

Die Rede von Prof. Dr. Schmitt hat vielleicht in manchem von uns neue Gedanken erweckt. Sehr wenige ahnen wohl, welche tiefe moralische Gefahren auch in den gegenwärtigen politischen Verhältnissen verborgen liegen. Nicht viele sind sich klar, daß ihre Fortdauer mit sich bringt die Gefahr der allmählichen Entwurzelung der besten und edelsten menschlichen Gefühle. Es gilt, die Gedanken des Prof. Schmitt in Ruhe zu überlegen und sich klar zu werden, in welch großer Gefahr wir uns dauernd befinden. Wir sind ein furchtbar leichtlebiges Volk geworden und haben das Gestern und die Geschehnisse von 1923 allzuschnell vergessen. Wir müssen uns klar machen, daß die Grundursachen, welche zur Katastrophe geführt haben, ihr Nährboden, nach wie vor derselbe geblieben ist. Äußerste Wachsamkeit und höchstes Pflichtbewußtsein seien das Gebot der Stunde. Gegen die Gefahr sei die Anwendung von Gewalt eine Utopie. Die Leute, welche in diesem Geiste noch denken, wohnen weit weg von hier. (Lebhaftes Sehr richtig!) Ihnen ist leider nicht zu helfen, und man kann nur wünschen, daß sie möglichst wenig Einfluß auf die Geschicke des deutschen Volkes erlangen. (Allgemeine Zustimmung!)

Was können wir tun? Unsere auswärtige Politik muß absolut neutral sein gegen jedermann. Wir dürfen weder Bündnisse noch Freundschaften kennen. Wir müssen für uns bleiben, müssen unsere internationalen Verpflichtungen erfüllen, und wir müssen abwarten, bis bei den anderen die Dinge sich geändert haben. Eins können wir tun im Innern: Wir müssen sorgen für innere Geschlossenheit des deutschen Volkes und für seine moralische Wiedergeburt. Das deutsche Volk wird keinen Wiederaufstieg erleben, wenn es nicht vom Herzen aus ein anderes geworden ist. Deutschland kann keinen Frühling erleben, wenn es nicht dem Materialismus abgeschworen und nicht zur idealen Gesinnung zurückgekehrt ist. Es sieht sehr traurig bei uns aus in dieser Beziehung. Nach Erinnerung an den Krieg, die Revolution und die Zuckungen in der Nachkriegszeit fuhr Dr. Adenauer fort:

Es reicht nicht, nur an die Zeit vom 1. August 1914 an zurückzudenken, sondern wir müssen 20–30 Jahre vor 1914 die Wurzel zu all dem Unglück, das über uns hereingebrochen ist, suchen, denn wir haben damals jahrzehntelang den Materialismus gepflegt und auch in den Jahrzehnten vor 1914 keine Volksgemeinschaft gekannt. (Sehr richtig!) Es ist ein Mangel an logischem Sinn, wenn man behauptet, bis November 1918 sei alles in Ordnung gewesen. Wir haben gemeinsam gesündigt bereits vor dem 1. August 1914. Das kapitalistische Zeitalter – kapitalistisch nicht im parteipolitischen Sinne aufgefaßt –, das sich auszeichnete durch ungeheuren Bevölkerungszuwachs auf relativ engem Raum, hat eine Menge seelischer und körperlicher Krankheiten mit sich gebracht. Dieses Zeitalters sind wir nicht Herr geworden vor dem 1. August 1914! (Sehr richtig!) Dessen müssen wir Herr werden auf dem Wege der wahren Volksgemeinschaft, nicht der politischen, sondern der Volksgemeinschaft, die in Wirklichkeit in dem Volksgenossen den Mitbruder betrachtet. Es handelt sich um die Überwindung des Materialismus durch den Idealismus. Niemals war die Zentrumspartei so notwendig im Interesse des deutschen Volkes wie jetzt. (Sehr richtig!) Sie ist immer die Partei gewesen, welche den christlichen Idealismus an die Spitze ihrer Forderungen gestellt hat. (Beifall!)

Dr. Adenauer erinnerte an eine jüngst mit dem Prälaten Seipel gehabte Aussprache, in welcher er auch Risse und Zerklüftungen innerhalb der Zentrumspartei erwähnt habe. Prälat Seipel habe ihn beruhigt und bemerkt, dieselben Erscheinungen hätten sich bei der österreichischen Bruderpartei gezeigt. Er wies dann sehr treffend zur Charakterisierung der politischen Verhältnisse auf eine Fahrt in einer Kutsche hin und führte aus: Wenn der Weg eine Krümmung nach links mache und sie vom Wege abzugleiten droht, so müssen sich die Insassen etwas nach rechts legen, drohe die Kutsche nach rechts umzukippen, so müssen sie sich nach links neigen. Wesentlich sei nur, daß die Leute, welche sich nach rechts geneigt haben, nicht auf dieser Seite verharren und umgekehrt, sondern daß sie sich immer wieder aufrichten, um in der Mitte zu sitzen. Das scheine hohe staatsmännische Weisheit zu sein. Man darf nie vergessen, das Zentrum ist eine Partei der Mitte. Daran dürfe keine Koalition und ähnliche Bindungen etwas ändern. Unentwegt müssen wir uns vor Augen halten, daß wir eine Partei des Ausgleichs und des christlichen Idealismus sind.

Wenn je, so ist jetzt die Zentrumspartei für das deutsche Volk eine dringende Notwendigkeit, weil die inneren Gegensätze so scharf sind und der Materialismus eine so große Ausdehnung genommen hat.

Die Tausendjahrfeier darf uns nicht veranlassen, dem, was jetzt passiert, gleichgültig gegenüberzustehen. Unsere Zeit ist eine wahrhaft große Zeit wegen der großen Verantwortung, die wir, kaum einem früheren Geschlecht vergleichbar, vor unsern Nachkommen und Urenkeln tragen. Ein Blick in die wechselvolle Geschichte unseres Volkes aber zeigt, daß schon schlimmere Situationen hereingebrochen und von unseren Vorfahren überwunden worden sind. So werden wir auch diese schweren Zeiten überwinden, getragen von der heißen Liebe zum gemeinsamen deutschen Vaterlande, dem unser ganzes Sinnen und Arbeiten gilt. (Stürmischer Beifall.)

Oberbürgermeister Dr. Adenauer schloß mit einem begeistert aufgenommenen Hoch auf das geliebte deutsche Vaterland. Den Schluß der eindrucksvollen Veranstaltung bildete das stehend gesungene Deutschlandlied.

[1] Vor Adenauer hatten Professor Carl Schmitt aus Bonn und der Generalsekretär der Rheinischen Zentrumspartei Hamacher gesprochen.

Dokument 25

Artikel „Großstadt" von Konrad Adenauer
im Staatslexikon der Görres-Gesellschaft 1927

Quelle: Staatslexikon, im Auftrag der Görres-Gesellschaft hg. von Hermann Sacher, 5. Aufl., Bd. 2 (Freiburg i. B. 1927), Spalte 912 ff.

Großstadt

I. Grundsätzliches. II. Statistik. III. Das G.-problem. IV. Reform der G. 1. Die organisatorisch-techn. Aufgabe. 2. Die soziale Aufgabe. 3. Die kulturelle Aufgabe.[1]

I. Grundsätzliches.

Das Entstehen zahlreicher G.e ist die notwendige Folge der Zunahme der Bevölkerung und der wirtschaftl. Entwicklung zweier in gegenseitiger Wechselwirkung stehender Faktoren. Ohne ausgedehnte Industrie und Handel können in Deutschland nicht über 60 Mill. Menschen leben, dafür ist seine Fläche zu klein, sein Boden zu arm, sein Klima zu schlecht. Industrie und Handel verlangen aber zu ihrem Gedeihen eine Reihe größerer Konzentrationspunkte: so sind die G.e entstanden, und sie werden auch in Zukunft weiter bestehen müssen. Die G.e sind aber nicht nur eine wirtschaftl. Notwendigkeit, sie sind auch in vieler Hinsicht Bahnbrecher des Fortschritts für das ganze Land, weil sich auf gewissen Gebieten nur Fortschritte erzielen lassen durch die Zusammenfassung der gewaltigen, in einer G. vereinigten wirtschaftlichen und geistigen Kräfte. Anderseits liegen die Schäden der G.e in ihrer heutigen Gestalt für das körperliche und für das seelisch-geistige Leben zunächst ihrer Bewohner klar zu Tage. Die Zusammenballung so großer Menschenmassen auf engem Raum reißt den Menschen los von dem in seinem innersten Wesen begründeten notwendigen Zusammenhang mit der Natur, sie schädigt ihn dadurch körperlich und geistig auf das Schwerste. Die nahe Berührung, in der die Menschen in der G. leben müssen, steigert die Ansteckungsgefahr für körperliche und geistige Erkrankungen außerordentlich.

Die „Großstadtfrage" ist aber nicht allein eine Frage der G.bewohner, sie ist von größter Bedeutung für das ganze Volk, auch soweit es in Mittel- und Kleinstädten und auf dem flachen Lande wohnt. Abgesehen davon, daß über ein Viertel aller Deutschen in G.en wohnen und es daher den übrigen drei Vierteln unter keinen Umständen gleichgültig sein kann, was aus dem einen Viertel wird, ist auch der Einfluß der G. im guten wie im schlechten Sinn auf die Mittel- und Kleinstädte und auf das flache Land so groß, daß sich niemand ihm entziehen kann. Die üble G.kultur mit ihren geistigen und seelischen Verfallserscheinungen breitet sich in einer Zeit, in der die Verkehrsmittel, Zeitungen und Kinos bis in das kleinste Dorf dringen, auf das ganze Volk aus. Die Reform der G. ist, das kann nicht oft genug betont werden, nicht nur Sache der G.bewohner selbst, sie ist eine Angelegenheit des ganzen Volks und nicht zuletzt auch des flachen Landes. Das flache Land darf aber nicht glauben, sich anders vor dem schlechten Einfluß der G. schützen zu können als durch Mitarbeit an ihrer Reform.

Die Richtung, in der die Reform der G. sich zu bewegen hat, ist leicht erkennbar, wenn man die Wurzel der Schäden sich klar macht und sich weiter von der Anschauung loslöst, als wenn der heutige Typ der G. zu ihrem Wesen gehöre. Die von uns nicht zeitig genug beeinflußte Entwicklung hat es mit sich gebracht, daß wir mit dem Begriff G. das Bild eines großen Häusermeeres, eines Steinhaufens, hier und da durchbrochen von spärlichen, künstlichen Grünanlagen, verbinden. Eine G. kann aber ihre wirtschaftl. und ihre sonstigen Funktionen genau so gut erfüllen, wenn sie nicht diese übermäßig konzentrierte Form hat. Warum soll nicht dieselbe Anzahl Menschen, die heute in einem solchen Häusermeer wohnt, ebensogut, nam. bei der Vervollkommnung unserer Verkehrsmittel, ihrer wirtschaftlichen und sonstigen Tätigkeit nachgehen können, wenn an Stelle dieses geschlossenen Häusermeers sich um einen geschäftlichen Kern und einzelne Industrieviertel in das Grün der Natur gebettete Siedlungen von 10 bis 20 000 Einw. herumlegen? Warum soll der Großstädter ein Höhlenbewohner sein, in dessen Mauern Sonnenaufgang und Sonnenuntergang, der weite Horizont des Himmels, das Sternenmeer, das Wachsen, Blühen und Welken der Natur, der Erdgeruch nicht mehr zu sehen, zu spüren ist! – Diese große dezentralisierte Menschenansiedlung kann nicht aus verschiedenen verwaltungsmäßig selbständigen Gemeinwesen bestehen, weil nur ihre Zusammenfassung in einer einzigen Gemeinde eine organische Verwaltung und Entwicklung und die Lösung der großen Aufgaben gewährleistet.

Man gebe vor allem der G. die Möglichkeit zu einer möglichst großen räumlichen Entwicklung. Es ist ganz falsch und eine Verkennung der Interessen der kleineren Gemeinden und insbes. auch des flachen Landes, um jeden Quadratmeter Raum mit der G. zu feilschen und den Versuch zu machen, sie in engen örtlichen Grenzen zu halten. Gerade das Gegenteil ist richtig. Man sorge vor allem auch dafür, daß dauernd landwirtschaftlich genutzter Grundbesitz in größerem Umfang mitten in der aufgelockerten G. liegt, damit eben der G.bewohner wieder eine wirkliche Verbindung mit der Natur und dem Erdboden bekommt, die ihm öffentl. Anlagen und Sportplätze doch nur in geringem Umfang zu geben vermögen. Man sorge auch dafür, daß durch eine verständige Bodenpolitik den G.en die Möglichkeit einer solchen Dezentralisation gegeben wird und bleibt. Es würde falsch sein, den Boden der G. vollständig in eine Hand zu bringen; gesundes privatwirtschaftl. Leben, auch auf dem Gebiet des Wohnungsbaues und des Grundstücksmarkts, ist nötig. Aber das öffentl. Interesse, soziale und sittl. Gesichtspunkte verlangen gebieterisch, daß das Privateigentum an Grund und Boden sich den höheren Zielen unterordnen muß.

Es handelt sich hier um Fragen von größter Bedeutung, nam. auch in ethischer Beziehung. Die G.e werden bleiben. Bleiben sie krank, so werden sie den ganzen Volkskörper vergiften; hilft man ihnen, wieder gesund zu werden, so dient man damit dem ganzen Volk!

[1] Adenauer verfasste nur den Abschnitt I. „Grundsätzliches“, die Abschnitte II–IV stammen von V. Cramer. – Die in diesem Artikel durchgängig verwendete Abkürzung „u.“ wurde der besseren Lesbarkeit wegen in „und“ aufgelöst.

3. Die Kommune im Staatsgefüge

Das Verhältnis zwischen den Kommunen und dem Reich war spannungsreich und konfliktbeladen, insbesondere vor dem Hintergrund des Anspruchs der Kommunen auf möglichst ungeschmälerte Selbstverwaltung. Mit dem Übergang vom Kaiserreich zur Weimarer Republik stellte sich die Frage, wie kommunale Selbstverwaltung in einem demokratischen Staat gestaltet werden sollte. In den ersten Jahren der Republik absorbierte die Konsolidierung des neuen Staatswesens die Kräfte weitgehend, und drängende aktuelle Ereignisse wie die Inflation überlagerten andere Probleme. Mitte der zwanziger Jahre hingegen gerieten die Kommunen zunehmend in Konflikt mit Ministerien, Parlamenten und gesellschaftlichen Kräften.[1] Das Hauptproblem bestand darin, dass in der Weimarer Verfassung und den Länderverfassungen die Garantie der kommunalen Selbstverwaltung sehr allgemein formuliert war. Deshalb kam es zu Auseinandersetzungen über ihre Ausgestaltung.

Der Aufgabenbereich der kommunalen Selbstverwaltung hatte sich im Zuge der Urbanisierung stark erweitert: Der Anteil der städtischen Bevölkerung an der Gesamtbevölkerung stieg von weniger als einem Drittel 1871 auf mehr als zwei Drittel am Ende der Weimarer Republik.[2] Mit der rasanten Entwicklung der Städte ging die Entstehung einer kommunalen Leistungsverwaltung einher, die Grundstrukturen prägten sich bis zum Beginn des Ersten Weltkriegs aus. Zu den Aufgaben gehörten unter anderem Sozialfürsorge und Schulwesen, Gewährleistung von Ordnung und Sicherheit sowie die Wirtschaftsverwaltung. Die Kommunalverwaltungen hatten diese Aufgaben schrittweise übernommen, ohne dass dies stets im Einzelnen gesetzlich geregelt worden wäre.[3] Dies änderte sich in der Weimarer Republik nicht. Der Übergang vom Kaiserreich zur Republik brachte kaum Veränderungen in der Verwaltungsorganisation und der Personalstruktur. So wurde das kommunale Wahlrecht zwar durch die Einführung des allgemeinen und gleichen Wahlrechts demokratischen Verhältnissen angepasst, aber die Organisationsstrukturen blieben weitestge-

1 Wolfgang Hofmann, Konrad Adenauer und die Krise der kommunalen Selbstverwaltung in der Weimarer Republik, in: Stehkämper (Hg.), Konrad Adenauer, S. 329.

2 Christian Engeli, Städte und Staat in der Weimarer Republik, in: Bernd Kirchgässner/Jörg Schadt (Hg.), Kommunale Selbstverwaltung – Idee und Wirklichkeit (Sigmaringen 1983), S. 163.

3 Horst Matzerath, „Kommunale Leistungsverwaltung". Zu Bedeutung und politischer Funktion des Begriffs im 19. und 20. Jahrhundert, in: Hans Heinrich Blotevogel (Hg.), Kommunale Leistungsverwaltung und Stadtentwicklung vom Vormärz bis zur Weimarer Republik (Köln/Wien 1990), S. 13.

Abb. 14: Vorstandssitzung des Deutschen Städtetages in Schloss Cappenberg im Juni 1931

hend unverändert.[4] Die Reform sorgte allerdings dafür, dass sich die parteipolitische Zusammensetzung der Stadtverordnetenversammlung zugunsten der Arbeiterparteien veränderte. Die Kommunalverwaltungen wurden nun stärker politisiert.

Aufgabe kommunaler Selbstverwaltung sollte weiterhin die sachlich-praktische Verwaltungsarbeit sein: Aufgaben örtlicher Natur, die sie im Laufe der Zeit übernommen oder die ihr die Bundesstaaten auferlegt hatten.[5] Die gesetzlichen Regelungen ließen eine großzügige Interpretation durch Reich und Länder zu. Erheblichen Zündstoff barg der Konflikt um die Verteilung der Finanzmittel sowohl zwischen Gemeinden und Ländern bzw. Reich als auch zwischen Gemeinden und Privatwirtschaft. Die Reichsfinanzreform im März 1920 war ein Eingriff in die kommunale Finanzhoheit und beeinträchtigte damit auch ein wesentliches Element der Selbstverwaltung. Die Kommunen standen an letzter Stelle im Verteilungskampf um die Finanzmittel. Die Geschichte ihrer Selbstverwaltung in der Weimarer Republik ist in erster Linie „die Geschichte des Kampfes um einen angemessenen Finanzanteil“[6].

4 Wolfgang Hofmann, Zwischen Rathaus und Reichskanzlei: Die Oberbürgermeister in der Kommunal- und Staatspolitik des Deutschen Reiches 1890–1933 (Stuttgart u.a. 1974), S. 68.

5 Kurt G.A. Jeserich, Kommunalverwaltung und Kommunalpolitik, in: ders. u.a. (Hg.), Deutsche Verwaltungsgeschichte, Bd. 4 (Stuttgart 1985), S. 490.

6 Engeli, Städte und Staat, S. 169.

Umstritten war auch die Ausdehnung kommunaler Wirtschaftstätigkeit, die die Interessenverbände der Privatwirtschaft in der zweiten Hälfte der zwanziger Jahre scharfer Kritik unterzogen, weil sie die wirtschaftlichen Aktivitäten der Gemeinden zurückdrängen wollten.

Die wohlfahrtsstaatlichen Aufgaben des Reichs waren nach dem Ersten Weltkrieg größer als zuvor. Es war dabei auf die Hilfe der Kommunen angewiesen. Die soziale Fürsorge zählte besonders während der Inflation und der Weltwirtschaftskrise zu deren wichtigsten Aufgaben.[7] Seit der zweiten Hälfte der zwanziger Jahre gingen Reich und Länder jedoch dazu über, den Handlungsspielraum der Kommunen einzuengen. „Vor allem der dichter werdende Staatsinterventionismus im Bereich der Sozialpolitik brachte detaillierte Ausführungsbestimmungen und strenge Kontrollauflagen, die die Gemeinden trotz ihrer staatsrechtlichen Eingliederung in die Länder praktisch zu Exekutivbehörden des Reiches machten."[8] Zusätzlich griffen das Reich und die Länder in die kommunale Selbstverwaltung ein: Gesetze zum Wohnungsbau, die Zentralisierung der Arbeitslosenversicherung und Personalabbau in den Verwaltungen engten den Handlungsspielraum der Kommunalverwaltungen weiter ein.

Dies galt natürlich auch für eine Großstadt wie Köln, so dass Konrad Adenauer mit diesen Problemen unmittelbar konfrontiert war. Der Oberbürgermeister war häufig Zielscheibe der Kritiker der kommunalen Selbstverwaltung, die besonders das Finanzgebaren der Stadt als unseriös anprangerten.[9] Die Kommunen versuchten sich gegen derartige Angriffe durch verstärkte Zusammenarbeit zur Wehr zu setzen. Die Städtetage waren das wichtigste Medium, über das sie ihre Interessen durchzusetzen versuchten. Da diese Gremien aber keinen direkten Einfluss auf die Gesetzgebung hatten, mussten sie ihren Interessen vor allem auf informellen Wegen Gehör verschaffen. Mit der wachsenden Bedeutung der Städte hatten sich auch deren Beziehungen untereinander intensiviert, was in der Gründung des Deutschen Städtetags 1905 einen organisatorischen Rahmen fand, der die entsprechenden Zusammenschlüsse in den Ländern bzw. Provinzen reichsweit ergänzte.[10] Konrad Adenauer war Vorstandsmitglied sowohl des Preußischen als auch des Deutschen Städtetags. Er verfügte über gute Kontakte zu zahlreichen Politikern und nahm

7 Matzerath, „Kommunale Leistungsverwaltung", S. 16.

8 Dieter Rebentisch, Die Selbstverwaltung in der Weimarer Zeit, in: Handbuch der kommunalen Wissenschaft und Praxis, Bd. 1 (Berlin ²1981), S. 91.

9 Siehe Dokument 18.

10 Otto Ziebill, Geschichte des Deutschen Städtetags. Fünfzig Jahre deutsche Kommunalpolitik (Stuttgart/Köln 1955), S. 34.

mehrfach in Parteien und Parlamenten interessenpolitischen Einfluss im Sinne des Deutschen Städtetags wahr.[11]

Adenauers Engagement zugunsten der kommunalen Selbstverwaltung beschränkte sich nicht auf die Arbeit in diesen Gremien. Er äußerte sich mehrfach in Aufsätzen und Reden zur Situation der Selbstverwaltung, besonders als Mitglied der Kommunalpolitischen Vereinigung der Zentrumspartei, deren Vorsitzender Reinhold Heinen sich um prominente Politiker aus den Reihen des Zentrums als Redner bei den Hauptversammlungen bemühte.[12] Als prominenter Vertreter kommunaler Interessen wehrte Adenauer sich vehement gegen Angriffe auf die Selbstverwaltung und hob deren Vorzüge hervor. Diese Quellen geben auch einen Einblick in seine Vorstellungen von den Beziehungen zwischen Staat und Gemeinden.

Die Probleme, die sich dabei in der Weimarer Republik ergaben, sah er hauptsächlich in den Eingriffen des Reiches in die kommunale Selbstverwaltung begründet. Dagegen forderten Kritiker aus dem konservativen Lager eine stärkere Durchdringung des Gemeinwesens durch die Staatsgewalt, lehnten eine weitere Politisierung der selbstverwaltenden Organe und die Stärkung der Willensbildung auf Gemeindeebene ab.[13] Adenauer jedoch sah in dieser Forderung eine große Gefahr. Es sei auf Dauer unmöglich, einen Staat mit 60 Millionen Einwohnern oder ein Land wie Preußen mit 40 Millionen Einwohnern zentralistisch zu regieren. Ein derartiger Zentralismus sei mit den Rechten des freien Bürgers unvereinbar und ende in „Autokratie oder gar Diktatur“[14]. Für Adenauer war die Beschränkung der Selbstverwaltung auch eine Beschränkung der Demokratie, weil damit bürgerliche Mitsprache erschwert werde. Selbstverwaltung betrachtete er als elementares Merkmal des demokratischen Staates. Er war der Meinung, „daß sich dieser Staat dem einzelnen Bürger am unmittelbarsten in kommunalen Organen präsentiere und folglich deren Kompetenzen verstärkt werden müßten, nicht aber ausgehöhlt werden dürfen“.[15] In der Selbstverwaltung sah er die beste Möglichkeit, um im Volk die „notwendige staatspolitische Gesinnung“ heranzubilden und bürokratischem Zentralismus entgegenzuwirken.[16] Adenauer stand damit auf dem Boden der demokratischen Ordnung und der parlamentarischen Auseinandersetzung. Mit seiner Wirtschafts- und Sozi-

11 Hermann Beckstein, Städtische Interessenpolitik. Organisation und Politik der Städtetage in Bayern, Preußen und im Deutschen Reich 1896–1923 (Düsseldorf 1991), S. 386.

12 Rainer Moltmann, Reinhold Heinen (1894–1969). Ein christlicher Politiker, Journalist und Verleger (Düsseldorf 2005), S. 76.

13 Hofmann, Zwischen Rathaus und Reichskanzlei, S. 353.

14 Siehe Dokument 26.

15 Zitiert nach Morsey, Der Staatsmann, S. 203.

16 Siehe Dokument 28.

alpolitik als Oberbürgermeister von Köln wollte er das Gemeinwesen modernisieren, und diese Absicht verteidigte er gegen Angriffe aus dem konservativen Lager, die eine stärkere Zentralgewalt forderten. Präsidialregierungen und Notverordnungen sah er als Anfang vom Ende der Demokratie.[17] Aus dieser Grundüberzeugung vom Zusammenhang der kommunalen Selbstverwaltung mit der demokratischen Ordnung der Weimarer Republik erklärt sich sein starkes Engagement.

Als Beleg für die Bedeutung der Selbstverwaltung galten Adenauer die Leistungen der Kommunen im Weltkrieg, während der Revolution und Inflation. Nur weil die Kommunen die großen Anforderungen meisterten, habe man Chaos vermeiden können. Voraussetzung dafür sei gewesen, dass die kommunale Selbstverwaltung hinreichend Spielraum gehabt habe. Stattdessen habe der Staat seitdem ihre Grenze enger gezogen. Als Hauptgegner der Selbstverwaltung sah er die Privatwirtschaft, die Bürokratie und die Parlamente, die mit ihren Forderungen und Eingriffen die wesentlichen Elemente der Selbstverwaltung – Dezentralisierung der Zuständigkeiten, finanzielle Unabhängigkeit und die Mitarbeit der Bürgerschaft durch gewählte Vertreter – erheblich behindern würden. Der Reichstag und der preußische Landtag stünden der Selbstverwaltung feindselig gegenüber. Diese werde durch den zunehmenden Einfluss der Parlamente und die ablehnende Haltung vieler Parlamentarier und Beamter zurückgedrängt.[18] Die Gesetzgebung, die zu den Missständen in den Kommunen geführt habe, sei Ergebnis einer verfehlten Konstruktion des Verhältnisses von Reich, Ländern und Gemeinden. Die für die Tätigkeit der Gemeinden wichtigsten Gesetze seien Reichsgesetze, und bei deren Verabschiedung nehme das Reich keine Rücksicht auf die Bedürfnisse der Kommunen.[19] Dies beklagte auch der Deutsche Städtetag im Oktober 1925 in einem Entwurf zur kommunalen Rahmengesetzgebung des Reiches, in welchem er die „bisherigen planlosen organisatorischen Eingriffe der Fachgesetzgebung“[20] anprangerte. Für Adenauer waren weniger die Institutionen für die heikle Lage der Selbstverwaltung verantwortlich als vielmehr die handelnden Personen.

Durch seine Äußerungen über Fehler der Landes- und Reichsregierungen führte Adenauer einen innerparteilichen Konflikt mit Vertretern dieser Gremien herbei.[21] Neben ihm referierte auf der Aachener Tagung der Kommunalpolitischen Vereinigung 1926 auch Heinrich Brüning, Finanzfachmann der Zentrumsfraktion

[17] Hofmann, Zwischen Rathaus und Reichskanzlei, S. 352.

[18] Siehe Dokument 26.

[19] Siehe Dokument 28.

[20] Zitiert nach Rebentisch, Die Selbstverwaltung, S. 92.

[21] Moltmann, Reinhold Heinen, S. 80.

im Reichstag, der in seinem Vortrag die Parlamente gegen Adenauers Vorwurf der Selbstverwaltungsfeindlichkeit in Schutz nahm. An die Vorträge der beiden schloss sich eine Aussprache an, auf der Adenauer und Brüning sich über die Gemeindefinanzen auseinandersetzten.[22] Die unterschiedlichen Ansichten, die in der Kontroverse deutlich werden, beruhten auf den Interessengegensätzen der verschiedenen Ebenen des Reiches. Dieser argumentierte aus der Sicht des Kommunalpolitikers, der die Errungenschaften der kommunalen Selbstverwaltung durch Reich und Länder gefährdet sah und größeren Gestaltungsraum gerade in finanzpolitischer Hinsicht für die Kommunen forderte; jener dagegen versuchte deutlich zu machen, dass dem Reich besonders durch die Reparationsleistung in der Finanzpolitik enge Grenzen gesetzt seien. Die Kommunalpolitiker müssten einsehen, dass die prekäre finanzielle Situation kein anderes Vorgehen erlaube.[23] Die Reichsregierung war in den folgenden Jahren, zumal unter dem Druck der Weltwirtschaftskrise und der Reparationenfrage, nicht bereit, den Kommunen Zugeständnisse zu machen. In der Endphase der Republik versuchte sie die wirtschaftliche Notlage durch verstärkte Zentralisierung in den Griff zu bekommen. Die Ministerialbürokratie nutzte dazu die prekäre finanzielle Lage der Kommunen.[24] Adenauer formulierte dieses Vorgehen in dem Artikel „Zentralismus und Selbstverwaltung" in der „Kölnischen Volkszeitung" am 9. November 1931 so: „Jetzt hat die Ministerialbürokratie unter geschickter Benutzung der Zeitumstände mit Knütteln die Selbstverwaltung – wie so manches andere – zu Boden geschlagen und den Zentralismus, d.h. sich selbst auf den Thron gesetzt."[25] Die Befürworter einer Stärkung der Zentralgewalt fanden sich auf einer Linie mit der vorherrschenden Staatsrechtslehre. Kernproblem dieser Diskussion war die „Einordnung der Gemeindedemokratie in den parlamentarisch-demokratischen Gesamtstaat". Die Kommunalverwaltung wurde noch als „unpolitische Regelung bürgerschaftlicher Gemeinsamkeiten begriffen". Daher sah man in der Politisierung der Verwaltung eine Gefahr, weil dadurch die staatliche Organisationsgewalt beschränkt werde.[26]

Adenauers Forderung, die Selbstverwaltung als elementaren Bestandteil der Demokratie zu stärken, hatte unter diesen Umständen keine Chance, bei den maßgeblichen politischen Instanzen in Berlin Gehör zu finden. Zu unterschiedlich waren die Ansichten über den Weg der Modernisierung von Staat und Gesellschaft. Die

[22] Siehe Dokument 27.
[23] Moltmann, Reinhold Heinen, S. 80f.
[24] Vgl. Kapitel I, 1.
[25] Zitiert nach Hofmann, Zwischen Rathaus und Reichskanzlei, S. 350f.
[26] Rebentisch, Die Selbstverwaltung, S. 98.

späteren Präsidialregierungen wählten das Mittel des bürokratischen Zentralismus. Adenauers 1926 geäußerte Befürchtung, ein zu starker Zentralismus werde nicht nur die Selbstverwaltung, sondern auch die demokratische Ordnung überhaupt gefährden, bewahrheitete sich. „In der Phase des autoritären Staates von Brüning und Papen war die ‚Krise der Selbstverwaltung' nicht mehr bloß Krise eines Teilsystems, sondern mit ihr waren zugleich wesentliche Teile und unverzichtbare Grundlagen des demokratischen Staates in Frage gestellt und eingeschränkt worden."[27] Konrad Adenauer hat die Gefahren dieser Entwicklung erkannt und artikuliert. Die Modernisierung von Staat und Gesellschaft konnte aus seiner Sicht nur gelingen, wenn dem dazu erforderlichen Ausbau der Bürokratie ein Ausbau der Demokratie entsprach. Dazu gehörte für ihn eine starke kommunale Selbstverwaltung. Sein Kampf hierfür war somit zugleich ein Kampf für die Demokratie.

[27] Hofmann, Zwischen Rathaus und Reichskanzlei, S. 354.

Dokument 26

Aachen, 13. Mai 1926: Vortrag Adenauers „Der Kampf gegen die Selbstverwaltung“ auf der Tagung der Kommunalpolitischen Vereinigung der Zentrumspartei
[Gekürzt wurde ein Passus über Vorgeschichte und Details eines Entwurfs der preußischen Städteordnung]

Quelle: Kommunalpolitische Blätter 17 (1926), S. 217–221.

Über den Kampf gegen die Selbstverwaltung zu sprechen, ist mir als Aufgabe gestellt. Der Titel dieses Vortrages ist von der Leitung der Kommunalpolitischen Vereinigung richtig gewählt. Es handelt sich in Wirklichkeit um einen Kampf, nicht etwa um eine von liebevollem Verständnis für die Sache getragene Abstellung von irgendwelchen Mängeln. Während man in unserer Zeit dem Individuum möglichste Freiheit zu seiner Betätigung auf allen Gebieten gibt, während man dem Staat am liebsten geradezu Omnipotenz geben möchte, beeinträchtigt und kürzt man die Selbstverwaltung in einem Maße, wie es in der Zeit vor der Revolution, wenigstens in den letzten Jahrzehnten, nicht möglich gewesen wäre.

Sie wissen, daß ich keineswegs ein Lobredner vergangener Zeiten bin. Ich bin in der Verwaltung der Stadt Köln tätig seit dem Jahre 1906, also jetzt volle zwanzig Jahre. Ich bin Mitglied des Provinzialausschusses der Rheinprovinz seit dem 30. März 1918. Als Vorstandsmitglied des Deutschen und Preußischen Städtetages, als Mitglied der Städtevereinigung für die besetzten Gebiete bin ich ebenfalls seit einer Reihe von Jahren tätig. Ich habe also die Möglichkeit gehabt, an den verschiedensten Stellen der Selbstverwaltung Erfahrungen zu sammeln. Ich kann sie nur dahin zusammenfassen, daß es sich wirklich um einen konzentrischen Angriff auf die Selbstverwaltung handelt und daß diese aufs höchste gefährdet ist. Woher das kommt, darauf wird noch im Laufe meines Vortrags einzugehen sein. Ehe ich darauf eingehe, welche Stellen hauptsächlich diesen Kampf führen, lassen Sie mich aber den Zustand und die Wirksamkeit der Selbstverwaltung während der letzten Jahrzehnte kurz skizzieren.

Bis zum Jahre 1914 war im allgemeinen die ganze öffentliche Meinung in Deutschland davon überzeugt, daß die Selbstverwaltung nicht nur in der Theorie etwas Schönes sei, sondern daß sie sich auch in der Praxis hervorragend bewährt habe. Das Emporblühen der Städte in der Zeit vor dem Kriege, ihre sie vor den Städten der ganzen Welt auszeichnende Betätigung und ihre Erfolge wurden zurückgeführt auf das Bürgertum, das sich in der Selbstverwaltung so kraftvoll betätigen konnte. – Als der Krieg ausbrach, überwies man fast die ganzen schwierigen Aufgaben, die der Krieg im Innern des Landes mit sich brachte, den Selbstverwaltungskörpern. Ich erinnere Sie an die Nahrungsmittelversorgung, an die Versorgung der Verwundeten, der Hinterbliebenen, der Familien der zum Heere Eingezogenen, an die verschiedenen Sammelaufgaben usw. usw. Auch auf diesen ihr bisher naturgemäß vollständig fremden Gebieten hat sich die Selbstverwaltung so ausgezeichnet bewährt, daß der Preußische Minister des Innern von Loebell am 18. März 1916 einen Erlaß herausgegeben hat, dessen Eingangsworte ich Ihnen vorlesen möchte: „Wenn Städte, Landgemeinden, Kreise und Provinzen in diesem Kriege im Dienste des Vaterlandes Vorbildliches geleistet haben, wenn sie sich der im Kriege hervorgetretenen Notwendigkeit zu gemeinwirtschaftlichem Aufbau unserer Volkswirtschaft anpassen und zahlreiche neue Aufgaben auf dem Gebiete der Kriegswohlfahrtspflege übernehmen konnten, so danken sie das jener Kraftquelle, die vor einem Jahrhundert, gleichfalls in schwerer Zeit, durch die preußische Städteordnung erschlossen und von da aus den anderen öffentlichen Körperschaften zugeführt worden ist – der Selbstverwaltung. Niemals hätte es diesen Körperschaften gelingen können, den gewaltigen Aufgaben des Krieges in solchem Maße gerecht zu werden, wenn ihnen nicht die Selbstverwaltung die Möglichkeit freier Entschließung und das stärkende Bewusstsein eigener Verantwortung gegeben hätte. Darum muß es die Aufgabe der Staatsregierung sein, in den Gemeinden und Gemeindeverbänden weiterhin das kostbare Gut der Selbstverwaltung zu wahren und nach Möglichkeit zu mehren."

Mit dem Zusammenbruch und später mit der Inflation traten ganz neue, noch schwierigere Aufgaben an die Selbstverwaltung heran. Nachdem die militärische Organisation im Innern des Landes vollständig zusammengebrochen war, nachdem desgleichen die staatliche Organisation vollständig am Boden lag, traten die Selbstverwaltungsorgane, vielfach unter Einsetzung ihres Lebens, gegenüber den anstürmenden Volksmassen in die Bresche, um, nur gestützt auf ihre eigene Kraft – denn eine staatliche Kraft gab es nicht mehr – und ihr eigenes Verantwortungsgefühl, wenigstens den unmittelbaren Bedürfnissen des Tages gerecht zu werden. Wenn die Selbstverwaltungsorgane damals nicht in die Bresche gesprungen wären, wenn sie sich, wie viele militärische und staatliche Organe, still zurückgezogen hätten, so wäre das Maß der Zerstörung, das der Umsturz mit sich brachte, ein ganz anderes geworden. Auch die unendlich großen Aufgaben, die in den Jahren nach der Revolution die Reichs- und die

Landesgesetzgebung rücksichtslos, d.h. ohne ihnen die finanziellen Mittel zu geben, der Selbstverwaltung aufgebürdet hat, sind von dieser im großen und ganzen gemeistert worden. Gewiß hat sich auch bei der Selbstverwaltung nach dem Umsturz manches ereignet, was besser sich nicht ereignet hätte. Aber die Vorwürfe, die erhoben werden und die im allgemeinen dahin gehen, daß die Selbstverwaltungsorgane ihren Personalbestand zu sehr aufgebläht, zu gut bezahlt hätten und überhaupt nicht sparsam genug gewesen wären, und die auf diesen Gebieten von den Selbstverwaltungsorganen gemachten Fehler sind einmal verschwindend gering im Verhältnis zu dem unsäglich Schweren, was sie in der Kriegszeit und in der Nachkriegszeit in vorbildlicher Weise getan haben. Und es sind weiter nur Fehler, wie sie jede private Verwaltung in diesen unruhigen Zeiten, in denen man noch infolge der Inflation den Wert des Geldes nicht beachtete, begangen hat.

Woher kommt nun diese wirklich grenzenlose Undankbarkeit, die man der Selbstverwaltung trotz ihrer Leistungen vor Ausbruch des Krieges, im Kriege und nach dem Kriege bewiesen hat? Der Kampf gegen die Selbstverwaltung geht aus von der Wirtschaft und von Reich und Staat. Auf Seiten der Wirtschaft wurde der Kampf hauptsächlich geführt vom Reichsverband der Deutschen Industrie, und in diesem wiederum wurde er getragen nach meinen Informationen von einer nunmehr nicht mehr unter den Lebenden weilenden Persönlichkeit. Die Vorwürfe, die die Wirtschaft erhoben hat, lassen sich – ich folge hier einem Aufsatz des Ersten Beigeordneten der Stadt Neuß, von Hansemann, in der Kommunalen Umschau, dem kommunalen Organ der Deutschen Volkspartei (die doch der Industrie am nächsten steht), also einem hier wohl klassischen Zeugen – in folgende Hauptpunkte zusammenfassen:

1. Die Gemeinden hätten großenteils aus parteipolitischen Gründen ihren Verwaltungsapparat unmäßig aufgebläht und erdrückten die Bevölkerung durch die Höhe der Verwaltungskosten.

2. Als eine Folge der Revolution sei der Einfluß der Wirtschaft in den Gemeindekörperschaften ausgeschaltet worden. Die Mitwirkung der gesetzlichen Wirtschaftsvertretungen bei der Etatsaufstellung und den Steuergesetzen würde häufig von den Verwaltungen sabotiert, sodaß die Geltendmachung wirtschaftlicher Gesichtspunkte in den Gemeindeverwaltungen nicht möglich sei.

3. Die den Gemeinden bisher zugeflossenen, weit über den laufenden Bedarf hinausgehenden Mittel wären von den Gemeinden in unwirtschaftlicher Weise verwendet worden, insbesondere hätte man Luxusbedürfnisse davon bestritten, die weder wirtschaftlich noch überhaupt notwendig gewesen seien.

4. Darüber hinaus jedoch hätten die Gemeinden noch Mittel verfügbar gehabt, um die Privatwirtschaft zu bekämpfen, in dem sie privatwirtschaftliche Betriebe kommunalisiert, d.h. sozialisiert hätten, teils indem sie unter Ausnutzung ihrer Steuervergünstigungen Privatbetriebe durch Kommunalbetriebe ausschalten bzw. ersetzen, teils auch indem sie Aktienmehrheiten in ihre Hand brächten und dadurch den kommunalen Einfluß, d.h. unwirtschaftlichen Einfluß, gegenüber den Interessen der Wirtschaft und der Produktion vergrößerten.

Ich habe darauf folgendes zu sagen: Die Gemeinden haben ihren Verwaltungsapparat, der infolge der Kriegs- und Nachkriegsaufgaben stark erhöht war, mit Eintritt ruhigerer Verhältnisse sehr stark abgebaut, nach meiner Überzeugung viel stärker, als dies Reich und Preußen getan haben. Preußen hat sehr wenig abgebaut. In Preußen betrugen im Jahre 1913 die Personalausgaben das Doppelte der Sachausgaben, im Jahre 1926 betragen sie das Sechsfache der Sachausgaben. Daß infolge des Umsturzes der Einfluß der Wirtschaft in die Gemeindekörperschaften zunächst ausgeschaltet war und weniger als vorher zur Geltung kam, ist richtig. Es war das eine naturgemäße Folge der Änderung des Wahlrechts. Die wirtschaftlichen Körperschaften und Verbände haben es aber in der Nachzeit verstanden, einen solchen Einfluß auf die Reichsregierung und die Staatsregierung und deren Organe zu erreichen, daß ihre Beschwerden und Klagen bei diesen Stellen ungleich höher gewertet werden als die Ausführungen der Städte.

Wenn man den Gemeinden vorwirft, daß sie Luxusbedürfnisse bestritten hätten, die weder wirtschaftlich noch überhaupt notwendig gewesen seien, so kommt es ja ganz darauf an, zunächst den Begriff: „Luxusbedürfnisse" festzulegen. Wenn, wie das geschieht, bei manchen Wirtschaftlern z.B. der Bau von Turn- und Sportplätzen usw. Luxusbedürfnisse sind, dann allerdings haben diese recht. Ich stehe auf dem Standpunkt, daß das Geld, was für diese Zwecke, soweit das Bedürfnis der Bevölkerung reicht, ausgegeben wird, ein gut angelegtes Kapital ist, das auch in wirtschaftlichem Sinne durch Ersparung von Krankenhauskosten reichliche Zinsen tragen wird. Was den letzten Vorwurf angeht, so ist nicht bekannt, daß in größerer Menge privatwirtschaftliche Betriebe kommunalisiert worden seien, und eigentlich ist mir nur von einer Stadt bekannt, die nicht im Westen liegt, daß sie versucht hat, Aktienmehrheiten verschiedener Gesellschaften, deren Betriebe kommunale Interessen stark berühren, anzukaufen. Ich halte, kurz zusammengefaßt, die Vorwürfe, die da erhoben worden sind, für sehr bedauerlich und maßlos übertrieben. Sie können nur auf einer vollständig unzureichenden Information beruhen. Ich habe die feste Überzeugung, daß die

Herren, wenn sie richtig informiert wären, diesen Kampf nicht führen würden. Ich gebe auch noch nicht die Hoffnung auf, daß im Wege der Verhandlung zwischen den beiderseitigen Spitzenverbänden diese Aufklärung geschaffen wird. Dieser Kampf der Wirtschaft gegen die Selbstverwaltung hat wohl in den einzelnen Gemeinden manche Unzuträglichkeiten und manche Schwierigkeiten im Gefolge gehabt. Seine Gefährlichkeit liegt aber in der Beeinflussung der Parlamente und der Reichs- und Staatsregierung gegen die Selbstverwaltung. Damit komme ich zu den wichtigsten Kapiteln.

Die Stellung der Parlamente – ich spreche hier vornehmlich vom Reichstag und vom Preußischen Landtag – sowie die Stellung der Reichsregierung und der Staatsregierung ist trotz aller schönen theoretischen Worte, die man gelegentlich hört, der Selbstverwaltung absolut feindlich. Ich bitte, mir ein offenes Wort über die Ursachen dieser Feindlichkeiten zu gestatten: Was zunächst die Parlamente angeht, so sind viele Parlamentarier durch die übertrieben langen Tagungen der Parlamente dem wirklichen Leben und insbesondere auch dem Leben in ihrer Heimat mehr oder weniger entfremdet. Vor dem Kriege waren im Preußischen Landtag durchschnittlich Parlamentspausen von sechs Monaten hintereinander, ebenso im Reichstage, während jetzt die Parlamente ununterbrochen tagen, höchstens freie Tage einlegen, und im Sommer eine kurze Ferienpause. Die Parlamentarier fühlen sich etwas sehr stark als Teilhaber an der Regierungsgewalt. Es ist ihnen unverständlich, daß irgend etwas im Lande oder im Reiche vor sich gehen könne, das ihrem Einfluß entzogen sei. Auch spielen Parteipolitik und örtliche Erfahrungen einzelner Parlamentarier hier eine große Rolle.

Vor einigen Jahren habe ich einem bekannten sozialdemokratischen Parlamentarier gesagt, ich verstände nicht, wie seine Partei einen der Selbstverwaltung so feindlichen Standpunkt einnehmen könne. Die Antwort, die ich erhielt, war offen. Der Herr sagte mir: „Früher hatten wir in den Parlamenten nichts zu sagen, dagegen wohl schon eine gewisse Bedeutung in den Gemeinden. Wir traten deshalb damals für die Gemeinde ein gegen den Staat. Jetzt haben wir in den Parlamenten und in den Regierungen allerhand zu bedeuten und in manchen Gemeindevertretungen nichts. Darum richten wir uns jetzt gegen die Gemeindevertretungen." Das ist ein geradezu klassischer Ausspruch für vollständiges Aufgehen in die Parteipolitik und für die Verkennung der ethischen Grundbegriffe der Staatspolitik und der Selbstverwaltung. Aber das gilt nicht nur für linksstehende Politiker, es gilt genau so für rechtsstehende. Auch hier ist mir bekannt, daß rechtsstehende Parlamentarier von den unangenehmen Erfahrungen, die sie zu Hause mit einer zufälligen Linksmehrheit machen, sich entscheidend beeinflussen lassen bei ihrer gesetzgeberischen Tätigkeit, daß sie ganz übersehen, wie schnell sich die Verhältnisse ändern, und daß man jedenfalls große Gesetze nach anderen höheren staatspolitischen und ethischen Gesichtspunkten machen muß.

Auf die Parlamente ist dann weiter, wie ich bereits hervorhob, die Stellungnahme der Wirtschaft gegen die Kommunen und deren ununterbrochene Arbeit gegen diese von großem Eindruck gewesen. Wie die Interessen der Selbstverwaltung im Reichstag eingeschätzt werden, dafür ist folgender Vorgang bezeichnend: Der Oberbürgermeister Böß von Berlin hatte in seiner Eigenschaft als Vorsitzender des Deutschen Städtetages am 18. Februar 1925 die Fraktionen des Reichstages gebeten, Vertreter zu einer im Reichstage selbst stattfindenden Besprechung über den Finanzausgleich zu entsenden. Außer Herrn Böß war lediglich anwesend der Abgeordnete Külz, der heutige Reichsminister, der damals 2. Bürgermeister von Dresden war. Nach einiger Zeit hatten sich dann noch zwei Herren von der sozialdemokratischen Partei eingefunden. Das war das Interesse, das die Reichstagsfraktionen der wichtigsten kommunalen Frage, über die sie zu entscheiden hatten, entgegenbrachten. Ich glaube, wenn der erste Vorsitzende des Reichsverbandes der Deutschen Industrie zu einer Besprechung eingeladen hätte, wären sehr viele mehr erschienen.

Im Preußischen Landtag ist es nicht viel besser. Lediglich im Preußischen Staatsrate werden die kommunalen Interessen beachtet, aber der Einfluß des Staatsrats ist außerordentlich gering. Seine bloße Existenz ist vielen Parlamentariern – in allen Parteien des Landtags – ein Dorn im Auge; das, was er sagt, wird darum vielfach schon darum, weil er es sagt, nicht beachtet; und die Staatsregierung steht den Bestimmungen der Verfassung, die den Staatsrat einsetzten, sehr kühlen Herzens gegenüber. Den Vorzug, einen leibhaftigen Minister in unsern Sitzungen oder Ausschußsitzungen zu sehen, genießen wir in den seltensten Fällen, die Herren Ministerialräte – von manchen Ausnahmen abgesehen – sind vielfach gar nicht unterrichtet. Die Regierungen in Preußen sind während des Krieges und in den ersten Jahren der Nachkriegszeit im Gegensatz zu der früheren Praxis mit unmittelbaren Verwaltungsaufgaben betraut, und es sind ihnen dafür Geldmittel zur Verfügung gestellt worden. Daran haben die Regierungen Geschmack bekommen. Sie möchten auch jetzt in anderen Zeiten das beibehalten. Die ihnen vorgesetzten Stellen bis in die Ministerien herein haben ebenfalls daran Freude, weil auch sie auf diese Weise im Gegensatz zu früher durch ihren Einfluß auf die Regierungen einen unmittelbaren Einfluß auf die Lösung von Verwaltungsaufgaben haben. Darum werden möglichst viele Aufgaben, die früher reine Selbstverwaltungsaufgaben waren, in denen also die Regierungen und die Ministerien kaum etwas zu sagen hatten, zu Auftragsangelegenheiten erklärt, d.h. zu Angelegenheiten, die von den Selbstverwaltungsorganen im Auftrage und nach den Anweisungen der Ministerien oder Regierungen zu bearbeiten sind. Die Regierungen greifen auch davon unabhängig jetzt Aufgaben auf, die von den Selbstverwaltungsorganen stets bearbeitet worden sind und auch noch weiter bearbeitet werden, so daß ein Durcheinander und Nebeneinander schlimmster Sorte entsteht. Als klassische Beispiele führe ich hier an eine Reihe von Verhandlungen auf dem Gebiete der Schulverwaltung, auf die ich noch zu sprechen kommen werde, die Wohnungszwangsbewirtschaftung und die Regelung der Fürsorgeerziehung.

Ich komme nun zu dem Verhalten der Regierungen. Hier ist es so: Der Geheimrat, wie er früher hieß, sagen wir jetzt die Bürokratie, ist von jeher ein Gegner der Selbstverwaltung gewesen, weil die Selbstverwaltung ihrem Dienstbereich mehr oder weniger entzogen war. Heute ist die Bürokratie mächtiger als je. Sie ist viel mächtiger, als sie vor dem Kriege gewesen ist. Das ist kein Wunder, wenn man bedenkt, wie oft die Minister infolge der Unruhe unserer parlamentarischen Verhältnisse in den letzten Jahren haben wechseln, und wenn man weiter bedenkt, daß die Minister sich infolge der politischen Unreife unseres Volkes und der Unerfahrenheit des Parlamentarismus sich um die politischen Angelegenheiten in ausgedehntestem Maße kümmern müssen. Es ist ganz klar, daß dadurch der ständige Sachbearbeiter im Ministerium einen erheblichen Einfluß bekommt, den er in seinem im allgemeinen der Selbstverwaltung abgeneigten Sinne ausnutzt.

Ich will nunmehr versuchen, einen Überblick über die Zurückdrängung der Selbstverwaltung seit dem Jahre 1919 zu geben. Ich muß mich wegen der Kürze der Zeit auf kursorische Aufzählung beschränken. Ich beginne mit dem Gebiete der Schule, und zwar der Volksschule. Während früher die Anstellung der Volksschullehrer in der Weise erfolgte, daß in Schulverbänden bis 25 Stellen der Schulverband die Auswahl von drei der Schulaufsichtsbehörde präsentierten Kandidaten hatte, und daß bei Verbänden mit mehr als 25 Stellen die Gemeinde das Wahlrecht hatte, erfolgt jetzt die Besetzung der Lehrerstellen bei Verbänden bis acht Stellen durch die Schulaufsichtsbehörde; Verbände von acht bis 25 Stellen haben für zwei Achtel der Stellen das Auswahlrecht unter drei Kandidaten; Verbände über 25 Stellen haben ein freies Wahlrecht noch für zwei Drittel der Stellen. Während früher die Gemeinde grundsätzlich über die ihr gehörenden Schulgebäude insoweit frei zu verfügen hatte, als eine Gefährdung des Schulbetriebes nicht vorlag, ist jetzt durch eine Reihe von Erlassen eine Einschränkung dieses Verfügungsrechts vorgenommen.

Die Einrichtung der Landesschulkasse für die Volksschulen, durch die angeblich eine Ersparung für die Gemeinden eintreten sollte, hat weiter in einer Reihe von Fällen zur Einschränkung der Gemeinderechte geführt. Das gleiche gilt für die Mittelschulen und die Einrichtung der Landesmittelschulkasse, obgleich hier der Staat überhaupt keine Zuschüsse leistet. Auf dem Gebiete der höheren Schulen liegen ebenfalls eine ganze Reihe von Beeinträchtigungen vor. Das Ministerium hat sich ohne Rechtsgrund das Recht zugelegt, einen Betrag als Höchstgrenze des Schulgeldes festzustellen. Die Festsetzung des Schulgeldes unterliegt als Gebühr im Sinne des Kommunalabgabengesetzes der freien Beschlußfassung der Gemeinden. Der Beschluß der Gemeinde ist von der Schulaufsichtsbehörde (Provinzial-Schulkollegium) zu genehmigen. Hier greift ohne jeden Rechtsgrund das Unterrichtsministerium ein und schreibt vor, daß das Schulgeld einen bestimmten Satz nicht überschreiten dürfe, daß bestimmte Prozentsätze des Aufkommens zu Freistellen usw. zu verwenden seien usw. Geradezu einzigartig ist der Schlußsatz eines Erlasses, den der Kultusminister im Februar dieses Jahres über diese Dinge an die Provinzial-Schulkollegien gerichtet hat. Er weist darin die Provinzial-Schulkollegien an, dort, wo Verhandlungen nicht zum Ziele führten, die Erziehungsberechtigten über die Rechtslage, wie er sie auffaßt, aufzuklären und ihnen die Einlegung der nach dem Kommunalabgabengesetz ihnen zustehenden Rechtsmittel nahezulegen. Hervorheben möchte ich, daß der Staat seine Zustimmung zur neuen Errichtung von höheren Lehranstalten nur dann gibt, wenn die Gemeinden sich verpflichten, bis auf weiteres jede zweite freie Stelle für die Besetzung durch freigewordene Lehrkräfte der Lehrerbildungsanstalten zur Verfügung zu stellen. Die Finanznot der Gemeinden, die in der Hauptsache auf die Entziehung der Einkommensteuerzuschläge zurückzuführen ist, hat dieses Ministerium dazu benutzt, um gegen Gewährung relativ unerheblicher Staatszuschüsse sich ein erhebliches Recht auf die Stellenbesetzung einräumen zu lassen.

Bei den Berufsschulen sind die Gemeinden ebenfalls nicht mehr frei. Die Berufsschulen sind reine Gemeindeanstalten, werden lediglich von der Gemeinde unterhalten. Der Staat gibt nur einen ganz geringfügigen Zuschuß. Er hat die Gewährung dieses Zuschusses aber benutzt, um sich auch hier wieder ganz erhebliche Rechte zu verschaffen. Er hat die Gehälter der Lehrpersonen festgesetzt. Er hat auch durch Gesetz bestimmen lassen, daß die Aufhebung oder wesentliche Einschränkung einer der Erfüllung der Berufsschulpflicht dienenden Schule der Genehmigung der Schulaufsichtsbehörde bedarf. Ferner hat er sich das Recht verschafft, jede vierte Lehrerstelle zu besetzen. Das alles bei Schulen, die nach einer Entscheidung des Reichsgerichts Gemeindeanstalten sind.

Die Jugendfürsorge, das gesamte Fürsorgewesen ist stark reglementiert und den Einflüssen der Gemeindevertretungen und der Provinzialvertretungen entzogen; während sie früher Selbstverwaltungsangelegenheiten waren, sind sie jetzt zu Auftragsangelegenheiten erklärt worden. – Die Aufgaben der Gemeinden zur Bekämpfung der Wohnungsnot sind wie gesagt ebenfalls zu Auftragsangelegenheiten erklärt worden. Ich weise weiter hin auf das Besoldungssperrgesetz, das einen der stärksten Eingriffe in die Selbstverwaltung darstellte, die je dagewesen sind, das Gesetz betreffend Einführung einer Altersgrenze, auf die starken Beeinträchtigungen der Gemeinden auf dem Gebiet der Arbeitsnachweise.

Auf eine geradezu groteske Einzelheit möchte ich noch hinweisen: Als eine Stadt des Industriebezirks vor einiger Zeit eine Stellenausschreibung für mehrere Gesundheitsfürsorgerinnen mit Besoldungsgruppe V veranlaßte, hat Carl Heymanns Verlag in Berlin dieser Stadt auf ein Ersuchen um Veröffentlichung der Stellenausschreibung im Zentralblatt für Jugendrecht und Jugendwohlfahrt mitgeteilt, daß auf Grund des Erlasses des Preußischen Ministeriums für Volkswohlfahrt vom 16. Dezember 1924 in dieser Zeitschrift keine Stellenausschreibungen für Fürsorgerinnen veröffentlicht werden dürften, wenn darin ein Gehalt angeboten würde, daß unter der Gruppe VI läge.

Zusammenfassend läßt sich hier folgendes sagen: Gegenüber dem Rechtszustande der Vorkriegszeit sind außerordentlich umfassende und tiefe Eingriffe in die Selbstverwaltung erfolgt. Das große Gebiet der Fürsorge, das die meisten Ausgaben in allen Gemeinden verlangt, war vor dem Kriege eine freie Aufgabe der Selbstverwaltung. Jetzt ist es durch reichsgesetzliche und landesrechtliche Gesetze und Verwaltungsvorschriften zu einer Pflichtaufgabe der Gemeinden unter weitestgehender Regelung der Einzelvorschriften gemacht worden. Auf dem Gebiete der Schulen, und zwar sowohl auf dem Gebiete der gesamten Organisation, wie auf dem Gebiete der Personalien, ist in der Nachkriegszeit durch eine große Reihe von Einzelvorschriften in stärkstem Maße reglementierend und anordnend in die vor dem Kriege dem Ermessen der Gemeinden vorbehaltene Zuständigkeit eingegriffen worden. Auf dem Gebiete der Personalien, der Jugendpflege, des Arbeitsnachweiswesens, der Erwerbslosenfürsorge, der Wohnungsfürsorge, der Meliorationen läßt sich derselbe Geist der Zentralisation und Reglementierung erkennen.

Ich komme nunmehr zum Gebiete der Finanzen. Die Erzberger'schen Gesetze auf dem Gebiete der Einkommensteuer haben sich in keiner Weise bewährt. Man hat die in den meisten Ländern des Reiches bestehenden, tadellos funktionierenden und billig arbeitenden Einrichtungen kurzerhand zerschlagen, ehe man etwas neues hatte. Man arbeitet heute viel teurer und viel schlechter als früher. Dasjenige, was uns hier aber am meisten interessiert, ist die ganz verfehlte Politik, den Gemeinden das Zuschlagsrecht zu nehmen, sie mit festen, ziemlich willkürlich verteilten Anteilen abzufinden. Man hat dadurch den Gemeinden in starkem Maße das Gefühl der Selbstverantwortung genommen. Eine gerechte Verteilung des auf die Gemeinden entfallenden Anteils war unmöglich. Es sind infolgedessen die groteskesten Dinge vorgekommen. Mir sind kleinere Städte bekannt, in denen der Reichseinkommensteueranteil auf den Kopf der Bevölkerung 50 M beträgt, während er zum Beispiel in der Stadt Köln, auf den Kopf der Bevölkerung berechnet, 17,16 Mark beträgt. Diese beiden Ziffern beleuchten wirklich grell den Unsinn und die Unmöglichkeit der jetzigen Regelung.

Die Überschüttung einzelner Gemeinden mit Anteilen aus der Einkommensteuer hat diese naturgemäß zu ganz überflüssigen Ausgaben veranlasst, und – bei der bekannten menschlichen Schwäche zu verallgemeinern – haben sie so viel zu der Haltung der Wirtschaft gegenüber den Gemeinden beigetragen. Das Schlimmste aber, wie gesagt, in dieser Art der Regelung ist einmal, daß das Verantwortungsgefühl der Gemeinden dadurch stark beeinträchtigt worden ist, und zweitens, daß die Gemeinden bei ihren Ländern sich auf die verschiedenste oft wirklich unwürdige Art und Weise Zuwendungen erbetteln mußten. Von den Ländern ist das dazu benutzt worden, sich für die Weitergabe der ihnen zum Zweck der Weitergabe vom Reich übermittelten Anteile an die Gemeinden möglichst viele Rechte gewähren zu lassen.

Ich erwähne auf dem Steuergebiet noch folgendes: Besondere Gemeinde-Gewerbesteuerordnungen sind jetzt unzulässig. Früher wurde es als ein Vorzug der preußischen Gesetzgebung angesehen, daß sie den Gemeinden den Erlaß besonderer ihren Bedürfnissen angepasster Steuerordnungen gestattete. Der Reichsfinanzminister hat eine Art von Aufsichtsrecht über die Gemeinden erhalten. Der allgemeine Grundsatz, daß die Gemeinden zur Erhebung indirekter Steuern innerhalb der durch Reichsgesetze gezogenen Grenzen befugt sind, ist eingeschränkt. Die Vergnügungssteuererhebung unterliegt sehr starker Reglementierung, namentlich zugunsten der Kinos in einer geradezu merkwürdigen Weise. Die Gemeindegetränkesteuer fällt infolge gesetzlicher Bestimmung mit dem 1. April 1927 weg. Die Grundstücksumsatzsteuer ist beseitigt. Dafür ist eine Reichsgrunderwerbssteuer eingesetzt. Das wichtigste aber auf dem Gebiet der Finanzen ist und bleibt, daß man den Gemeinden das Zuschlagsrecht zur

Einkommensteuer, das früher ihre wichtigste Einnahmequelle war, genommen hat, daß man die Weiterleitung an die Gemeinden den Ländern überlässt und daß die Länder diese Pflicht benutzen, sich auf allen möglichen Gebieten Rechte zu verschaffen. Sie sehen aus der bisherigen Darstellung, daß der Kampf gegen die Selbstverwaltung nicht etwa sich abspielt allein bei den unmittelbaren Gemeinde-Verfassungsgesetzen, insbesondere bei der Städteordnung, sondern daß er fast auf allen Gebieten sich abspielt.

Ich komme nunmehr zu den Gemeindeverfassungsgesetzen und besonders zur neuen preußischen Städteordnung.

[Es folgen Ausführungen zur Vorgeschichte und zu Details des Gesetzes und der Städteordnung.]

Es würde weit über den Rahmen der mir zugewiesenen Zeit hinausgehen, wenn ich auf alle Schwächen und rückschrittlichen Bestimmungen der Städteordnung im einzelnen hinweisen wollte. Ich muß mich mit den wichtigsten Dingen begnügen. Die Frage der Eingemeindung ist in einer Weise geregelt, daß wohl sobald keine Eingemeindungen mehr zustande kommen werden, während doch gerade durch rechtzeitige Eingemeindungen die Großstädte entgiftet werden. Bürgerschaftsbegehren und Bürgerschaftsentscheid hat man beibehalten trotz der Erfahrungen, die man mit derartigen Dingen gemacht hat. Bei der Bürgermeistereiverfassung soll der Bürgermeister nicht mehr den Vorsitz in der Stadtverordnetenversammlung führen. Eine Bestimmung, von wem denn diese Stadtverordnetenversammlung geleitet werden soll, sucht man aber vergebens.

Die Selbstverwaltung ist auf jede mögliche Weise eingeengt. Ortssatzungen, d.h. Beschlüsse der Stadtverordnetenversammlung, die der Genehmigung bedürfen, gibt es bei allen möglichen Dingen. Lassen Sie mich einige aufzählen: Die Einführung neuer und die Änderung vorhandener Wappen und Dienstsiegel soll durch Ortssatzung erfolgen, wobei – etwas ganz Unerhörtes – sogar vor der Beschlußfassung der Aufsichtsbehörde Gelegenheit zur Prüfung der Entwürfe zu geben ist. Also nicht einmal mehr ein Dienstsiegel kann eine Stadt anständig und richtig machen. Die Aufsichtsbehörde und alle möglichen Instanzen müssen vorher ihre Nase hineinstecken.

Nach § 58 können Städte von größerem Umfange und größerer Einwohnerzahl zur Erledigung örtlicher Verwaltungsangelegenheiten in Verwaltungsbezirke eingeteilt werden. Auch hier wird eine Ortssatzung verlangt, sowohl zur Einteilung in Verwaltungsbezirke als auch sogar zur Organisation und der Zuteilung der Aufgaben an diese Verwaltungsbezirke im einzelnen.

Wenn eine Stadtverordnetenversammlung bestimmen will, daß ehrenamtlich tätigen Bürgern die notwendigen Barauslagen und der nachweislich entgangene Arbeitsverdienst ersetzt werden sollen, so ist auch dafür eine Ortssatzung nötig. In Zukunft soll also nicht einmal die Entschädigung für die Stadtverordneten von der Stadtverordnetenversammlung ohne Hineinreden der Aufsichtsbehörde festgestellt werden können. Wenn eine Stadt den Anschluß der in der Stadt belegenen Grundstücke an die Kanalisation, Wasserleitung, Müllabfuhr und Straßenreinigung vorschreiben will, ist eine Ortssatzung notwendig. Aber die Art der Genehmigung der Ortsbeschlüsse ist gegenüber den Vorschriften des Gesetzes zur Vereinfachung der Verwaltung vom 13. Mai 1918 zu Ungunsten der Selbstverwaltung und zu Gunsten des Einflusses der Aufsichtsbehörde geändert worden.

Das schöne Wort „Ortssatzung" ist nur ein verschämter Ausdruck für „Beschneidung der Selbstverwaltung". Es findet sich noch an zahlreichen anderen Stellen in dem Entwurf. Ich habe Ihnen hier nur einige markante hervorgehoben. Die Aufsichtsrechte in den reinen Selbstverwaltungsangelegenheiten sind ganz außerordentlich weitgehend. Auch hier eine kleine Blütenlese: Veräußerungen und Abtretungen von Vermögensteilen, insbesondere von Grundstükken dürfen nur gegen Ersatz des Wertes erfolgen. Der Ersatz ist dem Vermögen zuzuführen. Ausnahmen hiervon bedürfen der Zustimmung der Aufsichtsbehörden, d.h. mit anderen Worten: eine Stadt kann nicht das kleinste Grundstück mehr verkaufen, wenn sie nicht gleichzeitig den Erlös wieder in Grundstücken anlegt, es sei denn, daß die Aufsichtsinstanz, die wahrhaftig von diesen ganzen Dingen nur wenig verstehen kann, dies genehmigt. Man schafft auf solche Art Vermögen einer toten Hand in des Wortes wahrster Bedeutung. (Sehr richtig.)

Im § 95 des Entwurfes ist zunächst bestimmt – und zwar auch für die Bürgermeistereiverfassung –, daß zur rechtsgeschäftlichen Verpflichtung der Stadt eine schriftliche Willenserklärung erforderlich ist. Es ist mir zunächst zweifelhaft, ob diese wie andere in dem gleichen Artikel befindlichen Formvorschriften mit der Reichsgesetzgebung vereinbar sind. Dann aber bedeutet es auch eine mit unserer Zeit gar nicht vereinbare Beschränkung der Städte, wenn sie in Zukunft kein Blatt Papier mehr ohne schriftliche Willenserklärung kaufen können. – Für eine Reihe von Rechtsgeschäften ist dann eine zweite Unterschrift verlangt, eine in den Städten mit Bürgermeistereiverfassung ganz unverständliche Vorschrift.

Endlich aber ist bestimmt, daß bei einer Reihe von im § 108 bestimmten Fällen, nämlich bei Veräußerung von Gemeindewaldungen und bei Abweichung von den Vorschriften über die Verwaltung des städtischen Vermögens, eine rechtsgeschäftliche Verpflichtung der Stadt nur begründet wird, wenn gleichzeitig mit der Abgabe der Willenserklärung für die Stadt eine amtliche Bescheinigung der Aufsichtsbehörde darüber vorgelegt wird, daß die Voraussetzungen des § 108 Abs. III erfüllt sind, d.h. daß die Aufsichtsbehörde erklärt hat, keinen Einspruch einlegen zu wollen oder daß der Einspruch endgültig zurückgewiesen ist. Ich muß gestehen, daß eine derartige Bestimmung geradezu haarsträubend ist. Aus ihr spricht eine solch unwürdige Behandlung der Vertreter der Selbstverwaltung, daß man sie nicht für möglich halten sollte. Man traut also den Vertretern der Städte so wenig, daß sie sich ihren Vertragsgegnern gegenüber darüber ausweisen müssen, daß sie die Sache vorher mit ihren Aufsichtsbehörden ins Reine gebracht haben. Mir fehlt, ich wiederhole das mit voller Absicht, jedes Wort der Kritik für die Einschätzung der Selbstverwaltungsorgane, die aus dieser Bestimmung hervorgeht. Die alte Städteordnung kannte etwas derartiges nicht.

Das Bestätigungsrecht ist aufrecht erhalten für die Bürgermeister und ihre ersten Vertreter. Ein Interesse des Staates daran, wer Bürgermeister wird, muß man anerkennen. Man könnte hier aber recht gut einen anderen Weg zur Wahrung dieses Interesses sich denken, als den der Bestätigung durch das Staatsministerium, das die Bestätigung versagen kann, ohne Gründe für seinen Beschluß anzugeben, dessen Beschluß auch nicht anfechtbar ist. Ich weiß aber nicht, warum für den ersten Vertreter des Bürgermeisters eine staatliche Bestätigung nötig sein sollte.

Auch generell ist die Aufsicht über die Städte in Selbstverwaltungsangelegenheiten durch den Staat ganz unbefriedigend geordnet. Nach dem Entwurf kann die Aufsichtsbehörde sich jederzeit durch geeignete Maßnahmen über die städtische Verwaltung unterrichten, insbesondere durch Einsichtnahme in die Verwaltung durch örtliche Prüfung sowie durch Einforderung mündlicher oder schriftlicher Berichte. Die Städte haben die verlangten Auskünfte zu erteilen und die nötigen Unterlagen zu beschaffen, insbesondere Einsicht in die Akten, Kassenbücher und Belege zu gestatten.

Diese Bestimmung, die jetzt ähnlich besteht, führt geradezu zu einer Überlastung der Gemeinden durch Einforderung von Berichten seitens der Regierung. Sie führt zu nichtigsten, manchmal geradezu lächerlichen Schreibereien und Nachprüfungen und artet, ich sage es mit aller Bestimmtheit, teilweise in für die Städte direkt beleidigende Zuschriften aus. Um keine persönliche Note hineinzubringen, verzichte ich darauf, einzelne geradezu erstaunliche Fälle hier anzuführen. Ich erkenne auch an, daß Regierungspräsidenten diese nicht ausnutzen, aber nachgeordnete Stellen nutzen sie oft in redlicher Weise aus. Unter keinen Umständen kann aber diese Bestimmung in der Städteordnung Gesetz werden. Sie steht auch in Widerspruch mit der Bestimmung des Artikels 73 a, in dem es heißt: „Selbstverwaltungsangelegenheiten führen die Städte unter eigener Verantwortung frei von Anweisungen der Aufsichtsbehörde.“ Soll dieser Paragraph nicht mehr sein als Phrase, dann muß die Bestimmung fallen. Ein Aufsichtsrecht des Staates in Selbstverwaltungsangelegenheiten kann nur in den Fällen stattfinden, in denen ein begründeter Anlaß zu der Annahme gegeben ist, daß eine Gesetzwidrigkeit vorliegt; alles andere ist als mit dem Begriff der Selbstverwaltung nicht vereinbar abzulehnen.

In fast allen diesen Punkten hatte der Staatsrat durchaus verständige und vernünftige Fassungen vorgeschlagen. Sie sind fast sämtlich sowohl von der Staatsregierung wie auch vom Landtag unberücksichtigt geblieben. Ich kann mich nur den Worten der K.B.[1] vom 10. März 1926 anschließen: „Wenn es nicht anders geht und die unbedingt notwendigen Verbesserungen nicht hineingebracht werden können, dann bleibt eben nichts anderes übrig als: Werft dieses Scheusal in die Wolfsschlucht!“

Gegenüber allen diesen seit 1918 auf dem Gebiete des Schulwesens, der sozialen Fürsorge, der kommunalen Beamtenpolitik, der Finanzwirtschaft, der Gestaltung und Handhabung der staatlichen Aufsicht verlorenen Positionen der Selbstverwaltung ist kein einziger nennenswerter Fortschritt zu verzeichnen. Als Packesel hat man die Selbstverwaltung benutzt, ihr ständig neue Lasten auferlegt, ohne ihr die finanziellen Mittel zu geben, als Packesel behandelt man die Selbstverwaltung auch im übrigen. § 127 der Reichsverfassung lautet: „Gemeinden und Gemeindeverbände haben das Recht der Selbstverwaltung innerhalb der Schranken der Gesetze.“

§ 70 der Preußischen Verfassung lautet: „Den politischen Gemeinden und Gemeindeverbänden wird das Recht der Selbstverwaltung ihrer Angelegenheiten unter der gesetzlich geregelten Aufsicht des Staates gewährleistet.“ Diese Bestimmungen der Verfassungen werden mehr und mehr leere Worte. Das muß anders werden, muß anders werden im Interesse der Sache, muß anders werden im Interesse des Staates und des Volkes. Es ist nun einmal unmöglich, im Wege des Präfektensystems – das ist der richtige Ausdruck dafür – von einer Stelle aus alles regieren und reglementieren zu wollen bei einer Einwohnerzahl von 60 Millionen in Deutschland, von 40 Millionen in Preußen und bei so verwickelten Lebensverhältnissen, in denen diese ungeheure Menschenzahl lebt. Ein derartiges System muß zur Erstarrung und Mißwirtschaft führen. Es ist gar nicht anders möglich, wirklich gut einen Staat von solchem Ausmaß zu regieren und zu verwalten, als indem man möglichst viele Aufgaben nun auch vertrauensvoll den Selbstverwaltungskörperschaften zur Durchführung unter eigener sachlicher und finanzieller Verantwortung überträgt. Frankreich hat das Präfektensystem. Was haben dort die Städte und Gemeinden im vergangenen Jahrhundert geleistet! Deutschland hatte bisher das Präfektensystem nicht, und die deutschen Städte standen – das wurde allgemein anerkannt – an der Spitze.

Der Fürstenabsolutismus des 18. Jahrhunderts hat die Freiheit der Selbstverwaltung systematisch vernichtet und damit die Städte und Gemeinden und den Staat auf den tiefsten Stand heruntergebracht. Nach dem Zusammenbruch des Preußischen Staates zu Anfang des 19. Jahrhunderts haben erleuchtete und kluge Männer zur Rettung des Staatswesens zur Selbstverwaltung gegriffen und sie von neuem wieder eingeführt. Wird jetzt die neue deutsche Demokratie denselben Weg einschlagen, den früher der Fürsten-Absolutismus gewandert ist, dann wird sie sich ebenso das Grab graben, wie dieser es sich gegraben hat. (Sehr gut!) Denn diese Zentralisation, die Unterdrückung des freien Bürgergeistes und Bürgerwirkens, die jetzt betrieben wird, führt nur zu leicht eines Tages, wenn alles Eigenleben ertötet und alles zentralisiert ist, wenn die Menschen im Lande nur mehr gehorchende Untertanen sind, zur Autokratie oder gar zur Diktatur.

Wird bei dem im nächsten Jahre zur Entscheidung stehenden endgültigen Finanzausgleich die finanzielle Freiheit der Selbstverwaltung wieder erobert, gelingt es, in Preußen der Städteordnung einen in Wahrheit fortschrittlichen Geist einzuhauchen, dann sind wichtige Stellungen im Kampfe um die Selbstverwaltung zurückerobert. Aber auch dann wird der Kampf noch nicht ruhen dürfen; er muß auf allen Gebieten weiter geführt werden. Dieser Kampf um die Rückgewinnung und den Ausbau der Freiheit der Selbstverwaltung ziemt sich vor allem für unsere Partei. Unsere Partei ist immer ein Gegner der Staatsallmacht, der übertriebenen zentralistischen Strömungen gewesen. Sei sie es auch auf diesem Gebiete! Sie hat bei ihren politischen Entschließungen immer letzten Endes die ethische Grundlage mitbestimmend sein lassen. Tue sie es auch hier und helfe sie, die vorhandenen guten Kräfte im Volke auf dem Wege der verantwortungsvollen Arbeit in einer freien Selbstverwaltung zu erziehen und nutzbar zu machen zum wahren Heile des gesamten Volkes.

[1] Kommunalpolitische Blätter.

Dokument 27

Aachen, 13. Mai 1926: Der Kampf gegen die Selbstverwaltung. Die Aussprache Dr. Adenauer – Dr. Brüning auf der Tagung der Kommunalpolitischen Vereinigung der Zentrumspartei

Quelle: Kommunalpolitische Blätter 17 (1926), S. 287ff.

In Heft 10 unserer K[ommunalpolitischen] B[lätter] teilten wir die Referate des Kölner Oberbürgermeisters Dr. Adenauer „Der Kampf gegen die Selbstverwaltung" und das Referat des Reichstagsabgeordneten Dr. Brüning „Über die Zukunft der Gemeindefinanzen", die diese auf der Aachener Tagung der K[omm unal]P[olitischen]V[ereinigung] erstatteten, mit. Da die Aussprache bemerkenswerte Ergänzungen zu den Referaten brachte und sich gewisse Klärungen der verschiedenen Auffassungen über das Problem der Selbstverwaltung ergaben, vor allem auch der finanziellen Selbstverwaltung, teilen wir im Folgenden das Wesentliche dieser Aussprache mit.

Zunächst wies der stellvertretende Vorsitzende der KPV, Reichsratsmitglied Lensing (Dortmund) auf den wichtigen Punkt hin, daß wir zuviel Verwaltung und daher Gegeneinanderverwaltung hätten. Vor allem sei dies bei der Reichsfinanzverwaltung der Fall. Hierbei ergäbe sich denn auch die Unmöglichkeit eines Überblicks über den Haushaltsplan. In diesen würde eine ständige Unsicherheit hineingetragen. Beigeordneter Weinbrenner (Duisburg) wies auf die neuerliche Regelung der Erwerbslosenfürsorge hin, deren Auswirkung den Gemeinden in finanzieller Beziehung die größten Schwierigkeiten bringen werde. An den Ausführungen des Oberbürgermeisters Adenauer über die neue Städteordnung kritisierte Weinbrenner die Auffassung, daß die neue Städteordnung in allem ein Rückschritt sei. Im Gegensatz zu der Auffassung des Referenten bezeichnete Weinbrenner die Bestimmung, daß der Bürgermeister nicht mehr den Vorsitz in der Stadtverordnetensitzung führen solle, als Fortschritt. Von den übrigen Diskussionsrednern bleibt zu erwähnen, daß die Abgeordneten Schüling und Schmelzer die Angriffe des Oberbürgermeisters Adenauer gegen die Abgeordneten zurückwiesen. Auch die Bürokratie der Stadtverwaltungen könne ein Feind der Selbstverwaltung sein. Abgeordneter Schmelzer wandte sich gegen die Politik des preußischen Finanzministers, der anscheinend noch über genügend Geld verfüge. Er solle dann aber die Gelder nicht in industrielle Unternehmungen (Elektrizitätsversorgung usw.) stecken, sondern nutzbringender in der Landwirtschaft anlegen. Amtmann Vomfell (Netphen) wies darauf hin, daß gewisse

Wirtschaftskreise ein Interesse an der heutigen zentralen Regelung der Finanzen (hinsichtlich der Einschätzung!) hätten. Die Auffassung Dr. Brünings, daß die Lohnsteuer dem geplanten Zuschlagsrecht der Gemeinden im Wege stehe, teile er nicht. Beigeordneter Mehlis (Linz) brachte größte Bedenken vor gegenüber der neuen Städteordnung, die jegliche Selbstverwaltung vernichte, vor allem das Interesse der Bürgerschaft an der Übernahme kommunaler Ämter. Von der künftigen Regelung der Gemeindefinanzen fordert er, daß Reich und Länder, unter Umständen auch die Provinzen, einen höheren Anteil an den finanziellen Lasten der Gemeinden, besonders an den Fürsorgelasten, tragen sollten.

Oberbürgermeister Dr. Adenauer und Abgeordneter Dr. Brüning erwiderten den Referenten wie den Diskussionsrednern Folgendes: Oberbürgermeister Dr. Adenauer (Köln): Ich muß zuerst zurückkommen auf die Kritik, die meine Worte bezüglich der Abgeordneten gefunden haben. Bei meinen diesbezüglichen Ausführungen habe ich an die Spitze gestellt, daß die anwesenden Abgeordneten ausgeschlossen seien. Das war keine leere Redensart, sondern durchaus ernst gemeint. Wenn ich einzelne Abgeordnete unserer Zentrumspartei namentlich aufgeführt hätte, würde man sich gesagt haben, die nicht genannten Abgeordneten sind diejenigen, welche. Ich möchte deshalb hier nochmals ausdrücklich feststellen, die anwesenden Abgeordneten waren ausgenommen. Ich habe persönlich erfahren, daß diese Herren sich für eine erheblich fortschrittlichere Fassung in entschiedener Weise eingesetzt haben.

Dann möchte ich mich den Ausführungen meines Vorredners, des Beigeordneten Weinbrenner, zuwenden. In der Frage des Vorsitzes der Stadtverordnetenversammlung ist hier schon entschieden worden. Ich muß seinen Ausführungen widersprechen, die ich mir nur so erklären kann, daß er nur die Magistratsverfassung kennt, nicht aber die Bürgermeistereiverfassung. Unter der Magistratsverfassung ist die Stadtverordnetenversammlung nicht allmächtig und nicht ausschlaggebend und jeder Beschluß der Stadtverordnetenversammlung bekommt erst Wirkung durch einen gleichlautenden Beschluß des Magistrats, der hinter verschlossenen Türen gefaßt wird. Ganz anders ist es aber bei der hier geltenden Verfassung. Hier ist die Stadtverordnetenversammlung allmächtig. Was sie beschließt, und in der Regel in öffentlicher Sitzung, ist Gesetz und muß ausgeführt werden und der Bürgermeister kann nicht, wie bei der Magistratsverfassung, durch einen entsprechenden Beschluß des Magistrats den Beschluß der Stadtverordneten konterkarieren. Unter der Magistratsverfassung ist der Bürgermeister viel allmächtiger. Wenn Sie das alles bedenken, werden Sie mir zugeben, daß meine Stellungnahme richtig ist. Wenn man dem Bürgermeister in der Stadtverordnetenversammlung nicht einmal mehr den Vorsitz gibt, läuft man viel mehr Gefahr, daß es nicht mehr so leicht gelingt, die Stadtverordneten vor unüberlegten Schritten zurückzuhalten. Es handelt sich gar nicht um die Frage, als ob unter den Stadtverordneten nicht auch Leute wären, die den Vorsitz führen könnten. Ob es allerdings viele gibt, die sich das Vergnügen wünschen, weiß ich nicht. Es gibt wohl welche; Beigeordneter Weinbrenner hat das ja dargelegt.

Ich komme jetzt zur Hauptsache, zu den Ausführungen des Abgeordneten Dr. Brüning.[2] Seine Ausführungen waren als eine Rechtfertigung der Reichsfinanzpolitik in großen Zügen betrachtet, ausgezeichnet. Insofern war der Beifall, der ihm gespendet wurde, wohl verdient. Aber, nehmen Sie mir das nicht übel, vom Standpunkt seines Themas aus betrachtet waren sie außerordentlich bedauerlich. So ungern ich es tue, kann ich doch nicht anders als sagen, daß seine Ausführungen für das Problem der Kommunalfinanzen außerordentlich wenig Verständnis erkennen ließen. Ich werde das Wesentliche gleich vorweg nehmen. Zwei kleine Sachen kann ich gleich abtun. Heute morgen habe ich ausgeführt, wie wenig Verständnis im Reichstag für die kommunale Finanzpolitik vorhanden zu sein scheint. Als Beispiel habe ich die Einladung des Oberbürgermeisters Böß (Berlin), der sie als Vorsitzender des Städtetages, nicht etwa als Oberbürgermeister von Berlin hatte ergehen lassen, angeführt. Ich nehme dankend Vormerkung von der Erklärung des verehrten Referenten. Ich erlaube mir aber festzustellen, daß man die Sitzung auf nachmittags 4 $^{1}/_{2}$ Uhr festgesetzt hatte, also zu einer Zeit, wo die Abgeordneten wohl aus dem Plenarsitzungen und auch aus den Ausschußsitzungen einmal herauskommen können. Wenn der Referent sagt, daß man im Reichstag keinerlei Anregung von Finanzpolitikern unserer Partei erhalte, so muß ich dem entgegenhalten, daß ich mich seit mehreren Jahren in diese Richtung eifrig bemüht habe. Ich habe die Bemühungen aber auf Grund persönlicher Erfahrung als zwecklose Zeitvergeudung eingestellt. Ich nehme aber dankend Kenntnis von der Erklärung des Abg. Dr. Brüning, daß dieses vor seiner Zeit liege. Ich werde deshalb nicht verfehlen, in Zukunft enge Fühlung mit Dr. Brüning zu halten. An mir soll es nicht liegen, wenn nicht eine enge Zusammenarbeit zustande kommt.

Wir haben sehr scharf herausgestellt, was wir vom Reiche wollen. Wir wollen: 1. Keine Aufbürdung von Aufgaben durch das Reich, ohne die erforderlichen Mittel zur Deckung. Dr. Brüning hat die Richtigkeit dieses Satzes, wenn auch in etwas zaghafter Weise, zugegeben. Für die Vergangenheit hat er die Entschuldigung, daß man nicht früher hätte übersehen können, was diese Gesetze den Gemeinden für Belastungen bringen würden. 2. habe ich ausgeführt, daß man sich festlegen sollte, in der Wohlfahrtspflege gewisse Bezüge anzurechnen und andere nicht anzurechnen.

Man hat über eine Sache abstimmen sollen, die überhaupt nicht auf der Tagesordnung gestanden hatte. Ich finde es eines Reichstages unwürdig, daß er ein Gesetz von solcher Tragweite verabschiedet, ohne daß es auf der Tagesordnung gestanden hat. Es bedeutet für die Kommunen eine Belastung von 280 bis 300 Millionen Mark jährlich. Wenn im Reichstag ein Gesetz vorgelegt worden wäre, das die Untertanen mit einer jährlichen Steuer von 300 Millionen belastet, so würde der ganze Reichstag dagegen protestiert haben, ein solches Gesetz, ohne daß es auf der Tagesordnung gestanden habe, zu verabschieden. Das beweist am besten, wie im Reichstag gearbeitet wird. Wenn es sich darum handelt, etwas für die Gemeinden zu bewilligen, so geht das außerordentlich langsam, wenn es sich aber darum handelt, unsere Gemeinden zu belasten, so ist man schnell bei der Hand. Wenn meine Erinnerung mich nicht trügt, ist auch in zweiter Lesung nochmals abgestimmt worden. Wie darüber abgestimmt wurde, hatten schon alle Verbände und Vereine ex professo ihre Stimme dagegen erhoben. Im Reichstag ist das Gesetz trotzdem beschlossen worden. – Sie ersehen hieraus, daß die Ausführungen, die wir eben gehört haben, und die vielleicht einigen Eindruck bei Ihnen gemacht haben, nicht richtig sind.

Weil auch hervorgehoben worden ist, daß die Realsteuern herunter gesetzt werden sollen, will ich noch eins betonen: Wenn das Gesetz wird, was der Reichstag beschlossen hat, kommen für Köln 12 Millionen Mark an Reichszuwendungen aus den Steuern in Fortfall, eine Summe, die nur durch eine glatte Verdoppelung der Gewerbesteuer wieder hereingebracht werden kann. Ich habe eine genaue Rechnung darüber aufmachen lassen, daß die Mehrbelastung der Stadt Köln durch die Reichsgesetzgebung gegenüber 1918 rund 30 Goldmillionen ausmacht. Da ist es natürlich unmöglich, den Gemeinden vorzupredigen, sie müßten auskommen. Ich erkenne die Aufgaben des Reiches an, man soll sich dann auch darüber Gedanken machen, was man den Gemeinden aufhalst.

Mit großem Bedauern habe ich aus dem Munde des Abgeordneten Dr. Brüning gehört, der ja der maßgebende Mann für solche Dinge in unserer Fraktion ist, daß das Zuschlagsrecht der Gemeinden zur Einkommensteuer noch nicht kommen soll. Es ist im höchsten Maße bedauerlich, daß ein Beschluß des Reichstages bezüglich gesetzlicher Bestimmungen wieder nicht zum richtigen Termin ausgeführt wird. Das widerspricht der Würde des Reichstages. Ich glaube nicht, daß der Reichstag im nächsten Jahre klüger sein wird, als heute – ich wüsste nicht, woher diese Erleuchtung kommen sollte –, so daß ich der Auffassung bin, wenn man nur das heiße Eisen anfassen wollte, so kann man das heute ebenso gut, wie später. Ich kann da die Einwendungen des Abgeordneten Dr. Brüning nicht als durchschlagend gelten lassen. Er hat dann auch etwas gesagt, was mir ganz unrichtig zu sein scheint. Wenn ich richtig verstanden habe, sagte er, daß der Arbeiter dann nicht mehr auf seiner Lohntüte feststellen könnte, welche Gelder der Gemeinde zufielen und er dann nicht mehr in der Lage sei, gegen überflüssige Ausgaben der Gemeinden aufzutreten. Umgekehrt ist es richtig. Der Arbeiter – oder aber sicher die Gewerkschaft – errechnet ganz genau, wie hoch der Gemeindezuschlag ist. Ich halte es auch für richtig, daß es so ist, denn ich bin der Auffassung, dass die Gemeindepolitik dann einem viel größeren Interesse der Arbeiterkreise begegnet. Der Arbeiter soll wissen, was die gesetzgeberischen Maßnahmen kosten und mit beitragen. Jeder Staatsbürger muß mit beitragen, damit er das nötige Maß der Verantwortung bekommt. Dann hat Dr. Brüning ausgeführt, daß hier die Verschiedenheiten zwischen Stadt und Land sich wieder stark bemerkbar machen würden. Sind denn nicht die Lebensbedingungen in der einen Stadt anders als in der anderen Stadt? Und in der Stadt nicht anders als auf dem Lande? Allein schon die Preise für Gas, Elektrizität und Wasser sind hier so und dort so. Sie üben auf das Budget des Arbeiters genau denselben Einfluß aus wie die kleinen Verschiedenheiten in den Steuern. Diese Bedenken sind also nicht durchschlagend.

Dr. Brüning hat m.E. verkannt, oder er hat es wenigstens nicht ausgesprochen, warum ich gerade solchen Wert auf dieses Zuschlagsrecht lege. Ich bin zuerst im Deutschen Städtetag für das Zuschlagsrecht der Gemeinden zur Einkommensteuer eingetreten. Nicht aus materiellen, sondern aus ethischen Motiven. Ich will die Freiheit der Selbstverwaltung aus hohen ethischen Motiven. Wir bekommen diese Freiheit aber nicht, wenn wir nicht zuerst das freie finanzielle Selbstverwaltungsrecht bekommen. Das Schlimmste ist der Ausgleichsfonds. Mit dem Ausgleichsfonds – ich bitte diesen Ausdruck nicht mißzuverstehen – fängt die ganze Korruption wieder an. (Starker Beifall). Ich wiederhole nochmals und bitte wieder, mich nicht mißzuverstehen, wenn man seitens der Gemeindevertreter buckelnder Weise nach Berlin läuft, und vielleicht wird auch mit den Angaben nicht immer bei der Wahrheit geblieben, dann fängt auf der anderen Seite das Machtgefühl an und man setzt den Gemeinden die Daumen auf die Augen; für ein Linsengericht verkauft man die Freiheit der Selbstverwaltung. Dr. Brüning hat Recht, wenn er sagt, daß das Reich und die Gemeinden zu kurz gekommen seien. Er hat auch Recht wenn er sagt, daß die Finanzen Preußens doch nicht so schlecht gewesen sein können, wenn Preußen noch so gewaltige Erwerbungen hat machen können, wie in letzter Zeit geschehen. Ich habe heute morgen schon gesagt, daß die Art der Verteilung der Steueranteile ganz unmöglich ist und zu den unangenehmsten Differenzen führt. Ich kenne Städte, die früher einen ganz geringen Anteil hatten und heute 50 Mark pro Kopf der Bevölkerung erhalten. Köln erhält dagegen nur 17 Mark pro Kopf der Bevölkerung. Es ist gesagt worden, Köln, Düsseldorf und Berlin seien die Städte, die am meisten erhielten. Ich will Düsseldorf nicht verteidigen und nicht Berlin. Ich kann Ihnen nur sagen, daß wir in Köln 1911 – das ist ja das Stichjahr – pro Kopf der Bevölkerung [...] Mark erhielten. Wir standen damit hoch, jetzt bekommen wir nur noch 17 Mark. Andere Gemeinden, die früher tief standen, bekommen heute 50 Mark pro Kopf der Bevölkerung. Sie werden mir zugeben, daß das eine unrichtige Verteilung ist.

Zum Schluß noch folgendes: Das Reich hat die gesamten Finanzen in seine Hand genommen, um seinen ausländischen Verpflichtungen gerecht werden zu können. Aber das Reich und auch der Reichstag dürfen nicht vergessen, daß auch innerpolitische Verpflichtungen bestehen, die erfüllt werden müssen. Wenn diese nicht erfüllt werden, können die Verpflichtungen nach außen auch nicht erfüllt werden. Wenn der Reichstag sich Genüge darin tut, große Summen zu bewilligen, die Lasten den Gemeinden aufzuhalsen, Gelder aber nicht zur Verfügung stellt, muß man sich nicht wundern, wenn es dann in den Gemeinden, die dem Volke am nächsten stehen, zur Katastrophe kommt? Und wenn das geschieht, namentlich in den Zeiten wie den gegenwärtigen, dann wird es drunter und drüber gehen in ganz Deutschland. Das Reich wird dann seine Steuern nicht mehr bekommen und wird dann auch nicht mehr in der Lage sein, seine Verpflichtungen gegenüber dem Auslande zu erfüllen.

Heute ist von verschiedenen preußischen Abgeordneten die Finanzpolitik Preußens in Schutz genommen worden. Ich möchte nur auf einen Punkt hinweisen, auf die Stellungnahme des preußischen Staatsministeriums, des Finanzministeriums und des Kultusministeriums bezüglich der höheren Schulen in den Städten: Die Städte sind heute nicht mehr in der Lage, mit den vorhandenen finanziellen Mitteln das höhere Schulwesen in der Form, wie es gegenwärtig ist, zu erhalten, noch weniger es weiter auszubauen, wie es die Bevölkerungszunahme und das allgemeine Streben nach Bildung erforderlich macht. Wenden sich nun Städte mit der Bitte an den Staat, neue Schulen zu errichten, die lebensnotwendig sind, lehnt der Staat es grundsätzlich ab. In einigen Kleinstädten geht der Staat dazu über, Schulen auf eigene Kosten zu gründen. Wie die Städte im Westen mit den Lasten für die Schulen fertig werden, das zu ergründen überläßt er ihnen. Die Städte können die Schullasten nicht mehr meistern. Wenn dann die Dinge sich so entwickeln, wie heute besprochen, inbezug auf die Verteilung der 20 Prozent und der Sonderbesteuerung von auswärtigen Schülern, so heißt es, die Städte müssen bei den Kulturausgaben sparen. Sie müssen dann wichtige Dinge unterlassen, weil sie finanziell nicht mehr dazu in der Lage sind. Während man auf der einen Seite Schulgründungen – manchmal überflüssiger Art – finanziert, geht der industriereiche Westen leer aus. Hier müssen die Kommunalpolitiker der Zentrumspartei unbedingt nach dem Rechten sehen.

Abgeordneter Dr. Brüning: Gestatten Sie mir einige Worte der Entgegnung. Ich habe eben privatim mit Beigeordneten Weinbrenner über die Frage der Verbesserung der Erwerbslosenunterstützung gesprochen und ihm meinen Unwillen darüber ausgedrückt, daß die Beschlüsse des Reichstags und des Reichsarbeitsministers nach fünf Wochen noch nicht in den Händen der Gemeinden sind. Hierauf sind aber die irrigen Ausführungen Weinbrenners zurückzuführen. Sie ersehen daraus, wie Kritiken sehr leicht aufkommen können. Der Reichstag hat den Beschluß schon vor einiger Zeit gefaßt, in der Zentrumspresse ist auch darüber berichtet worden. Es muß natürlich dafür gesorgt werden, daß die Verordnung baldmöglichst zur Kenntnis der Gemeinden gelangt. Das ist aber das Charakteristische für die Kritik. Es war das ein klassischer Fall: Es werden Beschlüsse gefaßt, obwohl die Ausführungsbestimmungen noch gar nicht in den Händen der zuständigen Instanzen sind.

Ich bedaure, daß Oberbürgermeister Adenauer im Augenblick nicht im Saale sein kann. Ich habe noch einige ergänzende Ausführungen zu machen. Was die Tätigkeit des Parlaments angeht, so hat Oberbürgermeister Adenauer in die gleiche Kerbe gehauen, wie der Beigeordnete Weinbrenner, daß er das erste Mal so beschlossen hätte und trotz gegenteiliger Informationen der Gemeinden zum zweiten Male den gleichen Beschluß gefaßt habe. Das stimmt nicht. Erst morgen wird der Beschluß gefaßt über die Veranlagung, und zwar auf Grund eines Kompromisses, der vorher besprochen worden ist. Bislang ist noch kein Beschluß gefaßt worden. So kommen aber die Kritiken zustande. Es ist nur zu bedauern, daß aus so hervorragendem Munde und an solcher Stelle, wie hier, solche Kritiken verbreitet werden. Ich muß von solchen hervorragenden Männern verlangen, daß sie sich die Vorlage erst ansehen, ehe sie Kritik in dieser Form üben. Ich muß aber auch auf eine mißverständliche Auffassung des Reichsrats Lensing aufmerksam machen. Es könnte sonst leicht der Eindruck erweckt werden, als ob die Parlamente ein Interesse hätten an Krisenbildungen und parlamentarischen Spielereien. Diesen Vorwurf muß ich – wenigstens soweit er die Zentrumspartei betrifft – entschieden zurückweisen. Wir haben stundenlange

Beratungen bezüglich der Fürstenabfindung gepflogen. Wir müssen dieser Regierung noch ermöglichen, diese Sache zu erledigen, um dann vielleicht in aller Ruhe an die Neubildung einer Regierung heranzutreten. Das Zentrum umfasst 1/7 aller Stimmen. Daß es da aufopferungsvollster Arbeit bedarf, um eine Sache zu regeln, ist selbstverständlich, da man sie einfach diktatorisch, wie es in manchen Stadtverordnetenversammlungen geschehen soll, nicht regeln kann.

Charakteristisch für die Auffassung über die parlamentarische Lage ist, daß man glaubt, der Einladung des Oberbürgermeister Böß hätten die Abgeordneten unbedingt nachkommen müssen, da es doch allgemein so wäre, daß die Abgeordneten um 4 1/2 Uhr – für welche Zeit die Einladung galt – von jeder Arbeit frei seien. Kollege Sinn hat an diesem Tage mit mir zusammengearbeitet und er wird sich erinnern, daß ich an diesem Tage um 12 1/2 Uhr nachts erst frei war. Von morgens ab hatten die Kompromissverhandlungen gedauert, die auch während der Plenarsitzung weitergingen. Wir haben manche Nacht durchgearbeitet und keinen Schlaf gefunden. Im Vergleich hierzu herrscht im Staatsrat olympische Ruhe. Wir sind nun einmal die staatliche Einrichtung, bei der die verschiedensten Belange in gesetzgeberischer Hinsicht berücksichtigt werden müssen und wo sie unter den schwierigsten außenpolitischen Verhältnissen durchgeführt werden müssen. Ich kann niemals um 4 1/2 Uhr ohne weiteres zur Verfügung stehen. Der Oberbürgermeister Böß hatte überdies seine Einladung nicht als Vorsitzender des Deutschen Städtetages und als von diesem kommend aufgemacht.

Ich möchte noch einige Worte sagen wegen der Kinderkrankheiten, die sich bei unserem Parlamentarismus gezeigt haben und die hier kritisiert wurden. Man darf nicht vergessen, daß das gesamte Volk sich nicht so schnell auf die Eigenart unserer heutigen Staatsgestaltung umstellen kann. Es ist nicht wie in England, wo bereits eine Tradition von Jahrhunderten gegeben ist. England und Belgien haben aber mindestens ebenso viele Krisen und ebenso schwere durchgemacht wie wir. Das deutsche Volk möge nicht in den Fehler verfallen, daß es heute gegen den Parlamentarismus schimpft, wie es früher gegen den Obrigkeitsstaat geschimpft hat. Alle Kreise sollen vielmehr an der Gesetzgebung mitarbeiten.

Meine Ausführungen bezüglich des Zuschlagsrechts der Gemeinden hat Oberbürgermeister Dr. Adenauer nicht ganz so aufgefaßt, wie ich sie gemacht habe. Ich stelle fest: 1. Zum großen Teil ist es unser Verdienst, daß der Gesetzentwurf, der eingebracht wurde, die Zuschläge ab 1. April 1927 vorsieht. Ob wir es endgültig durchbringen, hängt nicht von uns ab. Wenn wir zu der großen Koalitionsregierung kommen mit den Sozialdemokraten, so wissen Sie, daß diese schärfste Gegner des Zuschlagsrechts sind. 2. Die sachlichen Schwierigkeiten sind nicht überwunden. Hals über Kopf aber ein Gesetz zu machen, das diesen Schwierigkeiten nicht Rechnung trägt, halte ich im Interesse der Gemeinden selbst nicht für wünschenswert. In der Praxis muß sich das so gestalten, daß es sich in glücklicher Weise für alle Gemeinden auswirkt.

Der Ausgleichsfonds ist sehr bedenklich. Denken Sie an die Gemeinden, die zu 100 Prozent aus Arbeitern bestehen. Welche Konsequenzen kommen da heraus, wenn die eine Gemeinde mit einem Zuschlag von 450 Prozent, die andere mit einem Zuschlag von 100–120 Prozent auskommt. Gerade aus diesem Grund ist davor gewarnt worden, das Gesetz Hals über Kopf zu machen. Ich glaube, daß ich mit Oberbürgermeister Dr. Adenauer in diesem Punkte gar nicht so weit auseinandergehe. Was ich betont habe, ist das gleichzeitige Zuschlagsrecht der Länder und Gemeinden. Nehmen Sie an, das Reich nimmt 25 Prozent der jetzigen Sätze der Einkommensteuer, die Länder kommen mit 20 bis 25 Prozent hinzu, worüber der Landtag natürlich vorher beschließen muß. Über ein gewisses Maß der Zuschläge kann man aber nicht hinausgehen. Ich habe bei diesem Punkte das Empfinden gehabt, daß er nicht so richtig von Oberbürgermeister Adenauer aufgegriffen worden ist.

Bezüglich der ethischen Seite der Frage, stimme ich mit Dr. Adenauer überein. Ich glaube auch nicht, daß er aus meinen Worten etwas entgegengesetztes herausgehört hat. Die finanzielle Selbständigkeit muß das Rückgrat der Selbstverwaltung sein. Entweder behalten wir die Lohnsteuer, sie erfaßt die Lohnsumme in einem Betrag, und dann fragt es sich, wo soll das steuerfreie Existenzminimum hineingebracht werden? Das sind alles technische Schwierigkeiten, die uns noch Mühe machen werden. Oder man macht die Sache so: Man erhebt die Lohnsummensteuer und gibt den Gemeinden das Recht, Zuschläge zu erheben. Das bedeutet natürlich die Anstellung von mehr Beamten. Dadurch senkt sich das steuerfreie Existenzminimum der Arbeitnehmer ganz automatisch. Dann kommt zur Lohnsteuer noch der Zuschlag. Jede Stadtverordnetenversammlung würde also das Recht haben, das steuerfreie Existenzminimum durch eine entsprechende Festsetzung des Zuschlags heraufzusetzen oder umgekehrt. Das sind Gegensätze, über die man sich klar werden muß. Sie müssen sich also mit den Beschlüssen der Parlamente eingehender beschäftigen, dann ist die Kritik fruchtbringender.

Beigeordneter Suth (Köln): Dr. Brüning hat eben erklärt, daß Oberbürgermeister Adenauer den Gang der Dinge nicht richtig dargestellt habe. Oberbürgermeister Adenauer hat gesagt, der Reichstag habe in erster, zweiter und dritter Lesung das berüchtigte Gesetz beschlossen. Ob eine Überrumpelung vorlag, lasse er dahin gestellt. Als der Reichstag das Gesetz in erster und zweiter Lesung angenommen habe, habe der Reichsrat Einspruch erhoben. Viele Wochen nach der ersten Beschlußfassung, nachdem sich inzwischen die katastrophalen Auswirkungen herausgestellt hatten, mußte man feststellen, daß sich das Gesetz auch sachlich mit einer zweckmäßigen Kommunalpolitik nicht vereinbaren lasse. Trotzdem ist der Beschluß aufrecht erhalten und der Einspruch des Reichsrats zurückgewiesen worden. Daß der Entwurf nicht Gesetz geworden ist, ist nicht das Verdienst des Reichstages, sondern der Reichsregierung.

[1] Brüning hatte als zweiter Referent auf der Tagung einen Vortrag über die „Zukunft der Gemeindefinanzen" gehalten.

Dokument 28

Koblenz, 29. Mai 1930: Referat Adenauers „Staat und Gemeinden. Zum Entwurf des Selbstverwaltungsgesetzes" auf der 13. Hauptversammlung der Kommunalpolitischen Vereinigung der Zentrumspartei
[Gekürzt wurden Ausführungen über zwei Zeitungsartikel in Punkt I sowie illustrierende Passagen am Ende von Punkt II.]

Quelle: Kommunalpolitische Blätter 21 (1930), S. 319–326.

Fast 12 Jahre lang hat die auswärtige Politik bei uns im Vordergrund der Arbeit und des Interesses gestanden; die innere Politik und die Wirtschaftspolitik sind dahinter zurückgetreten. Nunmehr wird die innere Politik der intensivsten Arbeit bedürfen: Reichsfinanzreform, Steuerprogramm, Verhältnis von Reich zu den Ländern, Wiederaufrichtung der Landwirtschaft, Ankurbelung des ganzen wirtschaftlichen Lebens – das sind die Fragen und Aufgaben, die nunmehr mit zwingendster Notwendigkeit an das deutsche Volk herantreten. Der notwendige neue innere Aufbau Deutschlands wird die Selbstverwaltung, die so eng mit allen Gebieten des öffentlichen und des wirtschaftlichen Lebens in Deutschland verbunden ist, nicht unberührt lassen; er wird für ihre nächste Zukunft entscheidend sein. Daher erschien es mir richtig, wenn wir, die wir Arbeiter in der Selbstverwaltung und ihre Freunde sind, an diesem entscheidenden Wendepunkte der inneren Politik Deutschlands einige Augenblicke der Betrachtung über den gegenwärtigen Stand der Selbstverwaltung in Deutschland widmen und ihre Arbeit, ihre Erfolge, ihre Mängel einer kritischen Würdigung unterziehen; es scheint mir richtig, wenn wir Ausschau halten nach den Gefahren, die ihr drohen, nach den Quellen, aus denen diese Gefahren herrühren.

Ich werde mich bemühen, so objektiv zu sein wie möglich; ich werde Kritik üben müssen; aber ich möchte ausdrücklich erklären: ich will keine Kritik aussprechen, um der Kritik willen, und es liegt mir fern, irgend jemanden verletzen zu wollen. Noch eine Vorbemerkung: Ich werde bei meinen Ausführungen vornehmlich die Verhältnisse im Reich und in Preußen zugrunde legen. Die Verhältnisse in den einzelnen deutschen Ländern sind nicht so wesentlich verschieden. Es würde aber die Übersicht außerordentlich erschweren, wenn ich diese Unterschiede, die in dem Verhältnis der Gemeinden zum Lande in einigen Ländern bestehen, besonders hervorheben würde. Das, was ich über die Selbstverwaltung in Preußen ausführe, gilt im allgemeinen auch für die Selbstverwaltung in den anderen deutschen Ländern.

Ich habe meine Ausführungen überschrieben „Krise der Selbstverwaltung". Ich weiß wohl, daß von dem Wort „Krise" in unserer bewegten Zeit ein etwas reichlicher Gebrauch gemacht wird – unsere Zeit liebt ja überhaupt die starken Worte; ich habe mir darum sehr überlegt, ob ich das Wort „Krise" – das gleich ist einem entscheidenden Wendepunkt zum Leben oder zum Sterben – gebrauchen soll oder nicht. Ich habe mich dazu entschlossen, es zu gebrauchen, weil nach meiner Überzeugung tatsächlich eine Zeitenwende für unsere Selbstverwaltung heraufzieht; ob zum Guten, ob zum Schlechten, wer kann das jetzt sagen! In Deutschland ist vieles möglich!

Wenn man über „Krise der Selbstverwaltung" sprechen will, muß man sich zunächst darüber klar werden, was denn Selbstverwaltung ist. Wem Selbstverwaltung lediglich „untere Verwaltungsinstanz" ist, die nach den Anweisungen der höheren Instanz schlecht und recht – ich will lieber das Wort recht fortlassen und das Wort schlecht dafür dreifach unterstreichen – arbeitet, der mag ruhig schlafen; es wird immer eine untere Verwaltungsinstanz geben, solange verwaltet wird! Die Ansicht, daß Selbstverwaltung lediglich untere Verwaltungsinstanz ist, ist leider nur zu verbreitet; ich komme darauf noch zurück.

Wem aber „Selbstverwaltung" mehr als untere Verwaltungsinstanz ist, wer in den Selbstverwaltungskörpern – insbesondere in den Gemeinden, die ihrer Zahl und Bedeutung nach die künstlich durch die Gesetzgebung geschaffenen andern Selbstverwaltungskörper unendlich überragen, und die darum der Selbstverwaltung ihr Gepräge geben – wer in den Selbstverwaltungskörpern organische, aus sich gewachsene Gebilde sieht, deren sich der Staat in gewissem Umfange zur Erledigung staatlicher Aufgaben bedient, die aber darüber hinaus eigenes Leben haben, eigene Kräfte entbinden, die den Einwohner zum Bürger heranziehen sollen – ich wiederhole: wer darunter Selbstverwaltung versteht, der schlafe nicht, der gebe sich Rechenschaft über das, was geschieht, und der setze in den kommenden Jahren seine ganze Kraft ein, um dies kostbare Gut der Selbstverwaltung, das notwendig ist auch für den Staat, ja in erster Linie für den Staat, zu erhalten und zu mehren!

Wie steht es um die so aufgefaßte Selbstverwaltung? Ich möchte diese Frage zu beantworten versuchen, indem ich spreche zunächst über die Leistungen, die Schwächen und Fehler der Selbstverwaltung in den letzten zehn Jahren, dann über die Stellung der öffentlichen Meinung gegenüber der Selbstverwaltung und endlich über die Haltung der Länder und des Reiches, der Regierungen und der Parlamente ihr gegenüber.

I. Fangen wir zunächst mit einer Gewissenserforschung bei uns selbst an: Was haben wir Gutes getan, was Schlechtes, was ist unsere Stärke, was unsere Schwäche? Man kann diese Fragen bei der so sehr großen Zahl der Selbstverwaltungskörper nur summarisch beantworten, und die Antwort wird sicher nicht bei allen der über 50 000 deutschen Selbstverwaltungskörper zutreffen. Ich glaube aber doch nach meinen Beobachtungen, daß man im allgemeinen überall das gleiche Niveau antrifft und daß man darum unbeschadet der Verschiedenheit im einzelnen in großen Strichen ein im allgemeinen für alle zutreffendes Bild geben kann. Eine Ausnahme muß ich hier machen:

Die Stadt Berlin war immer und ist es auch jetzt noch eine Gemeinde eigener Art; ihre überragende Größe, ihre Eigenart als Reichshauptstadt, ihr unheimlich schnelles Wachstum bringt das mit sich. Es ist deshalb vollständig unmöglich, Berlin als Beispiel im Guten oder auch im Schlechten für die anderen Gemeinden und für die Selbstverwaltung überhaupt zu nehmen, aus den Berliner Verhältnissen auf die der anderen Gemeinden zu schließen. Ich gehe deshalb auf die bekannten Berliner Vorgänge nicht ein, sondern scheide Berlin aus dem Kreise meiner Betrachtungen aus. Nur eins möchte ich hier sagen: So sehr ich das Verhalten des Herrn Böß in manchen Punkten bedauere und für falsch halte, das gegen ihn gefällte Urteil steht mit seiner Schärfe und Härte in schreiendstem Gegensatz zu der oft unfaßbaren Milde, die heute vielfach in Disziplinarangelegenheiten von den Disziplinargerichten gezeigt wird. Soviel zum Fall Berlin. Lassen Sie mich zuerst von der Kommunalbeamtenschaft sprechen und lassen Sie mich hier beginnen mit den leitenden Kommunalbeamten. Die leitenden Kommunalbeamten sind im allgemeinen gut, sicher nicht schlechter als in der

Vorkriegszeit; durch die Staatsumwälzung sind eine Reihe Outsider (Außenseiter) in diesen Kreis getreten, die durchaus fähige Männer sind.

Zweierlei muß ich uns vorwerfen: Einmal: Wir haben uns bei manchen, insbesondere außerordentlichen Ausgaben, die Grenzen der finanziellen Leistungsfähigkeit nicht genügend vor Augen gehalten. Und zweitens: Wir hätten hier und da gegenüber den Gemeindeversammlungen von unseren Rechten einen stärkeren und entschiedeneren Gebrauch machen sollen. Lassen Sie mich zu dem ersteren noch einige weitere Ausführungen machen: Die wenigsten in Deutschland haben sich in den auf die Inflation folgenden Jahren klar gemacht oder machen können, wie eng uns Deutschen die finanziellen Grenzen gezogen sind; fast alle haben gesündigt: Reich und Länder – man denke an die bei allen möglichen faulen Unternehmungen verpulverten vielen Millionen des Reichs, man denke an den Umbau der Staatsoper in Berlin, um in Preußen nur eins herauszugreifen, der an 15 Millionen Mk. – ein Umbau! – verschlungen hat. Auch weite Kreise der Wirtschaft haben gesündigt, und wie viele, wie unendlich viele oben und unten haben über ihre Verhältnisse hinaus gelebt!

Das mildert vielleicht unsere Schuld, aber es nimmt sie nicht von uns Leitern der Gemeinden weg. Direkt lächerlich aber ist es, wenn behauptet wird, die Städte hätten durch ihren Luxus es verschuldet, daß unsere früheren Kriegsgegner solch' ungeheuerliche Forderungen an Deutschland gestellt hätten. Unsere früheren Kriegsgegner haben ihre Forderungen gegen uns nicht nach unserem Können, sondern nach ihren Bedürfnissen bemessen und sie sind dann beim Verhandeln über Nachlässe nur so weit heruntergegangen, als unsere Beauftragten ihnen haben Widerstand leisten können. Wenn die Verhandlungen über den Youngplan[1] für uns ungünstig geendet haben – viel ungünstiger, als wir das erwartet haben –, so liegt das zum großen Teil daran, daß wir mit einer Kassenlage des Reichs in die Verhandlungen hineingegangen sind, die einen Abbruch der Verhandlungen durch unsere Beauftragten als unmöglich erscheinen ließen. Oder glaubt wirklich jemand in Deutschland, daß unsere früheren Kriegsgegner, wenn die deutschen Gemeinden einige hundert Millionen Mk. weniger Auslandsschulden gemacht hätten, uns großmütig bei ihren Forderungen entgegengekommen wären? Es genügt wohl, auf das Verhalten des Herrn Snowden im Haag hinzuweisen!

Noch zwei Sätze darf ich zu unserer Entlastung sagen: Wir haben zuviel Geld ausgegeben; das ist wahr! Aber! Verschwendet haben wir es doch im allgemeinen nicht; wir haben es nicht für unnützen Kram ausgegeben. Im allgemeinen ist es ausgegeben für die Bedürfnisse und die Hebung der breiten Volksmassen, für Grünanlagen und Stadien, für Krankenhäuser und Schulzwecke, für kulturelle

Zwecke, für Grundstücksankäufe; vielleicht sind dadurch manche Unruhen der in Gärung befindlichen unzufriedenen Volksmassen verhindert worden, deren Ausbruch wahrscheinlich größere Werte vernichtet haben würde.

Und noch ein weiteres: Nachdem wir erkannt hatten, daß es so nicht weiter ginge, haben wir entschlossen das Steuer herumgeworfen. Ob diese Erkenntnis oder besser das Durchdringen dieser Erkenntnis durch die Proteste der Stadtverordnetenversammlung und der Bürgerschaft gefördert worden ist oder nicht, ist eine Frage zweiten Grades. Wir haben die Konsequenzen gezogen; unser Verhalten hinsichtlich der Aufnahme von Darlehen zeigt es.

Auch die übrige Kommunalbeamtenschaft ist durchgängig gut; der Verwaltungsorganismus ist nicht übersetzt, elastisch und arbeitet im allgemeinen einwandfrei. Er hat sich schweren Aufgaben in den vergangenen 10 Jahren gewachsen gezeigt. Die vereinzelten Fälle von unsauberem Verhalten von Kommunalbeamten darf man nicht verallgemeinern; sie sind Gott sei Dank sehr vereinzelt, namentlich wenn Sie bedenken, daß heutzutage die Versuchung viel skrupelloser und unverschämter an den Beamten herantritt als jemals früher. Eine große Gefahr für die Kommunalbeamtenschaft wie für die Beamtenschaft des Reichs und der Länder erblicke ich in einer übertriebenen Politisierung der Beamtenschaft, in dem zunehmenden Bestreben von Beamten, auf Grund ihres Parteibuches voranzukommen, in dem zunehmenden Bestreben der Parteien, ihre Leute wegen oder doch hauptsächlich wegen ihres Parteibuches in Beamtenstellungen unterzubringen. Das Wort: „Wenn ich nur erst mein Examen bestanden habe, das andere besorgt mein Parteibuch", fällt leider unter jungen Leuten häufiger, als man denkt. Der Beamte, gleichgültig ob Kommunal-, Staats- oder Reichsbeamter, darf nicht in erster Linie Parteimann sein, sich als Beauftragter oder Vertrauensmann einer Partei fühlen, er muß immer in erster Linie Beamter der Stadt, des Staates, des Reiches sein, d.h. Diener des Allgemeinwohls. Wenn diese Anschauung verloren geht, dann bedeutet das den Untergang des Staates, auch Untergang der Demokratie. Ich darf Ihnen hier zwei Artikel zitieren.

[Es folgen Ausführungen über Berichte der „Kölnischen" und der „Frankfurter Zeitung".]

Meine Befürchtungen und meine Warnungen richten sich an die Adresse aller Parteien, auch an die Adresse unserer eigenen Partei. Sicher, es gibt in Reich, Staat und Gemeinden Stellen, die politisch besetzt werden müssen, bei denen also die Frage der Parteistellung eine Rolle spielen muß. Aber man ziehe den Kreis dieser Stellen im Interesse des Allgemeinwohls nicht über das notwendige Maß hinaus, man achte auch bei Besetzung dieser Stellen auf Charakter und sonstige Eignung und im übrigen beschränke man sich darauf, dafür zu sorgen, daß verfassungstreue Männer in öffentlichen Stellungen tätig sind und daß niemand durch seine parteipolitische Einstellung oder durch seine Konfession in seinem Vorwärtskommen gehindert wird. Das ist gute, alte Zentrumspolitik und Tradition, die immer in erster Linie auf das Staatsinteresse und das allgemeine Wohl gesehen hat.

Der Referentenentwurf für das preußische Selbstverwaltungsgesetz sieht im Gegensatz zu dieser Auffassung und im Gegensatz zum geltenden Recht mit einer gewissen Einschränkung Wahlen aller städtischen Beamten durch die Stadtverordnetenversammlung vor. Ich würde eine derartige Bestimmung für ein großes Unglück halten; damit wäre die Politisierung der kommunalen Beamtenschaft bis ins kleinste durchgeführt. Die Gefahr, daß Einstellung und Würdigung der Beamten nach ihren Leistungen in den Hintergrund tritt, ist dann evident, und was soll in Zukunft aus dem Beamten werden, der sich nicht parteipolitisch betätigen will, oder der nicht zur herrschenden Mehrheit der Stadtverordneten-Versammlung gehört! Die Kuhhandelei, die, wenn eine solche Bestimmung Gesetz wird, eintritt, kann man sich gar nicht schlimm genug ausmalen.

Ich komme zur Gemeindeversammlung. Man hat neuerdings vielfach behauptet, daß der Einfluß der Gemeindeversammlung gegenüber der „Kommunal-Bürokratie", wie man gerne sagt, zurückgetreten sei. Das ist absolut unrichtig, wie ich mit Bestimmtheit erklären kann. Wenn auch die Gemeinde-Versammlung heutigentags viele Angelegenheiten von geringerer Bedeutung ihren Ausschüssen überlässt und wenn auch in der Gemeinde-Versammlung heute viele überflüssige Reden allgemein-politischer Natur gehalten werden: entscheidend für das Schicksal der gesamten Gemeinde, entscheidend für den in der Verwaltung der Gemeinde herrschenden Geist ist und bleibt die Gemeindeversammlung. Nach wie vor faßt sie über alle wichtigen Angelegenheiten der Gemeinde Beschluß. Sie wählt auch alle leitenden Beamten der Gemeinde, und sie hat genügend Machtmittel in der Hand, um diesen gegenüber ihren Willen durchzusetzen. Wenn auch der Bürgermeister und der Magistrat eine gewisse selbstständige Stellung gegenüber der Gemeindeversammlung einnehmen kann, zu einem dauernden Konflikt mit der Gemeindeversammlung darf es weder der Bürgermeister noch der Magistrat kommen lassen, weil die Gemeindeversammlung seine Tätigkeit vollständig lahm legen kann.

Wie sieht es nun heute mit den Gemeindeversammlungen aus? Die Gemeindeversammlung ist dem Schicksal nicht entgangen, dem leider Gottes in der heutigen Zeit, wie es scheint, alle gewählten Körperschaften anheim fallen. Ich möchte ausdrücklich erklären, daß ich die Demokratie als die allein mögliche Regierungsform für ein so großes kultiviertes und gebildetes Volk wie das deutsche Volk halte, und darum schmerzt es mich um so mehr, wenn man ansehen muß, wie sich die Demokratie in Deutschland anscheinend selbst ihr Grab graben will. Denken Sie an die Weimarer Nationalversammlung und vergleichen Sie damit den heutigen Reichstag. Wie stark ist er im öffentlichen Ansehen gesunken! Wie kann der Reichstag sich nur unter äußerstem Druck noch zu entscheidenden Beschlüssen emporraffen! Wie ist es möglich gewesen, daß der Reichstag durch seine Passivität eine solche Kassenlage des Reichs während der Pariser und Haager Verhandlungen hat sich entwickeln lassen, die uns zwang, alles zu tun, um zum Abschluß zu kommen! Wie ist die Parteizersplitterung gewachsen, wie ist der Ton der Verhandlungen gesunken!

Genau dasselbe Bild in unseren Gemeindeversammlungen! Sie standen in den ersten Jahren nach dem Umsturz auf viel größerer Höhe und infolgedessen auch in viel größerem Ansehen als jetzt. Sicher gab es auch damals bei der Unruhe der Zeit, die doch viel größer war, als sie jetzt ist, heftige Auseinandersetzungen; aber das Verantwortungsgefühl der Gemeindeversammlung und der in ihr vertretenen Parteien war entschieden größer als jetzt. Die Entschlußfähigkeit und das Verantwortungsgefühl waren damals stärker als in den auf Grund des Klassenwahlrechts gewählten Stadtverordnetenversammlungen. Mir ist es immer entsetzlich, wenn ich in den Zeitungen lesen muß, wie bald hier, bald dort eine Gemeindeversammlung gesprengt worden ist, wie bald hier, bald dort in einer Gemeindeversammlung eine Schlägerei stattgefunden hat; wenn man in den Lokalblättern lesen muß, wie die Gemeindeversammlung, die doch die von der Bürgerschaft gewählte Vertretung der Bürger ist, heruntergerissen, lächerlich gemacht, verhöhnt wird, so muß das jeden Freund der Selbstverwaltung auf das tiefste betrüben. Unverständlich und beschämend ist es auch, daß unsere Gerichte nicht den nötigen Schutz gewähren. Gerade in Köln sind in der letzten Zeit zwei Urteile von Gerichten wegen Tumulten und Beleidigungen in der Stadtverordnetenversammlung gefällt worden, von denen man nur sagen kann, daß das Gericht entweder vollständig weltfremd den Vorgängen gegenübersteht, oder aber, daß es für richtig hält, wenn der Ton einer Hafenkneipe in einer Stadtverordnetenversammlung herrscht.

Sicher fällt die Hauptschuld an einer solch traurigen Entartung auf die Flügelparteien; aber ich kann doch nicht unterdrücken, daß die anderen Parteien sich gegen diesen Sauherdenton, gegen diese Herabwürdigung nicht genügend zur Wehr setzen. Ich meine, die Mehrheit einer Stadtverordnetenversammlung oder einer sonstigen Gemeindeversammlung muß im Interesse der Selbstverwaltung und in ihrem eigenen Interesse auch in Wahrung der persönlichen Würde eines jeden einzelnen Stadtverordneten mit der größten Entschiedenheit dafür sich einsetzen, daß der Verhandlungston parlamentarisch bleibt und daß derjenige, der bewußt und gewollt die Arbeit sabotiert, schonungslos dort hingesetzt wird, wohin er gehört: auf die Straße.

Im Gegensatz zu den in der Öffentlichkeit geführten Verhandlungen werden die Verhandlungen in den Ausschüssen in der Regel auch jetzt noch sachlich und ruhig geführt, und daran liegt es wohl, daß die traurigen Verhältnisse, die vielfach in den öffentlichen Verhandlungen zutage treten, nicht mehr sachliche Schäden angerichtet haben.

Ein schwerer Mangel, dessen Beseitigung gerade im Interesse der Gemeindeversammlungen liegt, scheint mir der zu sein, daß alle vier Jahre die ganze Versammlung neu gewählt wird. Es kommt hinzu, daß ganz abgesehen von den Verschiebungen im Besitzstand der einzelnen Parteien auch der Personenwechsel innerhalb der gleichen Partei bei den Wahlen außergewöhnlich stark ist. Die Stadtverordnetenversammlung in Köln z.B. hat bei der letzten Stadtverordnetenwahl[2] annähernd 50 Prozent neue Mitglieder erhalten. Es ist ganz klar, daß die mangelnde Erfahrung auch durch den besten Willen nicht ersetzt werden kann, und daß eine solche Stadtverordnetenversammlung naturgemäß einer größeren Einlaufszeit bedarf.

Den stärksten Stoß gegen die Selbstverwaltung führen diejenigen Gemeindeversammlungen, die die Festsetzung des Haushaltsplanes der Aufsichtsinstanz überlassen, die damit für ein ganzes Jahr und – das ist der Fluch der bösen Tat – häufig noch für länger ihre wichtigsten Rechte mehr oder weniger freiwillig aus der Hand geben. Mir sind Fälle bekannt, in denen Gemeindevertreter heimlich zur Aufsichtsinstanz gegangen sind und gebeten haben, daß sie die Steuern und den Etat festsetze. Die Zahl der Städte, bei der es zur Festsetzung von Zwangetats gekommen ist, ist größer, als man im allgemeinen glaubt. Sie hier zu nennen, hat keinen Zweck, aber eins muß ich doch mit allem Nachdruck sagen: Wer nicht den Mut zur Verantwortung hat, verdient nicht, daß er lebt. Alle Parteien, die die Selbstverwaltung als etwas Gutes betrachten, müssen mit allen Mitteln daraufhinarbeiten, daß ihre Leute, wenn sie die Wahl in die Gemeindeversammlung angenommen haben, auch den Mut zur Verantwortung für im Interesse der Gemeinde notwendige, wenn auch unpopuläre Beschlüsse aufbringen.

In neuerer Zeit hat man öfters ausgeführt, daß der Begriff der Selbstverwaltung mit der heutigen Großstadt unvereinbar sei; die Großstädte könnten keine

Selbstverwaltung im wirklichen Sinne des Wortes mehr pflegen; es herrsche dort nichts anderes als die Bürokratie. Ist das richtig? Ich glaube, es geht hier, wie es so vielfach bei uns in der öffentlichen Diskussion zugeht. Irgend jemand heckt einen Gedanken aus, und sofort wird er von anderen aufgegriffen und bedenkenlos und kritiklos wiederholt. Ich habe mich der Mühe unterzogen, aus den seit Ende der 40er Jahre des vorigen Jahrhunderts gedruckt vorliegenden Protokollen der Kölner Stadtverordnetenversammlung festzustellen, ob und inwieweit die Stadtverordnetenversammlung sich jetzt mit anderen Dingen beschäftigt als früher. Die Nachprüfung hat folgendes ergeben: Natürlich liegt eine gewisse Verschiedenheit vor. Ein Teil von Dingen ist neu hinzugekommen. Man kannte damals noch keine Straßenbahn, keinen Gastarif, keine Versorgung mit Elektrizität. Bei den kleineren damaligen Verhältnissen wurden anderseits manche Vorlagen von geringerer Bedeutung in der Stadtverordnetenversammlung verabschiedet, die heute in den Ausschüssen erledigt werden. Im wesentlichen aber, der Art der Vorlagen nach, ist die Tagesordnung der Stadtverordnetenversammlung um die Mitte des vorigen Jahrhunderts so, wie sie auch heute ist, abgesehen von den Anträgen allgemein-politischer Natur und agitatorischen Charakters, die – wie das die Natur unserer Zeit mit sich bringt – heute neben den Vorlagen der Verwaltung die Tagesordnung unserer Stadtverordnetenversammlungen zieren. Auch damals wurden genau wie jetzt Schulfragen, Krankenhausfragen, Fluchtlinienänderungen, finanzielle Fragen, Steuerfragen behandelt. Daß kleinere Angelegenheiten nicht mehr von der großen Versammlung, sondern von den Ausschüssen erledigt werden, ändert nichts an den Tatsachen, daß auch sie von Vertretern der Bürgerschaft beraten und beschlossen werden, gleichgültig ob diese Beratung und Beschlußfassung im Ausschuß oder im Plenum erfolgt. Ja, ich glaube sogar sagen zu können, daß die Verbindung zwischen den Stadtverordneten und den weitesten Kreisen der Bürgerschaft, die Beeinflussung der Stadtverordneten durch die Bürgerschaft heute viel intensiver ist, als das im vorigen Jahrhundert der Fall war. Ich glaube z.B. nicht, daß diejenigen, die damals Armenunterstützung empfingen, eine so enge Fühlung mit den damaligen Stadtverordneten hatten wie heute die Wohlfahrtsunterstützten mit unseren heutigen Stadtverordneten. Ich glaube weiter, daß trotz der Zunahme der Bevölkerung und des größeren Gebietsumfanges der Städte, trotz der Zunahme der Aufgaben der einzelne Stadtverordnete durch die Presse, die man damals in dieser Weise ja gar nicht kannte, über alles das, was innerhalb der Bürgerschaft und der Stadtgrenzen vor sich gehe, viel besser unterrichtet ist, als das früher der Fall war. Endlich bin ich der Auffassung, daß durch die technischen Hilfsmittel, die wir heute haben, durch Straßenbahn, Auto, Telephon, die Arbeitskapazität der Stadtverordneten gegenüber früher um ein Vielfaches vermehrt worden ist.

Noch ein anderer Grund wird von manchen Seiten, und zwar auch von sehr beachtenswerten, gegen die heutige Selbstverwaltung ins Feld geführt, wenn man sich zu ihrer Verteidigung auf die Steinschen Gedanken beruft. Man sagt, das sei heute nicht mehr statthaft. Sinn der Steinschen Selbstverwaltung sei gewesen, die Verwaltung durch die Bürger selbst im Ehrenamte führen zu lassen; das sei heute sicher bei den großen Städten nicht mehr möglich. Eine Selbstverwaltung im eigentlichen Sinne gebe es daher überhaupt nicht mehr. Diese Ausführungen sind unrichtig. Auch im vorigen Jahrhundert war die Tätigkeit der Bürger im Ehrenamte innerhalb der Verwaltung der größeren Städte sehr gering. Man hatte zwar in größerer Zahl Armenpfleger, Jugendpfleger usw.; aber das hat man heute auch, und ich glaube, daß heute durch das Zusammenarbeiten der Gemeindeverwaltungen mit den Organisationen der freien Liebestätigkeit die ehrenamtliche Arbeit der Bürger einen viel größeren Umfang und Wirkung hat als früher. Man hat aber bei Anführung des oben wiedergegebenen Arguments gegen die heutige Selbstverwaltung vornehmlich die Tätigkeit in den Spitzen der Verwaltung, im Magistrat oder als Beigeordneter im Auge. Ich habe feststellen lassen, wie es denn mit der Tätigkeit der besoldeten und der unbesoldeten Beigeordneten in Köln seit der Einführung der Rheinischen Städteordnung im Jahre 1856 gewesen ist. Hören Sie hier das Ergebnis:

Jahr	davon besoldet	davon unbesoldet
1856	1	1
1860	1	1
1865	3	–
1870	3	1
1875	4	1

Ich kann wirklich nicht anerkennen, daß die Tätigkeit eines unbesoldeten Beigeordneten entscheidend für die Art und den Geist der Tätigkeit der gesamten Kölner Verwaltung gewesen ist.

Wesentlich für die Beurteilung der Frage, ob Selbstverwaltung auch in den Großstädten noch am Platze und ob sie möglich ist, scheinen mir andere Punkte zu sein: Hat auch die Großstadt örtliche Bedürfnisse, hat sie ein eigenes Bürgerleben, eigenen Bürgersinn entwickelt, und kann dieses eigene Leben sich in der Gemeindeversammlung und durch die Gemeindeversammlung auf die Verwaltung hindurch geltend machen? Diese Fragen muß ich unbedingt und restlos bejahen, und damit bejahe ich auch die Möglichkeit, ja die Notwendigkeit der Selbstverwaltung für die Großstadt.

Als Sünde der Selbstverwaltung wird uns, wenn wir auf die Zwangsläufigkeit unserer Ausgaben hinweisen, vielfach entgegengehalten, die Ausgaben seien zwar durch die Reichsgesetzgebung zwangsläufig der Art, aber nicht dem Umfange nach, und bei der Bemessung der Höhe ließen es die Gemeinden an dem nötigen Verantwortlichkeitsgefühl fehlen, weil die Ausgaben von Leuten beschlossen würden, die zur Deckung nichts beitrügen. Ist der Vorwurf richtig oder nicht? Er ist jedenfalls nur zu einem verhältnismäßig kleinen Teile richtig. In erster Linie ist darauf zu entgegnen, daß diese Ausgaben infolge der Reichsgesetzgebung nicht nur der Art, sondern nach dem Sinn des Gesetzes auch bis zu einem erheblichen Umfange zwingend sind. Ich muß weiter darauf hinweisen, daß die Reichs- und Landesgesetzgebung es doch schuld sind, wenn den Gemeinden eine Steuer fehlt, die von allen Gemeindeangehörigen getragen wird und die darum zur Sparsamkeit erzieht. Ich habe von Anfang an, und zwar zunächst als einziger unter meinen Kollegen, es als den schwersten Mangel der Erzbergerschen Einkommensteuergesetzgebung bezeichnet, daß sie in zu starkem Maße die Gemeinden zu Kostgängern des Reiches mache und ihnen das Verantwortlichkeitsgefühl nehme. Ich bin deswegen nach wie vor der Auffassung, daß man den Gemeinden ein Zuschlagsrecht zur Einkommensteuer unter gleichzeitiger Herabsetzung der Reichseinkommensteuer geben soll. Wenn man glaubt, daß den Gemeinden eine derartige zur Sparsamkeit erziehende allgemeine Steuer nottue – , nun dann gebe man sie uns doch so bald wie möglich. Ich bin nach wie vor der Auffassung, daß man den Gemeinden am besten ein Zuschlagsrecht zur Einkommensteuer unter gleichzeitiger Herabsetzung der Reichseinkommensteuer geben solle.

Lassen Sie mich nunmehr eine Bilanz der Arbeit der Selbstverwaltung in der Zeit vom Zusammenbruch bis jetzt ziehen. Wenn man objektiv die Posten auf der Aktivseite und die Posten auf der Passivseite gegeneinander abwägt, dann bleibt für die Selbstverwaltung trotz der Kritik, die ich oben geübt habe, ein großer Saldo auf der Aktivseite zu buchen. Der Hauptpassivposten ist die Verkennung der finanziellen Lage, ein Fehler der allgemein in Deutschland oder fast allgemein in Deutschland begangen wurde, der darum ein Fehler bleibt, aber doch aus der ganzen Situation heraus nicht zu scharf beurteilt werden kann.

Nun die Aktivposten: Die deutschen Gemeinden haben während des Umsturzes ihren Posten gehalten, vielfach unter Lebensgefahr der leitenden Persönlichkeiten. Stellen Sie sich vor, welches Chaos eingetreten wäre, wenn damals auch die Gemeindeverwaltungen versagt hätten! Die deutschen Gemeinden haben die

Schwierigkeiten der Inflationszeit gemeistert; sie haben die neuen Aufgaben, die ihnen zugemutet wurden und die mit großen finanziellen und organisatorischen Schwierigkeiten verknüpft waren – ich meine insbesondere die Aufgaben auf dem großen Gebiete der Fürsorge und des Wohnungsbaues – ohne Aufblähung der Beamtenschaft tatkräftig bewältigt. Im Osten und im Westen ist der Abwehrkampf vornehmlich von den Gemeinden vorbildlich geführt worden. Die Besatzung brachte den Gemeinden im Westen Deutschlands sehr schwere, sehr harte Aufgaben, mit denen sie fertig geworden sind, ohne irgendwie dem deutschen Ansehen und ihrer eigenen Würde etwas zu vergeben. Die zum Teil heute als zu groß kritisierten Ausgaben für die breiten Volksmassen haben doch – das sollte man auch nicht vergessen – wesentlich dazu beigetragen, daß die natürliche Erregung unter der Bevölkerung während der letzten zehn Jahre verhältnismäßig wenig zu Explosionen und Unruhen geführt hat. Wenn die deutsche Selbstverwaltung in den Jahren seit Kriegsende trotz der auch bei ihr vorhandenen Mängel und trotz der Schwierigkeiten, in die sie durch Reichs- und Landesgesetzgebung – ich komme noch darauf zu sprechen – gebracht worden ist, solche Leistungen aufweisen kann, dann spricht das für die lebendige und siegreiche Kraft des deutschen Bürgertums, die man nicht niederhalten und knebeln, sondern der man möglichst freie Bahn zu ihrer Entfaltung geben sollte.

II. Ich komme zur Stellung der öffentlichen Meinung gegenüber der Selbstverwaltung. Bei diesen meinen Ausführungen habe ich selbstverständlich nicht im Auge die Stellungnahme der Öffentlichkeit, sei es in den Versammlungen, sei es in der Presse, gegenüber einzelnen Unternehmungen und Vorgängen innerhalb einer einzelnen Gemeinde, sondern uns kann hier nur interessieren die Einstellung der Öffentlichkeit gegenüber dem Problem der Selbstverwaltung als solchem, Äußerungen der Öffentlichkeit gegenüber einzelnen Vorgängen in den einzelnen Gemeinden können auch nur unter diesem Gesichtspunkte hier betrachtet und verwertet werden. Ich möchte allgemein feststellen, daß das Interesse vieler Kreise der Bürgerschaft an den Vorgängen innerhalb der Gemeinde viel lebhafter geworden ist als früher. Es ist richtig, dieses größere Interesse zeigt sich dem Charakter unserer Zeit entsprechend meistens in negativer Art; aber immerhin auch darin erblicke ich einen Gewinn, weil auch negative Kritik fruchtbare Wirkung haben kann und weil die Tatsache, daß wenigstens Teile der Bürgerschaft sich lebhafter als früher mit den Vorgängen in ihrer Gemeinde beschäftigen, die Hoffnung entstehen läßt, daß sie damit in dem Erziehungsprozeß zum Staatsträger, der eine der Hauptaufgaben der Selbstverwaltung ist, hineinkommen.

Was nun die Stellungnahme der Öffentlichkeit gegenüber dem Selbstverwaltungsproblem als solchem angeht, so haftet ihr naturgemäß der Charakter unserer Zeit an. Es gibt, wie mir scheint, kein kritiklustigeres – ich möchte fast sagen: kritikwütigeres – Volk als zurzeit das deutsche Volk. Diese Kritiksucht ergeht sich mit Behagen an den Selbstverwaltungsproblemen. Wir haben in Preußen, in Bayern und vielleicht auch in anderen Ländern in den letzten Monaten Kommunalwahlen gehabt. Sie stehen alle im kommunalpolitischen Leben; Sie haben in Versammlungen gesprochen, an Versammlungen teilgenommen. Ich brauche Ihnen daher nichts darüber zu sagen, wie die Stimmung gegenüber der Selbstverwaltung ist, und trotzdem scheint mir, als wenn doch eine leichte Besserung sich bemerkbar machte, als wenn sich auch in weiteren Kreisen eine gewisse Stimmung davon aufdämmerte, daß auch die Selbstverwaltung schließlich etwas geschaffen hat und daß sie für manches Böse oder als böses Empfundene nicht verantwortlich ist.

Wenn man die Tagespresse auf ihre Stellungnahme gegenüber der Selbstverwaltung hin verfolgt, so fällt einem auf, daß diejenige Presse, die Wirtschaftskreisen am nächsten steht, am schärfsten gegen die Selbstverwaltung gerichtet ist, immer und immer wieder uns ihre Sünden vorhält, von ihren guten Werken nicht spricht, nach der Staatsaufsicht ruft usw. usw. Gegenüber diesem mächtigen, den Ohren so vieler unserer lieben Mitbürger so wohlklingenden Chor wagen auch die Zeitungen anderer Richtung ihre Achtung vor den Leistungen der Selbstverwaltung, ihre sympathische Einstellung gegenüber dem Gedanken der Selbstverwaltung nur mit einer gewissen Gedämpftheit zum Ausdruck zu bringen. Gesamturteil: Die Stellung der Öffentlichkeit, soweit sie durch die Tagespresse repräsentiert wird, gegenüber dem Selbstverwaltungsgedanken ist nicht besonders vernünftig.

Woher kommt das? Unsere Sünden allein sind bestimmt nicht daran schuld; denn so schlimm sind sie nicht und auch nicht so zahlreich. Aber wir Gemeinden haben an einem großen Unglück zu tragen, und das ist: Wir haben die Gewerbesteuer. Die Gewerbesteuer in dem Ausmaße, wie sie leider infolge der Belastungen durch Reichs- und Landesgesetze die Gemeinden zu erheben gezwungen sind, ist ein Unrecht und sie wird von den Gewerbetreibenden als bitterstes Unrecht empfunden. Als welch großes Unrecht sie empfunden wird, wie verhaßt sie ist, wie solidarisch alle davon Betroffenen in ihrem Kampfe dagegen sind, das ist mir sehr sinnfällig zum Bewußtsein gekommen, als unlängst in Preußen der Gesetzgeber die Frage zu entscheiden hatte, ob die freien Berufe der Gewerbesteuer unterworfen werden sollten oder nicht. Ich habe noch niemals eine solch planmäßig geleitete und organisierte Agitation aller möglichen Berufszweige, Korperationen, Organisationen und Gott weiß was gesehen wie bei dieser Gelegenheit, bei der die unglaublichsten Anstrengungen unternommen worden sind, nicht etwa – das war eigentlich das Komische dabei – die als Unrecht erkannte und bekämpfte Gewerbesteuer sich nicht weiter ausdehnen zu lassen, sondern im Gegenteil ihr neue Opfer zuzuführen. Ich glaube, wenn wir Gemeinden an Stelle der Gewerbesteuern andere allgemeine Steuern hätten, wir würden nicht mehr so starken Angriffen ausgesetzt sein. In großen Wirtschaftskreisen sind Selbstverwaltung und Gewerbesteuer leider kongruente Begriffe.

Diese Stimmung gegen uns wird gelegentlich durch amtliche Verlautbarungen noch etwas genährt. Vor einiger Zeit wurde durch das WTB.[3] eine offizielle Verlautbarung über die Gesetze für die Osthilfe verbreitet. In diesem längeren Exposé befindet sich folgender wunderbare Satz: „Diese Maßnahmen werden unter dem Gesichtspunkt der Arbeitsbeschaffung und der mittelbaren Entlastung der Gemeindehaushalte durchgeführt werden. Voraussetzung für diese Fürsorge wie auch für die Senkung der Realsteuern ist, daß es der kommunalen Aufsicht gelingt, dem von Jahr zu Jahr stärkeren Anschwellen der kommunalen Haushalte Einhalt zu tun." Ist das nicht wunderbar? Der Herr, der das geschrieben hat, hat entweder gar keine Ahnung vom wirklichen Leben; denn sonst wüßte er, worauf das Anschwellen der kommunalen Haushalte beruht, und daß es den Aufsichtsbehörden ebenso unmöglich ist wie den Kommunen selbst, diesem Anschwellen Einhalt zu tun. Oder aber der Verfasser weiß Bescheid, wie es wirklich aussieht, und dann finde ich es nicht schön von ihm, dass er die alte Walze wiederum mal spielen läßt.

Die Stellungnahme eines großen Teiles der Presse gegen die Selbstverwaltung ist sehr bedauerlich, sie ist sehr ernst zu nehmen. Ich habe schon gesagt, daß wir vor einer Neuordnung der inneren Verhältnisse in Deutschland stehen, daß dadurch auch die Selbstverwaltung sehr stark erfaßt werden wird. Wenn ein großer Teil der öffentlichen Meinung weiter mit diesem Mißtrauen, mit dieser – man kann fast sagen – Furcht und diesem Haß gegenüber der Selbstverwaltung erfüllt bleibt, dann wird die Auswirkung davon sich sicher zeigen bei der Gestaltung der für die zukünftigen Verhältnisse der Selbstverwaltung maßgebenden Gesetze. Ich möchte an die deutsche Presse doch die dringende und herzliche Bitte richten, objektiv gegeneinander abzuwägen unsere guten und unsere schlechten Werke während der letzten zwölf Jahre. Ich möchte sie auch bitten, doch zu bedenken, daß man ein Prinzip, daß sich über 100 Jahre bewährt hat – wie es das Prinzip der freien Selbstverwaltung ist – nicht über Bord werfen solle, weil in schweren und unruhigen Zeiten vielleicht Fehler gemacht worden sind. Ich möchte sie dringend bitten, namentlich doch nicht immer und immer wieder den Ruf nach Staatsaufsicht zu erheben. Auch die Staatsaufsicht kann Unmögliches nicht möglich machen.

Ich darf daran erinnern, daß vor Jahresfrist das Preußische Staatsministerium durch eine Verfügung die Genehmigung der Erhöhung von Realsteuern durch die Gemeinden mit Rücksicht auf die Belastung der Wirtschaft untersagt hat, ich darf aber auch daran erinnern, daß dasselbe Preußische Staatsministerium in diesem Jahre bei einer viel schlechteren wirtschaftlichen Lage diese Verfügung nicht mehr hat aufrechterhalten können, und daß die Staatsregierung sogar selbst eine Erhöhung der Realsteuern für staatliche Zwecke durchgesetzt hat. Ich möchte auch gegenüber diesem ständigen Ruf nach verstärkter Staatsaufsicht doch darauf hinweisen, daß der Staat ja gar nicht die Zahl dazu vorgebildeter Beamten hat, um eine solche verstärkte Staatsaufsicht durchführen zu können, daß er sie auch nicht aus dem Boden stampfen kann, daß eine solche Staatsaufsicht darum doch nur im großen und ganzen auf dem Papier bleiben wird, daß sie aber auf der anderen Seite das wertvolle Gefühl der Selbstverantwortlichkeit bei den Kommunen in empfindlicher Weise schädigen würde.

Ebenso bedauerlich wie diese Stellungnahme eines großen Teiles der öffentlichen Meinung gegenüber dem Problem der Selbstverwaltung sind Äußerungen maßgebender oder sicher an hervorragender Stelle stehender Persönlichkeiten in Zeitschriften und Vorträgen über Sinn, Zweck und Charakter der Selbstverwaltung. Es mehren sich da Äußerungen, die den tieferen Sinn der Selbstverwaltung durchaus verkennen.

[Im Folgenden setzt sich Adenauer mit Presseartikeln auseinander.]

III. Ich komme zum dritten Teile meiner Ausführungen, zur Schilderung der Nachteile und Gefahren, die der Selbstverwaltung aus dem Verhältnis zwischen Reich, Ländern und Gemeinden erwachsen. Ich will zunächst klarlegen, wie bei unserer heutigen Verfassung das Verhältnis der Parlamente gegenüber dem Selbstverwaltungsgedanken an sich ist. Im Anschluß daran werden ich erörtern, ob und welche besonderen Schwierigkeiten für die Selbstverwaltung aus der bei uns zur Zeit bestehenden Verteilung der Zuständigkeiten zwischen Reich und Ländern erwachsen.

An sich sollte man sagen, daß das parlamentarische System günstig für die Selbstverwaltung sein müsse, weil beide aus demselben Boden, dem Gedanken der Demokratie, erwachsen sind. Und doch ist diese Annahme nicht zutreffend.

Im Deutschen Reichstag gibt es nur sehr wenig Verständnis für die Belange der Selbstverwaltung. Das gilt für fast alle Parteien. Erst ganz allmählich und nur bei vereinzelten Abgeordneten wächst die Erkenntnis, daß die Selbstverwaltung auch für das Reich Bedeutung hat. Bezeichnend ist, daß die Absicht des früheren Reichsinnenministers Severing, im Reichsinnenministerium eine kommunale Abteilung einzurichten, die die kommunalen Interessen bei den Verhandlungen mit den übrigen Reichsministerien zur Geltung bringen sollte, nicht durchgeführt worden ist. Auch im preußischen Landtag hat man kein warmes Herz für die Selbstverwaltung. Woher kommt das? Diese Einstellung der Parlamente gegenüber der Selbstverwaltung ist um so verwunderlicher, als früher das preußische Abgeordnetenhaus und auch das Herrenhaus gewisses Interesse für die Selbstverwaltung zeigten – die Reichsgesetzgebung und infolgedessen auch der Reichstag hatten mit den Kommunen nichts zu tun.

Man findet eine Erklärung für diese auf den ersten Blick befremdend anmutende Erscheinung, wenn man sich folgendes überlegt: Früher waren es in Preußen drei Faktoren, die beim Zustandekommen der Gesetze mitwirken mußten: der König, das Abgeordnetenhaus und das Herrenhaus, im Reiche waren es zwei: Bundesrat und Reichstag. Die Regierung, Reichskanzler und Staatssekretär im Reich, Ministerpräsident und Minister in Preußen, wurden vom Kaiser und dem Könige ernannt. Sie standen den Parlamenten völlig unabhängig gegenüber. Die Parlamente befanden sich vielfach in Abwehrstellung gegenüber dem Könige oder dem Bundesrate und den Regierungen. Die Parlamente waren daher sehr geneigt, ihren Schutz und ihre Fürsorge den Selbstverwaltungskörpern, die gleich ihnen vielfach in Abwehrstellung gegenüber der Staatsregierung standen, zuteil werden zu lassen. Hinzu kam, daß die Städte im Herrenhaus eine ganze Anzahl Vertreter hatten und dort an entscheidender Stelle Einfluß ausüben konnten.

Heute ist das Parlament Träger der Souveränität, in Preußen natürlich nur, soweit das Reich den Ländern Rechte gelassen hat; die Regierungen im Reich und in Preußen stehen nicht mehr im Gegensatz zu den Parlamenten, im Gegenteil, sie sind von den Parlamentsmehrheiten absolut abhängig. Daraus ergibt sich eine sehr enge Verbindung zwischen Regierung und Parlamentsmehrheit. Wiederholt haben sich Regierungen selbst als die Vertreter und Sachwalter der Parlamentsmehrheiten bezeichnet. Um sich die Gunst der Parlamentsmehrheiten zu sichern und zu erhalten, gewähren nun die Regierungen diesen Mehrheiten einen sehr starken Einfluß auf die Führung der Verwaltungsgeschäfte, einen Einfluß, auf den das Parlament nach den Verfassungen einen Anspruch hat. Diese Verbindungen zwischen Parlamentsmehrheit und Regierung werden naturgemäß um so stärker und inniger, je länger das Verhältnis dauert, um so enger wird auch die Interessengemeinschaft.

Reichsministerien und Staatsministerien heißen aber nicht umsonst Zentralbehörden. Sie sind absolut zentralistisch eingestellt, weil so leicht niemand auch nur auf einen Teil der Macht, die er in Händen hat, verzichtet. Ein Verzicht auf Macht und Einfluß würde es aber sein, wenn die Zentralinstanz den Selbstverwaltungskörpern einen Aufgabenkreis als Selbstverwaltungsangelegenheit übertragen würde. Sie würde damit sich und die von ihr abhängigen staatlichen Instanzen aus diesem Aufgabenkreis ausscheiden. Sie vermeidet diese Ausschaltung, sie führt im Gegenteil eine Vermehrung ihrer Macht und ihres Einflusses herbei, wenn sie den Aufgabenkreis den Selbstverwaltungskörpern als Auftragsangelegenheit überträgt. Dem Parlament bzw. der regierenden Mehrheit ist das letztere ebenfalls sympathischer als das erstere, weil die Selbstverwaltungsangelegenheit seinem Einflusse und – was mindestens so wichtig ist – dem Einflusse des einzelnen Parlamentsmitgliedes entzogen ist, während die Übertragung als Auftragsangelegenheit infolge der engen Verbindung mit der Regierung auch die Einflußsphäre der Parlamentsmehrheit und des einzelnen Parlamentariers vergrößert. Daß die Übertragung von Aufgaben als Auftragsangelegenheit die Mitwirkung der von der Bürgerschaft gewählten Gemeindeversammlung ausschließt, stört dabei weiter nicht; ebensowenig stört es, daß der Selbstverwaltungskörper damit zu der von mir eingangs geschilderten unteren Verwaltungsinstanz herabsinkt. So sehen wir in Preußen, daß in immer steigendem Maße die wichtigsten Aufgabenkreise, die früher Selbstverwaltungsangelegenheiten waren, nur noch als Auftragsangelegenheiten den Selbstverwaltungskörpern zur Erledigung nach den Anweisungen der Zentralinstanz überwiesen werden. Ja, mir sind Fälle bekannt, in denen die Staatsregierung Aufgabenkreise als Selbstverwaltungsangelegenheit überweisen wollte, das Parlament aber dann die Überweisung als Auftragsangelegenheit durchgesetzt hat.

Im Reich hat die Liebe zum Verwaltungszentralismus zu anderen Erscheinungsformen geführt; die kommunale Hoheit war bei den Ländern, das Reich hatte gegenüber der kommunalen Selbstverwaltung keine Verwaltungsbefugnisse. Auf ihre Dienste verzichtete man daher und baute lieber einen neuen Apparat auf; die Zentralinstanzen mußten doch etwas Derartiges zu verwalten haben. Der Anfang wurde mit dem Aufbau der Reichsfinanzverwaltung gemacht. Daß die Einkommensteuer auf das Reich übernommen wurde, war an sich vorbehaltlich der oben von mir wegen der Gemeindezuschläge gemachten Bedenken kein Fehler, aber daß man den bestehenden gut funktionierenden Veranlagungs- und Einziehungsapparat einfach zerschlug, um einen neuen Reichsapparat unter ungeheuren Kosten und mit zum Teil ganz ungeeigneten Kräften aufzubauen, war geradezu grotesk und hat dem Reich hunderte von Millionen Mk. an Steuern entzogen.

Ein besonders trauriges Beispiel für diese Zentralisierungssucht bietet die Arbeitslosenversicherung. Auch hier Zerschlagen eines funktionierenden Apparates, Schaffung eines neuen kostspieligen, vielfach nicht funktionierenden – nur damit man nunmehr Reichsbehörden hatte.

Das Reichsfinanzministerium scheint wieder neue Pläne für Aufbau eines von ihm abhängigen großen Beamtenapparates mit sich herumzutragen. Erst wollte man eine Kontrollinstanz für alle Gemeinden schaffen; jetzt heißt es, daß sie wenigstens für die großen Städte geschaffen werden müssen. Mir ist diese Weltfremdheit vollkommen unverständlich. Eine Kontrollinstanz für alle Gemeinden zu schaffen, ist schon wegen der Größe des dazu nötigen Beamtenapparates vollkommen absurd. Der Gedanke, eine Reichskontrollstelle für die großen Städte einzurichten, ist aber nicht weniger abwegig. Man scheint im Reichsfinanzministerium nicht zu wissen, daß gerade die großen Städte, aber auch viele mittleren und kleineren, Rechnungsprüfungsämter haben, die nach dem Muster der staatlichen Stellen eingerichtet sind, sehr exakt und genau und auch fruchtbar arbeiten. Man scheint dort auch nicht zu wissen, daß in vielfacher Beziehung die Verhältnisse bei den Städten grundverschieden sind, daß derjenige Beamte, der in Breslau nachprüft, deswegen noch lange nicht imstande ist, in Düsseldorf oder Köln nachzuprüfen, weil er dort eben die örtlichen Verhältnisse nicht kennt. Krankenhauspflegesätze, Arbeiterlöhne, Gas- und Wasserpreise usw. usw. sind überall verschieden, weil die örtlichen Verhältnisse verschieden sind. Man müßte also, auch wenn man sich auf die Kontrolle der großen Städte beschränkt, einen sehr umfangreichen neuen Apparat aufbauen. Und was denkt man eigentlich mit einem solchen neu aufzubauenden Apparat zu erreichen? Soll die Durchführung der Notate diese Kontrollinstanz durch die Aufsichtsinstanz erzwungen werden! Sollen die Unterstützungen für Wohlfahrtunterstützte, wenn die Kontrollinstanz es für nötig hält, heruntergesetzt, sollen die Krankenhauspflegesätze, wenn sie es verlangt, erhöht werden? Soll weniger Geld für Fluchtlinienänderungen ausgegeben werden, wenn sie es für richtig hält? Soll die Frequenzziffer in den Volksschulen, wenn sie das meint, heraufgesetzt werden usw. usw.? Das alles krankt an ungenügender Überlegung. In Jahresfrist wird man sich festgefahren haben. Aber mir scheint, daß solche Pläne nur von Herren gefaßt werden können, die wirklich die Verhältnisse in den Kommunen gar nicht kennen, die glauben, daß man Kommunen genau so durchprüfen könne wie vielleicht ein Postamt oder ein

Amtsgericht. Welche Nichtachtung gegenüber den Stadtverordnetenversammlungen, deren gesetzliches Recht und deren gesetzliche Pflicht die Ausübung dieser Kontrolle ist, liegt in der Erwägung solcher Vorschläge! Psychologisch interessant ist mir immer der Glaube der Zentralinstanzen an ihre Allmacht und Unfehlbarkeit, wie sie aus solchen Plänen spricht. Ich fürchte, daß dieser Glaube an die Unfehlbarkeit der Zentralinstanz stark ins Wanken geraten würde, wenn die Zentralinstanzen so dem Feuer der Kritik der Regierten ausgesetzt wären, wie das die Selbstverwaltungskörper sind. Aber diese Zentralinstanzen – und das ist sehr schade für sie – hören ja kaum etwas von Kritik ihrer Maßnahmen. Die ihnen nachgeordneten amtlichen Stellen dürfen nicht kritisieren, und die Beschwerden der Untertanen kommen an die Zentralinstanz nur so gesiebt, so durch die Länge der Zeit abgelagert und geläutert, daß sie keine großen Schmerzen mehr machen.

Verwaltungszentralismus und Parlamentarismus gehen aus den eben von mir skizzierten Gründen nur zu leicht Hand in Hand, und dann töten sie die Selbstverwaltung, die an sich der Parlamentarismus, wenn er klug ist und wenn er seiner Herkunft eingedenk bleibt, hegen und pflegen müßte. In Frankreich hat die große Revolution die Selbstverwaltung erschlagen und dem Zentralismus auf der ganzen Linie zum Siege verholfen. Für Frankreich war es ein Schaden, für Deutschland würde das gleiche ein Unglück sein.

Die von mir geschilderte ungünstige Lage der Selbstverwaltung gegenüber Regierungen und Parlamenten erleidet noch eine Verschärfung durch die zurzeit bestehende Verteilung der Gewalten zwischen Reich und Länder. Die für die Tätigkeit der Gemeinden wichtigsten Gesetze sind Reichsgesetze. Ich nenne vor allem die Reichfinanzgesetzgebung, die Gesetze und Verordnungen über den Wohnungsbau, Jugendwohlfahrt, Fürsorgepflicht, über Arbeitsvermittlung und Arbeitslosenfürsorge. Das Reich erläßt sie, ohne auf die Bedürfnisse und auf die Möglichkeiten der Gemeinden, die ihm bei Fehlen einer allgemeinen Reichsverwaltung auch mehr oder weniger unbekannt sind, besonders Rücksicht zu nehmen. Dann übergibt es die Ausführung der Gesetze in der Regel den Ländern, die Länder ihrerseits kennen auf Grund ihrer Erfahrungen wohl die Lebensnotwendigkeit und die Bedürfnisse ihrer Kommunen, aber sie können an den Reichsgesetzen nichts ändern, und so waschen sie sich gegenüber ihren Gemeinden die Hände in Unschuld und erklären sich stillschweigend desinteressiert, wenn die Ausführung der Reichsgesetze die Gemeinden ruiniert. Nur so ist es psychologisch verständlich, daß die Länder nicht schon lange die entschiedensten Schritte beim Reiche getan haben wegen Änderung der Arbeitslosenversicherung. Die

Länder wissen, daß, wenn das Reich nicht die Kosten für die ausgesteuerten Erwerbslosen baldigst übernimmt, mit absoluter Sicherheit die Gemeinden im Laufe dieses Jahres die Zahlungen an die ausgesteuerten Erwerbslosen aus Mangel an Geld werden einstellen müssen, daß dann Unruhen und Plünderungen die Folgen sein werden, und doch hört man von entschiedenen Schritten der Länder bei der Reichsregierung bisher nichts. So irren die Gemeinden von der Türe des Reichs zur Türe des Landes; aber beide sind verschlossen, keine tut sich ihnen auf, und niemand hilft ihnen, bis die Katastrophe da ist.

Ein weiterer schwerer Mißstand für die Gemeinden ergibt sich aus der jetzigen Regelung des Verhältnisses zwischen Ländern und Reich bei der Steuerverteilung. Das Reich überweist die Steuern den Ländern für sich und die Gemeinden zusammen und überläßt den Ländern die Unterverteilung. Sie kennen das alte deutsche Sprichwort: „Den Letzten beißen die Hunde." So geht es hier den Gemeinden. Sie bekommen das, was übrig bleibt, wenn das Land seine Bedürfnisse befriedigt hat. Sehen Sie, wie es jetzt wieder in Preußen gewesen ist. Die vom Staatsrat seit Jahren immer wieder gemachten Vorschläge für Herabsetzung der Ausgaben sind vollkommen unbeachtet geblieben. Auch in diesem Jahre hat man nicht einmal den Versuch gemacht, zu prüfen, ob bei diesen Vorschlägen etwas herauskommt.

Man hat dafür aber zu einer Erhöhung der staatlichen Grundvermögenssteuer gegriffen und hat dadurch wiederum einen Einbruch in die den Gemeinden vorbehaltene Steuerdomäne gemacht und insbesondere die städtische Einwohnerschaft neu belastet. Die eigenartige Stellung Preußens gegenüber seinen Gemeinden, die sich nur aus der Zwitterstellung erklären läßt, die die Gemeinden gegenüber Reich und Ländern haben, zeigt sich auch in der famosen Art, in der Preußen Lastenausgleiche vornimmt. Bei diesen Lastenausgleichen hält es sich selbst immer zurück, gibt von seinen Einnahmen nichts her, sondern gleicht nur aus aus Steuerüberweisungen, die vom Reich zugunsten der Gemeinden kommen. Das jetzige Verhältnis zwischen Reich und Ländern ist für die Gemeinden einfach unerträglich, entweder man gebe den Gemeinden eigens für die ihnen übertragenen Aufgaben ausreichende Steuerquellen. Oder aber man tue einen Schritt rückwärts und mache die Länder wieder selbstständiger, so daß sie auch die volle Verantwortung gegenüber ihren Kommunen übernehmen können. Oder aber man tue einen entschlossenen Schritt voran und stelle eine organische Verbindung zwischen Reich und Selbstverantwortung her. Die Frage Reich, Länder und Gemeinden muß m.E. unbedingt sobald wie möglich innerhalb unserer Partei geklärt und dann so oder so in Angriff genommen werden.

Bei aller Duldsamkeit ist es nach meiner Meinung unmöglich für eine Partei, von größtem Schaden für sie, wenn sie in einer so entscheidenden und wichtigen Frage wie Reich, Länder und Gemeinden keine einheitliche Marschroute verfolgt.

Ich komme zum Schlusse und fasse meine Ausführungen wie folgt zusammen: Selbstverwaltung im wahren und echten Sinne des Wortes ist jetzt und in Zukunft notwendiger denn je. Sie ist und bleibt die vornehmste und beste Schule zur Heranziehung der für Deutschland so notwendigen staatspolitischen Gesinnung im deutschen Volke. Diese Erziehung zur staatspolitischen Gesinnung ist gerade im demokratischen und parlamentarisch regierten Staate am notwendigsten. Die Selbstverwaltung ist das beste Mittel, durch die Beschäftigung mit den praktischen Fragen der Verwaltung den Sinn für das Erreichbare zu wecken und zur gemeinsamen Arbeit zu erziehen. Zentralistische Verwaltung des deutschen Volkes ist unmöglich. Der Zentralismus in der Verwaltung muß auf das äußerst notwendige Maß beschränkt werden. Der örtlichen Instanz muß unter eigener Verantwortung und unter Heranziehung der Vertreter der Bürgerschaft möglichst weiter Spielraum für die örtlichen Bedürfnisse und Eigenart gelassen werden. Das ist nur möglich, wenn im Gegensatz zur jetzigen Übung die Selbstverwaltung als solche und damit die Bürgerschaft in weitestem Umfange mit herangezogen wird. Es besteht eine Krise der Selbstverwaltung: Sie ist vornehmlich hervorgerufen 1. durch mangelnde Selbstdisziplin in der Selbstverwaltung, 2. durch die der Selbstverwaltung ungünstige öffentliche Meinung, 3. durch den herrschenden Verwaltungszentralismus in den Ländern und im Reich, 4. durch das ungeordnete und unhaltbare Verhältnis zwischen Reich, Ländern und Gemeinden.

Bei der dringend notwendigen Neuordnung der inneren Lage Deutschlands müssen alle Freunde der Selbstverwaltung ihre ganze Kraft, insbesondere auch durch Einwirkung auf die Parlamentsmitglieder der Partei, dafür einsetzen, daß die Selbstverwaltung die Rechte erhält, die sie im Interesse der Gesamtheit des Volkes haben muß.

1 Der Young-Plan, der auf der Konferenz in Den Haag (6.–31.8.1929) beschlossen wurde, ist nach dem amerikanischen Wirtschaftsexperten Owen Young benannt. Er legte die Reparationsverpflichtungen des Deutschen Reichs auf 112 Milliarden Goldmark fest, die in 59 Jahresraten bis zum Jahr 1988 gezahlt werden sollten.

2 Kommunalwahl vom 17.11.1929.

3 Wolffs Telegraphisches Büro.

Abb. 15: Treffen mit Kölner Zentrumspolitikern: Johannes Rings, Konrad Adenauer, Hugo Mönnig und Johannes Dech 1926 (von links)

4. Die Parteien

Mit der Wahl zum Oberbürgermeister war Adenauer zugleich Vorsitzender der Stadtverordnetenversammlung geworden. Diese bestand zu diesem Zeitpunkt nur aus Vertretern zweier Parteien: Das Zentrum hatte 36, die Liberalen hatten 24 Sitze. Die Zusammensetzung des Stadtparlaments änderte sich in der ersten Kommunalwahl der Republik am 5. Oktober 1919 erheblich. Das Zentrum verlor die absolute Mehrheit und erhielt von insgesamt 114 Sitzen nun 49, die Mehrheitssozialisten (MSPD) errangen 43 Sitze, die Unabhängige Sozialdemokratische Partei (USPD) 7 Sitze. Die Deutsche Demokratische Partei (DDP) und Deutsche Volkspartei (DVP), die sich bald zur Liberalen Arbeitsgemeinschaft zusammenschlossen, erhielten gemeinsam 13 Sitze, während die Deutschnationale Volkspartei (DNVP) zwei Stadtverordnete stellte.[1] Die Stadtverordnetenversammlung war damit erheblich politisiert worden. Adenauers Position als Oberbürgermeister war während seiner zwölfjährigen Amtszeit unangreifbar. Um politisch handlungsfähig zu sein, brauchte er jedoch neben dem Zentrum auch die Zustimmung weiterer Parteien. Auch wenn in der Stadtverordnetenversammlung oft eher konkrete Verwaltungsakte als „hochpolitische" Debatten im Vordergrund standen, spielte die Parteipolitik doch eine Rolle. Konrad Adenauer musste Verbündete finden und politischen Konsens herbeiführen, ähnlich wie als Vorsitzender im Provinzialausschuss und als Präsident des Preußischen Staatsrats.

Die Kölner Zentrumspartei war demokratisch-föderalistisch geprägt und zeichnete sich durch erhebliche Distanz zur Hohenzollern-Dynastie, zum Preußentum sowie zum Militärischen und Junkertum aus. Sie war Ausgangspunkt der politischen Ämter Adenauers, auch für den schnellen Aufstieg in der Stadtverwaltung.[2] Der Wahl zum Oberbürgermeister als Kandidat des Zentrums waren Absprachen mit den Liberalen vorausgegangen. Seit wann er Mitglied der Partei war, ist nicht bekannt, aber bereits 1918 wurde er auf einer Versammlung der Rheinischen Zentrumspartei „als altes und treues Mitglied" bezeichnet. Adenauer sei „ein leuchtendes Vorbild eines tüchtigen, hervorragenden Zentrumsmannes".[3] In Köln war Adenauer bald der führende Mann seiner Partei, und auch im Rheinland war er als Leiter der größten Stadt der Provinz einflussreich. In der Lokalpolitik hatte er jedoch naturgemäß die größte Autorität. Vor der Stadtverordnetenversammlung betonte er 1921, er habe bei der Verwaltung Kölns seine Eigenschaft als Vertreter des Zentrums nie

1 Schwarz, Aufstieg, S. 254f.

2 Morsey, Konrad Adenauer, S. 83f.

3 Siehe Dokument 29.

Abb. 16: Besuch von Reichspräsident Friedrich Ebert und Reichskanzler Wilhelm Marx anlässlich der Eröffnung der Kölner Messe 1924 (Bildmitte von links)

in Erscheinung treten lassen.[4] Ein solcher Vorwurf wurde ihm auch nie gemacht. Er konnte sich bei den meisten Entscheidungen auf die Zustimmung der Stadtverordneten des Zentrums verlassen, ohne dass das Verhältnis immer reibungsfrei gewesen wäre. Dies ging bis zum Scheitern der Steuererhöhungen im Jahre 1928, die der Oberbürgermeister für richtig hielt, die wegen der Ablehnung durch das Zentrum jedoch nicht zustande kamen. Adenauer achtete bei seinen Vorhaben weniger darauf, ob sie bei den Mitgliedern der Fraktion Unterstützung fanden, sondern ob sie seiner Meinung nach für die Stadt am besten wären. In diesem Sinne agierte er weniger als Parteipolitiker denn als über den Parteien stehender Verwaltungsleiter. Bei der Besetzung der Personalstellen sorgte er zwar dafür, dass die Schlüsseldezernate Personal, Finanzen, Wohlfahrt und Schulwesen in Zentrumshand blieben, achtete bei der Besetzung von Stellen aber insgesamt mehr auf die fachliche Eignung als auf die Parteizugehörigkeit.[5]

Die politischen Parteien, die Stadtverwaltung und die Stadtverordneten waren vielfach mit den Kölner Zeitungshäusern verflochten. Einige der einflussreichsten

[4] Köhler, Adenauer, S. 144.

[5] Pabst, Adenauers Personalpolitik, S. 271, 291.

Zentrumsmitglieder und Stadtverordneten waren mit der Presse verbunden, so Hugo Mönnig und Heinrich Maus von der „Kölnischen Volkszeitung“ und Johannes Rings, Mitarbeiter des „Kölner Lokal-Anzeigers“ und zeitweilig Vorsitzender der Kölner Zentrumspartei. Zwischen Adenauer einerseits und der Kölner Zentrumspresse und deren Vertretern andererseits herrschten ständig Spannungen.[6] Auf Angriffe seitens der Zeitungen reagierte der Oberbürgermeister meist dünnhäutig. Gegenüber den Vertretern der Zentrumspresse gab er sich kurz angebunden und gebieterisch. So beschwerte er sich heftig bei Hugo Mönnig darüber, dass Informationen aus einer Besprechung in der Zeitung auftauchten.[7] Mit Johannes Rings stritt er ausgiebig über Etatfragen.[8] Das Verhalten gegenüber den eigenen Parteizeitungen war für eine koordinierte Pressearbeit kontraproduktiv. Darüber hinaus nahm das wichtigste Kölner Parteiblatt eine negative Entwicklung. Ende des Jahres 1931 beklagte Adenauer den Niedergang der „Kölnischen Volkszeitung“; er fürchtete, „daß die Deutsche Zentrumspartei bald kein geistig führendes Blatt mehr besitzt“.[9] Die Entwicklung in der Stadtverordnetenfraktion sah Adenauer zunehmend mit Sorge. In einem Brief an Peter Schlack, Zentrumsabgeordneter im Reichstag, schilderte er die Situation der Fraktion als „geradezu trostlos“, weil Mönnig von anderer Seite zu sehr beansprucht und Rings zu alt sei.[10]

Nicht nur auf lokaler Ebene hatte Adenauer Einfluss in der Zentrumspartei, sondern auch auf regionaler und auf Reichsebene. Im Provinzialausschuss der Rheinprovinz stand wie in der Stadtverordnetenversammlung nicht die Parteipolitik, sondern die konkrete Verwaltungsarbeit im Vordergrund. Das Mitspracherecht bei der Besetzung staatlicher Stellen gehörte zu den wichtigsten Aufgaben des Ausschusses. Hier konnte Adenauer eingreifen und darauf hinwirken, dass Stellen mit Vertretern des Zentrums besetzt wurden. Zwar stellte er auch hier die Befähigung eines Bewerbers über die Parteizugehörigkeit, sorgte aber bisweilen auch dafür, dass nicht Vertreter anderer Parteien eingestellt wurden. So wusste er die Ansprüche der Sozialdemokratie auf das Amt des Oberpräsidenten der Rheinprovinz 1922 zu verhindern.[11] Sein Einfluss in der Zentrumspartei auf Reichsebene wurde stark durch seine Tätigkeit als Präsident des Preußischen Staatsrats zwischen 1921 und 1933 bestimmt. Er stieg bis in den Reichsparteivorstand auf. Er verfügte in den Jahren 1921 bis 1928 zudem

6 Ekkhard Häussermann, Konrad Adenauer und die Presse vor 1933, in: Stehkämper (Hg.), Konrad Adenauer, S. 210, 225.

7 Siehe Dokument 30.

8 Häussermann, Adenauer und die Presse, S. 228.

9 Siehe Dokument 31.

10 Siehe Dokument 32.

11 Romeyk, Adenauers Beziehungen, S. 305ff.

über gute Kontakte zu den aus Köln stammenden Vorsitzenden der Deutschen Zentrumspartei Karl Trimborn und Wilhelm Marx und auch zu deren Nachfolger Ludwig Kaas.[12] Dass er zu den bedeutenden Zentrumspolitikern gehörte, zeigt sich auch daran, dass er 1921 und 1926 als Kandidat für das Reichskanzleramt im Gespräch war.[13] Er besaß politischen Einfluss von Köln über das Rheinland bis nach Berlin. Seine Beziehungen pflegte er dabei weniger auf Ministerebene als auf der Ebene der Ministerialbürokratie. In der Parteiorganisation des Zentrums hatte er dagegen wohl weniger Einfluss.[14] Adenauer war kein Mann des Parteiapparates. Er strebte innerhalb der Partei keine Führungspositionen an und war weder in Köln noch im Rheinland Vorsitzender des Zentrums. Seine Verbindungen und seinen Einfluss übte er über den direkten Kontakt mit Einzelpersonen aus, nicht über Partei oder Parlamente.[15]

Auch wenn er nicht zur engeren Führungsspitze der Zentrumspartei gehörte, war er doch bei mehreren Entscheidungen in der Reichspolitik involviert. Neben seinem starken Engagement in der Rheinlandfrage[16] war dies auch durch seine Präsidentschaft im Preußischen Staatsrat bedingt, etwa bei der Diskussion um die Strategie des Zentrums gegenüber den Nationalsozialisten. In der Reichstagswahl vom 31. Juli 1932 hatte sich der Aufstieg der NSDAP fortgesetzt, eine Regierungsbildung des Zentrums zusammen mit der NSDAP/DNVP und der Bayerischen Volkspartei war möglich geworden. Am 2. August fand in Köln eine Besprechung führender Persönlichkeiten des Zentrums statt, an der auch Adenauer teilnahm und deren Ergebnis er unterstützte und möglicherweise beeinflusste.[17] In einem Brief an Botschafter Graf Wolff-Metternich vom 6. August teilte er mit, „daß die Zentrumspartei dringend den Eintritt der Nationalsozialisten in die Reichsregierung fordert“[18]. Er gehörte zu den Befürwortern einer Regierungsbildung des Zentrums mit der NSDAP, um auf diesem Wege die Präsidialkabinette abzulösen. Dabei ging er davon aus, „daß eine Mitarbeit der NSDAP in der Regierungsverantwortung, zunächst in Preußen, die Hitler-Partei mäßigen und deren Regierungsfähigkeit unter Beweis stellen werde“.[19] In der Folge blieb Adenauer in dieser Sache weiter aktiv. Im Dezember schlug er dem Zentrumsvorsitzenden Kaas vor, auf preußischer Ebene eine Koalition mit der

[12] Morsey, Konrad Adenauer, S. 92.
[13] Vgl. Stehkämper, Adenauer und das Reichskanzleramt.
[14] Pabst, Adenauers Personalpolitik, S. 281.
[15] Stump, Adenauers Beziehungen zur Zentrumspartei, S. 435.
[16] Vgl. Kapitel II, 5.
[17] Morsey, Adenauer und der Nationalsozialismus, S. 456.
[18] Siehe Dokument 33.
[19] Morsey, Vom Kommunalpolitiker zum Kanzler, S. 29.

NSDAP einzugehen, wodurch spätere Verhandlungen über eine Regierungsbildung auf Reichsebene erleichtert würden.[20] Seine Bemühungen blieben aber erfolglos, und nach dem 30. Januar 1933 erübrigte sich die Frage.

Die von den Nationalsozialisten eröffnete Hetzkampagne gegen Adenauer wurde auch deshalb mit großem Aufwand betrieben, weil man in ihm einen herausragenden Vertreter des verhassten Zentrums sah. Ein typischer Parteipolitiker war Konrad Adenauer aber nicht. Als Oberbürgermeister vertrat er kein Parteiprogramm und war an einer möglichst geschlossenen ideologischen Grundlage seiner Politik nicht interessiert. Ihm ging es um die Unterstützung seiner Pläne für die Stadt durch das Zentrum.[21] Seine Beziehungen innerhalb seiner Partei nutzte er vornehmlich, um Unterstützung für seine kommunalpolitischen Ziele zu finden. Dazu dienten auch seine Kontakte zu den anderen Parteien. So gestaltete sich sein Verhältnis zur Sozialdemokratie überraschend konstruktiv. Beim Zeitpunkt seiner Wahl zum Oberbürgermeister gehörten der Stadtverordnetenversammlung noch keine Sozialdemokraten an. Aber schon im Vorfeld der Wahl gab es Gespräche über ihre Aufnahme. Adenauer beteiligte sich an diesen Sondierungen maßgeblich. In einem Brief an Wilhelm Sollmann, der 1919 Vorsitzender der sozialdemokratischen Stadtverordnetenfraktion wurde und zu den einflussreichsten Sozialdemokraten in Köln gehörte, äußerte er im Juli 1917 seine Freude über eine Verständigung mit der SPD: „Sehr gefreut hat mich die Nachricht aus Köln [...], daß eine Einigung mit Ihrer Partei über die Stadtverordnetenwahl zweifellos kommen wird. Unsere vor vielen Monaten begonnene Aktion kommt damit endlich zum Ziel, ich erwarte davon manches Gute."[22] Das Ergebnis der Gespräche war der Rücktritt von drei Stadtverordneten vom Zentrum und den Liberalen, wodurch zum ersten Mal Vertreter einer Linkspartei in das Kommunalparlament aufgenommen werden konnten. Dies war der Beginn einer in Köln über lange Zeit vergleichsweise engen Zusammenarbeit zwischen Adenauer und den Sozialdemokraten. Eine erste Bewährungsprobe erlebte das Verhältnis in der Revolution. Die Zusammenarbeit mit dem Arbeiter- und Soldatenrat gestaltete sich positiv. Gemeinsam mit dem Oberbürgermeister sorgten die Vertreter des Rates dafür, daß in Köln der Übergang zur Republik in verhältnismäßig geordneten Bahnen verlief und Chaos und Anarchie vermieden werden konnten. Diese Erfahrung des konstruktiven Miteinanders hat sicherlich positiv auf Adenauers Einschätzung der örtlichen Sozialdemokratie gewirkt. Nach der Wahl

[20] Ders., Adenauer und der Nationalsozialismus, S. 458.

[21] Stump, Adenauers Beziehungen zur Zentrumspartei, S. 434.

[22] HAStK 1120/533/I-5-1, 1a–c.

vom 11. August 1919 waren ihre Vertreter nicht mehr nur eine kleine Randgruppe im Stadtparlament, sondern mit 43 Sitzen der MSPD die zweitstärkste Fraktion, wogegen die USPD nur auf 7 Sitze kam.[23] Den Sozialdemokraten kam nun in der Kommunalpolitik größeres politisches Gewicht zu. Bei der Besetzung der Beigeordnetenstellen mussten sie berücksichtigt werden. Adenauer fiel es aber wohl nicht sehr schwer, drei Mehrheitssozialdemokraten zu Beigeordneten zu ernennen: August Haas, der bereits dem Arbeiter- und Soldatenrat angehört hatte, Heinrich Schäfer, ebenfalls Mitglied des Rates, und Johann Meerfeld.

Das Problem, allein mit dem Zentrum keine ausreichende Mehrheit zu haben, stellte sich für Adenauer in den folgenden Jahren kaum, weil er eng mit der Sozialdemokratie zusammenarbeitete. Die zahlreichen Großprojekte in den Anfangsjahren seiner Amtstätigkeit – die Universität, der Grüngürtel und der Hafen von Niehl – fanden den Zuspruch der Sozialdemokraten. Im Gegenzug berücksichtigte Adenauer die SPD bei der Besetzung von Stellen in der Stadtverwaltung.[24] Die gemeinsame Entscheidungsfindung hatte in den ersten Jahren den Charakter eines regelrechten Bündnisses zwischen dem Zentrum und der Sozialdemokratie.[25] Eine besondere Beziehung verband Adenauer mit Wilhelm Sollmann. Der Vorsitzende der SPD-Fraktion bis 1924 und Chefredakteur der „Rheinischen Zeitung“, der wichtigsten sozialdemokratischen Zeitung im Rheinland, gehörte zu den besten Kennern Adenauers und zu seinen größten Kritikern. Die beiden hatten in den Tagen der Revolution einander schätzen gelernt, als Sollmann Vorsitzender des Arbeiter- und Soldatenrates war. Adenauer legte Wert auf Sollmanns Meinung und konnte sich auf dessen Urteil verlassen.[26] Für seine Amtstätigkeit war es nicht unerheblich, neben dem Zentrum und den Liberalen einen weiteren potentiellen Partner für Einzelentscheidungen zu haben. Von der eigenen Partei wurde häufig mehr Widerstand geleistet als von der Sozialdemokratie.[27] Die guten Beziehungen zur SPD waren Adenauer auch im Verhältnis zur preußischen Regierung von Nutzen. Wenn sich sein Verhältnis zur Landesregierung nicht immer spannungsfrei gestaltete, hatte er in den sozialdemokratischen Beigeordneten oft ausgezeichnete Vermittler der städtischen Interessen.

Die einige Jahre währende konstruktive Zusammenarbeit wurde seit Mitte der zwanziger Jahre schlechter. Sozialdemokraten und Liberale kritisierten verstärkt

[23] Schwarz, Aufstieg, S. 193, 254. 1922 kam es zur Wiedervereinigung von MSPD und USPD.

[24] Ebd., S. 309.

[25] Köhler, Adenauer, S. 140.

[26] Häussermann, Adenauer und die Presse, S. 238.

[27] Pabst, Adenauers Personalpolitik, S. 291.

Adenauers Amtsführung und Kommunalpolitik. Besonders auffällig war der Bruch mit den Sozialdemokraten. Dieser begann 1926 mit einer Auseinandersetzung über die Stelle des Wohlfahrtsdezernenten. Die Abkühlung des Verhältnisses war wohl auch darin begründet, dass Adenauer und der SPD-Fraktionsvorsitzende Robert Görlinger, der Sollmann abgelöst hatte, sich mehr schlecht als recht verstanden.[28] Adenauers eigenwilliges Verhalten – ein Paradebeispiel dafür ist sein Agieren beim Bau der Mülheimer Brücke[29] – führte allgemein zu einer Verhärtung der politischen Fronten. Der Kommunalwahlkampf 1929 war von bislang unbekannter Schärfe geprägt, die auf beiden Seiten für Missstimmung sorgte. Sollmann schrieb Adenauer im November 1929, die Art des Wahlkampfes habe ihm Sorgen bereitet. Er hoffe aber, dass er in Zukunft nur noch in sachlicher und nicht mehr in persönlicher Schärfe geführt werde.[30] In seiner Antwort beschwerte Adenauer sich nachdrücklich über die Gangart der SPD. Die Art des Wahlkampfes sei ihm „in tiefster Seele zuwider".[31] Die Angriffe der „Rheinischen Zeitung" würden über Köln hinaus für Aufsehen sorgen und möglicherweise bis in die Landespolitik nachwirken. Er führte die schlechte Atmosphäre auf die Reibereien zwischen ihm und Görlinger zurück.[32] Das Verhältnis zur SPD blieb bis zum Ende seiner Amtszeit gespannt. Zwar gab es weiter Punkte der Zusammenarbeit, aber das konstruktive Miteinander der ersten Jahre blieb Vergangenheit.

Adenauer kooperierte nicht nur in Köln, sondern auch im Provinzialverband und im Staatsrat mit der SPD. So unterstützte diese die Eingemeindung Worringens. Die Zusammenarbeit im Staatsrat wurde dadurch leichter, dass der Kölner Beigeordnete Meerfeld den Vorsitz der SPD-Fraktion im Staatsrat übernahm. Bei der Wahl zum Präsidenten unterstützten die Sozialdemokraten Adenauer – und zum Stellvertreter wurde ein Sozialdemokrat gewählt, obwohl die konservative Fraktion deutlich stärker war.[33] Die lange Zusammenarbeit mit der Sozialdemokratie in Köln und andernorts beruhte nicht unerheblich auf der pragmatischen Einstellung Adenauers zur Kommunalpolitik – darauf, dass er keine ideologischen Hemmungen kannte, um eine Mehrheit für seine Projekte zu bekommen.[34] Im Verhältnis zur SPD gab es aber auch weitere Gründe. Adenauer bekannte sich uneingeschränkt zur Republik

[28] Schwarz, Aufstieg, S. 309.

[29] Siehe Kapitel II, 1.

[30] Siehe Dokument 34.

[31] Siehe Dokument 35.

[32] Ebd.

[33] Köhler, Adenauer, S. 145f.

[34] Pabst, Adenauers Personalpolitik, S. 290.

232

Köln, den 28. Februar 1925.

Hochverehrter Herr Reichskanzler !

Tief erschüttert erhalte ich soeben davon Kunde, dass dem deutschen Volke sein erster hochverdienter Präsident, Herr Reichspräsident Ebert, mitten in der Vollkraft seiner Jahre aus seinem an Arbeiten und Erfolgen reichen Leben durch den Tod entrissen worden ist. Mit den weitesten Kreisen des deutschen Volkes betrauert auch Köln's Verwaltung und Bürgerschaft den allzu frühen Heimgang des Mannes, der an höchster Stelle berufen war, die Geschicke unseres Volkes in schwerster Zeit zu lenken, und der es verstanden hat, seine Aufgabe auf das beste zu erfüllen und sich in allen Kreisen des Volkes höchste Achtung, Anerkennung und persönliche Sympathien zu erwerben. Jch gestatte mir, Jhnen, sehr verehrter Herr Reichskanzler, zu dem überaus schweren Verlust, den

das

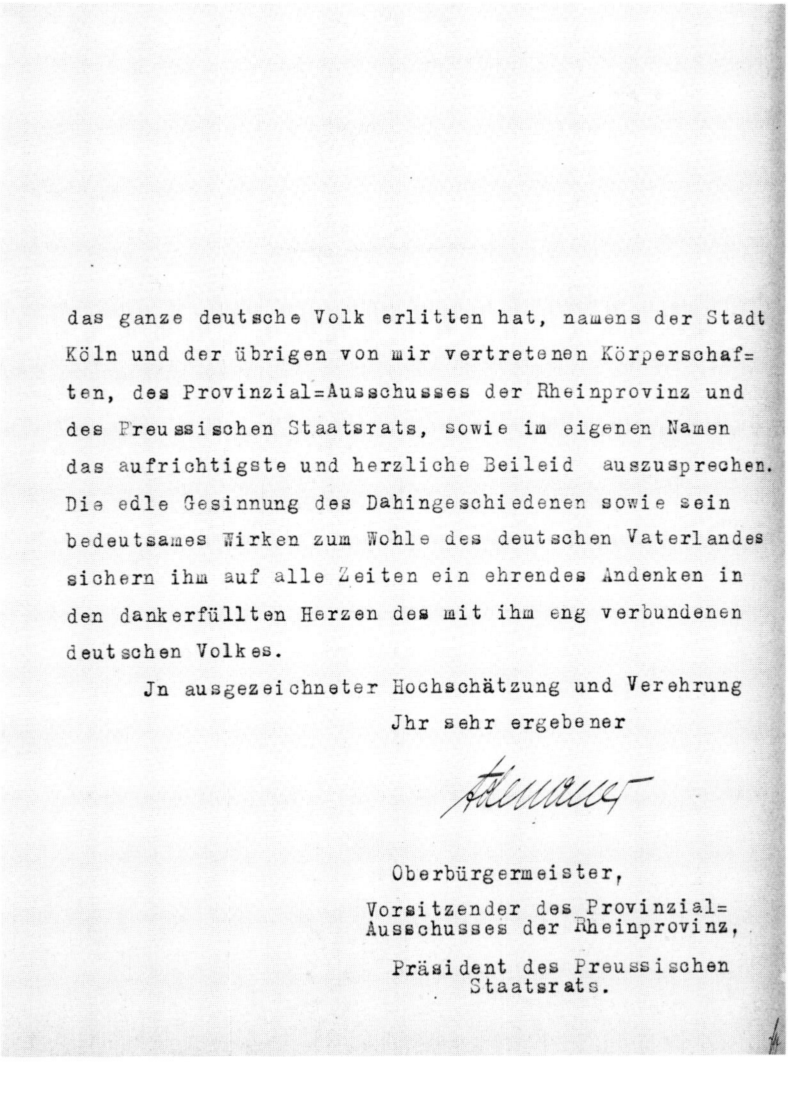

das ganze deutsche Volk erlitten hat, namens der Stadt Köln und der übrigen von mir vertretenen Körperschaf=ten, des Provinzial=Ausschusses der Rheinprovinz und des Preussischen Staatsrats, sowie im eigenen Namen das aufrichtigste und herzliche Beileid auszusprechen. Die edle Gesinnung des Dahingeschiedenen sowie sein bedeutsames Wirken zum Wohle des deutschen Vaterlandes sichern ihm auf alle Zeiten ein ehrendes Andenken in den dankerfüllten Herzen des mit ihm eng verbundenen deutschen Volkes.

Jn ausgezeichneter Hochschätzung und Verehrung

Jhr sehr ergebener

Oberbürgermeister,

Vorsitzender des Provinzial=
Ausschusses der Rheinprovinz,

Präsident des Preussischen
Staatsrats.

Abb. 17: Kondolenzschreiben Adenauers zum Tode von Reichspräsident Friedrich Ebert.

und zur Notwendigkeit sozialer Reformen. Zudem waren die führenden Kölner Sozialdemokraten wie Sollmann, Meerfeld und Haas mehr nüchterne Politiker als parteiideologische Dogmatiker. Der Kölner Ortsverein zeichnete sich durch eine gemäßigte sozialistische Politik aus, was Adenauer die Kooperation erleichterte.

Zu den anderen Parteien, die in der Stadtverordnetenversammlung und den anderen politischen Gremien vertreten waren, in denen Adenauer Mitglied war, waren seine Beziehungen distanzierter. Am besten waren sie noch zur Liberalen Arbeitsgemeinschaft, dem Bündnis, das 1919 aus DDP und DVP entstanden war. Beide Parteien hatten seine Kandidatur für das Amt des Oberbürgermeisters unterstützt. Treibende Kraft war Louis Hagen, Adenauers wichtigste Bezugsperson im liberalen Lager, der 1919 zum Zentrum wechselte. Gute Beziehungen pflegte er bei den Liberalen außerdem zu Bernhard Falk, der seine Kandidatur ebenfalls förderte. Falk verteidigte ihn auch stets gegen die Vorwürfe, die im Umfeld der Rheinlandpolitik gegen Adenauer erhoben wurden.[35] Die Liberale Arbeitsgemeinschaft unterstützte den Oberbürgermeister bei vielen Einzelentscheidungen und setzte besonders in der Zeit nach 1924, als dessen Beziehungen zur Sozialdemokratie immer schlechter wurden, manche Entscheidungen mit ihm gegen die SPD durch. Es kam aber immer wieder zu Konflikten mit den bürgerlichen Parteien. Wie im Zentrum sah man auch dort Adenauers Ausgabenpolitik mit Bedenken. Sein pointiertes Eintreten für die demokratische Grundordnung machte ihn zudem bei einigen Vertretern der DVP nicht beliebt. Aus anderem Grund war Justizrat Kaiser ein langjähriger Kritiker, der Adenauer einmal vorhielt, er sei ein Mann, „der keinen sachlichen Widerspruch vertragen kann, der jeden sachlichen Widerspruch persönlich auf den Mann zurückzuwälzen versucht, der diesen Widerspruch erhebt".[36] Darin äußerte sich auch der Unmut über die autoritäre Art, die der Oberbürgermeister mit den Jahren immer stärker gegenüber der Stadtverordnetenversammlung zeigte.

Zwischen den Parteien im extremen rechten und linken Spektrum und Adenauer gab es nur wechselseitige Ablehnung. Als Anhänger der demokratischen Grundordnung, der sowohl sämtliche Revanchegelüste von konservativer Seite ablehnte als sich auch gegen Sozialisierungstendenzen und die antichristliche Orientierung auf der linken Seite stellte, war ihm eine Zusammenarbeit mit Vertretern der extremen Parteien kaum möglich. Seine Republiktreue stieß freilich auch in katholischen Kreisen auf Kritik. Als Präsident des Katholikentages 1922 in München geriet er in einen heftigen Konflikt mit Kardinal Faulhaber, der die Revolution als Hochverrat

[35] Schwarz, Aufstieg, S. 213.

[36] Zitiert nach Köhler, Adenauer, S. 201.

bezeichnet hatte.[37] Viele seiner schärfsten Kritiker entstammten rechten Kreisen. Der Angriff Alfred Hugenbergs von den Deutschnationalen ist dafür exemplarisch.[38]

Auch mit den Kommunisten war eine Zusammenarbeit nicht möglich. Sie betrieben in Köln Obstruktionspolitik, die politischen Debatten wurden nun länger und oftmals polemisch. Dies ging einmal so weit, dass in einer Sitzung der Stadtverordnetenversammlung Wassergläser flogen.[39] Bezeichnend für Adenauers Verhältnis zu den Vertretern der KPD und der DNVP ist ein Vorgang im Vorfeld seiner Wiederwahl 1929. Die Stadtverordneten der DNVP lehnten die Wiederwahl Adenauers ab, weil sie ihm die rechte nationale Gesinnung absprachen.[40] Die KPD unterstützte die Haltung der DNVP. Nur ein einziges Mal, bei der Abstimmung über die architektonische Form der Mülheimer Brücke, bediente sich Adenauer bewusst der Stimmen der Kommunisten, um seine Planungen durchsetzen zu können.[41] Er respektierte die Kommunisten aber ebenso wie die Vertreter der NSDAP in der Stadtverordnetenversammlung als gewählte Repräsentanten ihrer Parteien – und dies, obwohl er besonders von Seiten der NSDAP Ziel heftigster Attacken war. Seine Abneigung gegen die Nationalsozialisten zeigte er deutlich. Als Adolf Hitler am 17. Februar zu einer Wahlkundgebung in Köln eintraf, empfing ihn der Oberbürgermeister nicht, lehnte es ab, die Rheinbeleuchtung einschalten zu lassen und verhinderte, dass Hakenkreuzfahnen an der Deutzer Brücke gehisst wurden.[42] Die Nationalsozialisten reagierten mit Drohungen.

Adenauers parteipolitisches Handeln richtete sich daran aus, seine Vorstellungen so durchzusetzen, wie er es geplant hatte. Mit wessen Unterstützung dies geschah, war eher sekundär. Der Oberbürgermeister zeigte sich im Umgang mit den politischen Parteien sehr beweglich. Seine Bündnisse waren zweckorientiert, sie dienten der Sache. Trotz seines ausgeprägten Pragmatismus gab es freilich Grenzen, die er nicht zu überschreiten bereit war. Jeglicher Extremismus von rechts und links war ihm verhasst. Er machte nie einen Hehl daraus, dass er ein überzeugter Gegner der Nationalsozialisten war. Die nationalsozialistische Weltanschauung widersprach zutiefst seinen Wertvorstellungen, die sich an der Freiheit des Einzelnen und der Würde des Menschen orientierten.

[37] Vgl. Stehkämper, Adenauer als Katholikentagspräsident, S. 57–80.

[38] Siehe Dokument 18.

[39] Köhler, Adenauer, S. 142.

[40] Siehe Dokument 36.

[41] Siehe Dokument 12.

[42] Morsey, Adenauer und der Nationalsozialismus, S. 448, 461.

Dokument 29

15. September 1919: Ansprache Karl Trimborns auf dem Parteitag der Rheinischen Zentrumspartei in Köln [Auszug]

Quelle: Generalsekretariat der Rheinischen Zentrumspartei (Hg.), Bericht über die Verhandlungen des Parteitages der Rheinischen Zentrumspartei. Abgehalten in Köln, 15.–18. September 1919 (o.O., o.J.), S. 8f.

[Trimborn zog eingangs eine Bilanz der Ereignisse seit dem letzten Parteitag, der noch im Kaiserreich stattgefunden hatte, stellte das Arbeitsprogramm des Parteitages vor und wies eindringlich auf die besonderen Aufgaben hin, die sich nun stellten. Er appellierte an die Delegierten, das Wohl des Vaterlandes und der Partei als Leitmotiv für ihr Handeln zu verstehen und begrüßte die Teilnehmer.]

Und nun habe ich zum Schluß noch eine besonders angenehme Pflicht. Inzwischen ist das Oberhaupt dieser Stadt, unser allverehrter Oberbürgermeister Adenauer, hier erschienen. (Bravo!) Wir begrüßen ihn mit besonderer Wärme. Er ist hier nicht als Oberbürgermeister erschienen, sondern er ist erschienen – so nehme ich an – als altes und treues Mitglied unserer Partei. Wäre er als Oberbürgermeister hier erschienen, dann würden wir ihm warme anerkennende Worte seiner großartigen Tätigkeit an der Spitze der Kölner Stadtverwaltung in schwerer Zeit widmen, dann würden wir zum Ausdruck bringen, wie glücklich Köln sein kann, in diesen schweren Zeiten diesen Mann an seiner Spitze zu haben. (Bravo!) Aber als Oberbürgermeister begrüßen wir ihn nicht, wir begrüßen ihn heute als Mitglied der Zentrumspartei. (Bravo!) Er hat niemals aus seiner Gesinnung einen Hehl gemacht. Jetzt kommen manche und wünschen in Amt und Würde zu sein bei der Zentrumspartei, die ihr früher mehr oder weniger kühl gegenüber gestanden haben (Sehr richtig!), und es ist deshalb solchen Personen gegenüber auch nach der Richtung hin eine gewisse Reserve und Vorsicht geboten. (Sehr richtig!) Bei uns redet man schon von Novemberzentrumsleuten. (Hört, hört!) Meine verehrten Damen und Herren! Unser Oberbürgermeister ist Zentrumsmann – ich hätte beinahe gesagt von Geburt an, durch die Tradition einer guten christlichen Familie. Er ist Fleisch von unserem Fleisch und Geist von unserem Geist. Er ist in unserem Kreise so herzlich willkommen wie nur irgend einer, als ein leuchtendes Vorbild eines tüchtigen, hervorragenden Zentrumsmannes. (Bravo!)

Dokument 30

Köln, 1. Dezember 1926: Adenauer an Justizrat Hugo Mönnig, Köln

Quelle: HAStK 902/258/4, Bl. 427, Kopie mit Paraphe.

Sehr verehrter Herr Justizrat!
In der Ausgabe der Rheinischen Zeitung vom 20.11. ds. Js. steht ein Artikel, der Einzelheiten aus der gemeinschaftlichen Besprechung des Vorstandes der Rheinischen Zentrumspartei mit den Zentrumsmitgliedern des Provinzialausschusses wiedergibt. Dieser Artikel kann nur auf der Indiskretion eines Teilnehmers an der Besprechung beruhen. Ich erhebe bei Ihnen, als Vorsitzender der Rheinischen Zentrumspartei, Protest gegen eine derartige Indiskretion. Ich werde mich in Zukunft an irgendwelchen vertraulichen Beratungen nicht beteiligen, wenn nicht gegen Wiederholung derartiger Indiskretion Vorsorge getroffen wird. Ebenfalls erhebe ich bei Ihnen Einspruch gegen einen Artikel der Rheinischen Volkswacht, der am 29.11. ds. Js. erschienen ist, und der sich mit der gleichen Angelegenheit beschäftigt. Der Mangel an Parteidisziplin, der in dieser Angelegenheit zutage getreten ist, erfüllt mich mit der grössten Besorgnis wegen der Zukunft der Wirtschaft hier am Rhein. Wohin soll es kommen, wenn eine kleine Minderheit mit allen Mitteln und mit dem stärksten Drucke der Mehrheit ihren Willen aufzwingen will und sich nicht scheut, diese Gegensätze in der breitesten Öffentlichkeit zutage treten zu lassen. Ich bitte Sie, mit der grössten Entschiedenheit derartigen Dingen entgegenzutreten.

Mit ausgezeichneter Hochachtung!
A[denauer]

Dokument 31

29. Dezember 1931: Adenauer an Prorektor Professor Dr. Konen, Bonn

Quelle: HAStK 902/258/5, Bl. 975, Kopie ohne Ort mit Paraphe.

Sehr verehrter Herr Prorektor!

Vielen Dank für Ihre interessanten und liebenswürdigen Zeilen vom 27. ds. Mts. Es wäre sehr wünschenswert, wenn der Gedanke, die Selbstverwaltung der

Universitäten wieder herzustellen und auszubauen, von den Universitäten mit Energie aufgenommen würde. Das Bestreben der Zentrale, die Selbstverwaltung zurückzudrängen, wird leider viel zu stark unter dem Gesichtspunkte der kommunalen Selbstverwaltung nur betrachtet, während tatsächlich der Gedanke der Selbstverwaltung viel weiter reicht und überall der Kampf der starken Bürokratie gegen sie tobt. Ich weise nicht nur auf die Universitäten hin, sondern auch auf die Handelskammern, Landwirtschaftskammern usw. Die Entwicklung der K.V.[1] macht mir immer grössere Sorgen. Den Beschluss, sie jetzt nur einmal erscheinen zu lassen, halte ich für verhängnisvoll. Ich befürchte, dass die Deutsche Zentrumspartei bald kein geistig führendes Blatt mehr besitzt. Ich möchte gern bei passender Gelegenheit mich mit Ihnen darüber einmal aussprechen.

Meine Frau konnte Weihnachten wieder aufstehen. Sie lässt Ihnen herzlich für Ihre guten Wünsche danken. Für das neue Jahr wünschen meine Frau und ich Ihnen und Ihrer Familie von Herzen alles Gute.

Mit den besten Grüssen
stets Ihr ergebener
A[denauer]

[1] „Kölnische Volkszeitung".

Dokument 32

25. Februar 1931: Adenauer an Generaldirektor Peter Schlack

Quelle: HAStK 902/258/5, Bl. 877, Kopie ohne Ort mit Paraphe.

Streng vertraulich!

Sehr verehrter Herr Generaldirektor!

Ich erhalte Ihr Schreiben vom 24. ds. Ms., in dem Sie als Termin für die Besprechung die nächste Woche vorschlagen. Seit längerer Zeit bemühe ich mich vergeblich, zu einer Besprechung mit Ihnen zu gelangen, obgleich die Angelegenheit höchst dringlich ist. Ich wäre Ihnen deswegen sehr dankbar, wenn Sie diese für Samstag dieser Woche ermöglichen würden. An der Besprechung soll noch Herr Justizrat Mönnig teilnehmen. Es handelt sich um die Frage des Herrn Stadtverordneten Richter. Ich darf zur Vorbereitung der Besprechung Ihnen die Verhältnisse kurz und streng vertraulich skizzieren.

Innerhalb der Zentrums-Fraktion des Kölner Stadtverordneten-Kollegiums sieht es geradezu trostlos aus. Es hat sich in ihr fast eine Art Mittelstandspartei gebildet. Herr Justizrat Mönnig hat, wie Sie vielleicht wissen werden, seit Jahren die Führung in der Hauptsache Herrn Rings überlassen, da er selbst anderweitig zu sehr in Anspruch genommen ist. Herr Rings wird in wenigen Wochen 76 Jahre alt, ist zudem leidend, und zwar so leidend, dass er jetzt, wo es sich um die Verabschiedung des Haushaltsplans, also um die wichtigste Angelegenheit der Stadtverordneten-Versammlung, handelt, auf einige Wochen unbedingt auf ärztliche Anordnung verreisen muss. Der Zustand, wie er sich entwickelt hat, ist für die Zentrums-Fraktion und Zentrums-Partei und auch für die Stadt in höchstem Masse schädlich. Eine der wenigen Persönlichkeiten innerhalb der Zentrums-Fraktion, die nach beiden Seiten hin Einfluss hat, ist Herr Richter. Wenn er jetzt fortgeht, treten geradezu katastrophale Verhältnisse ein.

Herr Richter hat mich gebeten, nicht mit Ihnen über die Angelegenheit zu sprechen. Wenn ich es trotzdem tue, so geschieht es, weil ich keinen Ausweg aus der Situation weiss, als Ihre Hilfe anzurufen. Selbstverständlich darf ich nicht Herrn Richter irgendwie schaden; aber ich sollte meinen, es müsste sich doch mit Ihrer Hilfe ein Ausweg finden lassen, der uns Herrn Richter noch für 1–2 Jahre mindestens erhält, bis sich die jetzigen verworrenen Verhältnisse einigermassen wieder geklärt haben, ohne dass seinem Fortkommen eine dauerndes Hindernis dadurch bereitet wird. Herr Justizrat Mönnig steht genau auf demselben Standpunkte wie ich. Ich bitte Sie daher dringend, Herrn Justizrat Mönnig und mir möglichst bald eine Besprechung über diese Frage zu ermöglichen.

Mit freundlichen Grüssen
Ihr sehr ergebener
A[denauer]

Dokument 33

6. August 1932: Adenauer an Botschafter Wolff-Metternich, Schloss Gracht bei Liblar

Quelle: HAStK 902/258/5, Bl. 1057/58, Kopie ohne Ort mit Paraphe.

Vertraulich!

Sehr verehrte Excellenz!

Es ist mir leider durch eine ganze Reihe von Komplikationen nicht möglich gewesen, Ihnen vor dem morgigen Antritt meiner Urlaubsreise einen Tag zu einer Aussprache vorzuschlagen. Ich war in der Zwischenzeit nicht nur durch städtische Angelegenheiten, sondern auch durch die politische Lage ausserordentlich in Anspruch genommen. Über die politische Lage darf ich Ihnen, soweit die Stellungnahme der Zentrumspartei in Frage kommt, streng vertraulich und ganz zuverlässig folgendes mitteilen:

Die Zentrumspartei verlangt dringend den Eintritt der Nationalsozialisten in die Reichsregierung. Sie wird bereit sein, alsdann diese Regierung zu tolerieren. Der Begriff des Tolerierens ist dehnbar zwischen positiver Mitarbeit und Gewehr bei Fussstehen. Es wird das auf die Verhandlungen ankommen. In Preussen wird das Zentrum auf dem Standpunkt stehen, dass bis zur Entscheidung des Staatsgerichtshofs in der bekannten Streitsache[1] die Wahl des Ministerpräsidenten zu verschieben ist. Wenn, wie man doch vielleicht hoffen darf, in der Zwischenzeit eine Einigung bezüglich der Beteiligung der Nationalsozialisten an der Reichsregierung erfolgt ist, so wird die Regierungsfrage in Preussen keine Schwierigkeiten mehr bieten.

Ich werde mir erlauben, sehr verehrte Excellenz, nach meiner Rückkehr mich mit Ihnen in Verbindung zu setzen.

Ich bin in besonderer Hochachtung und Verehrung
Ihr sehr ergebener
A[denauer]

[1] Die durch den „Preußenschlag" am 20. Juli 1932 von der Reichsregierung entmachtete preußische Regierung Braun (SPD) hatte am 21. Juli beim Staatsgerichtshof eine Verfassungsklage eingereicht.

Dokument 34

Köln, 11. November 1929: Wilhelm Sollmann an Oberbürgermeister Dr. Adenauer, Köln

Quelle: HAStK 902/258/2.

Sehr verehrter Oberbürgermeister!

Für die morgige Pressekonferenz hatte ich zugesagt. Leider kann ich nun doch nicht kommen, weil mich die Partei für eine Versammlung in Saarbrücken braucht. Heute erhielt ich von Otto Braun einen persönlichen Brief. Eigentlich hatte ich über den Brief und über einiges im Wahlkampf mit Ihnen persönlich sprechen wollen, da das vielleicht aber vor den Wahlen nicht mehr möglich ist, schicke ich einfach in altem menschlichem Vertrauen zu Ihnen einen Durchschlag meines Briefes[1] an Otto Braun. Der Gedanke kam mir erst, als der Brief schon geschrieben war. Sie werden daher die an manchen Stellen etwas burschikose Ausdrucksweise nicht übel nehmen. Ich weiss, dass Sie jeden Missbrauch des Briefes verhindern werden. Niemand kann persönliche Angriffe mehr verurteilen als ich. So sehr ich den Kampf liebe, leide ich geradezu physisch unter persönlicher Kampfesweise und zwar gerade, wenn sie andere trifft, und nicht mich. Ich hatte erst grosse Sorge um die Entwicklung dieses Wahlkampfes. Jetzt aber hoffe ich, dass er zwar mit sachlicher Schärfe – und zwar auch um das sehr wichtige Thema „Ehrenamt und Geschäft" –, aber doch ohne persönliche Schärfe geführt werden wird.

Ich benutze die Gelegenheit, Ihnen loyal mitzuteilen, dass ich am Freitag mit Görlinger in einer öffentlichen Versammlung sprechen werde, in der ich Ihre kommunalpolitische Persönlichkeit in den Vordergrund zu rücken beabsichtige. Ich hoffe, dass es mir gelingen wird ein Beispiel sachlicher und positiver Kritik zu geben.

Mit freundlichen Grüssen
Ihr ergebener
W. Sollmann

[1] Der Durchschlag ist nicht in den Akten enthalten.

Dokument 35

Köln, 14. November 1929: Adenauer an Wilhelm Sollmann, Köln

Quelle: HAStK 902/258/2, Abschrift.

Sehr verehrter Herr Sollmann!

Meine Absicht, Ihnen auf Ihr freundliches Schreiben vom 11. ds. Mts. jetzt schon ausführlich zu antworten, möchte ich zunächst nicht ausführen. Ich möchte nicht bei Ihnen den Anschein erwecken, als wenn ich für Ihre Rede über mich am 15. ds. „gut Wetter" machen wollte. Es liegt mir das vollständig fern. Ich kann Ihnen aber nur das eine sagen, dass mir diese Art des Wahlkampfes, wie sie leider in Köln entbrannt ist, nicht nur in tiefster Seele zuwider, sondern auch vollständig unverständlich ist bei Leuten, die doch über den 17. November hinaus denken müssen. Ich möchte nur in wenigen Worten auf Ihren Brief an Herrn Ministerpräsidenten Braun und den Anlass zu diesem Brief eingehen. Es war mir wirklich menschlich schmerzlich, aus Ihrem Brief an Herrn Braun zu ersehen, dass Sie meine Person und meine Tätigkeit nicht mehr aus eigener Erfahrung und Anschauung beurteilen. Ich glaube, der Brief wäre sonst doch anders ausgefallen. Zu der Ursache des Briefes folgendes. Den Artikel „Alexandra an Konrad"[1] habe ich seinerzeit nur flüchtig gelesen. Ich dachte nicht daran, dass es überhaupt eine Sowjet-Gesandtin Alexandra Kollontay gebe, und habe daher dem ganzen Artikel keine weitere Bedeutung beigelegt. Am Abend, ehe Ministerpräsident Braun nach Köln kam, oder an demselben Morgen, erhielt ich nun von der Frau Kollontay einen Brief, in dem diese sich sehr energisch beschwerte, auf ihre Eigenschaft als Gesandtin hinwies und in sehr starken Ausdrücken gegen die Rheinische Zeitung um Schutz bat.

Hier sei übrigens bemerkt, dass nicht, wie die Rheinische Zeitung mir liebenswürdigerweise unterschiebt, ich diesen Brief der Frau Kollontay, von deren Existenz ich gar nichts wusste, bestellt habe, sondern dass, wie ich nunmehr festgestellt habe, Frau Kollontay allerdings von Köln aus von sozialdemokratischer Seite auf den Artikel aufmerksam gemacht worden ist. Ich habe überlegt, was ich tun sollte. Das Naheliegendste wäre gewesen, den Brief der Frau Kollontay dem Auswärtigen Amt zu übersenden. Das wollte ich nicht tun, um die Sache nicht aufzubauschen. Da nun Ihr Parteifreund Braun gerade in Köln war, habe ich Herrn Staatssekretär Weismann den Brief gegeben und ihn gebeten, er möchte doch veranlassen, dass Herr Braun auf die Rheinische Zeitung entsprechend einwirke. Mit Herrn Braun selbst habe ich über die Dinge schliesslich gerade vor seiner Abfahrt, als wir auf den Zug warteten und Herr Weismann die Rede darauf brachte, ganz kurz gesprochen, bei der Gelegenheit ihm auch gesagt, dass die Art des Kampfes der Rheinischen Zeitung gegen das Zentrum und gegen mich persönlich hier eine solche Stimmung in Zentrumskreisen erregt habe, dass mir Rückwirkungen auf die Landespolitik nicht unmöglich erschienen. Ich darf hierzu noch bemerken, dass die Stellungnahme der Rheinischen Zeitung mir gegenüber schon seit langer Zeit weit über Kölns Mauern hinaus grosses Aufsehen erregt. Ich werde in Berlin sehr oft von politischen Persönlichkeiten nach dem Grunde gefragt, so schon vor längerer Zeit von Herrn Reichsminister Severing und Herrn Staatssekretär Pünder. Vielleicht ersehen Sie daraus, dass doch der Kampf der Rheinischen Zeitung gegen mich vielen nicht recht verständlich erscheint und dass man auf persönliche Gründe dabei schliesst. Übrigens ist ihnen ja der persönliche Untergrund bekannt. Er besteht in der Spannung zwischen Herrn Görlinger und mir. Wäre diese Spannung nicht, so wäre die ganze Atmosphäre entgiftet. Aber leider besteht sie, und man muss sich damit abfinden.

Nun bin ich über dem Diktieren dieses Briefes doch weiter auf die Angelegenheit eingegangen, als ich ursprünglich gewollt habe. Ich möchte aber hiermit doch schließen und hoffe, dass nach der Wahl sich Gelegenheit findet, über die ganze Sachlage in aller Ruhe und leidenschaftslos zu sprechen.

Mit freundlichen Grüssen
Ihr ergebener
gez. Adenauer

NB. Ich habe sehr bedauert, dass Sie an dem Presseabend nicht teilnehmen konnten. Ich füge Ihnen ein unkorrigiertes Stenogramm[2] bei und bitte Sie, vor Ihrer Rede einen Blick hineinzuwerfen. Ich habe zwar, da die Rede zu lang wurde, zu meinem Bedauern gewisse Fragen, wie Krankenhausfragen usw. zum Schluss nur flüchtig streifen können. Aber Sie ersehen doch noch insbesondere aus den Ausführungen am Anfang, von welch grundlegenden Gedanken ich bei meiner ganzen Arbeit ausgehe.

[1] Die „Rheinische Zeitung" hatte im Zusammenhang mit der PRESSA einen angeblich von der russischen Diplomatin Alexandra Kollontay verfassten, tatsächlich aber frei erfundenen Brief abgedruckt, in welchem diese Adenauer um einen Goldring als Andenken an die PRESSA bittet.

[2] Das Stenogramm ist nicht überliefert.

Dokument 36

14. Juni 1929: Artikel in der „Kölnischen Volkszeitung“: „Oberbürgermeister Dr. Adenauer und die Deutschnationalen“

Quelle: „Kölnische Volkszeitung“, Nr. 297, 14. Juni 1929.

Die Kölner Stadtverordnetenversammlung bot gestern das gleiche Bild, das man im Deutschen Reichstage und im Preußischen Landtage so häufig zu beobachten Gelegenheit hat: äußerste Rechte und äußerste Linke fanden sich in einer für die Stadt Köln überaus wichtigen Frage gegen alle übrigen Fraktionen zusammen, indem sie die Verlängerung der Amtszeit des Oberbürgermeisters Dr. Adenauer ablehnten.

Wie wiederholt mitgeteilt, geht die zwölfjährige Wahlperiode des Oberhauptes der Stadt Köln am 17. Oktober zu Ende. Da die Entscheidung, ob der Bürgermeister oder ein Beigeordneter einer Stadt bei Ablauf der Amtszeit wiedergewählt wird oder nicht, in der Regel bereits einige Monate vorher getroffen zu werden pflegt, mußte auch in vorliegendem Falle so verfahren werden. Bekanntlich hat der Preußische Landtag am 26. Februar 1929 beschlossen, daß die Wahlzeit der besoldeten Bürgermeister usw., die vor dem Zusammentritt der durch die allgemeinen Neuwahlen neugewählten Gemeindevertretungen abläuft, durch die Gemeindevertretung bis zum 31. März 1930 verlängert werden kann, wenn der Stelleninhaber zustimmt. Für einen solchen Beschluß genügt einfache Stimmenmehrheit. Für die Wiederwahl ist dagegen Zweidrittelmehrheit erforderlich.

Eine Wiederwahl des Herrn Oberbürgermeisters hätte also bereits in der gestrigen Sitzung erfolgen können. Daß das nicht geschah, ist darauf zurückzuführen, daß verschiedene Fraktionen auf dem Standpunkte standen, daß man die Wahl des Stadtoberhauptes der im Herbst dieses Jahres neuzuwählenden Stadtverordnetenversammlung überlassen müsse. Eine solche Stellungnahme muß man respektieren, wenn man auch auf der anderen Seite feststellen darf, daß die von keiner Partei zu leugnende jahrzehntelange Tätigkeit des Oberbürgermeisters Dr. Adenauer es durchaus gerechtfertigt hätte, daß seine Wiederwahl bereits jetzt erfolgt wäre.

Daß die Kommunisten eine ablehnende Haltung einnehmen würden, war selbstverständlich. Für sie kann nur ein Mann in Frage kommen, der den Befehlen Moskaus blinden Gehorsam leisten würde. Daß aber die Deutschnationalen sich in dieser Sache den Kommunisten anschlossen, dürfte in weiten Kreisen der Bürgerschaft doch überrascht haben. Den Stadtverordneten war es allerdings bekannt, daß die deutschnationale Stadtverordnetenfraktion nicht nur die Wiederwahl, sondern auch die Verlängerung der Amtszeit des Herrn Oberbürgermeisters ablehnen würde. Inwieweit die Fraktion aus eigener Entschließung oder nur in Befolgung eines ihr gewordenen Parteibefehls gehandelt hat, darüber gehen die Meinungen auseinander. Bekannt ist, daß die deutsch-nationale Fraktion bereits im vergangenen Jahre eine Attacke gegen Oberbürgermeister Dr. Adenauer reiten sollte, weil er die Amerikaflieger v. Hünefeld und Köhl nach Ansicht der Deutschnationalen nicht „ehrfürchtig" genug behandelt habe. Der damalige Vorsitzende der deutschnationalen Fraktion, Stadtv. Kloth, hatte die ihm gestellte Zumutung verständigerweise abgelehnt. Nunmehr hat sein Nachfolger das „Versäumte" nachgeholt.

Diejenigen Besucher der gestrigen Stadtverordnetenversammlung, die Zeugen des Vorganges waren, hatten den Eindruck, daß es Herrn Dr. Heimsoeth bei Abgabe seiner Erklärung nicht wohl war. Daß er aber die Stellungnahme seiner Freunde in einer Weise begründete, die mit Recht den lebhaftesten Protest des Zentrumsführers hervorrufen mußte, das hat doch auch die Stadtverordneten überrascht. Die Ausführungen des Herrn Mönnig fanden denn auch lebhafte Zustimmung nicht nur in den Reihen des Zentrums, sondern auch bei anderen Mitgliedern des Hauses. Wir möchten Herrn Dr. Heimsoeth und seinen Freunden zugute halten, daß sie über die Tätigkeit des Oberbürgermeisters Dr. Adenauer in der verhängnisvollen Kriegs- und in der fast noch verhängnisvolleren Nachkriegszeit in keiner Weise unterrichtet sind. Wären sie es, dann müßte man die Anzweifelung der vaterländischen Gesinnung des Herrn Oberbürgermeisters, die in der Erklärung der Herrn Dr. Heimsoeth lag, geradezu als schamlos bezeichnen. Bemerkenswert ist, was der Stadt-Anzeiger in seiner heutigen Morgenausgabe den Deutschnationalen ins Stammbuch schreibt: „Daß aber die Deutschnationalen sich, angeblich wegen der Haltung des Oberbürgermeisters in nationalen Fragen, dieser leeren Demonstration der Kommunisten anschlossen, wird in weiten Kreisen gerade derjenigen peinliche Überraschung hervorrufen, die sich zu gemeinschaftlicher Arbeit mit ihnen in der Stadtverordnetenversammlung zusammengefunden haben. Das aber, was die deutschnationalen Stadtverordneten gestern taten, war von sachlicher Arbeit so weit entfernt wie Parteipolitik von der Wahrung des Allgemeinwohls. Es war nichts andres als eine zwecklose und sinnlose Obstruktion. Daß weder die Fraktion der Deutschen Volkspartei noch jemand im Saal – außer dem Herrn Ebel natürlich – diesen Unfug mitmachte, ist eigentlich selbstverständlich."

Vielleicht werden diese Bemerkungen der Deutschnationalen Fraktion zum Bewußtsein bringen, daß sie gestern eine Dummheit allerersten Ranges begangen hat, für die in den weitesten Kreisen der Bürgerschaft kein Verständnis zu finden sein wird. Das letzte Wort ist – darauf dürfen die Deutschnationalen sich verlassen – in dieser Angelegenheit noch nicht gesprochen.

5. Die Rheinlandfrage

Seit Ende Oktober 1918 befand sich Deutschland in einer dramatischen Staats- und Gesellschaftskrise, für die keine der politischen Gruppierungen eine Lösung bot.[1] In den folgenden Monaten entschieden sich der Fortgang der Revolution und die Frage, welche Ziele die Alliierten in Bezug auf die linksrheinischen Gebiete verfolgen würden. Diese drei Komplexe begünstigten die Entstehung der Rheinlandbewegung und bestimmten ihren Verlauf entscheidend. Das Rheinland befand sich in einer doppelt prekären Lage. Außenpolitisch standen Pläne der Franzosen im Raum, Gebiete im Westen Deutschlands als Reparationsleistungen zu annektieren, innenpolitisch war die künftige Gestalt Preußens – und damit des Rheinlandes – umstritten. Unklar war besonders, ob Preußen in der bisherigen Form weiterexistieren oder aufgelöst werden würde.[2]

Die Rheinlandbewegung war eine Sammelbezeichnung für zahlreiche heterogene, teils widerstreitende Aktivitäten mit durchaus unterschiedlichen Zielen.[3] Sie umfasste zwei Phasen: Die erste Phase war die Zeit von der Revolution im November 1918 bis zur Verabschiedung der neuen Reichsverfassung im Juli 1919, die zweite erstreckte sich auf den Zeitraum der Ruhrbesetzung 1923. Im ersten Zeitraum war der zukünftige Status Preußens noch offen. Die Idee, eine „Rheinische Republik" zu gründen, entstand im Umfeld der „Kölnischen Volkszeitung", dem führenden Zentrumsblatt im Rheinland. Als Oberbürgermeister war Adenauer für die Anhänger dieser Idee ein wichtiger Ansprechpartner. Am 9. November erschienen mehrere Zentrumsmitglieder im Rathaus, um ihn für ihre Idee zu gewinnen. Er reagierte zurückhaltend. Nach Rücksprache mit Vertretern anderer Parteien war er überzeugt, dass eine Loslösung der Rheinprovinz von Preußen nur in Frage käme, wenn das Rheinland nicht anders vor französischen Ansprüchen geschützt werden könne. Es war wohl die Sorge vor der Bedrohung Frankreichs, also ein Reflex auf die konkreten Umstände, die eine Rheinische Republik denkbar machten. In der Folgezeit hielt Adenauer daher die Verbindung zu den Unterstützern einer Rheinischen Republik aufrecht. Besonders der – offenbar kurze und nicht weiterführende – Kontakt zu Adam Dorten, einem überzeugten Separatisten, der zum Hochverräter wurde, hat

1 Kolb, Weimarer Republik, S. 9.

2 Erdmann, Adenauer in der Rheinlandpolitik, S. 21.

3 Zu den Anfängen der Rheinstaatbestrebungen siehe Martin Schlemmer, „Los von Berlin". Die Rheinstaatbestrebungen nach dem Ersten Weltkrieg (Köln/Weimar/Wien 2007). Zu Adenauers Rheinlandpolitik 1918/19 aus der Sicht von NSDAP- und SED-Autoren siehe Rudolf Morsey, Adenauers Rheinlandpolitik 1918/19 in der Sicht von NSDAP- und SED-Autoren (1933/34 und 1952/61), in: Historisch-Politische Mitteilungen 12 (2005), S. 81–100.

ihn politisch belastet.[4] Adenauer sympathisierte aber offensichtlich nicht mit dessen Plänen, sondern er wollte sich durch Gespräche mit den verschiedenen Strömungen über die jeweilige Situation informieren.

Erster Höhepunkt der Rheinlandbewegung war eine Zentrumsversammlung im Kölner Bürgerverein am 4. Dezember 1918, auf der die Rheinische Republik ausgerufen wurde. Adenauer nahm an der Versammlung nicht teil und lehnte die Ausrufung ab, weil er einen Alleingang des Zentrums für verfehlt hielt. Die Bildung einer „Westdeutschen Republik" innerhalb des Deutschen Reiches zur Abwehr der französischen Pläne am Rhein spielte in seinen Überlegungen aber eine wichtige Rolle.[5]

Er hatte sich Anfang des Jahres 1919 eine klare Meinung über die Rheinlandfrage gebildet. Am 1. Februar 1919 lud er alle zur Nationalversammlung und zur Preußischen Landesversammlung gewählten Abgeordneten des besetzten linksrheinischen Gebietes und die Oberbürgermeister der besetzten Städte nach Köln ein.[6] Bei dieser Versammlung legte er sein Konzept zur Lösung der Rheinlandfrage dar. Er sah als Leitlinien für das weitere Vorgehen gemeinsames Handeln der Parteien und die Ausdehnung einer Westdeutschen Republik über das linke Rheinufer hinaus. Die Auflösung Preußens sei die einzige Möglichkeit, etwaige französische Pläne am Rhein zu durchkreuzen: „Entweder wir kommen direkt oder als Pufferstaat an Frankreich, oder wir werden eine Westdeutsche Republik; ein drittes gibt es nicht."[7] Durch die Idee, Preußen aufzulösen, erhoffte er sich auch die Unterstützung des preußenskeptischen England gegen die französischen Pläne. Sein klares Plädoyer gegen eine Loslösung der Rheinlande vom Reich überzeugte die Teilnehmer und nahm den Separatisten den Wind aus den Segeln. Die Versammlung gründete unter Vorsitz Adenauers einen Ausschuss, der die Frage der Westdeutschen Republik weiter verfolgen sollte. Adenauer berief ihn aber nur ein einziges Mal ein. Nachdem sich die Weimarer Nationalversammlung Mitte Februar 1919 gegen jede territoriale Veränderung Preußens ausgesprochen hatte, vermied er es, offen für eine Westdeutsche Republik einzutreten. Er hielt sich in der Folgezeit über die Bestrebungen zur Lösung der Rheinlandfrage auf dem Laufenden, um reagieren zu können, ohne aber selbst Position zu beziehen.

Bei den Versailler Friedensverhandlungen erfüllte sich seine Hoffnung, England würde den französischen Zielen am Rhein entgegentreten. Alle Annexionsversuche

[4] Schwarz, Aufstieg, S. 212, 218.

[5] Ebd., S. 218.

[6] Rudolf Morsey, Die Rheinlande, Preußen und das Reich, in: Rheinische Vierteljahrsblätter 30 (1965), S. 190.

[7] Siehe Dokument 37.

Frankreichs und die Errichtung französischer Satellitenstaaten am Rhein wurden in den Verhandlungen abgelehnt. Die Bestimmungen des Vertrags – der Verbleib des Rheinlands bei Preußen und die Besetzung der linksrheinischen Gebiete auf 15 Jahre – beruhigten Adenauer aber keineswegs. Er fürchtete, die Franzosen könnten ihre Besatzung nutzen, das Rheinland vom Reich loszulösen. Bei Engländern, Franzosen und der Reichsregierung warb er bis zur Unterzeichnung des Versailler Vertrages für sein Konzept vom 1. Februar um Unterstützung – doch ohne Erfolg. Nach Verabschiedung der Reichsverfassung und Konsolidierung des preußischen Staates und den positiven Erfahrungen mit dem Besatzungsregime verfolgte Adenauer den Gedanken einer Westdeutschen Republik vorerst nicht weiter.[8]

Mit dem Einmarsch französischer und belgischer Truppen in das Ruhrgebiet am 11. Januar 1923 begann eine neue Phase der Rheinlandfrage. Frankreich begründete die Besetzung mit unzureichenden Reparationsleistungen durch Deutschland. Zugleich bot sich mit der Ruhrbesetzung auch eine Lösung der Rheinlandfrage im Sinne der Franzosen an. Ihr Ziel war die Errichtung eines zwar weitgehend selbständigen, aber von Frankreich beherrschten Staates am Rhein.[9] Auf die Ruhrbesetzung reagierten das Reich mit der Einstellung der Reparationszahlungen, die Bevölkerung mit passivem Widerstand. Die Arbeitnehmer traten in den Streik, und die Verwaltung verweigerte die Zusammenarbeit mit den Besatzern. Finanziert wurde dies durch Transferzahlungen der Reichsregierung, was die angeschlagene deutsche Währung im Laufe des Jahres vollends ruinierte.[10]

Köln war davon zunächst kaum betroffen, da es zur britischen Besatzungszone gehörte. Adenauers größte Sorge war, dass die Briten abziehen könnten, denn er wollte auf keinen Fall unter französische Besatzung kommen. Er versuchte deshalb zu Beginn des Konfliktes, die Briten in Köln zu halten und sie zum Handeln gegen Frankreich zu bewegen. Er hoffte auf eine britische Intervention, um den Zusammenbruch Deutschlands unter dem französischen Druck zu verhindern.[11] Die Lösung sah er wie 1919 in wirtschaftlicher Zusammenarbeit oder, wenn dies nicht realisierbar sein sollte, in der Gründung einer „Rheinischen Republik".[12] Seine pessimistische Analyse der Situation legte Adenauer im Februar 1923 in einem Gespräch mit dem polnischen Generalkonsul Roswadowski dar. Die Probleme bei der Zahlung der Reparationen und die Folgen führte er darauf zurück, dass die ökonomischen

[8] Erdmann, Adenauer in der Rheinlandpolitik, S. 70.
[9] Köhler, Adenauer, S. 149.
[10] Schwarz, Aufstieg, S. 259.
[11] Köhler, Adenauer, S. 151.
[12] Schwarz, Aufstieg, S. 260.

Fähigkeiten Deutschlands überschätzt würden. Es gebe Hinweise darauf, dass Frankreich eine Zerreißung Deutschlands anstrebe. Dies wäre aber für Europa Ursprung fortwährender Kriege. Möglichkeiten zu Verhandlungen mit Frankreich sehe er nicht. Das besetzte Rheinland könne nur den Lauf der Dinge abwarten.[13] Adenauers Hoffnung auf Hilfe gegen die französischen Ansprüche am Rhein ruhten besonders auf einem Eingreifen Englands. Er nahm die französischen Ansprüche sehr ernst und hoffte, dass England ein Gleichgewicht herstellen werde, das Frankreich an seinen Plänen hindere. Er suchte daher weiter Kontakt zu England. Bei einem inoffiziellen Treffen mit einem Mitarbeiter des britischen Hohen Kommissars der Interalliierten Rheinlandkommission im März 1923 gab er der Hoffnung Ausdruck, es komme zu Verhandlungen mit Frankreich. Die Lage für Deutschland könne nicht schlimmer sein. England solle Verhandlungen einleiten, Adenauer glaubte an eine amerikanische Intervention. Wenn Frankreich seine Armee abziehe und das Ruhrgebiet unter zivile Verwaltung stelle, könne eine Art Waffenstillstand geschlossen werden, der für Verhandlungen nötig sei.[14] Diese inoffiziellen Gespräche führten aber nicht zu konkreten Ergebnissen.

Bis zum Herbst 1923 verlief die Auseinandersetzung zwischen Frankreich und Deutschland ohne klare Entscheidungen. Die Situation im Ruhrgebiet verschlechterte sich unterdessen zusehends. Die Währung verfiel, die Versorgungsmängel führten zu Krawallen, Plünderungen und Streiks sowie rechts- und linksradikalen Aktionen.[15] Im August trat Reichskanzler Cuno zurück, ihm folgte Gustav Stresemann. Dessen Ziel waren die Erhaltung der Reichseinheit und die Räumung des Rheinlandes bei Abbruch des passiven Widerstandes. Zentrales Problem war die Reform der Währung, denn diese bildete die Grundlage für die Sanierung der Finanzen und damit für die Reparationszahlungen. Der Stabilisierung der Währung stand der passive Widerstand im Ruhrgebiet entgegen, weil dieser gewaltige Zuschüsse erforderte, die Produktion aber lähmte. Nicht nur in Frankreich war man sich bewusst, dass der Widerstand nicht mehr lange Zeit aufrechtzuerhalten war. Die Franzosen waren nicht bereit, über das Ruhrgebiet zu verhandeln, solange er anhielt. Stresemann musste erkennen, dass Frankreich das Rhein- und das Ruhrproblem verbinden wollte, um die Grundlage für die Gründung eines Staatsgebildes im Westen zu schaffen.[16] Im September 1923 spitzte sich die Krise zu. Die Inflation

[13] Siehe Dokument 38.

[14] Siehe Dokument 39.

[15] Kolb, Weimarer Republik, S. 53f.

[16] Andreas Rödder, Der Mythos von der frühen Westbindung. Konrad Adenauer und Stresemanns Außenpolitik, in: Vierteljahrshefte für Zeitgeschichte 41 (1993), S. 546f.

hatte die Reichsmark funktionsunfähig gemacht. Da sich auch Stresemanns Hoffnung auf britische Intervention nicht erfüllte, erklärte er am 27. September 1923 den passiven Widerstand für beendet. Längst war auch Köln von den Auswirkungen der Ruhrbesetzung betroffen. Nachdem erste Kontakte zu englischen Vertretern keine Ergebnisse erbracht hatten, versuchte Adenauer Verhandlungen mit Frankreich aufzunehmen. Am 14. September kam es zu einem ersten Treffen mit Paul Tirard, dem Präsidenten der Hohen Interalliierten Rheinlandkommission. In Frankreich galt Adenauer freilich als franzosenfeindlich. Bereits im Sommer 1921 hatte er die Information bekommen, man halte ihn in Frankreich für einen Mann der Engländer; er sah sich dem Vorwurf ausgesetzt, er sabotiere die Zusammenarbeit der Verbündeten.[17] Vor diesem Hintergrund erbrachten seine Sondierungen keine Ergebnisse.

Der französische Ministerpräsident Poincaré, ein Hardliner in der Reparationsfrage, verweigerte weiterhin direkte Verhandlungen mit der Reichsregierung. Stattdessen wurden Verhandlungen aufgenommen zwischen einem Ausschuss von Ruhrindustriellen und der zivilen französisch-belgischen Kontrollbehörde Mission Interalliée de Contrôle des Usines et des Mines (Micum), um die Wirtschaft im Ruhrgebiet anzukurbeln und die Reparationsleistungen in Form von Sachlieferungen wieder in Gang zu setzen.[18]

Von Seiten der Reichsregierung wollte man vor allem eine stabile Währung schaffen, was nur durch radikale Kürzung der Ausgaben möglich war. Der Abbruch des Widerstandes hatte die Situation nicht verbessert. Im Oktober 1923 erwog die Berliner Regierung daher, jegliche finanzielle Unterstützung an die besetzten Gebiete einzustellen. „Stresemann schien resigniert zu haben und war allem Anschein kurz davor, auch sein Ziel der Bewahrung der Reichseinheit vor der Macht der Verhältnisse aufzugeben."[19] Da von der Reichsregierung keine eindeutigen Signale kamen, war man im Rheinland zunehmend überzeugt, selbst aktiv werden zu müssen. Die prekäre Lage wurde auf einer Zusammenkunft von rheinischen Politikern am 24. Oktober 1923 in Barmen und am folgenden Tag in Hagen erörtert, dort mit Vertretern der Reichsregierung unter Führung von Reichskanzler Stresemann. In Barmen schlug Adenauer vor, in Verhandlungen mit Frankreich die Bildung eines Staatswesens anzubieten und dafür den Abzug der Besatzer und eine Revision des Versailler Vertrages zu erreichen.[20] Eine Abtrennung des Rheinlandes von Preußen oder die Loslösung vom Reich müsse einkalkuliert werden. Adenauer strebte sicher

[17] Siehe Dokument 40.

[18] Erdmann, Adenauer in der Rheinlandpolitik, S. 79.

[19] Rödder, Mythos Westbindung, S. 551.

[20] Schwarz, Aufstieg, S. 268.

nicht die Abtretung des besetzten Gebietes vom Reich an, rechnete die Möglichkeit aber für den äußersten Fall mit ein.[21] Seine Lösungsvorschläge entsprangen der prekären Lage, in der sich das besetzte Gebiet im Oktober befand. Da kein Ausweg möglich schien, verfielen die hochrangigen Vertreter wie Adenauer in hektische Betriebsamkeit. Die in Barmen vorgetragenen Vorschläge waren keine ausgefeilten Konzepte, denen eine fundierte Analyse zugrunde gelegen hätte, sondern eher ein Gedankenaustausch auf dem Höhepunkt der außen- wie innenpolitischen Krise.[22]

Stresemann erklärte am 25. Oktober 1923 in Hagen einen Rheinstaat als Lösung der Auseinandersetzung mit Frankreich für ausgeschlossen und hielt es für angebracht, ein britisches Eingreifen abzuwarten. Er kündigte vorerst weitere Zahlungen an die besetzten Gebiete an. Das dürftige Ergebnis der Debatte war die Bildung eines Ausschusses, dem 15 Personen aus allen Parteien angehörten, der Verhandlungen mit Frankreich führen und die Koordination mit der Reichsregierung gewährleisten sollte.[23] Verhandlungen mit Beteiligung Adenauers scheiterten zunächst weiter an der Weigerung des französischen Hochkommissars Tirard, dem Stellvertreter Poincarés in Deutschland, sich mit ihm in Verbindung zu setzen. Dagegen sprachen andere führende Rheinländer wie Louis Hagen oder Kardinal Schulte, die sich für Adenauer und dessen Pläne einsetzten, mit dem Hochkommissar.[24] Alle diese Gespräche hatten aber gemeinsam, dass sie aus der Not der Situation geboren und weder aufeinander abgestimmt waren noch einer durchdachten Konzeption entsprangen. Dringendes Problem war weiterhin die Währungsreform. Die Einführung der künftigen Währung in den besetzten Gebieten würde wahrscheinlich an den Franzosen scheitern. Aus diesem Grunde trieben die führenden Vertreter des Rheinlandes die Gründung einer Rheinischen Goldnotenbank voran. Dies war nicht ungefährlich, denn es konnte eine politische Abkapselung der besetzten Gebiete vom Reich fördern. Dennoch wurde auf dem Provinziallandtag in Barmen vom 6. bis 8. November 1923 die Gründung einer Notenbank beschlossen. Um den Noten die erforderliche Deckung zu verschaffen, sollten 45 Prozent des Kapitals aus dem Ausland kommen, zwei Drittel davon aus Frankreich.[25]

Ungelöst war weiterhin die Frage, wie lange das Reich noch Zuschüsse an die besetzten Gebiete zahlen konnte. Aus finanzpolitischer Sicht mussten die Zahlungen nach der Einführung der neuen Währung am 15. November eingestellt werden,

[21] Erdmann, Adenauer in der Rheinlandpolitik, S. 92.

[22] Rödder, Mythos Westbindung, S. 557.

[23] Morsey, Die Rheinlande, Preußen und das Reich, S. 198.

[24] Köhler, Adenauer, S. 163f.

[25] Erdmann, Adenauer in der Rheinlandpolitik, S. 120.

wenn die Währungsreform Erfolg haben sollte. Das Kabinett beschloss daher am 9. November, die Erwerbslosenunterstützung in den besetzten Gebieten mit dem 15. November einzustellen.[26] Am 13. November 1923 kamen Vertreter des Rheinlandes zu Besprechungen mit dem Kabinett nach Berlin, bei denen um die Fortsetzung der Zahlungen gerungen wurde. Die Lage im besetzten Gebiet war bei zwei Millionen Arbeitslosen und leeren öffentlichen Kassen aussichtslos. Stresemann versprach, die Zahlungen bis zum 25. November aufrechtzuerhalten. Adenauer griff in einer Sitzung in scharfer Form Finanzminister Luther an, dem er vorwarf, zur Rettung der Währung das Rheinland für die Aufgabe der Reparationen preisgeben zu wollen.[27] Die Vertreter der besetzten Gebiete mussten nach den Besprechungen davon ausgehen, dass das Reich seine Zahlungen bald einstellte und damit das weitere Schicksal der Gebiete den Franzosen überließ. Nur in Verhandlungen mit ihnen war aus ihrer Sicht eine Änderung zu erreichen. Das Kabinett stimmte derartigen Verhandlungen zu, solange sie nicht staatsrechtliche Belange berührten.[28]

Am nächsten Tag traf Adenauer, der nach langem Hinhalten als Verhandlungspartner akzeptiert worden war, mit dem französischen Hohen Kommissar zusammen. Es war der Auftakt einer Reihe von Verhandlungen auf mehreren Ebenen. Neben Adenauer führten u.a. auch Louis Hagen, Albert Vögler und Hugo Stinnes Gespräche mit den Franzosen und der Reichsregierung, allerdings kam es nicht zu klaren Ergebnissen. Mit Einführung der Rentenmark am 15. November war indes das entscheidende Problem gelöst und der Weg aus der Krise zumindest für den nicht besetzten Teil des Reiches gefunden. Auch die außenpolitische Situation hatte sich seit Oktober entscheidend verbessert. Durch den Abbruch des passiven Widerstandes hatte Deutschland den Weg zu einer Vereinbarung geöffnet und seine Bereitschaft zu einer Lösung dokumentiert. England war nicht bereit, französische Pläne zu tolerieren, die über die Reparationsfrage hinausgingen. In Abstimmung mit den USA vereinbarte England eine Expertenkonferenz, die über die Lösung des Reparationsproblems beraten sollte. Da auch die Vereinigten Staaten kein Interesse an einer territorialen Veränderung Deutschlands zugunsten Frankreichs hatten, entwickelte sich die außenpolitische Lage für Deutschland positiv, während Frankreich zunehmend isoliert wurde.[29]

Weil Frankreich wirtschaftliche Probleme durch andauernde Abwertung des Franc und den fehlenden Warenaustausch mit dem Ruhrgebiet hatte, geriet auch

[26] Rödder, Mythos Westbindung, S. 561.
[27] Schwarz, Aufstieg, S. 276.
[28] Erdmann, Adenauer in der Rheinlandpolitik, S. 134.
[29] Rödder, Mythos Westbindung, S. 549.

Poincaré innenpolitisch unter Druck. In die Verhandlungen über die Wirtschaftsbelebung im Ruhrgebiet kam nun spürbar Bewegung. Am 23. November wurde ein Micum-Abkommen zwischen den delegierten Ruhrindustriellen und der Besatzungsbehörde geschlossen. Es regelte, unter welchen Bedingungen die Arbeit im Ruhrgebiet wieder aufgenommen werden sollte. Ebenfalls am 23. November trat die Regierung Stresemann zurück, nachdem ihr in einer Abstimmung das Vertrauen entzogen worden war. Es folgte am 30. November Wilhelm Marx, ein Rheinländer und Vorsitzender des Zentrums, zu dem Adenauer erheblich bessere Beziehungen hatte als zu Stresemann; dieser blieb als Außenminister im Kabinett.[30]

Bereits am 24. November waren die Mitglieder des wirtschaftlichen Verhandlungsausschusses in Köln zusammengekommen, denen Adenauer seinen Plan für das weitere Vorgehen in der Rheinlandfrage darlegte. Seine Konzeption sah einen dem Reich angehörenden Bundesstaat an Rhein und Ruhr vor. Damit sei dem französischen Sicherheitsbedürfnis am besten gedient. Der Bundesstaat sollte der deutsch-französischen Aussöhnung dienen, das französische Sicherheitsbedürfnis befriedigen und deshalb mit besonderen Rechten ausgestattet sein.[31] Der Ausschuss stimmte dem Plan mehrheitlich zu. Bei einem erneuten Treffen mit Tirard am 29. November wurden Adenauers Ziele aber durchkreuzt. Der Franzose übergab ihm eine Denkschrift, die die französischen Bedingungen für die Gründung eines Rheinstaates erläuterte. Das Konzept sah eine Konföderation kleinerer Staaten vor, die jeweils über ein Parlament und eine eigene Währung verfügen sollten. Eine Milderung der Reparationslasten oder gar eine Neuordnung der deutsch-französischen Beziehungen war nicht vorgesehen. Dies widersprach Adenauers Konzeption völlig und enttäuschte seine Erwartungen an einen Rheinstaat. Dennoch gab er nicht auf. Ihm gelang es, von Reichskanzler Marx die Erlaubnis für weitere Verhandlungen zu erhalten.[32] In einem Gegenvorschlag legte er Tirard am 12. Dezember seine Konzeption für einen Rheinstaat dar. Er versuchte die Franzosen davon zu überzeugen, dass ein rheinischer Pufferstaat die Spannungen zwischen beiden Ländern nicht lösen könne, weil Deutschland den Verlust des Rheinlandes nicht akzeptieren würde. Nur ein Bundesstaat im Verbande des Reiches könne eine Aussöhnung herbeiführen. Durch Verflechtung der Industrien würden gemeinsame wirtschaftliche Interessen geschaffen und die friedliche Zusammenarbeit unterstützt.[33] Adenauers Konzept barg die Hoffnung, durch die Lösung des Reparations-, Besatzungs- und Rhein-

[30] Schwarz, Aufstieg, S. 278.

[31] Erdmann, Adenauer in der Rheinlandpolitik, S. 148ff.

[32] Schwarz, Aufstieg, S. 279.

[33] Siehe Dokument 41.

landkommissionsproblems das deutsch-französische Verhältnis dauerhaft neu zu ordnen.[34]

Seine Lösung stieß allerdings sowohl in Paris als auch in Berlin auf Ablehnung. Frankreich wollte den Zugriff auf das Rheinland nicht im Vertrauen darauf aufgeben, Deutschland werde in Zukunft seinen Verpflichtungen nachkommen.[35] Unterstützung erhielt Adenauer von Hugo Stinnes. Dieser hatte sich schon länger um eine Lösung des Reparationsproblems bemüht, die er auf Grundlage der wirtschaftlichen Verflechtung der deutschen und französischen Industrie anstrebte. Nach der Ruhrbesetzung und dem Abschluss der Micum-Verträge, mit denen die Gefahr drohte, dass die Gebiete an Rhein und Ruhr dauerhaft unter französische Kontrolle gerieten, machte Stinnes den Vorschlag, durch Austausch von Aktienbesitz eine Kooperation mit französischen Unternehmen herzustellen.[36] Ein westdeutscher Bundesstaat, der eng mit der französischen Wirtschaft verbunden war, werde eine deutsch-französische Verständigung im Sinne Adenauers befördern. Mit Albert Vögler, Paul Silverberg und Peter Klöckner standen weitere Wirtschaftsgrößen hinter diesem Plan. Doch die Vorstöße von Stinnes fanden weder bei Außenminister Stresemann noch bei Poincaré Zustimmung. Auch Adenauers Konzeption für einen Rheinstaat wurde abgelehnt. Kontakte zu Poincaré über Mittelsmänner, denen Adenauer seine Vorstellungen mitgeteilt hatte, verliefen ebenfalls ergebnislos.[37]

Trotzdem blieb er hartnäckig. Er drängte zusammen mit Stinnes auf eine Besprechung mit dem Reichskanzler. Am 9. Januar 1924 trafen sie mit Kabinettsmitgliedern und weiteren Industriellen in Berlin zusammen. Adenauer erläuterte erneut sein Konzept der Bildung eines Bundesstaates im Zusammenhang mit der Lösung der Reparations- und Besatzungsfrage sowie der Auflösung der Rheinlandkommission. Er malte ein pessimistisches Bild der deutschen Situation. Da von England und den USA keine Hilfe zu erwarten sei, müsse man mit Frankreich verhandeln.[38] Stinnes und Vögler stellten ihren Plan einer Kapitalverflechtung deutscher und französischer Unternehmen vor. Die Reichsregierung reagierte skeptisch. Die außenpolitische Situation stelle sich anders dar als von Adenauer geschildert. Besonders Stresemann lehnte die Pläne ab. Da Poincaré mittlerweile innenpolitisch umstritten war und der Franc sich im freien Fall befand, wollte Stresemann die im April anstehenden Wahlen in Frankreich abwarten. Ebenso zeichnete sich in England und Amerika ein

[34] Köhler, Adenauer, S. 174.

[35] Schwarz, Aufstieg, S. 281.

[36] Erdmann, Adenauer in der Rheinlandpolitik, S. 159.

[37] Schwarz, Aufstieg, S. 280.

[38] Siehe Dokument 42.

Umdenken in der Reparationsfrage ab, das auf eine neue Gesamtregelung abzielte. Abwarten schien Stresemann in der Situation angemessener. Adenauer und Stinnes erhielten zwar die Zustimmung, die Kontakte fortzusetzen. Stresemann, der erst durch das Treffen über die zahlreichen Verhandlungen Adenauers mit den Franzosen informiert worden war, weigerte sich jedoch, das Protokoll der Besprechung zu unterzeichnen. In einem ausführlichen Schreiben kritisierte er Adenauers Pläne; sie seien den politischen Rahmenbedingungen nicht angemessen und für Deutschland schädlich. Verhandlungen von Stinnes, Vögler und Silverberg als deutsche Unterhändler lehnte er strikt ab. Die außenpolitischen Zügel wollte er nicht aus der Hand geben.[39]

Adenauer stellte sein Konzept vom 9. Januar 1924 einen Tag später einem Abgesandten des französischen Wirtschaftspolitikers Louis Loucheur – 1924 und 1926 Minister für Handel und Industrie – vor, der sich auf einer Informationsreise befand und die Meinungen einflussreicher deutscher Vertreter zur Reparationsfrage sondierte. Adenauer erklärte dem Abgesandten, er halte einen Ausgleich weiter für möglich. Er unterstrich, dass kein Deutscher ein vom Reich abgetrenntes Rheinland akzeptieren werde. Das Rheinland sei zu schwach, um die Rolle eines Pufferstaates zu übernehmen. Nur ein Bundesstaat mit einer Bevölkerung von 15 Millionen Einwohnern sei einflussreich genug, um im Reich ein moderates Element darzustellen.[40] Der Kölner hielt an seiner Konzeption fest, obwohl seine Bemühungen offensichtlich aussichtslos waren. Da die Franzosen Verhandlungen mit Stinnes und Vögler nur führen wollten, wenn diese als offizielle Unterhändler aufträten, kam es nicht zur Verständigung. Am 21. Januar wurden Adenauer und seine Mitstreiter von Reichskanzler Marx über die ablehnende Haltung Stresemanns offiziell informiert.[41] Auch von französischer Seite wurde den Plänen von Adenauer und Stinnes eine Absage erteilt. Die versammelten Vertreter des Rheinlandes zogen die Konsequenzen und gaben ihre Pläne angesichts des hartnäckigen Widerstands des Außenministers endgültig auf. Adenauer teilte dem Reichskanzler am 23. Januar im Namen aller Beteiligten mit, dass sie sich hinsichtlich ihrer Pläne in Zukunft jeglicher Betätigung enthalten würden.[42] Die Franzosen rückten ebenfalls von der Idee einer Wirtschaftsverklammerung ab und erteilten auch den politischen Plänen Adenauers eine Absage.[43] Damit war dessen Plan einer deutsch-französischen poli-

[39] Rödder, Mythos Westbindung, S. 568 f.

[40] Siehe Dokument 43.

[41] Erdmann, Adenauer in der Rheinlandpolitik, S. 179.

[42] Schwarz, Aufstieg, S. 286.

[43] Erdmann, Adenauer in der Rheinlandpolitik, S. 184.

Abb. 18: Gustav Stresemann, der englische Außenminister Joseph Austen Chamberlain, der französische Außenminister Aristide Briand und der italienische Delegierte beim Völkerbund Vittorio Sciajola (von links) bei der Locarno-Konferenz 1925

tisch-wirtschaftlichen Interessenverklammerung endgültig gescheitert. Durch die Währungsreform mit der folgenden innenpolitischen Beruhigung, den allmählichen Wirtschaftsaufschwung, einen Umschwung der französischen Politik mit Annahme des Dawes-Plans, der die Reparationszahlungen neu regelte, und die Räumung des Ruhrgebietes löste sich die Rheinlandfrage in den nächsten Monaten.

Adenauer scheiterte mit seiner reaktiven Konzeption zur Lösung der Rheinlandfrage, weil sie von den Ereignissen überholt wurde. Dass er an seinen Vorstellungen festhielt, als sich andere Lösungen abzeichneten, erklärt sich aus seiner Sicht der Dinge. Als Kölner Oberbürgermeister und führender Repräsentant des Rheinlandes war er vor allem daran interessiert, einen schnellen Ausweg aus der Krise zu finden. Die Notlage der besetzten Gebiete und die teilweise undurchsichtige Haltung der Reichsregierung hatten ihn darin bestärkt, eigene Schritte einzuleiten und Verhandlungen mit französischen Vertretern zu suchen. Adenauers Konzept eines westdeutschen Bundesstaates basierte nicht auf außenpolitischen Überlegungen, sondern war ein Reflex auf die kölnischen und rheinischen Probleme. Aus seinen Sondierungsgesprächen mit Tirard schien ihm angesichts der französischen Forderungen ein Bundesstaat als einzige Möglichkeit, um Frankreich zu Entgegenkommen zu bewegen. Als Ideallösung hat er dies selbst nie dargestellt. Er war aber dazu bereit, jede sich bietende Gelegenheit zu nutzen, um die Krise zu überwinden. Die sich seit November 1923 anbahnende spürbare Entspannung der Situation durch Veränderung der außenpolitischen Konstellation war ihm aber offenbar nicht bewusst. Er war weniger an den außenpolitischen Rahmenbedingungen als an den konkreten Problemen orientiert, die sich ihm als Oberbürgermeister im besetzten Gebiet stellten.

Dokument 37

Köln, 1. Februar 1919: Ansprache Adenauers vor einer Versammlung der linksrheinischen Abgeordneten in der Nationalversammlung,[1] der linksrheinischen Abgeordneten in der preußischen Landesversammlung und der Oberbürgermeister der besetzten rheinischen Städte

Quelle: HAStK 2/253/1, ms., nach einem von Adenauer hs. korrigierten stenographischen Wortprotokoll. Abgedruckt bei Schwarz, Reden, S. 25–38; Erdmann, Adenauer in der Rheinlandpolitik, S. 214–227.

Meine Damen und Herren!

Mein zu erstattendes Referat möchte ich mit einem kurzen Überblick historischer Art beginnen. Ich halte diesen deshalb für nötig, weil infolge von Ungeschicklichkeiten und von Zufällen der Gedanke der Schaffung einer Westdeutschen Republik teilweise in der Presse in das Licht parteipolitischen Ursprungs gekommen ist. Ich würde nichts für gefährlicher und dem deutschen Interesse für unzuträglicher halten, als wenn wir bei unserer Beratung und Entscheidung uns irgendwie von parteipolitischen oder gar von konfessionellen Stimmungen und Gefühlen leiten ließen. Am 9. November des vergangenen Jahres, am Tage nach der Revolution, erschienen bei mir auf dem Rathause eine Reihe hervorragender Mitglieder der Kölner Zentrumspartei und erklärten mir – die Herren waren in Begleitung des Auslandsredakteurs Froberger von der Kölnischen Volkszeitung –, daß nach ihrer Überzeugung, die sich auf die Auffassung Frobergers, der gute Beziehungen zum Auslande hat, stützte, die Gefahr der Annexion der Rheinprovinz durch Frankreich bestände, sie glaubten, dieser Gefahr könne nur dadurch entgegen getreten werden, daß die Rheinlande ein selbständiger Staat im Verbande des Deutschen Reiches würden. Die Herren baten mich, zwischen ihnen und der sozialdemokratischen und der liberalen Partei die nötige Fühlung und Verbindung herzustellen, da dieser Plan nicht von irgendeiner Partei allein verfolgt werden dürfe, sondern nur von allen Parteien gemeinsam. Ich lege auf diese Feststellung großen Wert, weil sich daraus klar und unzweideutig ergibt, daß von den Trägern des Gedankens in Köln von vornherein beabsichtigt war, nicht etwa eine parteipolitische Gründung zu machen, sondern diese Frage aus dem Rahmen der Parteipolitik herauszuheben und sie zu behandeln im Einvernehmen mit den andern maßgebenden Parteien.

Sowohl in den folgenden Verhandlungen seit dem 9. November auf dem Rathause mit Vertretern sämtlicher Parteien als auch in den Besprechungen, die ich mit einzelnen Vertretern der Zentrumspartei hatte, ist mir gegenüber niemals von einer Seite auch nur im entferntesten der Gedanke ausgesprochen oder angedeutet worden, daß der zu bildende neue Staat nicht in dem Verband des Deutschen Reiches bleiben solle, im Gegenteil, alle Ausführungen mir gegenüber, auch die Erklärungen, die von mir persönlich nahestehenden Zentrumspolitikern mir gegenüber unter vier Augen gemacht wurden, waren immer getragen von deutschnationaler Überzeugung und von der Absicht, sich unter keinen Umständen vom Deutschen Reiche loszutrennen oder lostrennen zu lassen. Ebenfalls kann ich erklären, daß in den Ausführungen der Herren der Zentrumspartei mir gegenüber – auch bei ganz vertraulichen Besprechungen – immer wieder betont worden ist, daß keine einseitige konfessionelle Politik mit dem Plane verfolgt werden solle, daß die Frage ebenso wie sie aus dem Rahmen der Parteitaktik herauszuheben sei, auch aus dem konfessionellen Rahmen herausgehoben werden müsse und nur als deutsche Frage behandelt werden dürfe. Man hat im Gegenteil seitens der führenden Zentrumspolitiker mir erklärt, die zukünftige Republik (müsse) über die Grenzen der Rheinprovinz herausgehen und auch Landesteile mit überwiegend evangelischer Bevölkerung erfassen, damit in dem zukünftigen Staate nicht eine Konfession und eine Partei sehr stark vorherrsche, vielmehr eine allen zum Vorteil gereichende Mischung der Konfessionen und Parteien vorhanden sei.

Ich bedaure gerade mit Rücksicht auf diese Geschichte der Bewegung, daß die Kölnische Zeitung in einem Artikel ihres gestrigen Morgenblattes das konfessionelle Moment in die Frage getragen hat. (Sehr richtig!) Ich bedaure das umsomehr, als die Redaktion von mir ständig auf dem Laufenden gehalten worden ist und ganz genau weiß, daß die führenden Leute der Bewegung auf der Zentrumsseite jeden konfessionellen Gedanken absolut ausgeschieden haben. (Hört! Hört!) Ich bedaure dieses gewaltsame Hineintragen der konfessionellen Momente in die Frage ganz außerordentlich, ich meine, wir haben unter konfessionellen, uns spaltenden Streitigkeiten in der Vergangenheit mehr als genug gelitten. Uns steht das Wasser am Halse, wir müssen uns als Deutsche fühlen und nicht als Angehörige einer Partei oder Konfession.

Ich gehe nunmehr über zu einer Schilderung der gegenwärtigen außenpolitischen und der innenpolitischen Lage. Dabei will ich alle gefühlsmäßigen Momente, auch die patriotischen, völlig ausschalten, weil ich der Auffassung bin, daß unsere Frage nur mit dem allernüchternsten Verstand erörtert und geprüft werden darf. Aus dem gleichen Grunde will ich auch alles das weglassen, was Auslandspolitiker, Auslandsjournalisten, ausländische Offiziere und die fremde

Presse hier oder dort getan haben. Wir wissen ja nicht, ob diese Auslassungen ernst gemeint sind, ob sie von Leuten kommen, die redlich sind, ob sie nicht von selbst Getäuschten herkommen, und darum halte ich es für zweckmäßig, aus meinem Vortrage und auch aus unserer ganzen Diskussion alle diese Punkte einfach wegzulassen. Ich glaube, wir kommen zu einer richtigen Entscheidung nur dann, wenn wir uns lediglich darauf beschränken, die feststehenden offenbaren Tatbestände festzustellen und aus diesen dann die sich notwendigerweise ergebenden logischen Schlüsse zu ziehen.

Nach dieser Vorbemerkung komme ich zunächst zur Erörterung der Stellung Frankreichs. Deutschland und Frankreich sind Erbfeinde. Der Streit und der Kampf zwischen Deutschland und Frankreich tobt schon viele hundert Jahre hin und her. In den letzten hundert Jahren hat Frankreich, wenn ich von dem gegenwärtigen Kriege absehe, den Kürzeren gezogen. Die Freiheitskriege haben damit geschlossen, daß den Franzosen das abgenommen worden ist, was sie sich bereits einverleibt hatten; der Krieg 70/71 hat damit geendet, daß wir den Franzosen die Provinzen Elsaß und Lothringen abgenommen haben, die mehrere Jahrhunderte mit ihnen verbunden waren. Seit 1870/71 ist die Entwicklung der beiden Nachbarstaaten in verschiedener Richtung vor sich gegangen; Deutschland ist außerordentlich wirtschaftlich und politisch erstarkt, und in der Zahl seiner Einwohner hat es gegenüber Frankreich einen sehr großen Vorsprung gewonnen. In Frankreich ging die Entwicklung den umgekehrten Weg. Frankreich hat die Stellung, die es 1870/71 auch auf dem Wirtschaftsmarkte und in politischer Beziehung gehabt hat, immer mehr verloren. Seine Wirtschaft ist zurückgegangen, die Einwohnerzahl ist nicht gewachsen und im Verhältnisse zu Deutschland stark zurückgeblieben.

Trotzdem ist es Frankreich auf Grund einer Mächtekonstellation, wie sie nach menschlichem Ermessen niemals wiederkommen wird, auf Grund einer Mächtekonstellation, die alle Großmächte der Erde an der Seite Frankreichs in den Kampf gegen Deutschland geführt hat, gelungen, Deutschland vollständig zu zerschmettern. Deutschland liegt ohnmächtig am Boden. Es liegt klar auf der Hand, daß Frankreich selbst diese gegenwärtige Lage nicht als eine seine Zukunft sichernde ansehen kann. Es bleibt trotz der jetzigen völligen Ohnmacht Deutschlands bestehen, daß Deutschland 65 Millionen Einwohner hat – ich spreche in runden Ziffern –, Frankreich dagegen zwischen 35 und 40 Millionen, und daß sich Deutschland von seiner gegenwärtigen Ohnmacht erheben wird. Innerhalb welcher Frist Deutschland sich wieder erheben wird, weiß kein Mensch; aber daß es sich wieder erheben wird, ist sicher. Frankreich muß sich sagen, daß Deutschland an Frankreich Revanche nehmen wird, wie es selbst jetzt nach 50 Jahren Revanche an Deutschland genommen hat. Frankreich muß sich weiter sagen, daß es, wenn der Augenblick der Revanche für Deutschland gekommen ist, nicht mehr die Mächtekonstellation zur Seite hat wie jetzt. Aus diesen Erwägungen heraus folgt für Frankreich die absolute Notwendigkeit, zum Schutze seiner nationalen Existenz Garantien zu verlangen und zu schaffen, die nach menschlichem Ermessen es Deutschland unmöglich machen, in absehbarer Zeit diese Revanche an ihm zu nehmen.

Meine Damen und Herren! Wenn Sie hier einen Augenblick in der Kriegsgeschichte rückwärts gehen und an die Zeit denken, wo Deutschland glaubte den Sieg in der Hand zu haben, so finden Sie in Deutschland genau dieselben Erwägungen. Auch in Deutschland erklärte man damals: Wir müssen Garantien haben gegenüber Frankreich und England, und diese Garantien sollte Belgien bieten, Belgien, das die einen vollständig zu Deutschland schlagen, die Gemäßigteren so von Deutschland beherrschen lassen wollten, daß deutsche Garnisonen ins Land kämen und die Bahnen unter deutsche Leitung gestellt würden. Worin könnten nun die Garantien Frankreichs gegen Deutschland bestehen? Sie können bestehen einmal in dem zu schaffenden Völkerbund und der damit zusammenhängenden Abrüstung der Heere. Aber ich glaube auch unter den Ententeländern ist keines, das davon überzeugt ist, daß der Abrüstungsgedanke auf die Dauer und in allen Ländern siegreich bleiben wird. Frankreich muß neben diesen Garantien auch reale fordern, und die erstrebenswertesten realen Garantien würden für Frankreich nur darin bestehen, daß der Rhein zur strategischen Grenze gegenüber Deutschland gemacht wird. Nun sind in Frankreich zwei Strömungen hinsichtlich der Frage zu unterscheiden, auf welche Weise man den Rhein zur strategischen Grenze machen soll.

Die eine Richtung, die chauvinistische Richtung, möchte den Rhein dadurch zur strategischen Grenze machen, daß sie ihn auch zur politischen macht. Die andere, die gemäßigte Richtung, ist sich klar, daß das mit Schwierigkeiten für Frankreich verknüpft sein wird, und verlangt, daß aus dem Rheingebiet ein Pufferstaat gemacht wird, der unter starkem französischen Einfluß stehen soll. Es fragt sich, ob Frankreich in der Lage ist, diesen seinen Willen, den es von seinem Standpunkte aus als durchaus berechtigt ansieht, durchzusetzen. Die Frage kann man nur beantworten durch einen Überblick über die Lage und das Interesse der anderen in Frage kommenden Großmächte.

Ich komme zunächst auf die Frage: Kann Deutschland sich Frankreich gegenüber wehren und verhindern, daß Frankreich seinen Willen in die Tat umsetzt?

Ich glaube, daß man diese Frage nur mit einem glatten Nein beantworten kann. Deutschland ist vollständig ohnmächtig. Es wird zu den Friedensverhandlungen überhaupt nicht hinzugezogen. Die Friedensverhandlungen finden unter den Verbandsmächten in Paris statt, und sie werden damit ausgehen, daß der fertige Friedensvertrag dem Deutschen Reiche diktiert wird. Deutschland muß sich also jedem Verlangen der Entente fügen. Es entsteht die weitere Frage, ob die andern in Betracht kommenden Mächte, England und Amerika, in der Lage und willens sind, Frankreich zu hindern seinen Willen zu verwirklichen. Daß sie dazu in der Lage sind, brauche ich nicht zu erörtern. Es handelt sich nur darum, ob sie auch den Willen dazu haben.

Ich wende mich zu Amerika. Wir in Deutschland glaube ich, haben Amerika verkannt, sowohl während des Krieges wie jetzt, während des Waffenstillstandes. (Sehr richtig!) Während des Krieges haben wir Amerika verkannt, indem wir seinen idealen Beweggründen und Friedensbestrebungen nicht geglaubt haben, und nach dem Kriege verfallen wir in den umgekehrten Fehler und glauben, Amerika würde uns zuliebe alles mögliche tun. Das Letztere halte ich für vollständig falsch. Die Amerikaner lieben uns nicht. Die Amerikaner sind sehr verhetzt gegen uns, der Verband hat eine ausgezeichnete Propaganda bei ihnen während des Krieges gegen uns betrieben. Wenn Amerika etwas für uns tut, tut es das nicht uns zuliebe, sondern lediglich im Interesse seiner Prinzipien. Dabei dürfen wir aber nicht vergessen, daß wir am Rhein, die rheinische Bevölkerung, doch in den Augen Amerikas keine so entscheidende Rolle spielen, wie wir gerne möchten; Amerika liegt weit von Europa, und ich glaube, daß den Amerikanern das Selbstbestimmungsrecht der Tschechen, Polen und anderer Völker mehr ausmacht als etwa das, was mit der linksrheinischen Bevölkerung von 4 bis 5 Millionen geschieht. Ich glaube wohl, daß Amerika bereit sein wird, wenn die Verhältnisse es mit sich bringen unter Berufung auf den von allen Staaten anerkannten Grundsatz der Selbstbestimmung, uns zu helfen; ich glaube aber nicht, daß Amerika sich dafür ganz besonders ins Zeug legen wird.

Wenden wir uns zu England. Hinsichtlich Englands haben wir ebenfalls im Kriege und vor dem Kriege uns sehr falschen Ansichten hingegeben. Ich will keine alten Sachen aufwärmen, aber ich glaube, wir müssen in bezug auf England ebenso wie bei Amerika umdenken lernen. Die Stellung Englands gegenüber Frankreich wird nach meiner Meinung in Zukunft keine sehr freundliche sein. Frankreich war bis zu diesem Kriege kein von England zu fürchtender Konkurrent. Das wird sich in Zukunft ändern. Frankreich hat das von uns industriell hochgebrachte Elsaß-Lothringen in Besitz genommen und wird es behalten.

Dadurch wird Frankreich wirtschaftlich gegenüber England außerordentlich erstarken. Ich will Sie hier nicht mit statistischen Ziffern aufhalten. Würde Frankreich zu Elsaß-Lothringen noch das linke Rheinufer, vielleicht auch noch die Brückenköpfe auf dem rechten Rheinufer hinzubekommen, sei es im Wege der politischen Annexion oder eines unter seiner Herrschaft stehenden Pufferstaates, so würde damit die wirtschaftliche Macht Frankreichs so groß werden, daß es für England ein sehr lästiger Konkurrent würde. Es kommt hinzu, daß das Nationalgefühl Frankreichs durch den unerwartet großen Sieg eine sehr starke Steigerung erfahren hat. Frankreich hat ferner ein ausgezeichnetes Heer, es ist unbedingt, nachdem Deutschland am Boden liegt, die erste Macht des Kontinents geworden. Frankreich hat mit England infolge seines großen Kolonialbesitzes draußen in der Welt zahlreiche Differenzpunkte. Ich erwähne weiter noch, daß in einem etwaigen Kampf zwischen England und Frankreich Frankreichs Küste für England sehr unangenehm nahe liegt. Ein weiteres Moment kommt noch hinzu. England kann keinen europäischen Krieg mehr brauchen, es hat andere Aufgaben, in Indien, China, Afrika und im Orient. Es hat, um sich an diesem europäischen Krieg zu beteiligen, aus allen Dominions und allen Kolonien alles zusammenkehren müssen an Machtmitteln. Hierüber mußte England seine übrigen weltpolitischen Aufgaben zurückstellen. Das ist ihm unerwünscht. Auch die Dominions machen einen solchen europäischen Krieg nicht mehr mit. Würde aber Frankreich durch den Friedensvertrag dem Deutschen Reich in irgend einer Form das linksrheinische Gebiet nehmen, so würde damit der Keim zum nächsten europäischen Krieg absolut sicher gelegt sein; denn Deutschland könnte sich das unter keinen Umständen auf die Dauer gefallen lassen.

Der nächste europäische Krieg würde in absehbarer Zeit, sobald es Deutschland irgendwie wieder möglich wäre, so sicher kommen, wie morgen die Sonne wieder aufgeht. Das paßt nicht in Englands Pläne. Für die zukünftige Stellung Englands gegenüber Deutschland kommt in Betracht, daß Deutschland leider Gottes in absehbarer Zeit kein Konkurrent für England mehr sein wird. Wir haben keine Kolonien und keine Kriegsflotte mehr; ob wir eine Handelsflotte wieder bekommen, liegt in den Händen der Entente, unserer wirtschaftlichen Macht ist das Rückgrat gebrochen. Was hat also England in Zukunft, soweit Menschen sehen können, von Deutschland zu fürchten? Nichts! Ich resümiere mich hinsichtlich der Stellung Englands dahin: England hat von Deutschland in absehbarer Zeit nichts mehr zu fürchten, dagegen wohl vieles von Frankreich. England wird also seiner traditionellen Politik folgend, gegenüber dem zu sehr erstarkten Frankreich, sich auf die Seite der schwächeren Kontinentalmacht Deutschland schlagen. Daraus folgt m. E., daß England, wenn möglich, eine solche fundamentale Schwächung Deutschlands, wie Frankreich sie will, nicht zulassen wird. Ich wiederhole, wenn möglich, denn auch England muß zugeben, daß Frankreich Garantien gegen Deutschland verlangen muß, und England muß mit einer starken antideutschen Richtung der eigenen Bevölkerung rechnen. Soviel zur äußeren politischen Lage. Die andern Staaten, wie Italien usw., spielen nur eine nebensächliche Rolle.

Ich komme zur innerpolitischen Lage in Deutschland. Dazu folgendes: 1. Es ist ausgeschlossen, daß das Deutsche Reich jetzt ein Einheitsstaat wird, daß die Bundesstaaten verschwinden. Ich für meine Person würde es begrüßen, wenn die Entwicklung dahin führen würde. Ich bin auch überzeugt, sie wird einmal kommen, aber für die nächste Zeit, für wie lange, weiß ich nicht, ist sie ausgeschlossen, die süddeutschen Bundesstaaten werden es nicht zulassen und ebensowenig die Entente. Auf alle Fälle aber wird das deutsche Reich eine starke Zentralgewalt bekommen, der unitarische Gedanke ist doch seit 1870 sehr gestärkt.

2. In dem neuen Deutschen Reiche wird eine Umgruppierung der Bundesstaaten erfolgen müssen. Die bisherigen Bundesstaaten, 26 an der Zahl, sind doch nicht nach wirtschaftlichen Rücksichten gebildet worden oder aus Gründen der Stammeseigentümlichkeit entstanden, sondern sie sind lediglich entstanden aus der dynastischen Entwicklung heraus. Mit dem Wegfall der Dynastien wird eine Umgruppierung, eine Verschmelzung einzelner Bundesstaaten und eine Trennung anderer Bundesstaaten unbedingt einsetzen. Ich komme insbesondere zu dem größten Bundesstaat, zu Preußen. Eine Teilung Preußens, meine Damen und Herrn, ist nach meiner Überzeugung unbedingt nötig und wird auch erfolgen. Sie ist nötig, weil sonst Preußen, auch wenn es keinen Träger der Krone Preußens mehr gibt, kraft des natürlichen Schwergewichts seiner 42 Millionen Einwohner auch im neuen Deutschland ein Hegemonialstaat werden würde. Nach den Erfahrungen, die Deutschland mit dem Hegemonialstaat Preußen gemacht hat, nachdem die Hegemonie Preußens nicht zufällig, sondern als notwendige Folge eines Systems zum Zusammenbruch geführt hat, wird Preußens Hegemonie von den anderen Bundesstaaten nicht mehr geduldet werden. Es kommt hinzu, daß das hauptsächlichste Band, das bisher Preußen zusammengehalten hat, die Dynastie, nicht mehr besteht. Preußen ist ein Staatswesen, das aus ganz verschiedenen Stämmen und Wirtschaftsgebieten besteht. Ostpreußen und Rheinland sind so verschieden wie Ostpreußen und

Bayern. Sofort nach dem Wegfall der Preußen zusammenhaltenden Dynastie haben sich in Preußen die separatistischen Bewegungen geltend gemacht. Ich glaube, auch diejenigen, meine Damen und Herrn, die tiefüberzeugte Verehrer des alten Preußens sind, können die Augen nicht davor verschließen, daß namentlich im Westen eine separatistische Strömung, eine Strömung auf Loslösung von Preußen besteht, deren Stärke man unter keinen Umständen unterschätzen darf; die auch nicht etwa durch Agitatoren künstlich in die Bevölkerung hereingetragen worden ist, sondern die aus dem innersten Wesen des Volkes heraus entstanden ist.

Diesen ganzen Verhältnissen Rechnung tragend, sieht der Entwurf der Reichsverfassung einen gesetzmäßigen Weg vor, auf dem sich Teile der Bundesstaaten von diesen loslösen und zu selbständigen Bundesstaaten umbilden können, und der Staatssekretär Preuß hat selbst einen Plan für die Teilung Preußens aufgestellt.[2] Gegen das Projekt der Reichsregierung haben sich in Berlin Proteste erhoben, auch seitens der preußischen Regierung und der Stadt Berlin. Das ist selbstverständlich; denn niemand, der im Besitze ist, läßt sich diesen ohne weiteres wegnehmen. Daß die Stadt Berlin den Wunsch hat, Hauptstadt des Reiches und des preußischen Staates in seinem alten Umfange zu bleiben, versteht sich von selbst und daß die preußischen Ministerien den Wunsch haben, Ministerien des großen Preußens zu bleiben, versteht sich auch von selbst. Aber ich glaube, die Entwicklung wird über diese Einsprüche hinweggehen.

Meinen eingangs ausgesprochenen Grundsätzen, alle gefühlsmäßigen Erwägungen möglichst auszuschalten, will ich auch jetzt, wo ich das Thema Preußen verlasse, treu bleiben; deswegen sage ich auch in diesem Zusammenhange nichts über die Verdienste, die Preußen sich um uns alle, um Deutschland, außer allen Zweifeln erworben hat.

Ich komme, nachdem ich damit nach meiner Auffassung Ihnen ein ziemlich erschöpfendes Bild der auswärtigen und inneren Lage Deutschlands gegeben habe, zu der Frage, ob es eine Lösung gibt, die den Forderungen Frankreichs Genüge trägt und doch eine derartige Schädigung Deutschlands, wie sie mit der Abtrennung des linken Rheinufers von Deutschland notwendigerweise verbunden sein würde, vermeidet. Vielleicht, ich möchte das vielleicht unterstreichen, gibt es eine solche Lösung, einen Ausweg: ob der Ausweg betreten wird, das hängt nicht von uns ab, das hängt auch nicht von Frankreich ab, das hängt lediglich ab von England. Wenn England der Ansicht ist, daß dieser Ausweg berechtigten Garantieansprüchen Frankreichs genügt, und wenn es weiter diesen Ausweg als in seinem – Englands – Interesse liegend erachtet, so wird es diese Lösung wählen, und damit kommt auch für uns ein Ausweg aus der Gefahr, in der das Rheinland schwebt. Wenn England den Ausweg nicht für gangbar hält, sind nach meiner festen Überzeugung wir Rheinländer verloren. Dieser Ausweg, meine Damen und Herren, würde meines Erachtens darin bestehen, daß sich die Länder am Rhein, nicht etwa nur das linke Rheinufer, nicht etwa nur die Rheinprovinz, sondern auch die angrenzenden rechtsrheinischen Landesteile zu einem westdeutschen Bundesstaat, zu einer Westdeutschen Republik im Verbande des Deutschen Reiches zusammenschließen. Um die Frage prüfen zu können, ob ein derartiger Zusammenschluß einen für alle Teile gangbaren Ausweg aus der Lage darstellt, müssen Sie sich wieder in den Gedankengang unserer Gegner versetzen, wie man überhaupt in all den außenpolitischen Erwägungen nur dann zu einem vernünftigen Schluß kommt, wenn man sich in die Lage der Gegner denkt und sich fragt: Wie würdest du handeln, wenn du jetzt in der Lage Frankreichs, Englands oder Amerikas wärst?

In der Auffassung unserer Gegner ist Preußen der böse Geist Europas, Preußen ist in ihren Augen der Hort des kulturfeindlichen, angrifflustigen Militarismus; Preußen ist dasjenige Land gewesen, das zu diesem Kriege getrieben hat. Ich betone nochmals, damit kein Mißverständnis entsteht, ich spreche aus dem Gedankengut unserer Gegner heraus. Preußen wurde nach ihrer Meinung von einer kriegslüsternen, gewissenlosen, militärischen Kaste und dem Junkertum beherrscht, und Preußen beherrschte Deutschland, beherrschte auch die in Westdeutschland vorhandenen, nach ihrer ganzen Gesinnungsart an sich den Ententevölkern sympathischeren Stämme. Würde Preußen geteilt werden, die westlichen Teile Deutschlands zu einem Bundesstaate der „Westdeutschen Republik" zusammengeschlossen, so würde dadurch die Beherrschung Deutschlands durch ein vom Geiste des Ostens, vom Militarismus beherrschtes Preußen unmöglich gemacht; der beherrschende Einfluß derjenigen Kreise, die bis zur Revolution Preußen und damit Deutschland beherrscht haben, wäre endgültig, auch für den Fall, daß sie sich von der Revolution wieder erholten, ausgeschaltet. Diese Westdeutsche Republik würde wegen ihrer Größe und wirtschaftlichen Bedeutung in dem neuen Deutschen Reiche eine bedeutungsvolle Rolle spielen und demgemäß auch die außenpolitische Haltung Deutschlands in ihrem friedensfreundlichen Geiste beeinflussen können.

Eine solche Lösung müßte für England sehr annehmbar sein, da sie die sicherste Grundlage für den europäischen Frieden bilden würde. England würde wohl, wenn es wahrhaft friedensfreundlich ist und sein eigenes Interesse versteht, auch bei Frankreich diese Lösung als die allein mögliche durchdrücken können. Es könnte Frankreich darauf hinweisen, daß das mit Recht so gefürchtete Preußen ja nach Schaffung der Westdeutschen Republik nicht mehr bestehe, daß auch der Wiedereinsetzung des gefürchteten Hohenzollernhauses durch eine solche Teilung Preußens für immer vorgebeugt sei, daß durch die Entstehung der „Westdeutschen Republik“ nunmehr die antimilitaristischen und friedensfreundlichen Tendenzen in Deutschland die Oberhand hätten. England würde Frankreich auf das Selbstbestimmungsrecht der Völker hinweisen, auf diesen von Frankreich selbst anerkannten Grundsatz, und erklären können, daß er auch für die rheinische Bevölkerung nunmehr, da Frankreich gegen einen Revanchekrieg Deutschlands geschützt sei, Geltung haben müsse. Amerika würde in dieser Frage, jedenfalls seinen Prinzipien zuliebe, auf die Seite Englands treten und müßte sich zufriedengeben.

Ob England eine solche Haltung einnehmen wird, weiß ich nicht, das weiß keiner von uns, aber vernünftige Überlegungen sowie eigenes Interesse müßten England dazu bringen. Aus meinen Ausführungen ergibt sich ohne weiteres, daß dieser zu gründende westdeutsche Bundesstaat nicht zu klein sein darf. Würde er zu klein sein, würde er die linke Rheinseite oder nur die Rheinprovinz umfassen, so würde er nicht den Frankreich befriedigenden Einfluß im deutschen Reiche haben, also zunächst seinen außenpolitischen Zweck verfehlen; darüber hinaus würde aber ein kleiner westdeutscher Bundesstaat eine direkte Gefahr für das Deutschtum bilden, er würde der Gefahr der Verwelschung unbedingt ausgeliefert sein; denn darüber müssen wir uns doch klar sein: Die feindliche Besatzung wird noch längere Zeit bleiben, und solange wird von Frankreich aus eine starke kulturelle Propaganda hier im Westen betrieben. Sie wissen, daß im ganzen Rheinhessen, auch in Mainz, in allen Schulen französischer Unterricht schon jetzt zwangsweise erteilt wird; in den übrigen von Frankreich besetzten Teilen der Rheinprovinz wird das Gleiche in Bälde erfolgen, auch Frankreich sucht allmählich seine Bundesgenossen aus dem besetzten Gebiet im Interesse seiner Propaganda zu verdrängen.

Die Gegner des Vorschlages, eine Westdeutsche Republik im Rahmen des deutschen Reiches zu gründen, machen in der Hauptsache zwei Einwendungen. Der erste lautet: Die östlichen Teile Preußens können nicht mehr bestehen, wenn man die westlichen Teile verselbständigt. Man sagt, die östlichen Teile können sich militärisch gegenüber Rußland und Polen nicht halten. Man fürchtet ferner, der „arme“ Osten könne ohne den „reichen“ Westen überhaupt nicht mehr auf seinem gegenwärtigen Kulturniveau bleiben.

Lassen Sie mich zunächst zu diesen Einwendungen Stellung nehmen. Was die militärische Seite angeht, so ist es Sache des deutschen Reiches, den militärischen Schutz zu gewähren. Das darf doch nicht Sache des Bundesstaates sein. Darauf ist dies Bedenken ohne weiteres erledigt. Nun komme ich zu der befürchteten Verarmung des Ostens nach Loslösung des preußischen Westens. Der, der dieses Bedenken hegt, übersieht nach meiner Meinung die Folgen, die der Krieg und das, was nach dem Krieg gekommen ist, auf den Westen ausüben. Ich bin der Auffassung, daß das Lied vom „reichen" Westen und „armen" Osten für lange Jahre verklungen ist. Der Westen ist nicht mehr reich. Wodurch war der Westen so steuerkräftig? Durch seine blühende Industrie; diese Industrie aber ist zugrunde gerichtet, zum Teil jetzt schon, und in wenigen Wochen wird sie ganz zugrunde gerichtet sein. (Sehr richtig!) Mir haben berufene Vertreter der größten Unternehmungen im Industrierevier erklärt, daß sie vor der Liquidation stehen, weil sie sonst ihre Schulden nicht mehr bezahlen könnten. Ich kann die Unternehmungen nicht nennen, ich kann aber sagen, daß nach der Erklärung derselben Herrn das ganze Industriegebiet vor dem vollständigen Untergang steht. Der „reiche" Westen, das ist für lange Zeit vorbei. Es kommt noch hinzu, daß eine wesentliche Quelle des Wohlstandes des Westens der Bergbau ist, und dieser Bergbau wird sozialisiert, wird verstaatlicht, diese Geldquelle des Westens wird in Zukunft für das ganze Reich nutzbar gemacht. Und endlich kommt ein weiteres Moment dazu, das die bisherige bevorzugte Lage des Westens gegenüber dem Osten ganz erheblich beeinträchtigen wird. Es ist Ihnen wohl bekannt, daß die alte Regierung die Verstaatlichung der Elektrizitätserzeugung plante. Maßgebend waren einmal fiskalische Erwägungen, aber zweitens auch die Absicht, dem Osten günstigere Industriebedingungen als bisher zu schaffen. Es sollte das ganze Land überzogen werden mit einem Netz von großen Kraftwerken, der Strom von diesen großen Kraftwerken sollte an die Industrie überall zu gleichen Preisen abgegeben werden. Dadurch würden die Vorteile, die der Westen infolge seiner nahen Lage bei den Kohlenbergwerken hat, für viele Industrien aufgehoben sein. Der neue Staatssekretär des Reichswirtschaftsamtes[3] hat den Gedanken wieder aufgegriffen, und es ist mir ganz zweifellos, daß es zu dieser Verstaatlichung der Elektrizitätserzeugung kommen wird und daß damit der Westen in seiner Vorzugsstellung gegenüber dem Osten erhebliche Einbuße erleiden wird.

Ich glaube ferner, daß der agrarische Osten sich von den Kriegsschäden schneller erholen wird als der industrielle Westen. Ich kann somit nicht einsehen, daß eine Trennung des preußischen Westens vom Osten in Zukunft noch für diesen große Nachteile in sich schließen würde. Aber gesetzt den Fall, es wäre doch der Fall, es wäre alles falsch, was ich Ihnen gesagt habe, dann wäre die Frage doch so zu stellen: Was ist für Deutschland, und nur Deutschland allein kommt in Frage, das kleinere Übel? Etwa, daß das linke Rheinufer von Deutschland vollständig abgetrennt würde oder daß der Osten Schaden leidet? Die Antwort kann doch nur sein: Für das Reich ist das Wichtigste, daß das linke Rheinufer bei ihm bleibt, zumal durch den Verlust des linken Rheinufers die dem Osten so willkommene Leistungsfähigkeit des Westens doch sicher sehr stark beeinträchtigt werden wird.

Man macht gegen die Westdeutsche Republik noch einen zweiten Einwand. Man sagt: Die Entente, insbesondere Frankreich, wird in einem solchen Vorgehen des Westens nichts anderes erblicken als das Bestreben, von Deutschland loszukommen; man wird den übrigen Alliierten sagen, die Leute wollen im Grunde doch von Deutschland los, also laßt uns nur freie Hand; man würde also durch den Plan der Gründung einer Republik im Rahmen des deutschen Reiches dem Feinde gerade in die Hände arbeiten. Was soll man gegenüber einem solchen Einwande sagen? Zunächst Folgendes: Wenn wir unsere Bewegung mit der auch aus innerstem Herzen kommenden Erklärung beginnen, daß wir bei Deutschland bleiben wollen, daß wir nichts anderes wollen als einen westdeutschen Bundesstaat im Deutschen Reiche, dann weiß ich nicht, wie die französische Presse in der Lage sein sollte, gegenüber einer solchen Erklärung des Volkswillens Amerika und England klar zu machen, wir wollten im Grunde zu Frankreich. In der Hauptsache aber ist auf diesen Einwand folgendes zu erklären: Frankreichs Absichten stehen fest; es wird sie durchführen, wenn England und Amerika es ihm erlauben; ob wir es ihnen erleichtern oder nicht, ist für Frankreich, England und Amerika gleichgültig; zudem vermag ich auch gar nicht einzusehen, worin denn die angebliche Erleichterung bestehen soll. Ich schließe diesen Teil meiner Ausführungen mit der Feststellung: Entweder wir kommen direkt oder als Pufferstaat zu Frankreich, oder wir werden eine Westdeutsche Republik; ein Drittes gibt es nicht. Wenn Sie sich mit mir auf diesen Standpunkt stellen, was ist dann zu tun? Nachdem die Wahlen zur deutschen und preußischen Nationalversammlung stattgefunden haben, nachdem Vertreter des Volkes in den besetzten linksrheinischen Gebieten gewählt worden sind, Vertreter des Volkes, die auch von der Entente anerkannt werden, muß zunächst diese Vertretung des Volkes laut und feierlich in der Öffentlichkeit gegen die ausländischen Annexionsgelüste protestieren, so laut protestieren wie immer möglich. [Sie muß] gegenüber diesen Annexionsgelüsten geltend machen, daß wir nicht von Deutschland wegwollen und daß wir uns dabei auf das Selbstbestimmungsrecht der Völker berufen. Eine solche Entschließung würde nach meiner Meinung in erster Linie aus der heutigen Versammlung herauskommen. Und es ist Zeit, daß eine solche feierliche Erklärung erfolgt; denn die Entwicklung geht unaufhaltsam weiter. Die Ententeländer warten nicht darauf, bis in Deutschland alles in geordnete Verhältnisse zurückgekehrt ist, sie machen ihren Friedensvertrag jetzt in Paris zurecht.

Weiter müßte dann nach meiner Auffassung die Initiative zur Errichtung einer Westdeutschen Republik im Deutschen Reiche vom Westen aus vom Volke selbst ergriffen werden. Die Initiative darf nicht etwa von der deutschen oder preußischen Nationalversammlung oder der Regierung ausgehen, sondern sie muß vom Westen ausgehen, aus folgenden Gründen: Wenn diese Initiative von der deutschen oder preußischen Regierung oder von der deutschen oder preußischen Nationalversammlung erfolgen würde, dann fehlt die Berufung des rheinischen Volkes selbst auf das Selbstbestimmungsrecht der Völker. (Sehr richtig!) Dann würde bei der Entente der Eindruck leicht erweckt werden, hier handele es sich nicht etwa um das Selbstbestimmungsrecht der Völker, sondern um einen Akt, der von der Regierung ausgeht. Es kommt ein noch viel wichtigeres Moment hinzu; es würde sonst zu spät werden. Wann die preußische Nationalversammlung zusammentritt, steht noch dahin. Soweit ich unterrichtet bin, wird die preußische Nationalversammlung bis auf weiteres überhaupt nicht einberufen werden; oder, wenn sie einberufen wird, dann doch lediglich zur Konstituierung, und dann wird sie sich wieder nach Hause begeben, bis die deutsche Nationalversammlung ihre Aufgabe erfüllt hat; die deutsche Nationalversammlung aber hat in der ersten Zeit doch wahrhaftig sehr dringende andere Aufgaben. Sie hat sich mit der Schaffung einer aktionsfähigen Regierung und einer Reichsverfassung zu befassen. Darüber werden manche Wochen vergehen. Aber unterdessen geht es in Paris weiter, die Verhandlungen schreiten fort, und wenn in Paris die Entente, Amerika, England und Frankreich, zu einer Einigung über den Punkt „Rheinland" erst gekommen sind, dann glaube ich, ist an dieser Einigung nichts mehr zu ändern. Denn diese Mächte haben soviele Differenzpunkte, daß sie, wenn einmal über einen eine Einigung da ist, sie diese Frage nicht mehr aufrollen werden.

Wie soll diese Initiative ergriffen werden? Ich stehe auf dem Standpunkt, daß die Westdeutsche Republik unbedingt auf dem gesetzmäßigen Wege geschaffen werden muß, wenn wir nicht durch außenpolitische bis jetzt nicht zu übersehende Verhältnisse anders gezwungen werden. Ich schließe mit der dringenden

Bitte an Sie, bei Ihren Erwägungen und Beratungen alle gefühlsmäßigen, alle parteipolitischen Regungen einzustellen, sich nur leiten zu lassen von dem Hinblick auf das Wohl unseres geliebten deutschen Vaterlandes. Wir müssen den gesetzmäßigen Weg gehen, d.h. die Bewegung muß den Weg einschlagen, den die Reichsverfassung vorsieht. Das darf sie nicht tun gegenüber dem anderen Deutschland und nicht gegenüber dem Eindruck auf das Ausland. Andererseits muß aber zur Zeit etwas geschehen. Wir dürfen nicht länger schweigen, und daher wird sich zu diesem Protest gegen die Loslösung des linken Rheinufers von Deutschland und seine Angliederung an Frankreich eine Erklärung gesellen müssen über die Haltung, die wir zur Westdeutschen Republik einnehmen. Über diese Erklärung haben in dem Komitee, dem Vertreter der verschiedenen politischen Parteien angehörten, auch Verhandlungen in Köln stattgefunden. Es ist eine Formulierung niedergeschrieben worden, die meines Erachtens vielleicht nicht vollkommen befriedigend ist, die aber doch den Zweck erfüllt, dem Auslande, insbesondere England, einen Hinweis zu geben, daß es da anhaken kann. Die Erklärung ist vervielfältigt worden und wird verteilt werden. Ich darf Sie Ihnen kurz vorlesen. Sie enthält in dem ersten Teil den Protest gegen Frankreich und lautet: „Wir unterzeichneten Vertreter des rheinischen Volkes im besetzten preußischen Gebiet erheben lauten und feierlichen Einspruch gegen die in der französischen Presse zutage tretenden Bestrebungen auf Loslösung des linken Rheinufers oder einzelner seiner Teile von Deutschland. Wir stützen uns auf das in der ganzen Welt anerkannte Selbstbestimmungsrecht der Völker und verlangen, mit unseren Stammesgenossen im deutschen Reich vereint zu bleiben.“

Nun kommt der 2. Passus. Das ist ein Kompromiß, der, wie alle Kompromisse, auf der einen Seite seine Schwäche hat, auf der anderen Seite aber auch den Vorzug, daß es eine einstimmige Erklärung sein würde. Der zweite Passus lautet: „Für den Fall, daß die Reichsverfassung einer Aufteilung Preußens die gesetzliche Grundlage schafft, ist unter Beobachtung der gesetzlichen Bestimmungen die Vereinigung der Länder am Rhein zu einem Freistaate im Verbande des deutschen Reiches herbeizuführen.“ Nach meiner Auffassung würde sich dieser Erklärung anzuschließen haben die Einsetzung eines Komitees durch Sie, das nun die Sache weiter beraten und soweit möglich fördern soll. Die Einsetzung eines solchen Komitees ist notwendig, um die verschiedenen wilden Komitees und wilden Bewegungen, die in der Rheinprovinz bestehen und durch die unter Umständen vielleicht manches Unheil angerichtet werden kann, auszuschalten. Es muß durch das Komitee die Sache in ein ordnungsmäßiges

Bett geleitet werden. Das Komitee würde die Verhandlungen zu führen haben mit der preußischen und deutschen Regierung und würde weiter Verhandlungen zu führen haben mit den Abgeordneten der deutschen Nationalversammlung und endlich mit den am Rhein gelegenen Gebieten, preußischen und nichtpreußischen, die entweder aus sich heraus den Wunsch haben, in die Westdeutsche Republik hereinzukommen, oder die aus anderen Gründen eine Angliederung an die Westdeutsche Republik wollen.

In dem kleinen Ausschuß, der sich mit der Vorbereitung der Versammlung beschäftigt hat, war ausgesprochen worden, das Komitee möge aus 8 Personen bestehen und zwar: aus drei Mitgliedern des Zentrums, aus zwei Mitgliedern der Sozialdemokratie, aus je einem Vertreter der demokratischen und der deutschen Volkspartei und schließlich aus einem Herren aus dem Kreise der Oberbürgermeister, ergänzt durch den Herrn Landrat Graf Beissel als Vorsitzender des Provinziallandtages. Zur Frage der Beteiligung der Oberbürgermeister und deren Legitimation zur heutigen Verhandlung in Parenthese ein kurzes Wort. Der Verfassungsentwurf sieht vor, daß auf Antrag von Kommunalverbänden, die zusammen eine bestimmte Einwohnerzahl ausmachen, das gesetzliche Verfahren aus Loslösung eingeleitet werden kann, und daraus ergibt sich die Legitimation der Vertreter der Großstädte, auch an dieser Aktion teilzunehmen.

Ich schließe also damit, nach meiner Meinung müssen wir versuchen, zu einer einhelligen Stellungnahme zu kommen. Wir müssen mit dieser an die Öffentlichkeit treten und ein Komitee bilden, das die Sache weiter bearbeitet und das auch legitimiert ist, die Sache weiter zu bearbeiten. Wenn ich eingangs gesagt habe, daß bei der Erörterung der ganzen Frage alle gefühlsmäßigen Regungen und Erinnerungen zurückgestellt und daß wir bestrebt sein müßten, die Lage so nüchtern und klar als möglich zu betrachten, so darf ich doch schließen mit dem Wunsch, daß unsere Beratungen ausgehen mögen zum Wohle unseres geliebten deutschen Vaterlandes. (Bravo!)

Ich würde vorschlagen, daß dem von Ihnen genehmigten Programm entsprechend Sie sich in einzelnen Gruppen zusammenfinden, und zwar ist bereitgehalten für die Mitglieder der Zentrumspartei der Muschelsaal, für die Mitglieder der sozialdemokratischen Partei der Senatssaal, für die Mitglieder der demokratischen Partei der Schlachtensaal und für die Mitglieder der deutschen Volkspartei der Weiße Saal und für meine Herrn Kollegen endlich und Herrn Grafen Beissel ein Beratungszimmer, das durch mein Vorzimmer zu erreichen ist. Wir würden dann noch übrig haben das Zimmer 29, wo Abgeordnete der einzelnen Gruppen sich zu einem gegenseitigen Gedankenaustausch treffen können. Wenn von einer Gruppe ein derartiger Gedankenaustausch gewünscht wird, bitte ich das in meinem Vorzimmer wissen zu lassen, damit die anderen Gruppen benachrichtigt werden können. Ich setze die Besprechung aus und bitte Sie, sich in einer Stunde wieder hier einzufinden.

[1] Die Wahl zur Weimarer Nationalversammlung hatte am 19. Januar 1919 stattgefunden.

[2] Gemeint ist der am 20. Januar 1919 im Reichsanzeiger veröffentlichte Verfassungsentwurf von Hugo Preuß, Staatssekretär des Innern. Der Entwurf sah vor, durch Aufteilung Preußens einen dezentralisierten Einheitsstaat zu schaffen.

3 August Müller.

Dokument 38

Köln, 14. Februar 1923: Adenauer an Reichskanzler Cuno, Berlin

Quelle: HAStK 902/253/3.

Hochverehrter Herr Reichskanzler!

Ich gestatte mir, Ihnen anliegende Niederschrift, die vielleicht von Interesse für Sie ist, zu überreichen.

Mit verehrungsvollem Gruß
Ihr sehr ergebener
gez. Adenauer

[Anliegende Niederschrift:] Heute war der polnische Generalkonsul Eugen de Jordan Roswadowski bei mir. Er brachte nach einleitenden Bemerkungen das Gespräch auf die heutige politische Lage. Er sagte, er spreche nur persönlich. Er äußerte seine Meinung dahin, daß Frankreich sich verrechnet und den ersten Akt in dem Ruhrdrama verloren hätte. Er glaube aber, daß noch eine Reihe von Akten folgen würde. Frankreich sei mit seiner Ehre engagiert und würde, da die Franzosen sehr hartnäckige und zielbewußte Politiker seien, alles aufbieten, um zu einem Ergebnis zu gelangen. Frankreich könne politische oder ökonomische Ziele verfolgen. Es scheine ihm, als wenn es mit der Verfolgung seiner politischen Ziele jetzt einen Fehlschlag erlitten hätte. Um so mehr werde es dann verlangen, daß es ökonomische Ziele erreiche. Falls es diese von Deutschland nicht bekomme, werde es sicher wieder auf seine politischen Ziele zurückgreifen. Nach seiner Auffassung sei aber vielleicht die deutsche Großindustrie noch nicht reif für Verhandlungen. Es frage sich, ob die Großindustrie, die bisher nicht genügend getan habe, überhaupt gewillt sei, Frankreich materiell zu befriedigen. Er glaube, daß Frankreich eine Möglichkeit, sich mit Ehre aus der Sache zurückzuziehen, sehr willkommen sei. Man neige zu der Ansicht, daß Deutschland auf eine Entzweiung der Verbündeten spekuliere und deswegen den Widerstand leiste. Er glaube ferner, daß es in Deutschland Kreise gebe, die hofften, durch den Widerstand auf die Dauer einen allgemeinen europäischen Krieg zu entfachen, und daß aus diesem Deutschland dann gestärkt hervorgehen würde.

Ich habe ihm darauf folgendes erwidert. Man habe im Auslande die ökonomischen Möglichkeiten Deutschlands überschätzt. Sie seien jetzt mehr geschwunden wie je. Was Frankreich eigentlich vorhabe, wisse Deutschland nicht. Gewisse amtliche Dokumente wie der Vertrag zwischen Frankreich und dem Zaren aus dem Jahre 1917[1] und wie ferner der Bericht des Herrn Dariak[2] wiesen darauf hin, daß in einflußreichen politischen Kreisen Frankreichs in erster Linie eine Zerreißung Deutschlands erstrebt werde. Eine solche Zerreißung Deutschlands würde für ganz Europa eine Quelle fortwährender Kriege sein. In Deutschland glaubten, wie ich wisse, die entscheidenden amtlichen Kreise weder zurzeit an eine Intervention durch Amerika noch durch England. Deutschland sei ganz auf sich gestellt. Man sei sich in Deutschland vollkommen darüber klar, daß ein allgemeiner europäischer Krieg sich auf seinem Boden abspielen würde und daß Deutschland nur Objekt, nicht Subjekt, in diesem Kriege sein würde, da es weder Gas, noch Tanks, noch Flugzeuge besitze und ein moderner Krieg durch diese 3 technischen Waffen doch entschieden würde. Deutschlands Leistungsfähigkeit würde naturgemäß durch die jetzigen Wirren noch erheblich weiter geschwächt, so daß Frankreich sich selbst schädige.

Der Generalkonsul bemerkte dann weiter, daß nach seiner Auffassung direkte Verhandlungen zwischen Frankreich und Deutschland allein Aussicht auf Erfolg bieten würden und zur Herbeiführung dieser direkten Verhandlungen sei nach seiner Meinung niemand mehr berufen, wie der notleidende Teil Deutschlands, das besetzte Rheinland und die darin wohnenden führenden Leute. Ich habe ihm darauf erklärt, daß ich die Möglichkeit zu solchen direkten Verhandlungen nicht sehe. Zunächst seien in dem Versailler Vertrag, der ja doch grundlegend abgeändert werden müsse, wenn eine endgültige Reinigung des Verhältnisses zwischen Deutschland und Frankreich erreicht werden sollte, 27 Staaten beteiligt. Ferner wisse ich, daß Frankreich im Völkerbundsrat auf Anregungen von neutraler schwedischer Seite nicht eingegangen sei. Am allerwenigsten sei aber das besetzte Rheinland der gegebene Vermittler. Das besetzte Rheinland könne nichts weiter tun, als alle Leiden geduldig auf sich nehmen und den maßgebenden Berliner Stellen die Entscheidung in allen Fragen zu überlassen.

Der Generalkonsul sprach dann noch davon, daß man in Polen befürchte, daß Deutschland sich mit der Sowjet-Republik verbünden und für den Schaden, der ihm hier im Westen angetan werde, Ersatz im Osten suchen würde. Er wisse aufs bestimmteste – der jetzige polnische Ministerpräsident[3] sei sein Schulkamerad –, daß man in Polen durchaus friedliebend gesinnt sei, da Polen saturiert sei. Ich habe ihm erklärt, daß in Deutschland kein vernünftiger Mensch an so etwas dächte. Man habe alle Hände voll vom Abwehrkampf am Rhein und an der Ruhr und denke nicht daran, sich noch einen Kampf im Osten zuzuziehen.

Er frug mich dann zum Schlusse, ob er den Inhalt dieser Unterredung seiner Regierung mitteilen könnte. Ich habe ihm erwidert, ich hätte lediglich als deutscher Privatmann zu ihm gesprochen. Ich stellte ihm aber anheim, wenn er Wert darauf lege, diese Ansichten eines deutschen Privatmannes seiner Regierung weiterzugeben.

[1] Frankreich und Rußland hatten sich im Februar 1917 in einem Geheimvertrag gegenseitige Unterstützung zur Gewinnung von Territorien an der Ost- und Westgrenze Deutschlands zugesichert.

[2] Adrien Louis Dariac.

[3] Wladyslaw Sikorski.

Dokument 39

Koblenz, 12. März 1923: Lord Kilmarnock an Curzon of Kedleston

Quelle: PRO, FO 371/8723.

Very Secret.

My Lord,

With reference to your Lordship's despatch No. 138 of the 28th February, transmitting to me copy of your Lordship's despatch No. 289 of the 27th February to His Majesty's Ambassador at Berlin,[1] relative to a conversation between Mr. Lampson and the counsellor of the German Embassy,[2] I have the honour to report that some indications of a readiness on the part of the Germans to negotiate, which, though slight in themselves, tend to confirm the impression formed by Mr. Lampson, have been noticeable recently in local German circles.

A member of my staff[3] recently met Dr. Adenauer, the Chief Bürgermeister of Cologne, quite unofficially, and had a privat conversation with him of considerable interest. Asked to give his views on the present situation, Dr. Adenauer said: "For Germany it could hardly be worse." To a question as to what Germans meant when they spoke of a certain victory, he replied he could not personally use such an expression. The end must be bad for Germany. He had seen its wonderful resistance for the last two months, and even now he saw no signs that the spirit of resistance was weakening. France was also suffering, and would suffer more. On the question of the possibility of negotiations being mentioned, he said that such were urgently necessary. Great Britain could take the first step, and he still believed in American intervention. He also believed that Herr Cuno desired to negotiate.

On its being pointed out that, according to the newspapers, France would regard Great Britain's intervention as an unfriendly act, he answered that a move on Germany's part might be equally badly received. How could Germany be certain that France wished for negotiations? His attention was called to a speech of M. Poincaré, in which the latter said he was ready to consider an offer. The talk turned to the possibility of a sort of "armistice," which might permit of the commencement of negotiations, as it was evident that France could not be expected to withdraw entirely from the Ruhr as a previous condition. Finally, Dr. Adenauer suggested that, from what he knew of Herr Cuno's policy, if France would withdraw her military forces from the Ruhr and leave her civilian officials there under the protection of the Reich, it might be possible to arrange for a "armistice," which would be necessary during negotiations which might continue for three months or more.

Dr. Adenauer seemed to consider that the maintenance of the present customs barrier would not present a serious difficulty when once the first step to negotiations had been taken.

This conversation, which was of an entirely private and unofficial character, seems to me to be of some importance, as Dr. Adenauer has had fairly close relations with Dr. Cuno for over ten years.

A prominent member of the Majority Socialist Party in Cologne[4] has also declared that the present state of affairs is causing anxiety to the Socialist leaders. The Nationalist spirit was growing among the working men of the Rhineland, and there was little interest in internal politics or social reforms. He did not see any signs of the growth of Bolshevism, but in their present spirit many workers would accept the aid of the Bolsheviks to save the nation from France. He criticised the Berlin Government for allowing the present situation to continue so long without any attempt to agree with France. All Socialists desired negotiations, and would support any movement to that end.

Herr Seligmann, the banker, has also given vent to a criticism of the Berlin Government, particularly for the wasteful use of foreign Bills in an almost hopeless struggle. The Cuno Government was, he said, doing almost as much harm to the country by destroying the manufactures' credits as were the French by disorganising the Ruhr industry. He was for negotiating at the earliest possible moment. He implied that Germany had still the means for making a substantial payment.

The general impression gained by members of my staff in many conversations with Germans recently is that the latter consider that, if an occasion for negotiations could be found which does not mean absolute surrender to France, it should be seized, but there is little confidence in France alone. It is feared that, if Germany makes an offer of payment, France will accept it, and in a few months again put on pressure for more. Germans seem to attach much importance to the fixing of a final sum in the terms and the guarantee of security from fresh invasion by France, which would enable them to raise loans abroad. Almost all believe vaguely that Great Britain could do "something," and that the United States would help.

I have, &c.
Kilmarnock

[1] Edgar Vincent D'Abernon.

[2] Welcher Mitarbeiter der Botschaft gemeint ist, konnte nicht ermittelt werden.

[3] Welches Mitglied aus dem Mitarbeiterstab von Lord Kilmarnock das Gespräch mit Adenauer führte, konnte nicht ermittelt werden. Möglicherweise handelt es sich um Julian Piggott, den englischen Bezirksdelegierten in Köln.

[4] Welcher Vertreter der Kölner Sozialdemokratie gemeint ist, konnte nicht ermittelt werden.

Dokument 40

Köln, 18. Juni 1921: Adenauer an Direktor Hamspohn, Berlin-Wannsee

Quelle: HAStK 902/253/3, Kopie ohne Unterschrift.

Sehr verehrter Herr Direktor!

Eben erhalte ich Ihr Telegramm von heute. Material zu einer Erwiderung zu geben, ist außerordentlich schwer. Meine allgemeine Politik kennen Sie. Sie besteht darin, den Franzosen zu geben, was ihnen zukommt, andererseits einen Schutz gegen chauvinistische Ansprüche der Franzosen dadurch zu schaffen, daß man die Engländer wirtschaftlich hier interessiert. Diese Grundsätze kann man natürlich nicht öffentlich mitteilen. Daß ich Zwietracht zwischen die Verbündeten hier säte, ist eine glatte Unwahrheit. Zu den einzelnen besonders aufgeführten Fällen angeblicher Unfreundlichkeit ist folgendes zu bemerken:

1. Schule für els.-lothr. Kinder: Die Engländer hatten eine städtische Schule für ihre Polizei beschlagnahmt. Zufällig hörte die städt. Besatzungsabteilung, daß in dieser Schule seit mehreren Monaten von den Engländern einige Räume zur Unterrichtung elsaß-lothr. Kinder zur Verfügung gestellt sind. Die Besatzungsabteilung hat darauf bei den Engländern angefragt, ob diese Räume als requiriert zu gelten hätten; die Engländer haben diese Frage bejaht. Von alledem habe ich jetzt erst durch meine auf Grund des Artikels im Temps[1] angestellte Erkundigungen [erfahren]. 2. Französische Organisation der Wirtschaftsabteilung: Es handelt sich um eine Angelegenheit zwischen dem Reichskommissar in Coblenz[2] und der betr. Abteilung; die Stadt geht die ganze Sache nichts an. 3. Nationalistische, durch mich begünstigte Propaganda der Universität. Hierüber gibt am besten die Anlage[3] Auskunft.

Besprechen Sie bitte mit Ihren Freunden die Angelegenheit. Ich meine, eine Zeitungspolemik ist immer von Übel, besonders aber im vorliegenden Fall. Vielleicht können Sie durch Ihre Freunde direkt auf die hiesigen französischen Stellen (Generalkonsul,[4], französischer Delegierter[5] beim britischen Bezirksdelegierten[6] in Köln) dahin wirken lassen, daß in Zukunft Derartiges unterbleibt. Sehr lieb wäre es mir, wenn Sie feststellen lassen könnten, ob der Artikel, namentlich der Satz „Von nun an ist der Oberbürgermeister Gegenstand unseres berechtigten Mißtrauens“, eine von amtlichen französischen Stellen (Coblenz oder Paris) ausgehende Warnung sein soll. Merkwürdiger Weise erhielt ich ebenfalls in diesen Tagen die zuverläßige Mitteilung, daß ein französisches Mitglied der Coblenzer

Kommission meinem Gewährsmann[7] gesagt hat, man bedauere sehr, daß ich mich mit Haut und Haaren den Engländern verschrieben habe.

Ich hoffe, daß Sie mein gestriges Schreiben erhalten haben. Leider konnte ich es nur diktieren, nicht unterschreiben, weil ich unbedingt fort mußte.

Ich bin bis Dienstag Abend in Köln, fahre Dienstag Abend nach Stuttgart, Hotel Marquardt, komme Sonntag, den 26. Abends nach Köln zurück, fahre Mittwoch, den 29. Abends nach Berlin, hoffe Samstag, den 2. Juli Abends zurückfahren zu können.

Mit den besten Grüßen wie immer
Ihr

P.S. Ich habe heute mit Herrn Duisberg wegen des Herrn Heinemann gesprochen. Herr Duisberg läßt Herrn Heinemann bitten, sich wegen Verabredung eines Termins mit ihm unter Bezugnahme auf mich in Verbindung zu setzen.

[1] Die Zeitung „Le Temps" hatte einen Artikel veröffentlicht, in welchem sie Adenauer als Mann der Engländer darstellte, der versuche, die französische Rheinlandpolitik zu durchkreuzen. Die „Kölnische Zeitung" hatte diesen Artikel in ihrer Ausgabe vom 16. Juni 1921, Nr. 429, referiert.

[2] Hermann Graf von Hatzfeld-Wildenburg.

[3] Die Anlage ist nicht in den Akten enthalten.

[4] André Charles Jean-Pol Bruère.

[5] Marqis de Lillers.

[6] Julian Piggott.

[7] Vermutlich handelt es sich um Oberst de Gail, der im Auftrag des Präsidenten der Alliierten Rheinlandkommission Tirard agierte und gute Kontakte zu Adenauer hatte.

Dokument 41

12. Dezember 1923: Gegenvorschlag Adenauers zu einer Denkschrift Tirards[1]

Quelle: HAStK 2/253/7, Konzept und Durchschrift der Reinschrift. Abgedruckt bei Erdmann, Adenauer in der Rheinlandpolitik, S. 327–331.

Das Verlangen Frankreichs nach Sicherheit muß deutscherseits durchaus ernst genommen werden. Die Schaffung eines Pufferstaates zwischen Frankreich und Deutschland würde für Frankreich aber keine Sicherheit auf die Dauer bringen. Dieser Pufferstaat würde immer die Wiedervereinigung mit Deutschland betreiben; das übrige Deutschland würde die Abtrennung dieses Gebietes niemals verschmerzen können, und es würde nötigenfalls im Wege des Krieges, sobald ihm dies irgendwie möglich sein würde, dieses Gebiet wieder mit sich zu vereinigen suchen. Dagegen würde die Schaffung eines westdeutschen Bundesstaates im Verbande des Reiches die größte Sicherheit für einen langen Frieden zwischen Frankreich und Deutschland bieten. Dieser Bundesstaat würde, falls er genügend groß ist, infolge dieser seiner Größe, seiner Einwohnerzahl und der Bedeutung seiner Wirtschaft auf die innere und äußere Politik Deutschlands einen entscheidenden Einfluß ausüben. Da sein Gebiet Schauplatz eines etwaigen zukünftigen Krieges zwischen Deutschland und Frankreich sein würde, würde seine Bevölkerung und seine Regierung, schon um diesen Krieg von ihrem eigenen Lande fernzuhalten, auf ein möglichst gutes Verhältnis zwischen Frankreich und Deutschland hinzuwirken suchen. Es kommt hinzu, daß die rheinisch-westfälische, die lothringische und luxemburgische Industrie als ein einheitlicher wirtschaftlicher Organismus seinerzeit geschaffen und gewachsen sind. Wenn es gelänge – und das ist durchaus möglich –, durch eine gegenseitige Verflechtung dieser Industrien gemeinsame wirtschaftliche Interessen zwischen der Bevölkerung dieses Bundesstaates und Frankreich zu schaffen, so würde dieser Bundesstaat seinen Einfluß in Deutschland noch stärker im Sinne einer friedlichen Zusammenarbeit mit Frankreich ausüben, und der Frieden würde dadurch um so mehr gefestigt werden.

Dieser Bundesstaat kann aber nur dann auf die Politik Deutschlands einen größeren Einfluß ausüben, wenn er dieselben Rechte und Pflichten wie alle übrigen Bundesstaaten hat. Würde er in seiner Verbindung mit dem Reich irgendwelchen Einschränkungen unterliegen oder aber würde er durch Besatzung, Rheinlandkommission usw. ausländischem Einfluß direkt unterstellt werden, so würde sein Einfluß auf die deutsche innere und äußere Politik sofort abnehmen und verschwinden. Man muß sich nur einmal in die Lage des übrigen Deutschland versetzen, so wird man eine solche Entwicklung als durchaus logisch und unabwendbar ansehen. Der Sicherheits-Koeffizient, der in der Schaffung eines solchen Bundesstaates für Frankreich bestehen würde, verliert an Bedeutung proportional mit jeder Beeinträchtigung der staatsrechtlichen Stellung dieses Bundesstaates innerhalb des Deutschen Reiches.

Man wird, wenn man sich auf den Boden meiner Konstruktion stellt, sich auch vollständig und resolut auf ihn stellen und mit dem Gedanken eines Pufferstaates dann endgültig brechen müssen, aber nicht diese beiden Gedanken miteinander verwirklichen dürfen dadurch, daß man einen Bundesstaat mit starken

Einschränkungen schafft. Ein dauernder Friedenszustand zwischen Frankreich und Deutschland kann nur in der von mir ins Auge gefaßten Weise begründet werden durch Verstärkung des Einflusses Westdeutschlands innerhalb des Deutschen Reiches und durch Schaffung gemeinsamer wirtschaftlicher Interessen zwischen Westdeutschland und Frankreich. Unzweifelhaft geht die Entwicklung in Deutschland dahin, die Weimarer Verfassung im Sinne einer stärkeren Entwicklung des föderalistischen Gedankens abzuändern – vergleiche die anliegende Nummer der Kölnischen Volkszeitung –, so daß auch durch diese Entwicklung der Einfluß des west-deutschen Bundesstaates, wenn er ein wirklich voll- und gleichberechtigter Bundesstaat wie die anderen ist, noch erhöht werden würde. Bestrebungen, mehrere Bundesstaaten am Rhein zu schaffen, oder aber den westdeutschen Bundesstaat wichtiger Rechte und Pflichten gegenüber dem Deutschen Reiche zu entkleiden und ihn so zu einem Staate zu machen, der zwar äußerlich, aber nicht innerlich dem Verbande des Deutschen Reiches in vollem Umfange angehören würde, liegen nicht im Interesse des Friedens und nicht im wohlverstandenen Interesse der französischen und natürlich auch nicht der deutschen Politik.

Preußen, Hessen, Bayern widerstreben naturgemäß der Errichtung eines solchen Bundesstaates. Aber auch ein großer Teil der Bevölkerung des besetzten Gebietes verhält sich ablehnend, zum Teil aus innerer Anhänglichkeit an die oben genannten Länder, zum Teil betrachtet man die Schaffung eines solchen Bundesstaates als den ersten Schritt zur völligen Loslösung von Deutschland. Mit diesen Stimmungen muß durchaus gerechnet werden. Wenn mit der Schaffung eines solchen westdeutschen Bundesstaates aber gleichzeitig das ganze Verhältnis zwischen Frankreich und Deutschland im Sinne des friedlichen Zusammenarbeitens geordnet würde, so würde die Errichtung eines solchen westdeutschen Bundesstaates meines Erachtens zu erreichen sein. Diese gesamte Ordnung des Verhältnisses zwischen Frankreich und Deutschland schließt in sich die Lösung der Reparationsfrage, die Lösung der Besatzungsfrage und die Lösung der Frage der Rheinlandkommission. Nur wenn dieser Bundesstaat frei würde von Besatzung und frei von der Rheinlandkommission, würde er in der Lage sein, mit seinem ganzen Gewicht auf die deutsche Politik im Sinne eines dauernden, friedlichen Zusammenarbeitens mit Frankreich einzuwirken.

Zur Beruhigung desjenigen Teiles der französischen öffentlichen Meinung, der befürchtet, daß ein solcher Bundesstaat nach kurzer Zeit wieder verschwinden würde, könnte sein dauernder Bestand international garantiert werden. Ebenfalls könnte zur Beruhigung der französischen öffentlichen Meinung anstelle der Besatzung evtl. auf eine gewisse Reihe von Jahren eine internationale Gendarmerie zum Zwecke der Überwachung der Durchführung der Entmilitarisierungsvorschriften des Versailler Vertrages treten.

Von dem oben wiedergegebenen Standpunkt, daß dieser Bundesstaat sich nur dann im Interesse des Friedens auswirken kann, wenn er vollberechtigt und vollverpflichtet innerhalb des Deutschen Reiches ist wie die übrigen Bundesstaaten, ausgehend, ist zu den „Principes“ folgendes zu bemerken: Die Schaffung mehrerer Bundesstaaten, auch wenn diese durch eine Konföderation wieder zusammengefaßt würden, würde den politischen Einfluß Westdeutschlands innerhalb des Deutschen Reiches erheblich beeinträchtigen. Den Verschiedenheiten der Bevölkerung in der Pfalz, Hessen, Rheinprovinz, Westfalen könnte dadurch Rechnung getragen werden, daß, ähnlich wie auch jetzt in Preußen, Provinzialverwaltungen und Provinziallandtage, die für gewisse Fragen zuständig sind, eingerichtet werden.

Der westdeutsche Bundesstaat würde eine eigene Verfassung erhalten, die sich natürlich innerhalb des Rahmens, den die Reichsverfassung für die Verfassung der Bundesstaaten vorsieht, bewegen müßte. Er würde Herr seiner Gesetzgebung innerhalb des seitens des Reiches für die Bundesstaaten zugestandenen Rahmens sein. Er würde Chef der Verwaltung sein, ausgenommen der Verwaltungen, die nach der Reichsverfassung Sache des Reiches sind: Zölle, Post usw. Er würde also Herr sein der Verwaltungsbeamten, der Justiz, Polizei usw. Die Beamten des Bundesstaates würden nicht mehr von Preußen, sondern nur von dem westdeutschen Bundesstaate abhängig sein in allen Punkten, die Reichsbeamten natürlich von der Reichsverwaltung. Der Staat würde Herr seiner Hilfsquellen in dem von der Reichsverfassung gezogenen Rahmen sein; im gleichen Umfange würde er ein eigenes Budget haben. Eine von der Reichswährung verschiedene Münze dürfte er schon aus dem Grunde nicht haben, weil dadurch die Ausfuhr nach dem übrigen Deutschland, die eine absolute Notwendigkeit ist, erheblich beeinträchtigt würde. Die Bahnen müßten, wenn nicht dem Reich, so doch diesem Staate zur Verfügung gestellt werden, weil er sonst überhaupt nicht leben kann. – Nur eine Verständigung, die auf der Überzeugung beruht, daß die getroffene Regelung den Interessen beider Beteiligten nach Möglichkeit gerecht wird, vermag einen dauernden Frieden zu schaffen; der obige Vorschlag würde dieser Bedingung gerecht werden.

[1] Die Reinschrift trägt den handschriftlichen Vermerk „Gegenvorschlag am 12.12. an Herrn T. übergeben“.

Dokument 42

Berlin, 9. Januar 1924: Niederschrift über eine Besprechung Adenauers mit Vertretern der Reichsregierung

Quelle: HAStK 1070, Durchschrift. Abgedruckt bei Erdmann, Adenauer in der Rheinlandpolitik, S. 353–358; Günter Abramowski (Bearb.), Die Kabinette Marx I und II, 30. Nov. 1923 bis 3. Juni 1924; 3. Juni 1924 bis 15. Jan. 1925 (Akten der Reichskanzlei), Bd. 1 (Boppard a. Rh. 1973), S. 211–215.

Am 9.1.1924 hat unter dem Vorsitz des Reichskanzlers Marx in der Reichskanzlei eine Besprechung stattgefunden, an der teilgenommen haben die Herren Minister Dr. Stresemann, Luther, Jarres, Höfle, Dr. Brauns, Hamm sowie auf der anderen Seite die Herren Geheimrat Hagen, Hugo Stinnes, Dr. Vögler, Mönnig, Dr. Silverberg und Adenauer.

In der Besprechung hat Herr Adenauer folgendes vorgetragen: Nach unserer Auffassung habe Deutschland weder von Amerika noch von England eine nennenswerte Hilfe zu erwarten; uns stehe vielmehr Frankreich allein gegenüber. Die innere Lage Deutschlands sei so, daß Deutschland, wenn es ihm nicht gelänge, in gemessener Zeit das Verhältnis zu Frankreich in Ordnung zu bringen, wahrscheinlich auseinanderbrechen würde, daß aber jedenfalls das besetzte Gebiet nicht beim Deutschen Reiche verbleiben würde. Darum müsse Deutschland, wenn auch um teuren Preis, sich mit Frankreich zu verständigen suchen. Der Separatismus sei nicht erledigt, im Gegenteil, er mache sich von neuem bemerkbar, und die Verhältnisse, unter denen das besetzte Gebiet leben und arbeiten müsse, seien derart, daß weder die Wirtschaft noch die Menschen das auf ungemessene Zeit ertragen können. In Frankreich wolle man Reparationen und Sicherheit. Das Verlangen Frankreichs nach Sicherheit sei durchaus ernst zu nehmen und sei für die Zukunft wenigstens auch objektiv gerechtfertigt.

Über die Frage, wie Frankreich sich Sicherheit verschaffen könne, beständen in Frankreich verschiedene Meinungen. Einig sei man sich darüber, daß die Sicherheit durch Verträge oder dergleichen nicht gewährleistet sei. Im übrigen gehe die eine Meinung dahin, es sei für die Sicherheit Frankreichs am zweckmäßigsten, Deutschland unterdrückt zu halten, bis es auseinanderbreche, sowie den besetzten Teil Deutschlands alsdann oder auch schon früher zu einem Pufferstaate zu gestalten. Eine andere Meinung gehe dahin, es nicht soweit kommen zu lassen, weil das Auseinanderbrechen Deutschlands auch für Frankreich Gefahren in sich schließe; einmal müsse Frankreich dann auf Reparationszahlungen mehr oder weniger verzichten, ferner würde naturgemäß eine Reaktion gegen den Zerfall Deutschlands und die Abtrennung Westdeutschlands einsetzen, Deutschland werde versuchen, so bald wie möglich, eventuell mit Waffengewalt, sich wieder zusammenzuschließen und das verlorene Gebiet sich wieder anzugliedern. Diese Richtung erblicke für Frankreich eine größere und länger dauernde Sicherheit in der Errichtung eines Bundesstaates im Rahmen des Reiches. Zwischen diesen beiden Meinungen gebe es verschiedene Vermengungen und Schattierungen. Nach unserer Auffassung müsse die Reichsregierung sich darüber klar sein, daß ein weiteres Zuwarten unerträglich sei, sie müsse wenigstens den Versuch machen, mit den Franzosen direkt zu einer Einigung zu kommen, d.h. die Reparationsfrage, die Besatzungsfrage und die Frage der Rheinlandkommission aus der Welt zu schaffen. Wenn es nicht anders gehe, müsse dabei die Schaffung eines westdeutschen Bundesstaates in den Kauf genommen werden; es sei denn, daß die Reichsregierung auf Grund ihr bekannter Tatsachen eine bestimmte Aussicht sähe, die Verhältnisse an Rhein und Ruhr beizeiten in einer für die Bevölkerung und die Wirtschaft tragbaren Form zu ordnen und das Reich zu erhalten.

Auch uns erschien die Schaffung eines solchen westdeutschen Bundesstaates an sich durchaus unerwünscht. Einmal hingen zahlreiche Bewohner des besetzten Gebietes mit dem Herzen an ihren bisherigen Stammesländern, und man dürfe derartige Gefühle nicht ohne zwingenden Grund vernachlässigen, ferner sei es höchst inopportun, in Zeiten wie den gegenwärtigen die Verhältnisse dadurch noch zu erschweren, daß man ein neues Staatengebilde schaffe, und endlich sei es auch nicht ohne Bedenken, den größten Staat im Deutschen Reich – Preußen – zu schwächen. Unseres Erachtens ständen aber die Sachen, vorbehaltlich einer besseren Aufklärung durch die Reichsregierung, so, daß man nur zwischen zwei Übeln zu wählen habe, nämlich zwischen der Auflösung des Reiches oder wenigstens dem Verlust des besetzten Gebietes einerseits und einer Verständigung mit Frankreich unter gleichzeitiger Schaffung eines westdeutschen Bundesstaates andererseits. Die Schaffung eines westdeutschen Bundesstaates werde erträglich gemacht, wenn gleichzeitig damit eine Bereinigung des ganzen Verhältnisses zwischen Deutschland und Frankreich eintrete, d.h., wenn gleichzeitig die Reparationsfrage, die Frage der Besatzung und die Frage der Rheinlandkommission gelöst werde.

Wir dürften wohl erwarten, daß die Vertreter der Reichsregierung uns im Laufe der Besprechung, falls sie irgendwelche andere Möglichkeiten zur Rettung des besetzten Gebietes und Deutschlands sähen, hiervon Mitteilung machen werden. Wie den Herren bekannt sei, habe Herr Tirard in Koblenz die gemachten Vorschläge des 15er-Ausschusses, insbesondere auch den schriftlich formulierten Vorschlag des Herrn Moldenhauer, als völlig unannehmbar zurückgewiesen. Herr Tirard habe Herrn Adenauer nach diesen Besprechungen im 15er-Ausschuß zweimal zu sich nach Koblenz gebeten. In diesen Besprechungen hätte Adenauer Herrn Tirard erklärt, seine ganze Konstruktion der Schaffung der Sicherheit für Frankreich durch Neugestaltung der staatlichen Verhältnisse am Rhein sei falsch; ein dauernder Friede zwischen Deutschland und Frankreich könne nur dadurch herbeigeführt werden, daß zwischen diesen beiden Ländern eine Gemeinsamkeit der wirtschaftlichen Interessen herbeigeführt werde. Man dürfe daher auch vom französischen Standpunkt aus nicht, wie er das tue, sich bemühen, die sogenannte rheinische Frage jetzt durch eine staatliche Neuordnung im französisch-nationalistischen Sinne zu lösen, man müsse vielmehr die gesamte Reparationsfrage, die Besatzungsfrage und die Frage der Errichtung eines westdeutschen Bundesstaates im Rahmen des Reichs einheitlich zu lösen versuchen. Herr Tirard habe diese Auffassung für sehr beachtenswert erklärt. Über dies Thema hätten insgesamt zwei Unterredungen im November, eine Mitte Dezember stattgefunden; es sei im Laufe dieser Unterredungen zur Übergabe eines Schriftsatzes durch Herrn Tirard an Herrn Adenauer über gewisse „Principes" usw. gekommen, Herr Adenauer habe am 12. Dezember einen Gegenschriftsatz überreicht. Beide Schriftstücke wurden von Herrn Adenauer verlesen.

Herr Adenauer erklärte weiter, er habe vor mehreren Jahren durch Vermittlung des Herrn Hamspohn, Berlin, den früheren Botschafter Laurent und dessen wirtschaftlichen Attaché Arnaud, jetzt beide in Paris, kennengelernt. Er habe durch Herrn Hamspohn im November den Herrn Arnaud bitten lassen, ihn in Köln einmal zu besuchen. Herr Arnaud sei am 4. Dezember 1923 bei ihm in Köln gewesen; er, Adenauer, habe ihm seine Verhandlungen mit Tirard geschildert, ihm insbesondere Kenntnis von dessen Principes und von seiner – Adenauers – Auffassung gegeben. Herr Arnaud habe erklärt, die Auffassung Adenauers sei allein richtig, er sei überzeugt, daß Poincaré auf den Boden dieser Auffassung treten würde, übrigens habe er sich von Poincaré dessen Zustimmung zu dem Besuch bei Adenauer geben lassen. Herr Adenauer habe dann seine Gedanken zu Papier gebracht und sie Arnaud übergeben, am 6. Dezember habe er von Berlin aus Arnaud eine kurze Denkschrift der Herren Stinnes und Vögler über die Lösung der Reparationsfrage gesandt und gleichzeitig ihm mitgeteilt, daß der Reichskanzler, wie er bei einer Besprechung mit diesem festgestellt habe, theoretisch eine solche Lösung der Frage Deutschland–Frankreich für möglich halte.

Herr Arnaud habe darauf eine Besprechung mit Poincaré gehabt. In dieser Besprechung habe sich Poincaré im Prinzip einverstanden erklärt, allerdings gewisse Vorbehalte gemacht.

Über den Verlauf der Unterredungen Arnaud–Poincaré habe Arnaud einen ausführlichen Brief, datiert Paris, 14.12.23, an Herrn Hamspohn geschrieben. Dieser Brief wurde von Herrn Adenauer verlesen. Am 27.12.1923 habe darauf eine weitere Besprechung zwischen Herrn Adenauer und Herrn Tirard auf Veranlassung des letzteren stattgefunden. In dieser Besprechung habe Tirard einen vollständigen Wechsel gegenüber seiner bisherigen Haltung gezeigt und sich im wesentlichen auch auf den Boden der Ausführungen Adenauers gestellt. Über den Verlauf dieser Unterredung gäbe nähere Auskunft ein Brief Adenauers an Hamspohn und ein Brief Adenauers an Arnaud, beide vom 28.12.1923. Auch diese Briefe wurden verlesen. Ob es der Gegenseite ehrlich gemeint sei, könne man noch nicht ohne weiteres annehmen. Es müßten aber jetzt u.E. Verhandlungen über die Reparationsfrage, wie sie in der Unterredung Adenauers mit Tirard angeregt seien, in Gang gebracht werden. Das Fortschreiten dieser Verhandlungen werde zugleich einen Prüfstein für die Ehrlichkeit der Gegenseite bei der ganzen Angelegenheit bilden. Herr Adenauer bemerkte noch, daß er am 6.12.1923 zusammen mit Herrn Mönnig beim Herrn Reichskanzler Marx gewesen sei und dessen Zustimmung dafür bekommen habe, mit Herrn Tirard, falls dieser dazu auffordere, zu verhandeln, sowie auch sonst in vorsichtiger Weise Fühler auszustrecken, ob gleichzeitig Lösung der Reparationsfrage, der Frage der Besatzung, der Frage der Rheinlandkommission und der rheinischen Frage möglich sei.

Die Herren Stinnes und Vögler führten etwa folgendes aus: Die Micum-Verträge, die seinerzeit mit Zustimmung der Reichsregierung geschlossen worden sind, konnten nur getätigt werden in der Annahme, daß in der Laufzeit, d.h. bis 15. April, das Reparationsproblem als solches der Lösung nähergebracht würde. Es war sowohl den Verhändlern deutscherseits wie der Regierung immer klar, daß Reparationslasten in einem Umfang von 800 Millionen bis 1 Milliarde Gold[mark] unmöglich von einem verhältnismäßig kleinen Teil der deutschen Wirtschaft getragen werden können. Inzwischen ist die Micum erneut an die Beauftragte Kommission des Bergbaulichen Vereins herangetreten, um insbesondere über die Festlegung der Kohlenabgabe in einer festen, nicht mehr prozentualen Ziffer, wie sie seitens der Reparationskommission errechnet ist, zu verhandeln. Hiermit werden ohne Frage neue Lasten den in Betracht kommenden Industrien auferlegt. Nach unserer Überzeugung ist das Reparationsproblem nur zu lösen, wenn nicht Geldlieferungen über die Grenze stattfinden, sondern Warenlieferungen, die im wesentlichen umgewandelte deutsche Arbeit darstellen. Es ist selbstverständlich, daß aus den Geldquellen des Reiches die den Einzelwirtschaften entstehenden Lasten gedeckt werden. Die Behandlung des Reparationsproblems in dieser Reihenfolge führt zu einer engen Verquickung zwischen Wirtschaft und Reich. Wenn hiermit zu gleicher Zeit die angestrebte Verbindung gewisser deutscher und französischer Industrien durchgeführt wird, dann wird die Lösung der Reparationsfrage für die Wirtschaften beider Länder von ausschlaggebender Bedeutung sein. An Verhandlungen zur Vorbereitung der Lösung des Reparationsproblems mit französischen Sachverständigen teilzunehmen, erklären sich die Herren Stinnes und Vögler bereit.

Die anwesenden Mitglieder des Reichskabinetts nahmen von den Ausführungen Kenntnis. Die Angelegenheit wurde ausführlich in einer mehrstündigen Sitzung nach allen Richtungen hin durchgesprochen. Von seiten der Reichsregierung wurde Bezug genommen auf die einschlägigen Aussprachen, die schon früher mit der Reichsregierung und den Landesregierungen stattgefunden haben. Ferner legte die Reichsregierung Wert auf die ungestörte Fortführung der unmittelbaren Verhandlungen zwischen französischer und deutscher Regierung, dies hindere allerdings die beabsichtigte private Fühlungnahme nicht, nötige aber zur engsten Fühlung zwischen den privaten Unterhändlern und der Reichsregierung. Die Mitglieder des Kabinetts ersuchten, sie über den Fortgang der Verhandlungen auf dem laufenden zu halten, sie erklärten, auch ihrerseits die rheinisch-westfälischen Herren über den Fortgang der amtlichen Verhandlungen unterrichten zu wollen. Die Verhandlungen sind so zu führen, daß die politische Frage nicht eher zur Entscheidung gebracht werden kann, bevor feststeht, daß die Reparationsfrage befriedigend gelöst wird.

Berlin, den 10. Januar 1924
[eigenh. Unterschriften]
Marx, Höfle, Dr. Jarres, Hugo Mönnig, Stinnes, Adenauer

Dokument 43

10. Januar 1924: Gespräch zwischen Adenauer und einem Abgesandten des französischen Politikers Louis Loucheur [Auszug]

Quelle: Louis Loucheur: Carnets Secret 1908–1932 (Brüssel/Paris 1962), S. 136f.

[Loucheur führte über seine Tätigkeiten ausführlich Buch. Nach seinen Aufzeichnungen äußerte Adenauer gegenüber dem Abgesandten:]

[...] qu'à son avis une entente entre la France et l'Allemagne paraît possible et probable malgré les fautes commises de part et d'autre. [...] J'amais ils n'accepteront, comme jamais aucun allemand digne de ce nom n'acceptera, que la région du Rhin soit détachée du Reich. L'intérêt de la France devrait agir dans le même sens, car une Rhénanie détachée ne consentirait évidemment plus à payer sa quote-part des réparations mises à la charge de l'Allemagne, privée de la Rhénanie, n'aurait plus qu'une capacité de paiement réduite. Elle serait d'ailleurs impuissance à jouer le rôle d'État-tampon et tomberait vite dans la sphère d'influence de l'un ou de l'autre de ses grands voisins. Au contraire, une Rhénanie largement délimitée, avec une population de 15 millions d'habitants, représenterait dans le Reich un État important et constituerait un élément influent et modérateur, d'autant plus pacifique qu'en cas de guerre il serait envahi le premier.

6. Kirchen und Religionsgemeinschaften

Konrad Adenauer war durch Herkunft und Erziehung fest im katholischen Glauben verwurzelt, die religiöse Prägung war auch die Grundlage seines Alltags. Seine Eltern waren tief gläubig und pflegten strenge Frömmigkeit. Adenauer brauchte, vor allem als junger Mann, eine Phase der Selbstfindung, um den eigenen Standort innerhalb der Religion zu auszuloten.[1] Dieser orientierte sich weniger an theologischen und philosophischen Gedankengebäuden als an lebensnaher Glaubensauslegung. In seiner Auffassung von der Religion und von der Bedeutung des Glaubens zeigen sich viele Elemente des rheinischen Katholizismus. Dieser ist durch einen lebenspraktischen Zug geprägt. Ferner waren bürgerliche politische und kulturelle Prägungen für ihn wichtig. „Das Kölner katholische Bürgertum des Kaiserreichs und der Zwischenkriegszeit war im Rahmen der konfessionellen Spielräume und der politischen Kultur jener Jahrzehnte liberal in einem spezifischen Verständnis: Seine Liberalität äußerte sich in Weltoffenheit und in deutlichem Widerwillen gegenüber einer – politisch wie ideologisch begründeten – nationalen Beengtheit."[2]

In diesem Umfeld vollzog sich Adenauers Aufstieg vom Beigeordneten zum Oberbürgermeister. Sein Lebensentwurf mit der Einheirat in die gehobene Kölner Gesellschaft und der Familiengründung, regelmäßigem Gottesdienstbesuch und gelebter Religiosität entsprach dem Rückhalt, den er zeitlebens in der katholischen Kirche fand – geistig, persönlich und institutionell. Nach seiner Absetzung 1933 fand er fast ein Jahr lang Unterkunft in der Abtei Maria Laach bei seinem Schulfreund Abt Ildefons Herwegen. Die Familie Adenauer pflegte seither ein enges Verhältnis zur Abtei.[3] Aussagen über sein Glaubensverständnis machte er jedoch selten, trug seine christlich-humanistisch fundierten religiösen Überzeugungen nicht in die Öffentlichkeit. Ansichten über seine Religiösität, seine Einstellung zum Glauben und zur Kirche bzw. den Religionsgemeinschaften können nur erschlossen werden.[4]

Beeinflusst wurde Adenauer durch die Schriften des Schweizers Carl Hilty, eines Schriftstellers und christlichen Laienpredigers, den er als junger Erwachsener intensiv gelesen hatte. Bei diesem finden sich Gedankengänge, die für Adenauers Handeln und Denken charakteristisch waren.[5] Hilty lobte etwa die „Kunst des Arbeitens". Er riet, feste Grundlagen bei der Lebensgestaltung zu haben, betonte Mut und Ent-

1 Schwarz, Aufstieg, S. 110.
2 Doering-Manteuffel, Rheinischer Katholik, S. 237f.
3 Schwarz, Aufstieg, S. 362.
4 Schulz, Adenauer in seinem Verhältnis zu Wirtschaft und Gesellschaft, S. 66ff.
5 Zum Folgenden siehe: Schwarz, Aufstieg, S. 110–114.

Abb. 19: Kardinal Schulte, Reichspräsident Hindenburg und Adenauer 1926 (vordere Reihe von links)

schlussfreudigkeit und mahnte Mäßigung bei der Lebensführung an. Eigenhändig unterstrichen hat Adenauer den Satz Hiltys, dass „eine bessere Gewißheit als die des Christentums über die großen Fragen des jetzigen und eines künftigen Lebens nirgends vorhanden ist, und dass es auch nicht ausreichen kann, sich mit den, manchmal sogar noch recht unsicheren, einzelnen Resultaten einer ‚Naturwissenschaft' zufriedenzustellen"[6].

Hilty verzichtete auf umfangreiche theoretische Begründungen in seinen philosophischen und theologischen Ausführungen und richtete diese ganz auf die praktische Lebensanleitung aus. Dies kam Konrad Adenauers Neigung entgegen: Sein Glauben zielte auf das Praktische, nicht auf den theologischen Disput. Ähnlich wie Hilty propagierte, gab Adenauer der christliche Glaube Richtlinien für seine Lebensgestaltung. Er hielt sich an die Fastengebote und achtete auf einfache Lebensführung. Die Religion war für ihn nicht politisches Programm, sondern gehörte zu den Voraussetzungen seiner Politik.[7] Charakteristisch war auch, dass er sein Wirken nicht

6 Zitiert nach ebd., S. 113.

7 Ebd., S. 176.

Abb. 20: Konrad Adenauer mit Gattin in Maria Laach 1936

religiös begründete und dass er zwischen politischem Handeln und privatem Glauben trennte. Adenauer war kein Gefangener der Religion. Für ihn war das Gewissen die letzte Entscheidungsinstanz.[8] Zur Amtskirche pflegte er eine gewisse Distanz. „Ganz offenkundig entwickelt Adenauer sehr frühzeitig ein laikales Selbstbewußt-

[8] von Hehl, Wertvorstellungen im Denken Adenauers, S. 17f.

sein, das schwerlich allein aus seiner sozialen Position zu erklären sein dürfte und das ihn mit ebenso nüchternem wie scharfem Blick bei seinem kirchlichen Gegenüber zwischen Amt und Person unterscheiden läßt."[9] Sein Verhältnis zu kirchlichen Amts- und Würdenträgern in Köln war entspannt. Er hatte regelmäßig Kontakt mit dem Kölner Erzbischof Kardinal Schulte. Zum Domkapitel hatte er unmittelbare Beziehungen durch seinen Bruder Hans, der diesem seit 1922 angehörte.[10]

Zu seinem Verständnis von Religion gehörte Toleranz. Adenauer zeigte sich gegenüber anderen Religionsgemeinschaften aufgeschlossen. Schon in der eigenen Familie war der interkonfessionelle Kontakt angelegt. Sowohl seine Mutter als auch seine zweite Frau Gussie Zinsser waren evangelisch, konvertierten jedoch zum katholischen Glauben. Zu seinem Kölner Umfeld gehörten Protestanten wie Robert Pferdmenges, zu dem er engen Kontakt hatte.[11]

Ein bezeichnendes Beispiel für Adenauers Toleranz und sein Verhältnis zur Amtskirche ist ein Brief an Kardinal Schulte. Dieser hatte die Stadtverordneten kritisiert, weil sie Zuschüsse zum Bau eines Krematoriums bewilligt hatten. Adenauer führte aus, er könne nicht einsehen, „woher ein Katholik das Recht nehmen soll, einem Protestanten oder Juden die Möglichkeit zu nehmen, für sich eine Bestattungsform anzuwenden, wie er sie für gut hält". Man könne den Stadtverordneten nicht verbieten, an der Abstimmung über freie Schulen oder das Krematorium teilzunehmen.[12] Jedem stehe die freie Ausübung seiner Religion zu. Einmischung durch die Amtskirche in die politische Entscheidungsfindung lehnte er ebenso ab wie die Beeinflussung der Stadtverordneten.

Seinen prominentesten Auftritt im Rahmen der katholischen Kirche hatte Konrad Adenauer als Präsident des Katholikentages 1922 in München. Aus diesem Zusammenhang stammen seine umfangreichsten Äußerungen über die katholische Kirche und die Bedeutung des Glaubens in der Gesellschaft. In seiner Eröffnungsrede am 28. August 1922 zog er ausführlich Bilanz der damaligen gesellschaftlichen Zustände. Er beklagte, dass materielles Elend der Bevölkerung moralisches Elend geboren habe. Der sittliche Niedergang sei auch bei den Katholiken zu spüren. Er appellierte eindringlich an sie, in Einigkeit die katholischen Ideale wieder zur Geltung zu bringen. Er plädierte dafür, Verbündete für die christlichen Grundsätze bei Nichtkatholiken zu suchen und mit Gleichgesinnten im evangelischen Lager

9 Ebd., S. 18.

10 Morsey, Konrad Adenauer, S. 89.

11 Hans Peter Mensing, Adenauer und der Protestantismus, in: Ulrich von Hehl (Hg.), Adenauer und die Kirchen (Bonn 1999), S. 48.

12 Siehe Dokument 44.

zusammenzuarbeiten und einander zu unterstützen.[13] Die interkonfessionelle Verständigung war ihm ein ernstes Anliegen, er praktizierte sie im privaten Leben und postulierte sie öffentlich. Dies hatte einen handfesten politischen Hintergrund, denn Adenauer befürwortete die konfessionelle Öffnung des Zentrums zu einer christlich geprägten interkonfessionellen Volkspartei.[14] Er forderte, christliche Grundsätze wieder stärker zur Grundlage des öffentlichen Handelns zu machen – und zwar möglichst überkonfessionell.

In Reaktion auf die Ereignisse des Katholikentages, auf dem er mit Erzbischof Faulhaber heftig zusammengestoßen war, weil dieser sich gegen die republikanische Ordnung gewandt hatte,[15] verfasste er eine Denkschrift „Die politische Lage innerhalb des deutschen Katholizismus". In dieser Schrift beklagte er erneut die Zerrissenheit der politischen Vertretung der Katholiken: Manche von ihnen wollten nicht auf dem Boden der bestehenden Ordnung – gemeint ist die Republik – mitarbeiten. Die größte Gefahr dafür sah er in der Agitation in Bayern. Er befürchtete durch Zersplitterung der Katholiken den Verlust ihres politischen Einflusses, was auch elementare Interessen der katholischen Kirche gefährde.[16] Seine Forderung, christliche Grundlagen in der Politik stärker zu berücksichtigen, war mit einem klaren Bekenntnis zur Republik verbunden.

Sorgen bereitete Adenauer auch der wissenschaftliche Nachwuchs aus katholischen Kreisen. Im Rahmen einer Tagung der Görres-Gesellschaft in Köln merkte er an, es sei kaum möglich, hervorragende katholische Kandidaten der jüngeren Generation für die Kölner Universität zu finden. Er führte dies darauf zurück, dass die Katholiken bis vor kurzem bei der Universitätslaufbahn benachteiligt worden seien und rief dazu auf, den akademischen Nachwuchs zu fördern; auch sollten sich junge Katholiken stärker mit den Problemen der Zeit beschäftigen, nur dann könne der Katholizismus seine Aufgaben für Deutschland erfüllen.[17]

Die konfessionelle Liberalität Adenauers zeigte sich nicht nur den Protestanten, sondern auch dem Judentum gegenüber. Die jüdische Gemeinde in Köln war verhältnismäßig groß. Möglichkeiten zum Kontakt mit jüdischen Mitbürgern gab es reichlich. Zur Kölner Oberschicht gehörten zahlreiche Personen jüdischen Glaubens oder jüdischer Herkunft, zu denen Adenauer gute Beziehungen pflegte und die seinen Lebensweg nachhaltig beeinflussten. Zu seinen kommunalpolitischen Unter-

[13] Siehe Dokument 45.

[14] Morsey, Vom Kommunalpolitiker zum Kanzler, S. 26.

[15] Siehe dazu: Stehkämper, Adenauer als Katholikentagspräsident, S. 57–80.

[16] Siehe Dokument 46.

[17] Siehe Dokument 47.

stützern zählte Bernhard Falk von der liberalen Fraktion. Jüdischer Herkunft waren Louis Hagen, der bekannte Bankier, der bereits seine Wahl zum Oberbürgermeister unterstützt hatte und ihm bis zu seinem Tod 1932 ein enger Berater war; ferner Paul Silverberg, der zu den führenden Industriellen der Weimarer Republik gehörte. Ihn kannte Adenauer bereits aus seiner Referendarzeit am Oberlandesgericht Köln. Besonders eng war seine Verbindung zu Dannie Heineman. Daneben verfügte Adenauer über Kontakte zu Juden auf allen Gesellschaftsebenen.[18] Die Rabbiner Kölns hatten ihm bereits zu seiner Wahl zum Oberbürgermeister gratuliert, worauf er mit einem herzlichen Antwortschreiben reagierte.[19] Den jüdischen Gemeinden gestand er wie allen freie Religionsausübung zu, wie er es in dem Brief an Kardinal Schulte zum Ausdruck gebracht hatte. Dass die jüdische Kultur schon immer ein Teil der Kölner Tradition gewesen war, sah er als Selbstverständlichkeit an. 1926 wurde er Mitglied des neu gegründeten „Deutschen Komitees Pro Palästina zur Förderung der jüdischen Palästinasiedlung", er war um die Mitgliedschaft gebeten worden.[20] Nach einem Schriftwechsel mit dem Komitee und Rücksprache mit Prälat Kaas, von dem er sich versichern ließ, dass der Beitritt unbedenklich sei, erklärte er seinen Beitritt.[21] Auch zahlreiche andere bekannte Persönlichkeiten waren Mitglied, darunter Albert Einstein, Thomas Mann, Paul Löbe, Otto Braun und Hermann Müller.[22] Zur Kundgebung des Komitees im November 1927 in Köln, an der er nicht teilnehmen konnte, verfasste Adenauer ein bemerkenswertes Grußwort. Er begrüßte darin das Palästinamandat, mit dem den Juden die Siedlung in Palästina ermöglicht wurde. Der Gedanke der jüdischen Erneuerung finde überall, wo die Völkerverständigung einen hohen Stellenwert besitze, Sympathie und Anerkennung.[23] Er verwies auf die Verbindung der zionistischen Bewegung mit Köln, wo ihr geistiger Urheber Moses Heß begraben ist. Ein so klares Sympathiebekenntnis für die zionistische Idee und das Judentum war nicht alltäglich und fand weithin Beachtung. Von jüdischer Seite wurde noch in den sechziger Jahren auf dieses Grußwort hingewiesen. Die Nationalsozialisten hingegen verunglimpften Adenauers gute Beziehungen zu Mitbürgern jüdischen Glaubens und seine Sympathiebekundungen für das Judentum heftig und bezeichneten ihn in einer Reihe mit Rosa Luxemburg, Karl Liebknecht

[18] Hans Peter Mensing, Adenauers Beziehungen zu jüdischen Bürgern während seiner Kölner Oberbürgermeisterzeit und im Dritten Reich, in: Hanns Jürgen Küsters (Hg.), Adenauer, Israel und das Judentum (Bonn 2004), S. 118f.

[19] Siehe Dokumente 48 und 49.

[20] Siehe Dokument 50.

[21] Siehe Dokumente 51–58.

[22] Siehe Dokument 53.

[23] Siehe Dokument 59.

und Karl Marx als „Blutjuden".[24] Im „Westdeutschen Beobachter" wurde er wegen seiner Mitgliedschaft im Komitee mehrmals scharf attackiert.[25] Adenauer ließ solche Angriffe über sich ergehen und pflegte auch nach 1933 weiter Umgang mit jüdischen Bekannten, soweit dies möglich war.

Kurz vor seiner Absetzung als Oberbürgermeister und dem Ende der Weimarer Republik legte Adenauer seine Vorstellung von den Rechten und Pflichten des Katholiken als Staatsbürger in einem Beitrag für den „Kalender katholischer Jugend 1933" dar. Der Text sollte eine Handlungsanleitung für Jugendliche sein, sich auf die Rolle als Staatsbürger vorzubereiten. Adenauer betonte, als Katholik habe man die Pflicht, die politischen Entscheidungen von der eigenen Weltanschauung her kritisch zu prüfen und sich dafür einzusetzen, dass christliche Grundsätze Recht und Gesetz prägten, ein geregeltes Staats- und Gesellschaftsleben verbürgten und sicherstellten, dass der Staat die religiösen Gefühle nicht antaste.[26] In diesen Sätzen, geschrieben kurz vor dem Ende der Weimarer Republik, legte er zentrale Inhalte seiner Vorstellungen über das Verhältnis von Religion, Politik und Staat dar, wie er sie selbst praktizierte: Das Handeln solle christlichen Grundsätzen entsprechen und stets daran gemessen werden, und niemand dürfe an der Ausübung der Religion gehindert werden. Dabei habe sich aber jeder den Interessen des Gemeinwohls unter- und in die Gesamtinteressen der Nation einzuordnen. Seine Vorstellung vom Staatsbürger war der freie Mensch, der auf der Grundlage christlicher Werte in der Gemeinschaft mit Gleichgesinnten dem Wohle und „gesunden Fortschritt" des Staates und der Gesellschaft dient.

[24] Mensing, Adenauers Beziehungen zu jüdischen Bürgern, S. 120ff.

[25] Morsey, Adenauer und der Nationalsozialismus, S. 622.

[26] Siehe Dokument 60.

Dokument 44

Köln, 12. Juli 1922: Adenauer an Erzbischof Kardinal Dr. Schulte, Köln

Quelle: HAStK 902/103/1, Bl. 133, Kopie mit Paraphe.

Hochverehrte Eminenz!

Dankend bestätige ich den Empfang der Auskunft aus Salzburg sowie des Exposés über die Frage der Errichtung eines Krematoriums.

Was die Reinhard-Spiele angeht, so darf ich wohl aus Ihrer Begleitbemerkung entnehmen, dass die Sache für Köln nicht in Frage kommt. Vielleicht wäre St. Pantaleon auch geeignet gewesen und es hätte sich dann eventuell ermöglichen lassen, von dem Reinertrage zur Ausschmückung der Kirche einen grösseren Betrag zu verwenden.

Wegen der Krematoriumsfrage werde ich mir erlauben, demnächst noch einmal bei Ihnen vorzusprechen. Theoretisch sind die Ausführungen, die sich auf Erlasse, die immerhin schon mehrere Jahre zurückliegen, stützen, richtig; praktisch scheint mir der Standpunkt in der gegenwärtigen Zeit nicht mehr durchführbar zu sein, wenn man nicht die Interessen der Katholiken auf anderen Gebieten, namentlich in Bezug auf das Schulwesen, ausserordentlich gefährden will. Wenn die Katholiken für sich konfessionelle Schulen beanspruchen, werden sie Simultan- und freie Schulen konzedieren müssen, und sie werden sowohl als Parlamentarier bei der Schaffung entsprechender Gesetze sowie auch als Stadtverordnete bei der Schaffung der Einrichtungen selbst aktiv mitwirken müssen.

Wenn man aber gestattet, dass die katholischen Stadtverordneten bei der Einrichtung von freien Schulen mitwirken, so wird man gar nicht anders können, als ihnen auch wenigstens diese passive Mitwirkung – wenn man sie so nennen will – bei der Einrichtung von Krematorien zu gestatten. Ich kann auch nach wie vor nicht einsehen, woher ein Katholik das Recht nehmen soll, einem Protestanten oder Juden die Möglichkeit zu nehmen, für sich eine Bestattungsform anzuwenden, wie er sie für gut hält.

Ich darf mir wohl gestatten, auf diese Gesichtspunkte in mündlicher Aussprache nochmals zurückzukommen und bin, hochverehrte Eminenz,

Ihr Ihnen wie immer ergebener
A[denauer]

Dokument 45

München, 28. August 1922: Eröffnungsrede Adenauers als Präsident des 62. Deutschen Katholikentages

Quelle: HAStK 902/281/1. Abgedruckt in: Festblatt zur 62. Generalversammlung der Katholiken Deutschlands in München vom 27.–30. August, hg. von der Pressekommission des Lokalkomitees, Nr. 3, 29.8.1922 S. 4f.; „Kölnische Volkszeitung", Nr. 663, 29. August 1922; „Germania", Nr. 467, 29. August 1922; Die Reden gehalten in den öffentlichen und geschlossenen Versammlungen der 62. Generalversammlung der Katholiken Deutschlands in München vom 27.–30. August (Würzburg 1923), S. 43–53; Stehkämper, Adenauer als Katholikentagspräsident, S. 92–101; Schwarz, Reden, S. 42–57.

Gelobt sei Jesus Christus!
In alle Ewigkeit – Amen.

So recht von Herzen kam uns dieser Gruß, unserer Versammlung Ziel und Richtung weisend. Er erklang wie aus einem Munde, in uns das warme, köstliche Gefühl der Glaubensgemeinschaft erweckend. Er ist wie eine geistige Empfangspforte, hinter der wir für einige Tage alles zurücklassen wollen, was uns sonst beschäftigt und beansprucht, um uns ganz dem hinzugeben, was uns zusammengeführt hat; der Gottesliebe und der Nächstenliebe.

Wir sind zusammengekommen, um öffentlich Zeugnis abzulegen für unseren Glauben, um unsere Treue und Anhänglichkeit an die Kirche zu bekunden, um Stärke und Trost zu suchen im gemeinsamen Bekenntnis, um unsere ganze aus religiösen Tiefen geschöpfte Kraft zur Verfügung zu stellen für unser armes, gequältes deutsches Volk! Jung und alt, hoch und niedrig, aus Nord und Süd, aus Ost und West, viele unter großen persönlichen Opfern, sind wir nach München geeilt, gerne sind wir nach München gekommen. Wir wußten, daß wir willkommen waren, hier, wo gute Katholiken und gute Bayern, hier, wo gute, treue Deutsche wohnen, die eins mit uns, mit allen deutschen Stämmen sind und bleiben wollen, eins mit dem ganzen deutschen Vaterlande. Dem deutschen Vaterlande, das in bitterster Not und Gefahr ist, gilt unser herzlichster Gruß. Haben wir schon früher treu zu ihm gestanden, jetzt, wo es in Not und Elend ist, stehen wir in doppelter, hingebender Liebe und Treue zu ihm, alle deutschen Gaue, alle deutschen Stämme.

So gedrückt und gedemütigt wir sind, niemals werden wir unsere nationale Zusammengehörigkeit, unsere nationale Einheit preisgeben. Man hat das deutsche Volk ausgehungert und zu Boden geworfen. Von dem zusammengebrochenen Volke hat man ein Schuldbekenntnis erpreßt, ihm Bedingungen auferlegt, die seine nationale und staatliche Existenz vernichten, seine Wirtschaft zerstören, Millionen einem langsamen Tode preisgeben, den Rest in unerträglicher Knechtschaft und Sklaverei halten. In der europäischen Geschichte des Mittelalters und der Neuzeit gibt es kein Dokument, das so allen menschlichen, allen christlichen Grundsätzen hohnspricht, wie das Diktat von Versailles. Eine furchtbare Schuld, die Verantwortung für ein namenloses, materielles und moralisches Elend haben seine Urheber auf sich geladen. Die Katholiken Amerikas, Belgiens, Englands, die Katholiken der ganzen Welt, alle, die sich noch zum Namen Christi bekennen, bitte und beschwöre ich: Helft! Seid eingedenk eures katholischen Glaubens, eures christlichen Namens! Verhütet das Sterben eines Volkes von 60 Millionen! An die französischen Katholiken wende ich mich noch ganz besonders: Frankreich martert, Frankreich quält uns, auch uns, eure Glaubensbrüder! Zu Frankreichs Ehre nehmen wir an, es handelt so, weil es glaubt, so handeln zu müssen. Glaubt uns, Frankreich irrt, es gibt andere Wege für Frankreich, um zu dem zu kommen, was ihm gebührt. Kommt zu uns, ihr französischen Katholiken, laßt uns gemeinsam einen Weg suchen, der unseren beiden Ländern hilft!

Mit Neid blicke ich, der ich heute als Ihr Präsident die Ehre habe, zuerst zu Ihnen zu sprechen, auf das zurück, was in besseren Zeiten vor dem Kriege meine Vorgänger bei dieser Gelegenheit sagen konnten, wie sie trotz mancher begründeten Beschwerden über das Verhältnis zwischen Staat und Kirche mit Stolz und Freude hinweisen konnten auf die Lage und Erfolge der deutschen Katholiken.

Ich kann das nicht. Mit Schmerz und mit Trauer muß ich das sagen, aber ich glaube, meine Pflicht gegenüber dem katholischen Volke nicht zu erfüllen, wenn ich anders spräche. Gewiß – mit Bewunderung und Ehrfurcht sage ich das – wird auch jetzt von Geistlichen und Laien, von den Orden, von Vereinen und Verbänden das Menschenmögliche getan. Aber der Strom, gegen den wir ankämpfen, ist zur Flut geworden, zu einer fast übermächtigen Flut: Das ungeheure materielle Elend des deutschen Volkes hat ein ungeheures moralisches Elend geboren! Es ist kein Wunder. Erst jahrelang die Last und der Hunger des Krieges! Wir haben alles getragen in der Hoffnung, daß die Last einmal ein Ende nehme. Das Ende des Krieges kam, aber kein Ende der Not und kein Friede. Wir hungern weiter, wir verelenden weiter nun schon wiederum 4 lange Jahre. Tausende und Abertausende sterben schweigend und lautlos dahin. Unsere

Kinder welken, wehe ihnen, wenn sie dereinst den Kampf mit dem Leben aufnehmen sollen.

Verzweifelt fragen wir uns jeden Tag: Was soll morgen werden, wie werden wir uns, unsere Kinder sättigen und kleiden? Und unsere Alter! Mit entsetzlicher Sicherheit sehen sie jenen Tag herankommen, an dem ihre, in langer Arbeit erworbenen Ersparnisse vollends wertlos geworden sind und ihnen nichts übrig bleibt, als Hungers zu sterben. Über dies furchtbare Trauerspiel können nicht die blinkenden Reste, kann nicht die Fassade hinwegtäuschen, die uns aus einer besseren Vergangenheit geblieben ist, und hinter der wir unsere Not und unsere Armut zu verbergen suchen. Dabei keine Hoffnung auf Besserung, keine Aussicht auf eine günstige Wendung! Kann es da wunder nehmen, wenn das Volk in diesem sich täglich wiederholenden aussichtslosen Kampfe zermürbt und unterliegt? Wenn es zuletzt nur noch an das Materielle denkt, wenn es schließlich Vergessen und Betäubung sucht? In diesem physisch und psychisch gemarterten Volke, auf so vorbereitetem Boden muß Materialismus und Mammonismus wachsen, muß der Sinn für das Überirdische und Religiöse schwinden, muß Sittenlosigkeit und Autoritätslosigkeit gedeihen. Materialismus, Unsittlichkeit, Autoritätslosigkeit, das sind die Krankheiten, die unser Volk in größtem Ausmaße befallen haben.

Und wir deutschen Katholiken? Ich verkenne nicht auf unserer Seite die religiöse Treue, das ernste moralische Streben breiter Volksschichten, das hier und dort neue erwachende religiöse Streben. Aber wenn ich das Ganze überschaue, dann kann ich nur schmerzerfüllt sagen: Auch unter uns wüten die gleichen Krankheiten, weite katholische Kreise sind davon erfaßt, die vor dem Kriege treu zu uns standen, haben sich von uns gewandt. Eine traurige, aber beweisende Sprache für die kirchliche Statistik. Sie zeigt uns, daß in vielen Teilen unseres Vaterlandes, ja sogar besonders auf dem Lande, die Zahl der Kommunionen stark abgenommen hat. Wenn ich mich zu der Lage der deutschen Katholiken im staatlichen Leben wende, kann ich dann so sprechen, wie meine Vorgänger auf diesem Platze? Die Hemmnisse, die unserer religiösen Betätigung früher schmachvoller Weise entgegengesetzt wurden, sind hier gefallen; auch sind Katholiken in hohe und höchste Staatsämter eingerückt. Aber überschätzen wir nicht den Einfluß katholischer, christlicher Überzeugung auf die öffentlichen Dinge!

Einflußreiche Kreise stehen uns, unserer Weltanschauung innerlich feindlich gegenüber, sie ertragen uns zurzeit nur aus dem Gefühle politischer Notwendigkeit heraus; man kann aber nicht das Vertrauen zu ihnen haben, daß sie, allein zur Herrschaft gelangt, in der Praxis tolerant sein würden. Die innere Lage in Deutschland ist so voll Spannung und Gefahren, daß jeder Augenblick für uns vernichtende Situationen schaffen kann. Aber auch selbst wenn diese nicht eintreten, alles muß doch neu aufgebaut werden, und bei dieser grundlegenden, wichtigen Aufbauarbeit könnte die Vertretung der katholischen Ideale gar nicht breit und einheitlich genug sein. Wie ist es darum bestellt? Wo ist ihre erste Voraussetzung, die Einigkeit der deutschen Katholiken? Immer und immer wieder ist bei früheren Katholikenversammlungen auf diese Einigkeit als die wichtigste und kostbarste Errungenschaft des katholischen Deutschlands hingewiesen worden. Kann auch ich heute mit Stolz auf diese Einigkeit hinweisen? Ich kann es nicht, sie besteht nicht mehr, besteht nicht mehr in einer solchen Zeit! Gott sei`s geklagt! Von diesem Platze aus rufe ich im Namen der deutschen Katholiken und mit der ganzen Autorität, die mir dieser Platz verleiht, den Führern und all den Katholiken, die jetzt abseits stehen, zu: Stellt die alte Einigkeit, stellt die alte Einheit wieder her. Sammelt alle wieder um die alte Fahne, die siegreich war in vielen Jahrhunderten, die unsere großen dahingegangenen Führer vorangetragen haben! So ist die jetzige Lage der deutschen Katholiken. Sie anders sehen, heißt sich selbst täuschen. Was sollen wir deutsche Katholiken in dieser traurigen Lage tun? Vor allem eins: Den Kopf hoch halten, nicht den Mut sinken lassen! Wir haben nicht nötig, kleinmütig zu verzagen; Gott ist mit uns, ist mit uns mit seiner ganzen Kraft, seiner Allmacht, seiner Liebe. Wenn wir weiterarbeiten im rechten Sinne, zäh, geduldig, ausdauernd, so ist ganz sicher der Erfolg unser.

Es wird behauptet, das, was wir erlebt haben und noch erleben, beweise die Wertlosigkeit der christlichen Grundsätze, sei ein Zusammenbruch des Christentums. Das ist eine grobe Geschichtsfälschung. Gerade das Gegenteil ist richtig; was wir erleben, ist der Zusammenbruch des Materialismus, die Götterdämmerung der materialistischen Weltauffassung. Will ein Mensch behaupten, daß in Deutschland, in Europa in den Jahrzehnten vor dem Kriege oder gar im Kriege christliche, katholische Grundsätze maßgebend gewesen wären? Wie war denn das Verhältnis von Staat und Kirche bei uns in den letzten Jahrzehnten? Lest die Geschichte der Katholikenversammlungen, sie gibt die beste Antwort. Herrschte nicht bis in die letzten Jahre hinein der mehr oder weniger kirchenfeindliche Liberalismus?

Denkt an die Lage unserer Orden! Sie wurden überhaupt nicht zugelassen, oder wenn sie zugelassen wurden, wie notorische Verbrecher der Polizeiaufsicht unterstellt und in der kleinlichsten, gehässigsten Weise schikaniert. Galt nicht der überzeugte Katholik als staatsgefährlich, wurde er nicht aus hohen Staatsstellen geflissentlich ferngehalten? Wie sah`s auf den Universitäten aus? Wie war das Verhältnis zwischen Kirche und Staat in Italien, oder gar erst in Frankreich? Nein, in den letzten 50 Jahren waren im staatlichen und öffentlichen Leben Europas nichtchristliche Grundsätze maßgebend, die letzten Jahrzehnte waren die Zeit der ausgesprochenen Herrschaft des Materialismus. Die Fortschritte, welche die Menschen in der Technik gemacht hatten, die Reichtümer, die nur dadurch zuflossen, hatten ja den Sinn, das Verständnis für die Tradition, für das Geistige, das Übernatürliche genommen; sie glaubten, in der Materie und in der Herrschaft über die Materie den Endzweck alles menschlichen Seins, die Krone alles menschlichen Strebens zu erblicken. Die Saat, die der Materialismus gestreut hat, ist furchtbar aufgegangen. Ihre letzte und scheußlichste Frucht ist der Krieg: die untrennbar mit der materialistischen Weltauffassung verbundene Herrschsucht der Völker hat ihn herbeigeführt. Für den, der aufmerksam die Geschichte der letzten Jahrzehnte verfolgt hat, war es kein Geheimnis, daß die ganze Entwicklung zu einer furchtbaren Katastrophe führen müsse. Der Zusammenbruch Europas ist ein nicht zu widerlegender Beweis für die unerschütterliche Richtigkeit der christlichen Grundsätze; denn das Abweichen von ihnen hat die Menschheit zwangsläufig in dieses Elend, dieses Chaos geführt.

Also nicht den Mut sinken lassen, sondern mit doppelter Kraft den christlichen Grundsätzen wieder zur Anerkennung zu verhelfen suchen, das ist was die Lage von uns fordert. Bei uns selbst wollen wir damit zuerst anfangen, jeder bei sich und seiner Familie. Das ist unsere erste Pflicht. Nur, wenn wir selbst christlich leben und in unseren Familien christliches Leben herrscht, haben wir das Recht dafür einzutreten, daß diese Grundsätze auch im öffentlichen Leben Geltung haben. Bei sich also fange jeder selber an! Das persönliche Beispiel, das jeder, der die Ehre und die Gnade hat, Katholik zu sein, gibt, bedeutet unendlich viel. Die christlichen Grundsätze müssen aber auch in den öffentlichen Dingen wieder maßgebend werden.

Das sind sie jetzt keineswegs mehr wie früher, auch wenn unsere Orden jetzt wieder freie Bahn haben und Katholiken hohe Staatsämter bekleiden. Ich habe schon ausgeführt, daß man das zugelassen hat „der Not gehorchend, nicht dem eigenen Triebe“, und daß es jeden Augenblick wieder anders kommen kann. Auch jetzt noch ist in Deutschland der antichristliche Geist in den öffentlichen Dingen – das ist ein weiterer Begriff als in „politischen Dingen“ – durchaus maßgebend. Ja, er ist seit dem Zusammenbruch noch erheblich stärker geworden. Man geht jetzt noch viel geflissentlicher und zielbewußter darauf aus, die große Masse der Bevölkerung zu entchristlichen. Man sucht ihr eine neue Religion beizubringen, eine sozialistische Religion. Ich weiß, daß das nicht alle Sozialisten wollen. Aber es ist eine eigene Sache um den heutigen Sozialismus in Deutschland. Früher war er, und bei einem Teil seiner Anhänger ist er auch jetzt noch, eine ehrlich gemeinte, aus idealen Gründen hochgehaltene politisch-wirtschaftliche Überzeugung, der man Achtung entgegenbringen muß. Für einen großen Teil seiner Anhänger ist er identisch mit Lohnbewegung. Eine dritte Abart von Sozialisten mengt den politischen und wirtschaftlichen sozialistischen Ansichten allerlei sonstige Fragen der Lebensauffassung, kulturelle Fragen, Fragen der Kunst, ethische Fragen bei und sucht so eine Art nichtchristliche Religion zu schaffen. Täuschen wir uns nicht über die Gefahr, die darin steckt!

Mit einer solcher Diesseits-Religion kann man unser Volk in gefährlicher Weise entchristlichen. Es liegt nur zu nahe, daß Menschen, deren religiöse Überzeugung verschwommen ist, die nur noch aus einem gewissen Beharrungsvermögen heraus und mehr dem Namen nach christlich sind, einer solch geschickt vorgetragenen, den natürlichen Instinkten entgegenkommenden, mit Redensart über Kultur und Schönheit und Kunst verbrämten Diesseitsreligion sich zuwenden und ihr zum Opfer fallen. Wie setzen wir demgegenüber die Geltung der christlichen Grundsätze in den öffentlichen Dingen durch, wie verhüten wir eine Entchristlichung des Volkes? Zunächst durch intensive, energische Arbeit im katholischen Lager, insbesondere auch durch eine starke, einheitliche und einige Vertretung der Katholiken. Gerade das möchte ich nochmals mit allem Ernst und mit allem Nachdruck unterstreichen. Das genügt aber nicht. In Deutschland gibt es ein Drittel Katholiken und zwei Drittel Nichtkatholiken. Wir müssen beim Kampfe für die Geltung der christlichen Grundsätze in den öffentlichen Dingen bei den Nichtkatholiken Bundesgenossen suchen und die Gegnerschaft jener, die wir nicht als Bundesgenossen gewinnen können, möglichst entkräften. Vielleicht oder sogar sicher haben wir uns früher zu sehr für uns von den Nichtkatholiken ferngehalten. Dadurch haben wir die gemeinsamen christlichen Ideale, die auch im evangelischen Lager viele pflegen und hochhalten, nicht gefördert. Soweit wir das irgendwie können, müssen wir mit Bestrebungen Gleichgesinnter im evangelischen Lager Hand in Hand gehen und suchen, uns gegenseitig zu unterstützen und zu fördern.

Wir brauchen dabei keine Befürchtungen zu haben, unsere besonderen katholischen Grundsätze litten Schaden. Sie sollen und werden davon vollständig unberührt bleiben. Aber, von einem getrennten „Schlagen“, sicher erst von einem gegenseitigen Befehden der katholischen und evangelischen Christgläubigen hat nur der gemeinsame Feind, der nichtchristliche Geist, Nutzen. Unter unseren Gegnern gibt es viele, sehr viele, die nur deshalb unsere Gegner sind, weil sie uns und unsere Arbeit nicht kennen. Man glaubt gar nicht, wie groß auch jetzt noch, selbst bei klugen Leuten, die Unkenntnis in katholischen Dingen ist, wie jene, die kaum jemals einen Katholiken näher kennengelernt haben, die albernsten und verstiegensten Vorstellungen von einem „waschechten“ Katholiken haben. Sie müssen uns und die Werke und Verdienste unserer Religion kennenlernen. Wir müssen unsere bisherige Zurückhaltung auch ihnen gegenüber fahren lassen und suchen, in Berührung und, soweit möglich, in gemeinsame Arbeit mit ihnen zu kommen. Vielfach werden wir durchaus gemeinschaftlich mit ihnen raten und taten können, auf anderen Gebieten wenigstens bis zu einem gewissen Grade. Das ist das beste Mittel, ihnen ihre Vorurteile zu nehmen.

Wir müssen weiter die Welt in viel stärkerem Maße als bisher aufklären über unsere Tätigkeit. Die weitesten Kreise kennen nicht die Verdienste, die sich unsere Kirche um die Menschheit seit mehr denn 1900 Jahren erworben hat. Sie kennen nicht die unzähligen Werke der Barmherzigkeit, die Tag für Tag, Jahr für Jahr, in unseren Klöstern und klösterlichen Anstalten in entsagungsvollster Weise an den Kindern, den Kranken, Schwachen und Armen, den Unmündigen und Gebrechlichen aller Art getan werden und lange getan worden sind, ehe man sozialistische Lehren kannte. Ich glaube, viele würden das Christentum mit anderen Augen ansehen als bisher, sie würden es festhalten, schätzen und lieben lernen, sicher uns aber in unserer Arbeit gewähren lassen. Ich wünsche, es würde einmal von unserer Seite ziffernmäßig und statistisch dargestellt, was unsere Kirche und die Katholiken für die Volkserziehung, die Volksbildung, die Volksunterhaltung, für die Pflege der Kunst, für caritative Zwecke tun. Man sollte einmal feststellen, welche Summen dafür ausgegeben werden, wie viel Personen ganz oder teilweise in der Kranken- und Armenpflege, in der Erziehung, in der Fürsorge, auf allen sozialen und caritativen Gebieten unserseits tätig sind. Wenn man unsere gesamte Arbeit einmal statistisch aufnähme, wir würden ein Material zusammenbekommen, vor dem auch der schärfste Gegner bekennen müßte, daß die Kirche noch immer jene ist, die sich am allermeisten auf allen Gebieten derer annimmt, die Not leiden.

Die meiste, umfassendste und schlimmste Entchristlichung wird herbeigeführt durch jene moralischen Krankheiten des Volkes, von denen ich schon gesprochen habe. Sie gedeihen am besten und üppigsten in Zeiten allgemeiner wirtschaftlicher und sozialer Not. Wir dürfen daher nicht ermüden in der Arbeit auf sozialem Gebiete, im Gegenteil, wir müssen sie noch verstärken, ausbauen und vor allem religiös vertiefen, nicht nur aus Gründen allgemeiner Nächstenliebe, sondern auch aus rein religiösen Motiven. Ein soziales Programm müssen wir, muß das deutsche Volk ganz anders in Angriff nehmen als bisher, das ist das Problem der Großstadt. Fürchten Sie nicht, daß ich jetzt als Bürgermeister einer Großstadt und von ihrem Interessenstandpunkt aus spreche. Nein, ich spreche als Sozialpolitiker, dem das Wohl des gesamten Volkes am Herzen liegt, der aber in dem Großstadtproblem das wichtigste der sozialen Probleme Deutschlands, des Landes der Großstädte, erblickt. Die Lösung dieses Problems ist entscheidend für die Zukunft unseres ganzen Volkes. Die Erfahrung der Vergangenheit zeigt, daß die seelischen Volkskrankheiten, jene, von denen ich sprach, und fast alle anderen in den Großstädten entstehen. In ihnen wohnt fast die Hälfte unserer Bevölkerung. Wenn ein so großer Teil seelisch erkrankt, kann der andere nicht gesund bleiben. So sehen wir, daß sich diese Krankheiten von den großen Städten aus mit unheimlicher Schnelligkeit und Kraft auf das Land, das ihnen keinen genügenden Widerstand entgegensetzen kann, verbreiten.

Wohl haben wir versucht, den Gefahren der Großstadt entgegenzuarbeiten. Wir sorgen, so gut wir können, für Volksbildung, Volksunterhaltung, gute Lektüre, wir unterstützen Spiel und Sport, wir versuchen, Theater und Kino zu heben. Aber das sind alles Palliativmittel, wir behandeln nur die Symptome der Großstadtkrankheit, wir gehen nicht an ihre Wurzel. Die eigentliche Großstadtkrankheit ist die Wurzellosigkeit ihrer Bewohner. Sie haben nicht, wie die Bewohner der kleineren Städte oder des Landes, den beruhigenden Ausgleich, die Entspannung und Regenerierung, die der Zusammenhang mit der Erde, der Natur immer wieder gewährt, nicht den Halt, den die Zugehörigkeit zu einer kleineren Gemeinschaft gibt. So muß der Großstadtbewohner wurzellos werden, körperlich und geistig entarten. Seine Entartung wird beschleunigt durch die oft traurigen, allen sittlichen Begriffen hohnsprechenden Wohnungsverhältnisse.

Die Großstadt braucht nicht so zu sein, wie sie ist, sie braucht ihre Bewohner nicht wurzellos zu machen. Man muß die heutige Großstadt in langsamer, weitsichtiger Arbeit umbilden in einen Organismus, der aus einem Geschäftszentrum und in sich gegliederten kleinstädtischen, ja dörflichen Gebilden besteht. So umgestaltet, gewährt auch die Großstadt ihren Bewohnern den Zusammenhang mit Erde und Natur, ja auch das haltgebende Zugehörigkeitsgefühl zu einer kleineren Gemeinschaft. Es handelt sich hier nicht um technische Fragen, nein, um höchste Fragen der Kultur und des sozialen Fortschrittes, der Moral, an denen wir Katholiken auch aus religiösen Gründen intensiv arbeiten müssen. Ich bin überzeugt, wenn heute Bischof von Ketteler oder Kolping mit ihrem tiefen Verständnis für soziale Arbeit unserer Zeit, wenn sie einen Blick in unsere Großstädte würfen, sie würden mit mir darüber einstimmen, daß es die wichtigste soziale Aufgabe ist, unsere großen Städte wieder zu einem der menschlichen Natur angepaßten Aufenthalte zu machen. Mehrere Generationen, in den heutigen Großstädten geboren und aufgewachsen, hält das deutsche Volk nicht aus, man mag die Gesetzgebung im übrigen ausbauen, so weit man will und kann.

Noch ein Drittes bleibt uns Katholiken zu tun übrig: Wir müssen die internationalen Beziehungen der Katholiken stärker pflegen und ausbauen, damit auch in den Verhältnissen der Völker zueinander die Grundsätze des Christentums maßgebend werden. Der Krieg und die Jahre nach dem Kriege haben uns in grausamster Weise vor Augen geführt, daß das nicht der Fall ist. Tun wir, was in unseren Kräften steht, damit es anders wird! Gerade wir Katholiken sind dazu besonders berufen, die Katholiken der verschiedenen Länder müssen sich miteinander verbinden und vereinen, um das zu erreichen. Niemand, dem das Wohl der Menschheit am Herzen liegt, wird uns deshalb des Mangels an Vaterlandsliebe zeihen können. Auf das tatkräftigste und entschiedenste müssen wir alle Bestrebungen des Heiligen Stuhles unterstützen, die dahin gehen, daß die Beziehungen der Völker zueinander nach den christlichen Grundsätzen, nach Recht und Gerechtigkeit geordnet werden. (Lebhafter Beifall.) Welche Kräfte der Katholizismus heute nicht nur seinen Anhängern, sondern dem ganzen deutschen Volke, unserem armen Vaterlande schenken kann, das sollen die Vorträge in den öffentlichen Versammlungen im einzelnen darlegen: Kräfte in religiöser Beziehung, der heutige Tag wird diesen Gedanken gewidmet sein. Kräfte in sozialer Beziehung, dieser Gedanke wird uns morgen beschäftigen. Kräfte in universaler Beziehung, die Betrachtung darüber wird den dritten Tag ausfüllen. Es ist ein großes, fast übergroßes Arbeitsfeld, das vor uns liegt. Aber nochmals sei es als Gelöbnis wiederholt: Wir verlieren nicht den Mut; denn mit uns ist Gottes Kraft, Gottes Allmacht, Gottes Liebe.

Und nun lassen Sie uns, ehe wir in unsere Verhandlungen eintreten, als treue Kinder unsere Augen und Herzen dem Heiligen Vater zuwenden. Ist es nicht wunderbar, daß in dieser Zeit der Waffen und der Gewalt eine souveräne Macht besteht, wie das Papsttum, die von weittragendem Einfluß ist auf die Beziehungen der Völker zueinander, und deren Einfluß sich nicht stützt auf

Armeen und Flotten und Flugzeuge? Ist es nicht ein tröstender Gedanke nicht nur für uns Katholiken, nein, für alle Menschen, daß es in dieser Zeit, da die Völker und Staaten kein Recht, keine Gerechtigkeit, keine Liebe mehr kennen, eine Macht gibt, die die Liebe und Gerechtigkeit auch für die Beziehungen der Völker untereinander predigt? Gibt es in dieser Zeit des Zornes und Hasses, in dieser Zeit des Umsturzes und der Autoritätslosigkeit, etwas Notwendigeres und Zeitgemäßeres als das Papsttum? Wahrhaftig, je mehr die Welt zur Besinnung kommt, je mehr sie sich aus dem furchtbaren Taumel, der sie erfaßt hat, wieder auf sich selbst besinnt, desto ehrerbietiger und achtungsvoller wird sie, auch die nichtkatholische, dem Papsttum gegenübertreten müssen. Wir Katholiken erweisen der Sache der Liebe und Gerechtigkeit unter allen Völkern einen Dienst, wenn wir das Papsttum hochhalten, es durch unsere Treue, Liebe und Anhänglichkeit stützen, durch die öffentliche Bekundung unserer Ergebenheit ehren und feiern. Das wollen wir auch diesmal wieder tun. Von ganzem Herzen und aus vollster Überzeugung wollen wir zum Papsttum halten, zum Papste stehen in fester, nicht wandelbarer Treue!

Einen Kranz der Dankbarkeit und Liebe legen wir heute im Geiste nieder am Grabe Benedikts XV. Am 22. Januar dieses Jahres hat er seine Augen geschlossen. Sein Pontifikat fiel in die Zeit eines namenlosen Jammers, und als er starb, sah er noch nicht die Morgenröte eines wahren Friedens für die Menschheit. „Wir geben unser Leben gern für den Weltfrieden hin", waren seine letzten Worte. „Die Mission des Friedens und der Liebe, aller Menschen Heil zu wirken", hat er bei Übernahme seines Hirtenamtes als seine Aufgabe in seinem Programm bezeichnet. Diesem Programm ist er treu geblieben, unablässig hat er dafür gewirkt. Sein erstes Wort an die Katholiken und sein erstes Wort an die Kriegführenden im September 1914 waren ein Aufruf zum Frieden. Im Waffenlärm verklangen seine mahnenden Worte ungehört, ungehört blieb auch sein Vorschlag einer Waffenruhe an den ersten Kriegsweihnachten. Im April 1915 forderte er die Vereinigten Staaten auf, die Friedensvermittlung zu übernehmen. Im August 1917 hatte er fast sein Ziel, die Herstellung des Friedens, erreicht. Nicht durch seine Schuld scheiterte sein Werk, als es fast gesichert schien. Offen und freimütig hat er dann später vor dem Versailler Diktat gewarnt. „Man möge", so sagte er, „von vornherein einsehen, daß die Nationen nicht sterben, und daher möge man absehen von dem gegenseitigen Willen der Vernichtung. Erniedrigt und gedrückt tragen die Nationen mit Widerwillen das aufgezwungene Joch, während der Rachegedanke fortlebt und als schlimmes Erbe des Hasses und der Rachsucht sich von Geschlecht zu Geschlecht fortpflanzt. Warum nicht von nun an mit Gerechtigkeit die Rechte und gerechten Forderungen der Völker prüfen und abwägen?" Unvergessen bleibt auch, was Benedikt XV. auf caritativem Gebiete gewirkt hat. Bald nach Kriegsausbruch setzten seine Bemühungen um die Erleichterungen des Loses der Kriegsgefangenen ein. Er erreichte den Austausch der dienstunfähigen Gefangenen, die Internierung der Schwerverwundeten in der Schweiz, den Austausch von Zivilgefangenen, Verbesserungen in der Seelsorge, Besuch der Konzentrations- und Gefangenenlager durch neutrale Abgesandte. Nach dem Kriege hat er, soweit seine beschränkten Mittel es zuließen, mit vollen Händen für Deutschland gespendet: für die hungernden Kinder, für mittellose und tuberkulöse Studenten, für die erwerbsunfähigen Kleinrentner und Angehörige des Mittelstandes. Wahrhaftig, sein Pontifikat ist die beste Illustration, der beste Beweis der Bedeutung des Papsttums für die ganze, nicht nur für die katholische Welt. Er ist unerwartet früh von uns geschieden. Gesegnet sei sein Andenken, er war in Wahrheit ein „Gesegneter des Herrn".

Auf Benedikt XV. ist Pius XI. gefolgt. Seit vielen Jahrhunderten haben wir keinen Papst mehr gehabt, der die deutsche Sprache, die deutsche Wissenschaft, deutsche Art und deutsches Wesen so gekannt hat, wie unser jetziger Heiliger Vater. Seiner Zuneigung und Liebe für Deutschland hat er unmittelbar nach seiner Wahl den deutschen Kardinälen gegenüber durch Wort und Tat Ausdruck verliehen. Er hat nach seinen eigenen Worten die Mission Benedikts XV., die Mission des Friedens und der Liebe, aufgenommen und uns, die Gedrückten und Gedemütigten, die Armen und Notleidenden, besonders in sein Herz geschlossen. Wir begrüßen ihn heute mit Dankbarkeit und Ehrfurcht, wir scharen uns um ihn in christlicher Liebe, wir geloben ihm unerschütterliche Treue. Mit diesem Gelöbnis lassen Sie mich schließen.

Dokument 46

9. November 1922: Aufzeichnung Adenauers „Die politische Lage innerhalb des deutschen Katholizismus"[1]

Quelle: HAStK 902/258/2, S. 1–7, ms., ohne Unterschrift. Abgedruckt bei:

Morsey, Vom Kommunalpolitiker zum Kanzler, S. 58–62.

Das Deutsche Reich hatte in seinem alten Gebietsumfange rund 67 Millionen Einwohner, darunter 37,7 % Katholiken. Heute zählt das Deutsche Reich rund

63 Millionen Einwohner mit etwa 34 % Katholiken. Der Reichstag im alten Reiche hatte insgesamt 397 Abgeordnete, von diesen gehörten dem Zentrum an 90 – 22,7 %.[2] Dem heutigen Reichstag gehören 469 Abgeordnete an, unter diesen zählen zum Zentrum 72 – 15,4 %.

Das Stärkeverhältnis der einzelnen Fraktionen im heutigen Reichstag ist folgendes:
Zentrum 72
Vereinigte Sozialdemokratische Partei 178
Deutschnationale [Volks-] Partei 69
Deutsche Volkspartei 66
Demokraten 40
Bayerische Volkspartei 20
Kommunisten 5
kleinere Parteien insgesamt 9.

Aus vorstehendem ergibt sich, daß die politische Vertretung der deutschen Katholiken schon rein ziffernmäßig erheblich schwächer ist als vor dem Zusammenbruch. Sie ist aber weiter auch deshalb schwächer, weil die Linke, insbesondere die Vereinigte Sozialdemokratie, so außerordentlich stark ist. Seit der letzten Reichstagswahl[3] machen sich nun politische Zersetzungserscheinungen im deutschen Katholizismus in stärkerem Maße bemerkbar, welche die Aktionsfähigkeit der jetzigen Vertretung der Katholiken im Reichstag noch stark beeinträchtigen und für die Zukunft noch Schlimmeres befürchten lassen. Manchen katholischen Kreisen fällt es schwer, das richtige Verhältnis zur heutigen Staatsform zu finden. Sie können sich nicht dazu entschließen, unter Beiseitelassung gefühlsmäßiger Erwägungen und Erinnerungen sich entschieden auf den Boden der Tatsachen zu stellen und auf diesem Boden positiv mitzuarbeiten. Die Deutschnationale [Volks-]Partei, die, genau wie die äußerste Linke, die Kommunistische Partei, eine vollständig negative Politik treibt, macht sich diese gefühlsmäßige Einstellung mancher katholischer Kreise zu Nutzen; sie hat eine katholische Abteilung gegründet und versucht – nicht ohne Erfolg –, unter den deutschen Katholiken festen Fuß zu fassen. Die Hauptstützpunkte der politischen Vertretung der deutschen Katholiken waren von jeher das Rheinland, Schlesien und Bayern. Im Rheinlande ist es den Deutschnationalen bisher am wenigsten gelungen, unter den früheren Zentrumswählern Anhänger zu finden, wenngleich auch hier ihr Einfluß namentlich in besser situierten ländlichen Kreisen nicht gering ist. Dagegen haben sie wohl erreicht, in Schlesien und namentlich auf indirektem Wege in Bayern die politische Kraft des deutschen

Katholizismus außerordentlich zu schädigen. Für die Zustände in Schlesien ist bezeichnend, daß dort ein katholischer Pfarrer eine deutschnationale Kandidatur angenommen hat und daß der Fürstbischof von Breslau[4] dazu hat Stellung nehmen müssen.

In Bayern hat sich zuerst die Bayerische Volkspartei vom Zentrum gelöst. Hierdurch hat das Zentrum eine besonders bedauerliche und ins Gewicht fallende Schwächung erfahren. Darüber hinaus ist die Lage in Bayern für die politische Bedeutung des deutschen Katholizismus immer gefährlicher geworden. Bayern hat die Sonderrechte, die es im alten Reich hatte, verloren – ebenso hat allerdings auch Preußen seine viel weiter gehende Vormachtstellung aufgegeben. Die bayerische Bevölkerung hat an diesen Sonderrechten von jeher gehangen. Diesen Verlust der Sonderrechte und die allgemeine Unzufriedenheit mit den heutigen Verhältnissen haben die Deutschnationalen, die in Bayern Mittelpartei heißen, sich in der skrupellosesten Weise zunutze gemacht. Die Bayerische Volkspartei hat zunächst diese Agitationen mehr oder weniger freiwillig mitgemacht. Dadurch ist in Bayern eine solche Stimmung groß gezogen worden, daß die Bayerische Volkspartei, um ihre Wählerschaft zu halten, nicht mehr anders kann, als die Mittelpartei will. Die Agitation in Bayern gegen das Reich und alles was damit zusammenhängt ist ebenso maßlos und negativ wie unvernünftig. Durch diese Agitation wird es weiten katholischen, namentlich auch geistlichen Kreisen in Bayern ganz unmöglich gemacht, die heutigen Dinge einigermaßen richtig zu sehen und zu verstehen.

Die Vorkommnisse auf dem deutschen Katholikentag in München im August 1922 haben eine treffende Illustration für den in Bayern herrschenden Geist gegeben. Nach der Absicht der Leitung der Katholikenversammlung[5] sollte er von allen politischen Dingen vollständig freigehalten werden. Man wollte alles das, was die deutschen Katholiken eint – religiöse und caritative Interessen – herausstellen, um so wieder eine Atmosphäre der Einigkeit für alle deutschen Katholiken zu schaffen. Man hoffte, dadurch auch auf politischem Gebiet wieder zu größerer Einigung zu kommen. Diese Absicht der Leitung, den Katholikentag von politischem Hader freizuhalten, ist vollständig vernichtet worden und zwar durch den Erzbischof von München, Kardinal Faulhaber, in allererster Linie. Herr Kardinal Faulhaber hat in seiner Ansprache bei der Pontifikalmesse auf dem Königsplatz sofort in stärkster Weise politisch gesprochen und zwar aggressiv politisch, obgleich nicht der geringste Anlaß dazu vorhanden war. Er hat auch in der Folgezeit fast überall, wo er das Wort ergriffen hat, politische Ausführungen gemacht und kaum eine Gelegenheit vorübergehen lassen, ohne über die Reichsbehörden und die Reichsgesetzgebung abfällige oder spöttische Ausführungen zu machen. Um die ganze Atmosphäre des Katholikentages zu kennzeichnen, seien folgende Einzelheiten hier angeführt:

1. die oben schon erwähnte Ansprache des Kardinals Faulhaber. In dieser Ansprache finden sich folgende Sätze: „Die Revolution war Meineid und Hochverrat. Sie bleibt in der Geschichte erblich belastet und gezeichnet mit einem Kainsmal, auch wenn sie heute Erfolg hatte, wenn sie da und dort Vorteile brachte. Eine Untat kann auf Grund dessen nicht heilig gesprochen werden usw." (Vergl. den Wortlaut der Ausführungen in der beiliegenden Nr. 661 der Kölnischen Volkszeitung vom 28.8.1922 sowie die Artikel in den beigefügten Nummern 35 und 36 der in München erscheinenden Allgemeinen Zeitung vom 27. August und 3. September 1922, die diesen Vorgang schildern). Die Ansprache hat auf alle diejenigen, die sich verpflichtet fühlen, auf dem Boden der heutigen Reichsverfassung mitzuarbeiten, den allerpeinlichsten Eindruck gemacht.

2. Die Reichsflagge war weder in der großen Halle, in der die Versammlungen des Katholikentages stattfanden, noch sonstwo angebracht, und es hat erst des energischsten Verlangens des Präsidiums des Katholikentags bedurft, um zu erreichen, daß nach heftigem Widerstreben wenigstens an einer versteckten Stelle des Saales in vorsichtiger Weise die Fahne gezeigt wurde.

3. Auf den Nebenveranstaltungen des Katholikentages, insbesondere auf den Studentenkommersen, herrschte ein Geist, der jeden etwas weiter blikkenden deutschen Katholiken mit der tiefsten Besorgnis erfüllen mußte. Die Reden und Gespräche waren mit einem solch unklugen, den Verhältnissen nicht gerecht werdenden Geist erfüllt und so abgekehrt von jeder aufbauenden Mitarbeit, daß diese katholischen Akademikerschichten, wenn sie einen derartigen Geist weiter pflegen, sich unbedingt von jedem politischen Einfluß für die Zukunft ausschalten.

4. In der Schlußversammlung des Katholikentages hat der Präsident Adenauer die in dem anliegenden Zeitungsausschnitt wiedergegebenen Ausführungen gemacht, um zu verhindern, daß durch die Vorfälle und Reden auf dem Katholikentag der gesamte deutsche Katholizismus schweren Schaden litte. Er ist deswegen von einem großen Teile der auf den Ehrentribünen versammelten prominenten bayerischen Katholiken, namentlich auch von Geistlichen, mit den gröbsten Schimpfworten insultiert worden. Über die Folge der Vorfälle auf dem Katholikentag unterrichten am besten folgende Anlagen: a) Auszug aus einer Rede des deutschnationalen Reichstags-Abgeordneten Wallraf auf dem deutsch-

nationalen Parteitag in Görlitz nach dem Bericht der Schlesischen Zeitung Nr. 509 vom 29. Oktober 1922; b) das Echo in den deutschnationalen, insbesondere auch in den schlesischen Zeitungen und sonstige Zeitungsausschnitte (siehe Anlagen).

Seit diesem Katholikentag haben sich die Verhältnisse, namentlich in Bayern, nicht erheblich gebessert, sie haben sich eher noch verschlechtert. In Bayern wird in manchen Kreisen der Gedanke erwogen, ein süddeutsches Königtum unter Duldung Frankreichs zu schaffen. Diejenigen, die mit diesem Gedanken umgehen, machen sich keine Skrupel daraus, daß ein solcher Schritt die Auflösung des Reiches und damit fast automatisch die Annexion der Rheinlande durch Frankreich zur Folge haben würde. Bei einem Zerfall des Reiches würde Frankreich keinen Schuldner für seine Forderungen mehr haben und würde sich dafür durch die Aneignung der Rheinlande schadlos halten. Das Ausscheiden Bayerns aus dem Reiche würde somit französischen Kreisen einen willkommenen Vorwand bieten, ihre Rheinpolitik durchzuführen. Derartige Gedanken werden auch schon in französischen Zeitschriften ausgesprochen. Es sei hier verwiesen auf einen in Abschrift beiliegenden Artikel der „L`Action Française" Nr. 194 vom 13. 7. 1922, in dem ausgeführt wird, daß der Schlüssel zur Lösung der rheinischen Frage in München liege. Der Zerfall des Reiches würde die Ausschaltung des politischen Einflusses der deutschen Katholiken auf eine nicht zu schätzende Zeit bedeuten. Daß dadurch die Allgemeininteressen der Kirche und die Interessen des Päpstlichen Stuhles aufs schärfste verletzt werden, liegt auf der Hand.

Es muß auf das ernsthafteste versucht werden, die politische Einigkeit der deutschen Katholiken wieder herzustellen. Daß die deutschen Katholiken politischen Einfluß nur dann ausüben können, wenn sie auf dem Boden der heutigen Verfassung mitarbeiten, nicht aber, wenn sie in eine fruchtlose Opposition treten, liegt auf der Hand. Dringend nötig ist, daß in Bayern nach dem Rechten gesehen wird. Die Haltung des Kardinals Faulhaber ist unverträglich mit den Interessen des deutschen Katholizismus. Er muß entweder eine grundsätzliche Schwenkung einnehmen oder dazu angehalten werden, sich jeder politischen Betätigung auf das strikteste zu enthalten. Die übrigen deutschen Bischöfe haben im allgemeinen ein viel besseres Verständnis für die gegenwärtige Zeit. Leider ist dieses Verständnis in weiten Kreisen der niederen Geistlichkeit, vor allem in Bayern, aber auch im Rheinlande und in sonstigen Gegenden des Reiches, nicht vorhanden. Es wäre höchst wünschenswert, wenn die Bischöfe für Aufklärung und Belehrung des Klerus Sorge tragen könnten. Die Hauptgefahr für die politische Bedeutung der deutschen Katholiken und für die Einheit des Reiches bildet aber zur Zeit Bayern. Der nach außen am meisten in die Erscheinung tretende Exponent der reichsfeindlichen Strömung ist Kardinal Faulhaber. Es drohen hier den deutschen Katholiken und damit der gesamten Kirche ganz unabsehbare Gefahren.

[1] Für welchen Zweck diese Denkschrift erstellt und ob sie abgesandt wurde, ist aus den Akten nicht rekonstruierbar. Die im Text genannten Anlagen sind hier nicht mit abgedruckt.

[2] Nach der Reichstagswahl von 1912.

[3] 6. Juni 1920.

[4] Kardinal Adolf Bertram.

[5] Adenauer war Präsident des Katholikentages 1922. Vgl. Dokument 45.

Dokument 47

Köln, 22. September 1930: Ansprache Adenauers auf der Generalversammlung der Görres-Gesellschaft [Auszug]

Quelle: Jahresbericht der Görres-Gesellschaft 1929/30, Köln 1931, S. 57.

[Eingangs wies Adenauer eindringlich auf die Notwendigkeit der Bestrebungen der Görres-Gesellschaft hin, die Wissenschaft im katholischen Deutschland zu fördern. Er betonte, dass der Staat die deutsche Wissenschaft seit Kriegsende tatkräftig unterstützt habe.]

Trotzdem erfüllt mich Sorge für die deutsche Wissenschaft. Nicht wegen gewisser Erscheinungsformen, nicht wegen der Zersplitterung im Spezialistentum. Ich denke an den wissenschaftlichen Nachwuchs. Ich darf mir ein Urteil erlauben, weil an der neuen Universität Köln das Kuratorium, dessen Vorsitzender der jeweilige Oberbürgermeister ist, das Recht hat, zu den Vorschlägen der Fakultäten Bemerkungen zu machen. Dieses Recht gibt Möglichkeiten und legt Verpflichtungen auf, die mich zu eingehender Beschäftigung mit diesen Fragen gezwungen haben. Die Aussichten sind erschreckend. Wenn man sich bemüht, einen hervorragenden Mann aus der jüngeren Generation zu finden, so muß man häufig bekennen: vacat! Ich kenne die Gründe, die darin liegen, daß zum akademischen Beruf eine hohe ideale Gesinnung und Liebe zur Sache gehört und anderseits der Materialismus und die Not der Zeit den jungen Mann zwingt, daran zu denken, schnell ins Verdienst zu kommen. Die Lage ist erschreckend, wenn ich an die Qualität und Quantität des wissenschaftlichen Nachwuchses denke. Das trifft in besonderem Maße für den katholischen Nachwuchs zu. Die Gründe liegen auch hier auf der Hand. Die Krise ist dadurch verstärkt, daß die Katholiken in Deutschland bis vor wenigen Jahren in der Universitätslaufbahn nichts zu suchen hatten, und die Erinnerung daran geht nicht von heute auf morgen verloren. Der katholische Volksteil ist ja auch mit Glücksgütern weniger gesegnet.

Diese Feststellungen haben nichts Beschämendes und Beschimpfendes. Wir müssen ihnen in die Augen sehen, und doch hat der deutsche Katholizismus eine große Aufgabe für das deutsche Land auf lange, lange Jahre hinaus zu erfüllen. Das setzt voraus, daß unsere jungen Katholiken sich mit den geistigen Problemen unserer Zeit in erheblich steigendem Maße beschäftigen, wie das letzten Endes heute der Fall ist. Man muß feststellen, daß in manchen Gelehrtenkreisen derjenige Wissenschaftler, der nicht von vornherein zur Zunft gehört, durch das Mikroskop besichtigt wird. Aber die Tatsache bleibt wahr, daß wir Katholiken weniger Nachwuchs haben als die anderen. Das Bestreben, das zu ändern, muß vom Klerus in der stärksten und intensivsten Weise unterstützt werden. Das protestantische Pfarrhaus sendet von Jahr zu Jahr viele Gelehrte auf die deutschen Universitäten. Das katholische Pfarrhaus muß die vorhandene Lücke mit ausfüllen helfen. Das ist eine Karitas, die auf die Zeit nach fünf Jahren wirkt und geeignet ist, uns dann wieder reichere Gaben zuzutragen. Man darf nicht so kurzsichtig sein, nur an die Not der Gegenwart zu denken.

Dokument 48

Köln, 4. Oktober 1917: Synagogengemeinde Adass Jeschurun, Köln, an Bürgermeister Adenauer, Köln

Quelle: StBKAH, Nl. Adenauer 01.02.

Ew. Hochwohlgeboren

erlaubt sich der ergebenst unterzeichnete Vorstand der Synagogengemeinde Adass Jeschurun in Köln zu Ihrer Wahl als Bürgermeister seinen herzlichsten Glückwunsch auszusprechen. Wenn mit der gesamten Bürgerschaft auch der Vorstand unserer Gemeinde diese Wahl mit besonderer Freude und Genugtuung begrüsst, so geschieht dies aus dem Gefühl tiefer und aufrichtiger Dankbarkeit, die die Gemeinde Ew. Hochwohlgeboren schuldet. Konnte die Gemeinde, getreu ihren Grundsätzen, auch während und trotz der harten und prüfungsreichen Kriegsnot die Vorschriften ihrer heiligen Religion auf dem für sie so überaus wichtigen Gebiet der Nahrungsmittelversorgung bisher hochhalten und durchführen, so verdankt sie dies in erster Linie dem verständnisvollen und allzeit bereitwilligen Entgegenkommen, das sie bei Ew. Hochwohlgeboren gefunden hat. Möge ihr das ihr bisher in so reichem Maße bewiesene Vertrauen auch fernerhin bewahrt bleiben. Möge die gütige Vorsehung, die Ew. Hochwohlgeboren aus schwerer Lebensgefahr glücklich errettet hat,[1] es fügen, dass dem allseits verehrten neuerwählten Oberhaupt unserer geliebten Vaterstadt eine lange und reich gesegnete Tätigkeit beschieden sei.

Ew. Hochwohlgeboren
ganz ergebener
Vorstand der Synagogengemeinde Adass Jeschurun Köln
[unleserlich]

[1] Adenauer hatte im März 1917 einen schweren Verkehrsunfall erlitten, der einen viermonatigen Krankenhausaufenthalt und eine dreimonatige Kur nach sich zog.

Dokument 49

8. Oktober 1917: Adenauer an die Synagogengemeinde Adass Jeschurun

Quelle: StBKAH, Nl. Adenauer 01.02, Kopie ohne Ort mit Paraphe.

Dem verehrlichen Vorstand der Synagogen-Gemeinde Adass Jeschurun in Cöln danke ich bestens für die freundlichen Glückwünsche. Jede religiöse Überzeugung des Menschen als das Heiligste zu achten wird immer für mich meine vornehmste Pflicht sein. Ich bitte Sie, die Versicherung entgegennehmen zu wollen, daß ich auch Ihnen gegenüber dieser Pflicht stets eingedenk sein und Ihren Wünschen, soweit es mir die Verhältnisse eben erlauben, gern entgegenkommen werde.

Mit ausgezeichneter Hochachtung
Ihr sehr ergebener
A[denauer]

Dokument 50

Berlin, 29. November 1926: Der Vorsitzende der Zionistischen Vereinigung für Deutschland Kurt Blumenfeld an Dr. Adenauer, Cöln

Quelle: HAStK 902/285/1, Bl. 1ff. [Am Rand hs. Notiz Adenauers: 1. Mitteil(en) [unleserlich] demnächst darauf zurückkommen 2. bei Herrn Prof. Kaas anfragen].

Sehr geehrter Herr Oberbürgermeister,
das wachsende Interesse der deutschen Öffentlichkeit an dem jüdischen Aufbauwerk in Palästina kommt in der projektierten Gründung eines deutschen Pro-Palästina-Comités zum Ausdruck.

Folgende Herren haben bisher ihre Bereitwilligkeit erklärt, sich diesem Comité anzuschliessen.

Prof. Dr. Auhagen
Kultusminister Dr. Becker
Eduard Bernstein, M.d.R.
Botschafter z.D. Graf Bernstorff, M.d.R.
Prof. Dr. Blanckenhorn
Ministerpräsident Braun
Prof. Dr. Bredt, M.d.R.
Dr. R. Breitscheid, M.d.R.
Robert Breuer, Schriftsteller
Geh. Regierungsrat Cleinow
Reichsminister a.D. Dr. Dernburg, M.d.R.
Schulrat D. Eberhard[1]
Major a.D. Endres
Dr. A. Grabowsky
Regierungspräsident Dr. Haussmann
Prof. Dr. Hoetzsch, M.d.R.
Prof. Dr. Jaeckh
Präsident Dr. Junghann
Domkapitular Prälat Prof. Dr. Kaas, M.d.R.
Dr. von Kardorff, M.d.R.
Landrat Kranold
Geh. Legationsrat Dr. Kuenzer
Thomas Mann
Oekonomierat Dr. Lothar Meyer

Reichskanzler a.D. Hermann Müller
Generalkonsul Prüfer
Geh. Konsistorialrat Prof. Dr. Sellin
Oberregierungsrat Dr. Simons, Direktor der Deutschen Hochschule für Politik
Prof. Dr. Sombart
Prof. Dr. Stein
Staatssekretär Weismann

Ich würde es ausserordentlich begrüssen, wenn Sie, sehr geehrter Herr Oberbürgermeister, gleichfalls Ihren Anschluss an das Comité erklären würden. Ich bin beruflich ziemlich häufig in Cöln und wäre – falls Ihnen der Inhalt der mit gleicher Post abgesandten Denkschrift betreffend Gründung eines Deutschen Comités pro Palästina nicht genügen sollte, gern an einem von Ihnen festzusetzenden Termin zu einer Unterredung mit ihnen in dieser Sache bereit.

Ich verbleibe mit vorzüglicher Hochachtung ganz ergebenst
Kurt Blumenfeld

[1] Gemeint ist wahrscheinlich Otto Eberhard.

Dokument 51

2. Dezember 1926: Adenauer an den Vorsitzenden der Zionistischen Vereinigung für Deutschland, Berlin, Kurt Blumenfeld

Quelle: HAStK 902/285/1, Kopie ohne Ort und Unterschrift.

Für die freundliche Aufforderung, dem deutschen Pro-Palästina-Comité beizutreten, gestatte ich mir, meinen besten Dank auszusprechen. Ich werde demnächst auf die Angelegenheit zurückkommen.

Mit vorzüglicher Hochachtung

Dokument 52

2. Dezember 1926: Adenauer an Domkapitular Prälat Prof. Dr. Kaas, Trier

Quelle: HAStK 902/285/1, Abschrift ohne Ort mit Paraphe.

Sehr verehrter Herr Kaas!

Von dem Vorsitzenden der Zionistischen Vereinigung für Deutschland in Berlin werde ich um Beitritt zu einem in der Gründung begriffenen deutschen Pro-Palästina-Comité gebeten. Unter den Persönlichkeiten, die sich diesem Comité angeschlossen haben sollen, sind auch Sie genannt. Ich wäre Ihnen, sehr verehrter Herr Kaas, sehr dankbar, wenn Sie mir etwas Näheres in der Angelegenheit mitteilen und angeben würden, ob keinerlei Bedenken bestehen, meinerseits dem Comité ebenfalls beizutreten.

In bekannter Gesinnung
Ihr sehr ergebener
A[denauer]

Dokument 53

Berlin, 7. Dezember 1926: Deutsches Komitee „Pro Palästina" an Oberbürgermeister Dr. Adenauer

Quelle: HAStK 902/285/1.

Sehr geehrter Herr Oberbürgermeister,

wir danken Ihnen sehr für Ihre freundliche Mitteilung vom 2. cr., aus der wir ersehen haben, dass wir auf weitere Mitteilungen von Ihnen rechnen können. Wie gestatten uns, Ihnen in der Anlage eine Liste zu überreichen, in der die Namen der bis zum heutigen Tage dem Pro-Palästina-Comité beigetretenen Persönlichkeiten aufgeführt sind.

Wir verbleiben mit vorzüglicher Hochachtung
ganz ergebenst
Karl Glaser

Prof. Dr. O. Auhagen
Ministerialdirektor Dr. H. Badt
Rabbiner Dr. Baeck
Preussischer Kultusminister Prof. Dr. Becker
Georg Bernhard, Chefredakteur der „Vossischen Zeitung“
Eduard Bernstein, M.d.R.
Graf Bernstorff, M.d.R., Botschafter z.D.
Prof. Dr. M. Blanckenhorn – Marburg
Kurt Blumenfeld, Vorsitzender der Zionistischen Vereinigung für Deutschland
Preussischer Ministerpräsident O. Braun
Prof. D. Dr. J.V. Bredt, M.d.R.
Dr. R. Breitscheid, M.d.R.
Robert Breuer
Dr. Martin Buber – Heppenheim
Geh. Konsistorialrat Prof. D. Dr. Budde – Marburg
Justizrat L. Cahen – Köln
Geh. Regierungsrat G. Cleinow
Reichsminister a.D. Dr. Dernburg, M.d.R.
Willy Dreyfus – Frankfurt/M.
Schulrat D.[1] Eberhard – Greiz
Prof. Dr. Albert Einstein
Major a.D. F.C. Endres
Karl Glaser
Dr. A. Grabowsky
Prof. D. Dr. H. Gressmann
Regierungspräsident Dr. Haussmann – Stralsund
Geh. Justizrat Dr. h.c. A. Heilberg – Breslau
Prof. Dr. O. Hoetzsch, M.d.R.
Prof. Dr. Jaeckh
Prof. Dr. A. Jirku – Breslau
Regierungspräsident a.D. Dr. Junghann
Domkapitular Prälat Prof. Dr. Kaas, M.d.R.
Geh. Justizrat Prof. Dr. Dr. Kahl, M.d.R.
Dr. von Kardorff, M.d.R.
Landrat H. Kranold – Sprottau
Geh. Legationsrat Dr. R. Kuenzer, Hauptschriftleiter der „Germania“
Generalkonsul Eugen Landau

Alfred Lisser – Hamburg
Paul Loebe, Präsident des Reichstags
Thomas Mann
Prof. Dr. C. Meinhof – Hamburg
Ökonomierat Dr. L. Meyer
Reichskanzler a.D. Hermann Müller, M.d.R.
Fritz Naphtali
Frau Katharina von Oheimb
Prof. Dr. Franz Oppenheimer – Frankfurt/M.
Generalkonsul Prüfer – Tiflis
Freiherr von Rechenberg, Gouverneur a.D.
Prof. Dr. L.[2] Schücking, M.d.R.
Geh. Konsistorialrat Prof. D. Dr. Sellin
Oberregierungsrat Dr. H. Simons, Direktor der Deutschen Hochschule für Politik
Legationsrat Prof. Dr. M. Sobernheim
Kommerzienrat Konsul Dr. W. Sobernheim
Geh. Prof. Dr. W. Sombart
Prof. Dr. L. Stein
Prof. Dr. P. Thomsen – Dresden
Oskar Wassermann
Staatssekretär Dr. Weismann

[1] Wahrscheinlich handelt es sich um O. (Otto) Eberhard.
[2] Wahrscheinlich handelt es sich um W. (Walther) Schücking.

Dokument 54

16. Dezember 1926: Adenauer an Domkapitular Prälat Prof. Dr. Kaas, Trier

Quelle: HAStK 902/285/1, Kopie ohne Ort mit Paraphe.

Sehr verehrter Herr Kaas!

Unter dem 2. ds. Mts. bat ich um nähere Auskunft über die Zionistische Vereinigung für Deutschland, Berlin W 15, deren „Pro-Palästina-Comité“ Sie als Mitglied angehören sollen. Bisher ist mir in der Angelegenheit nichts bekannt worden.

Ich wäre Ihnen daher für baldgefl. Beantwortung meines Schreibens vom 2.12. sehr dankbar.

Mit besten Grüßen
Ihr sehr ergebener
A[denauer]

Dokument 55

Trier, 20. Dezember 1926: Ludwig Kaas an Adenauer

Quelle: HAStK 902/285/1.

Hochverehrter Herr Oberbürgermeister!

Zunächst bitte ich vielmals um Entschuldigung, dass ich infolge längerer Krankheit erst heute in der Lage bin, Ihre gefl. Anfrage wegen des Comités Pro Palästina zu beantworten. Ich selbst habe zunächst nicht unerhebliche Bedenken überwinden müssen, ehe ich mich zum Eintritt entschloss. Den um meine Mitgliedschaft sich bemühenden Herren habe ich mit aller Deutlichkeit erklärt, dass ich den Zionismus in der Form eines jüdischen Sonderstaates in Palästina ablehne. Erst nachdem mir versichert worden war, dass es sich hauptsächlich um die Förderung der jüdischen Siedlungen in Palästina ohne rechtliche Beeinträchtigung christlicher Interessen handele, und nachdem ich mich vergewissert hatte, dass andere „unverdächtige" Persönlichkeiten ihren Beitritt bereits vollzogen hatten habe ich meine Bedenken beiseite gestellt. Zu den genannten Persönlichkeiten rechne ich beispielsweise:

Graf Bernstorff, Professor Bredt, Professor Hoetzsch, v. Kardorff, Kultusminister Becker, Ministerpräsident Braun, Staatsekretär Schubert, Professor Kahl, Staatsekretär Pünder usw. Im übrigen bekenne ich mich, wenn auch einigermaßen klopfenden Herzens, schuldig, die Anregung, Sie um Ihren Beitritt zu bitten, selbst gegeben zu haben. Neben Ihnen habe ich noch Herrn Dr. Wirth vorgeschlagen. Nachdem Staatssekretär Dr. Pünder und Kultusminister Dr. Becker auf der Gründungsversammlung sich so prononciert freundlich ausgesprochen haben, möchte ich glauben, dass auch Sie keine Bedenken zu haben brauchten, Ihren Beitritt zu erklären.

Mit verehrungsvollen Grüssen und herzlichen Wünschen zu den kommenden Festtagen bin ich Ihr stets treu ergebener

Kaas

Dokument 56

22. Dezember 1926: Adenauer an Herrn Reichstagsabgeordneten Prälaten Prof. Dr. Kaas, Trier

Quelle: HAStK 902/285/1, Kopie ohne Ort mit Paraphe.

Sehr geehrter Herr Kaas!

Für Ihre freundliche Auskunft über das Comité Pro Palästina danke ich Ihnen verbindlichst. Gleichzeitig gestatte ich mir, Ihnen recht gute Besserung zu wünschen.

Mit den besten Wünschen für die kommenden Festtage und herzlichen Grüßen bin ich

Ihr ergebener
A[denauer]

Dokument 57

20. Januar 1927: Adenauer an das Deutsche Komitee „Pro Palästina", Berlin

Quelle: HAStK 902/285/1, Kopie ohne Ort mit Paraphe.

Im Anschluß an mein Schreiben vom 2. vor. Mts. teile ich ergebenst mit, daß ich gern bereit bin, dem Komitee „Pro Palästina" als Mitglied beizutreten.

Mit ausgezeichneter Hochachtung
A[denauer]

Dokument 58

Berlin, den 25. Januar 1927: Deutsches Komitee „Pro Palästina“ an Oberbürgermeister Adenauer, Cöln

Quelle: HAStK 902/285/1.

Sehr geehrter Herr Oberbürgermeister!

Herr Blumenfeld teilte uns mit, dass Sie unsere Einladung, dem Deutschen Komitee Pro Palästina beizutreten, angenommen haben; inzwischen haben wir auch Ihr wertes Schreiben vom 20. d. Mts. mit Ihrer Beitrittserklärung erhalten.

Wir sprechen Ihnen unseren ergebensten Dank aus und werden uns gestatten, Sie regelmässig über die Arbeiten unseres Komitees zu informieren.

Mit ausgezeichneter Hochachtung
Deutsches Komitee Pro Palästina zur Förderung der jüdischen Palästinasiedlung

Schriftführer
Karl Glaser

Dokument 59

Köln, 22. November 1927: Adenauer an den Präsidenten des Deutschen Komitees Pro Palästina, Graf Bernstorff, Berlin

Quelle: Deutsches Komitee Pro Palästina (Hg.), Tagung in Köln am 22. November 1927 (Berlin 1927), S. 7.

Sehr verehrte Exzellenz!

Für die mir freundlichst übersandten Publikationen des Deutschen Komitees Pro Palästina gestatte ich mir meinen verbindlichsten Dank auszusprechen. Wie ich Ihnen schon mitteilte, ist es mir, entgegen meiner ursprünglichen Absicht, zu meinem lebhaften Bedauern nicht möglich, an der Kundgebung des Deutschen Komitees Pro Palästina am 22. d. M. in Köln teilzunehmen, weil das Preußische Staatsministerium die Einberufung des Staatsrats auf den 22. d. M. auf Grund des Artikels 381 der Verfassung angeordnet hat und ich als Präsident die sehr wichtige

Sitzung unbedingt leiten muß. Ich wäre Ihnen deshalb sehr dankbar, wenn Sie auf diesem Wege meine Grüße und besten Wünsche entgegennehmen und der Versammlung übermitteln würden. Es ist mir eine besondere Ehre und angenehme Pflicht zugleich, Sie, sehr verehrter Herr Präsident, sowie alle Teilnehmer in den Mauern der Stadt Köln auf das herzlichste willkommen zu heißen. Gern gebe ich dem Wunsche und der Hoffnung Ausdruck, daß Ihrer Tagung ein recht würdiger Verlauf und Ihren Arbeiten ein voller Erfolg beschieden sein möge.

Gestatten Sie mir noch einige kurze Ausführungen. Durch den Artikel 4 des Palästinamandats ist die Schaffung einer jüdisch-nationalen Heimstätte in Palästina garantiert worden. Alle im Völkerbund vertretenen Regierungen und damit auch die deutsche Reichsregierung haben die Mitverantwortung für die Durchführung dieser dem jüdischen Volk gegebenen Zusicherung übernommen. Es handelt sich um ein Unternehmen, dem aus allgemein menschlichen Erwägungen Anerkennung und Anteilnahme gebührt. Die Entstehung von Pro Palästina-Komitees in Deutschland, Frankreich und England, denen die Vertreter der Regierungen und, neben führenden Angehörigen aller Parteien, Künstler, Wissenschaftler und Wirtschaftler von Rang angehören, ist ein Beweis für die Sympathie, die der Gedanke jüdischer Erneuerung überall dort findet, wo die Förderung menschlicher Wohlfahrt und Gesittung, die Beseitigung der Zwietracht unter den Völkern und des Hasses zwischen Religionen und Rassen als eine hohe Aufgabe betrachtet wird.

Die Energie, mit der für den Aufbau des jüdischen Palästina gearbeitet wird, und die Ergebnisse dieser trotz aller Schwierigkeiten und selbstverständlichen Rückschläge fortschreitenden Arbeit sind bekannt. Wir wissen, daß dieses Werk wie jede Kolonisation große materielle und ideelle Opfer fordert. Das Programm des Komitees erklärt, „daß der Aufbau der jüdischen Heimstätte Anspruch auf die deutschen Sympathien und die tätige Anteilnahme der deutschen Juden hat“. Ich hoffe, daß die Sympathie der Welt und die Opferbereitschaft der Judenheit die Wiederauferstehung des alten Landes sichern wird, der die Wiederauferstehung der alten hebräischen Sprache bereits vorangegangen ist. Es handelt sich, dessen sind wir gewiß, um ein Werk des Friedens, das ohne chauvinistische Übertreibungen, ohne Beeinträchtigung der Rechte anderer Religionen, denen Palästina gleichfalls heiliges Land ist, und sicherlich ohne Beeinträchtigung der wirtschaftlichen und politischen Stellung der nichtjüdischen Bevölkerung Palästinas durchgeführt wird.

Das Palästinamandat ist der politische Erfolg einer Bewegung, mit deren ersten Anfängen unsere Stadt verbunden ist. Auf dem jüdischen Friedhof in

Deutz ist Moses Heß begraben, der geistige Urheber des Zionismus. Seinem im Jahre 1862 erschienenen Werke gab er den Titel „Rom und Jerusalem“. Wir verstehen, daß mit Jerusalem und Palästina jüdische Bestrebungen verbunden sind, deren Ziele schöpferische Leistungen sind, die nicht nur für die jüdische Welt Bedeutung haben werden. Die mit der Scholle verbundenen jüdischen Bauern und Arbeiter sollen nach unserem Wunsch ihr Leben so gestalten, daß sie im Orient als ein Element friedlichen Aufbaus wirken und zur kulturellen Hebung jener Länder beitragen.

In diesem Sinne wünsche ich Ihren Arbeiten einen guten Fortgang.

Mit ausgezeichneter Hochachtung bin ich
Euer Exzellenz besonders ergebener
gez. Adenauer
Oberbürgermeister

Dokument 60

Adenauers Beitrag zum „Kalender katholischer Jugend 1933“[1]

Quelle: Kalender katholischer Jugend 1933, ein Führer- und Taschenbuch als Manifest führender Persönlichkeiten an die katholische deutsche Jugend, hrsg. von P. Ernst Drouven S. J. Abgedruckt bei Mensing: „... Den Kopf oben behalten, sich nicht unterkriegen lassen ...“, in: Geschichte im Westen 9 (1994), S. 87.

Staatsbürger wirst Du nicht etwa durch Erreichung des wahlfähigen Alters oder der Volljährigkeit. Mit Erreichung dieser Lebensstufen trittst Du lediglich ein in den vollen Genuß der Rechte und Pflichten eines Staatsbürgers. Um wirklich Staatsbürger zu sein, mußt Du diese Rechte und Pflichten genau kennen und richtig handhaben können. Darum ist es für jeden jungen Menschen eine Erziehungsaufgabe, sich auf seine wichtige Rolle als Staatsbürger vorzubereiten. Diese Vorbereitung tritt schon in der Schule ein, die einen Teil der Kenntnisse vermittelt, die für jeden Staatsbürger unerläßlich sind, die ihm aber auch ein Stück staatspolitischer Bildung mit auf den Lebensweg geben soll. Wer das Wesen des Staates als ein naturgegebenes und gottgewolltes System zum Zwecke der Rechtsordnung und irdischen Wohlfahrt erkennen will, muß zeitig damit anfangen, sich auf all den Gebieten umzusehen, die man unter dem Begriff des staatlichen Lebens zusammenfaßt. Aus der Auseinandersetzung mit verfassungsrechtlichen, kulturpolitischen, sozial- und wirtschaftspolitischen Fragen setzt es sich zusammen und wird beeinflußt durch den Willen der Parteien, durch den Zusammenschluß von Menschen gleichgerichteter Interessen und Anschauungen. Der Katholik hat als deutscher Staatsbürger die Pflicht, sich nicht nur alles notwendige politische Wissen zu erwerben, sondern auch die Entscheidungen des politischen und staatlichen Lebens vom Standpunkt seiner Weltanschauung aus kritisch zu betrachten. Die Kritik muß ihn dazu führen, sich in jedem Fall für die Durchdringung von Recht und Gesetz mit christlichen Grundsätzen einzusetzen. Weil wir mitverantwortliche Träger unserer nationalen Staatsidee und vollberechtigte Glieder unseres Volkes sind, weil unsere Grundsätze ohne Rücksicht auf die Staatsform die Existenz eines geordneten Staats- und Gesellschaftslebens verbürgen, haben wir einen Anspruch darauf, daß unsere religiösen Gefühle und Anschauungen vom Staat nicht verletzt werden. Wir müssen durch vorbildlichen Gemeinschaftsgeist, Unterordnung unter das Gemeinwohl und Einordnung in die Gesamtinteressen der deutschen Nation zeigen, daß wir in unserer Haltung und Gesinnung echte Staatsbürger sind, die dem gesunden Fortschritt dienen.

[1] Der Ende 1932 entstandene, später in Vergessenheit geratene Beitrag zum „Kalender katholischer Jugend 1933" findet sich dort als Geleitwort zum März 1933. Weitere Autoren waren u.a.: Wilhelm Böhler, Heinrich Brauns, Heinrich Brüning, Ildefons Herwegen, Joseph Joos, Heinrich Krone, Wilhelm Marx, Oswald von Nell-Breuning, Adam Stegerwald, Helene Weber.

7. Berlin, Preussen und das Reich

Das Verhältnis Konrad Adenauers zu Berlin und Preußen in der Weimarer Republik hat man verschiedentlich als distanziert bis feindselig bezeichnet; die preußische Hauptstadt verkörpere für den in der Kultur seiner Heimatstadt fest verwurzelten Rheinländer zentralistische, bürokratische und militaristische Traditionen.[1] Im überwiegend katholischen Rheinland verband sich der Katholizismus mit Formen des Liberalismus und einer Weltoffenheit, die durch die traditionell engen Beziehungen zu den westlichen Nachbarstaaten, insbesondere zu Frankreich, geprägt waren. So war etwa der Code civil, den Napoleon im Rheinland eingeführt hatte und der bis 1900 gültig blieb, moderner und liberaler als das Preußische Allgemeine Landrecht, und entsprechend progressiver empfanden sich die Rheinländer, verglichen mit dem Osten Preußens.[2] Auch hatten im späten 19. Jahrhundert Auseinandersetzungen wie der Kulturkampf zu Misstrauen gegenüber dem preußischen Staat geführt; dies trat im Laufe der Zeit allerdings mehr und mehr in den Hintergrund. Ein „spöttisches kulturelles Überlegenheitsgefühl"[3] gegenüber dem als rückständig empfundenen Osten, das im Rheinland durchaus vorhanden war, widersprach freilich nicht der Einordnung in den preußischen bzw. deutschen Staat. Wenn Veränderungen angestrebt wurden, ging es um Reformen des Staates – die Zugehörigkeit zu Preußen oder gar zum Reich war nicht in Frage gestellt worden.[4] Die Herkunft aus dem katholischen Rheinland allein sagt daher eher wenig über die Einstellung zu Preußen und zum Reich aus.

Adenauers Rede anlässlich seiner Amtseinführung als Bürgermeister enthielt auch ein klares Bekenntnis zum Reichsgedanken.[5] Preußen hingegen, dessen 100-jähriger Herrschaft am Rhein man noch 1915 gedacht hatte, fand keine Erwähnung.[6] Dies mag im Zusammenhang mit der Lage im Oktober des Jahres 1917 stehen, als Adenauer offenbar bereits damit rechnete, dass der Krieg verloren werde und es dann schlecht um die Zukunft der Monarchie stehen werde. Das Bekenntnis zur Reichseinheit kann hier als Appell verstanden werden, im Fall der Niederlage die

[1] Siehe zusammenfassend Rudolf Morsey, Adenauer und Berlin 1901–1949: Ein spannungsreiches Verhältnis, in: Dietrich Murswiek u.a. (Hg.), Staat – Souveränität – Verfassung (Berlin 2000), S. 535ff.

[2] Heinz Hürten, Deutsche Katholiken 1918–1945 (Paderborn u.a. 1992), S. 23.

[3] Hans-Peter Schwarz, Die Bedeutung Adenauers für die deutsche und europäische Geschichte, in: Nach-Denken über Konrad Adenauer und seine Politik, hg. von der Stiftung Haus der Geschichte der Bundesrepublik Deutschland (Bonn u.a. 1993), S. 39.

[4] Ders., Aufstieg, S. 30f.

[5] Siehe Dokument 3.

[6] Köhler, Adenauer, S. 80.

Abb. 21: Das Ehepaar Adenauer mit der Abordnung eines Kölner Karnevalvereins 1932

Einheit zu bewahren. Bemerkenswert ist sein Übergehen Preußens deshalb, weil er als Oberbürgermeister der Domstadt preußischer Beamter war, dessen Wahl das preußische Staatsministerium bestätigt hatte und dessen Titel ihm der König drei Tage nach seiner Amtseinführung verlieh.

Bereits kurz nach Beginn seiner Tätigkeit als Oberbürgermeister rückte jedoch Preußen in den Fokus seiner Überlegungen. Im Zuge der Revolution und des Übergangs zur Weimarer Republik regten sich im Rheinland Kräfte, die eine Loslösung vom preußischen Bundesstaat anstrebten. Gleichzeitig war das Rheinland durch Ansprüche Frankreichs bedroht. Mit der Annahme der Reichsverfassung hatte sich eine territoriale Aufteilung Preußens 1919 jedoch erübrigt. 1923 spitzte sich die Lage nach der Besetzung des Ruhrgebiets erneut zu.[7] Adenauers Verhalten in der Rheinlandfrage zeigt seine Ansicht, die Einheit des Reiches über die Erhaltung des Staates Preußen zu stellen. In seiner Rede am 1. Februar 1919 stellte er klar, dass für ihn im Zweifelsfall die Einheit Deutschlands wichtiger sei als die Interessen Preußens.[8] Die Einstellung, dem Gesamtstaat den Vorrang vor Preußen zu geben, teilte er mit den meisten Vertretern seiner Generation,[9] hier war Adenauer „generationstypisch".

[7] Siehe dazu Kapitel II, 5.

[8] Siehe Dokument 37.

[9] Heinz Hürten, Der Patriotismus Konrad Adenauers (Bonn 1990), S. 21.

Die Krise des Jahres 1923 belastete die Beziehung des Rheinlandes zu Preußen und zum Reich nicht nachhaltig.[10] Auch bei Adenauer waren später keine aus der Rheinlandkrise herrührenden Vorbehalte zu spüren. Ressentiments bestanden eher auf der Ebene persönlicher Beziehungen, etwa zu Gustav Stresemann, mit dem er sich im Verlauf des Jahres 1923 mehrfach auseinandersetzte. Durch die Rheinlandpolitik war Adenauer zum wichtigsten Vertreter der rheinischen Interessen geworden – seit 1918/19 galt er „als führender Repräsentant des besetzten linksrheinischen Gebiets".[11]

Als Kölner Oberbürgermeister hatte er regelmäßig mit der Ministerialbürokratie Preußens und des Reiches zu tun. Als Vorsitzender des Provinzialausschusses der Rheinprovinz wirkte er an der Besetzung der leitenden staatlichen Verwaltungsstellen der Provinz mit und hatte auch deshalb Kontakt nach Berlin.[12] Vor Neubesetzungen korrespondierte Adenauer ausführlich mit Vertrauenspersonen auf Landes- oder Reichsebene, zum Beispiel mit dem Landtagsabgeordneten Heß[13] und Staatssekretär Hermann Pünder.[14] Dabei wurden die anstehenden Personalentscheidungen ausführlich diskutiert und vorbereitet. Auf der Ebene der Kommunalaufsicht war das Verhältnis Adenauers zu den preußischen Behörden nicht immer störungsfrei, aber auch nicht besonders problematisch.[15] Er bekam in den Jahren der Tätigkeit als Oberbürgermeister von preußischer Seite und vom Reich umfangreich Unterstützung. Dass er sich gelegentlich beschwerte, die Behörden in Berlin würden die Domstadt benachteiligen, wird man nicht überbewerten dürfen. Es entsprach eher taktischer Grundhaltung, um weiteren Bedarf anmelden zu können. Im Grunde standen die zentralen politischen Instanzen in Berlin den Anliegen der Stadt Köln wohlwollend gegenüber. Besonders in der hohen Ministerialbürokratie konnte Adenauer auf Unterstützung setzen.[16] Dazu trug seine Kontaktpflege erheblich bei. Im Ergebnis wirkten sich die schwierigen finanziellen und politischen Rahmenbedingungen, etwa die Ruhrbesetzung und die Inflation, sogar positiv für Köln aus, weil man auf die besetzten Gebiete besondere Rücksicht nahm, auch bei der Bewilligung finanzieller Mittel.[17] Wenn es zu Konflikten kam, hatten diese meist grundsätzlichen Charakter und waren häufig mit der Problematik der kommunalen Selbstverwaltung verknüpft,

10 Morsey, Die Rheinlande, Preußen und das Reich, S. 204.

11 Ders., Konrad Adenauer, S. 92.

12 Romeyk, Adenauers Beziehungen, S. 310.

13 Siehe Dokumente 61 und 62.

14 Siehe Dokument 63.

15 Vgl. Kapitel I, 4.

16 Romeyk, Adenauers Beziehungen, S. 316f.

17 Ebd., S. 317.

Abb. 22: Die Zentrumsfraktion im Preußischen Staatsrat 1930

die in der Weimarer Republik andauernd ein Streitpunkt zwischen den Vertretern der Kommunen und den Reichsbehörden war.[18] Negative Äußerungen Adenauers über Preußen oder das Reich standen zumeist im Kontext dieses grundsätzlichen Problems und waren daher sachbezogen. Aussagen über sein Verhältnis zu Preußen und dem Reich finden sich in seinen persönlichen Unterlagen kaum, sondern eher bei offiziellen Anlässen.

Ein Anlass war die Feier der tausendjährigen Zugehörigkeit des Rheinlands zum Reich im Jahre 1925. Neben der Jahrtausendausstellung, aus der die Idee eines rheinischen Museums hervorging,[19] gab es zahlreiche Festveranstaltungen. Zur Eröffnung der Ausstellung hielt Adenauer am 20. Juni eine Rede im Festsaal Gürzenich, in deren Mittelpunkt er zwar die Zugehörigkeit des Rheinlands zum „deutschen Vaterlande" stellte, der die Jahrtausendausstellung galt, aber auch die „Wohltaten" erwähnte, die „die Zugehörigkeit zu einem großen und gefestigten Staatswesen während der letzten hundert Jahre uns gebracht hat".[20] Die Rede ist zugleich ein deutlicher Appell

[18] Vgl. Kapitel II, 3.
[19] Siehe Kapitel II, 1.
[20] Siehe Dokument 64.

für die Einheit Deutschlands, die im besetzten Rheinland ein besonderes Anliegen war. Das Pathos, das nicht nur in dieser Rede zum Ausdruck kommt, entsprach dem Zeitgeist der Weimarer Republik.[21] Doch für Adenauer war der Aufruf zu Einigkeit, besonders in Bezug auf die besetzten Gebiete, mehr als eine Floskel.

Am wichtigsten für seine Beziehungen auf preußischer und Reichsebene war das Amt des Präsidenten des Preußischen Staatsrates. Diese Verankerung in Berlin, das mit den preußischen Zentralinstanzen und der Reichsregierung geballt alle für Köln maßgeblichen staatlichen Behörden beherbergte, war sehr nützlich, um seine Interessen durchzusetzen. Adenauer hatte, anders als viele andere Oberbürgermeister, kein Mandat im Reichstag oder im Preußischen Landtag und strebte dies auch nie an.[22] Der Preußische Staatsrat wurde am 30. November 1920 durch die Verfassung des Freistaates Preußen geschaffen und war neben dem Landtag und dem Staatsministerium eines der drei obersten Staatsorgane. Er war die Vertretung der Provinzen bei der Gesetzgebung und Verwaltung des Staates und bildete somit faktisch eine zweite Kammer, ohne die Rechte einer solchen zu besitzen. Der Staatsratspräsident wirkte bei der Auflösung des Landtags mit, hatte aber ansonsten bis auf die Zustimmung zu bestimmten Gesetzen kaum Befugnisse.[23] Zwischen Staatsrat, Landtag und Staatsministerium kam es regelmäßig zu Auseinandersetzungen, die von gegenseitigem Misstrauen bis hin zu Feindseligkeit geprägt waren.[24] Im Verfassungsleben des Freistaates Preußen spielte der Staatsrat eine untergeordnete Rolle, auch wenn Adenauer sich nachhaltig für dessen Rechte engagierte.[25]

Die Mitgliedschaft im Staatsrat bildete „die wichtigste institutionelle Abstützung des Kölner Kommunalpolitikers in der Reichshauptstadt".[26] Durch das Amt des Staatsratspräsidenten gehörte er zur „politischen Funktionselite in Berlin"[27] und bewegte sich im Zentrum der preußischen und im Umfeld der Reichspolitik.[28] Die Staatsratssitzungen führten ihn in der Regel einmal im Monat für mehrere Tage nach Berlin, wo er in den ersten Jahren im Hotel Kaiserhof residierte, bis man ihm 1931 eine Dienstwohnung stellte. Die regelmäßigen Aufenthalte führten dazu, dass

21 Hürten, Der Patriotismus Adenauers, S. 20.

22 Morsey, Konrad Adenauer, S. 91.

23 Eine detaillierte Übersicht der Befugnisse des Staatsrates bei Klaas Michel, Der Staatsrat als Vertretungsorgan der Provinzen? Eine Untersuchung über die Rolle des Staatsrats im Verfassungsleben ders Freistaates Preußen 1921–1933 (Neuried 1998).

24 Ebd., S. 322, 331.

25 Adenauer, Adenauer als Präsident des Preußischen Staatsrats, S. 369.

26 Morsey, Konrad Adenauer, S. 91.

27 Ders., Adenauer und Berlin, S. 539.

28 Adenauer, Adenauer als Präsident des Preußischen Staatsrats, S. 365.

er seine politischen Kontakte in Berlin ausbauen konnte und die Hauptstadt gut kennenlernte. Besonders geliebt hat er die Stadt aber nicht. Nach der Entlassung als Oberbürgermeister 1933 und seinem Aufenthalt in Maria Laach wohnte die Familie von 1934 bis 1935 in Neubabelsberg, wo sie sich aber nie wohl fühlte.[29] 1936 schrieb Adenauer an seine Frau: „Berlin ist wirklich nichts für mich".[30] Bei dieser Aussage muss man allerdings die äußerst schwierige Lage bedenken, in der er sich befand.

Seine Anwesenheit zu Staatsratssitzungen nutzte er auch immer zur Pflege von Kontakten mit Vertretern der preußischen Ministerialbürokratie und des Land- und Reichstages. Sein Kalender war dann stets prall gefüllt mit den Terminen offizieller Sitzungen und außerplanmäßiger Besprechungen, die ein breites inhaltliches Spektrum aufwiesen.[31] Hermann Pünder, Staatssekretär in der Reichskanzlei und in Köln aufgewachsen, berichtet in seinen Erinnerungen anlässlich eines Besuchs Adenauers, dieser habe ihn oft aufgesucht und seine „Sonderwünsche für Köln" gern bei ihm vorgebracht.[32] In Berlin agierte Adenauer in der Hauptsache als Wahrer der Kölner und rheinischen Interessen. Als Zentrumspolitiker wurde er auf preußischer oder Reichsebene nicht aktiv. Den Wechsel in die Reichspolitik, der bei seinen „angedachten" Kandidaturen für das Reichskanzleramt zumindest möglich gewesen wäre, hat er nie vollzogen, sein Hauptaugenmerk blieb auf Köln und das Rheinland gerichtet.

Betrachtet man Adenauers Beziehungen zu Berlin, Preußen und dem Reich in der Weimarer Republik, so gibt es wenig Anhaltspunkte dafür, dass er antipreußisch eingestellt gewesen wäre. Zu seiner „ganz persönlichen" Haltung hat er sich nie geäußert. Geprägt durch den rheinischen Katholizismus und auf Grund eigener Erfahrungen hatte er zweifellos eine Abneigung gegen den Militarismus. Bekannt sind auch seine Vorbehalte gegen zentrale, große Bürokratien, die er als Vertreter einer Kommunalverwaltung kritisch sah.[33] In seinen Reden während der Weimarer Republik verzichtete er auf ausführliche Bekenntnisse zu Preußen, besonders geliebt hat er diesen Staat wohl nicht. Das Rheinland und Ostpreußen waren für ihn ähnlich unterschiedlich wie Bayern und Ostpreußen.[34] Aber er hat sich vorbehaltlos Preußen bzw. dem Reich eingeordnet und sich in seinen Ämtern betätigt. Als Präsident des Staatsrates setzte er sich nicht nur entschieden für die Rechte dieses Gremiums

[29] Morsey, Adenauer und Berlin, S. 544.

[30] Mensing (Bearb.), Adenauer im Dritten Reich, S. 287.

[31] Siehe Dokument 65.

[32] Hermann Pünder, Politik in der Reichskanzlei. Aufzeichnungen aus den Jahren 1929–1932, hg. von Thilo Vogelsang (Stuttgart 1961), S. 72.

[33] Vgl. Kapitel II, 3.

[34] Christian Hacke, Adenauers Stellung zum deutschen Nationalstaat und zu Europa, in: Anselm Doering-Manteuffel/Hans-Peter Schwarz (Hg.), Adenauer und die deutsche Geschichte (Bonn 2001), S. 36.

Abb. 23: In der Brill-Oper in Berlin 1929 (von links nach rechts): Reichstagspräsident Löbe, Reichtstagsvizepräsident Esser, Badischer Gesandter Hanold, Reichsjustizminister von Guérard, Staatssekretär Pünder (Reichskanzlei), Konrad Adenauer, preußischer Minister für Volkswohlfahrt Hirtsiefer, Abgeordneter Herold

ein, sondern verteidigte auch die staatliche Ordnung Preußens in der Endphase der Weimarer Republik. Seine Einstellung zum Reich war uneingeschränkt positiv. Er bekannte sich immer wieder entschieden zur Weimarer Republik und beschwor die Einheit Deutschlands. Obwohl er in seinen politischen Ämtern auf Reichsebene Interessenvertreter des Rheinlandes war, bezog sich sein Patriotismus doch auf ganz Deutschland, nicht nur auf die rheinische Heimat.

Dokument 61

Berlin, 21. Oktober 1929: Joseph Heß an Oberbürgermeister Dr. Adenauer, Köln

Quelle: HAStK 902/105/4, Bl. 611ff.

Sehr verehrter Herr Oberbürgermeister!

Es dürfte Ihnen bekannt sein, dass ich mit Herrn Justizrat Mönnig und Herrn Rechtsanwalt Loenartz sowie Herrn Ministerialdirektor Brand mich dahin verständigt hatte, dass als Nachfolger des verstorbenen Regierungspräsidenten von Koblenz[1] unsererseits Herr Vizepräsident von Sybel ins Auge gefasst werden sollte. Sie wissen auch, dass das deshalb geschehen sollte, um für die Sozialdemokratie den jetzigen Posten des Herrn von Sybel freizumachen, damit die Sozialdemokratie uns bei der Besetzung der Polizeipräsidentenstellen in Aachen und Koblenz keine unüberwindliche Schwierigkeiten machte. In diesem Sinne habe ich inzwischen auch mit dem Herrn Innenminister gesprochen. Dabei benannte er seinerseits als aussichtsreichen Kandidaten für Koblenz den jetzigen Regierungspräsidenten Cronau aus Köslin, und als Dritter kommt neuerdings noch hinzu Herr Vizepräsident von Hanke beim hiesigen Oberpräsidium. Von der zuletzt genannten Kandidatur bitte ich aber nur ganz vertraulich Kenntnis nehmen zu wollen. Man dachte sich, dass, wenn Herr von Hanke Präsident in Koblenz würde, dass dann sein Nachfolger beim hiesigen Oberpräsidium Herr von Sybel werden könnte, um auf diese Weise seine Stelle für einen Sozialdemokraten freizumachen.

Ich bitte Sie nun dringend, sich auf keinen anderen als Herrn von Sybel einlassen zu wollen. Ich garantiere Ihnen nach allen Richtungen für ihn. Er ist ein politisch durch und durch zuverlässiger Mann und hat für uns Katholiken ein so weitgehendes Verständnis, wie ich es bei einem Manne seiner Herkunft und seiner Einstellung nur in den seltensten Fällen angetroffen habe. Dazu kommt, dass er die ganzen schwierigen Zeiten seit der Staatsumwälzung bei uns mit erlebt hat und die rheinischen Verhältnisse auf das allergenauste kennt. Und diese Kenntnis ist m.E. auch nach dem Abzug der Besatzung einstweilen keineswegs zu entbehren.

Ich hoffe, dass diese meine Ansicht sich mit der Ihrigen deckt. Andernfalls bitte ich, mich möglichst bald orientieren zu wollen, damit wir nicht aneinander vorbeimanöverieren.

Von diesem Schreiben werde ich nur noch Herrn Justizrat Mönnig einen Durchschlag zur vertraulichen Kenntnisnahme zukommen lassen. Ich bitte nochmals, den Namen von Hanke, bevor Sie ihn von anderer Seite hören, Ihrerseits nicht in die Debatte zu werfen. Ich will noch nebenbei bemerken, dass ein eifriger Anwärter auf den Posten des Koblenzer Regierungspräsidenten Herr Abg. von Eynern von der Volkspartei ist. Falls es nötig sein sollte, möchte ich vor diesem aufgeblasenen Schwätzer wenigstens gewarnt haben. Er ist aus dem Staatsdienst ausgeschieden, war zuletzt Oberverwaltungsgerichtsrat und hat sich nachher als Verwaltungsrechtsanwalt niedergelassen. Ich halte es ja allerdings für vollkommen unwahrscheinlich, dass die Staatsregierung den Herrn überhaupt noch einmal in den Staatsdienst wird nehmen wollen, wenn sie nicht durch irgendwelche Konstellation dazu direkt gezwungen sein sollte.

Mit besten Grüssen
Ihr sehr ergebener
Dr. Hess

[1] Paul Brandt.

Dokument 62

Köln, 24. Oktober 1929: Adenauer an Regierungsdirektor Dr. Heß, Berlin

Quelle: HAStK 902/105/4 Bl. 615f., Kopie mit Paraphe.

Sehr verehrter Herr Regierungsdirektor!

Dankend bestätige ich den Empfang Ihres gefl. Schreibens vom 21. ds. Mts., mit dem ich konform gehe. Mir scheint aber, dass man die Frage Koblenz nicht definitiv lösen kann, ohne gleichzeitig die Persönlichkeit des Ersatzmannes des Herrn von Sybel in Koblenz ins Auge zu fassen. Herr Fuchs ist, wie Sie wissen, notgedrungen sehr häufig von Koblenz abwesend, sodass er meines Erachtens nur durch einen Mann vertreten werden kann, der nach jeder Richtung hin absolut zuverlässig ist. Diese Frage wird naturgemäss in der Zentrumsfraktion des Provinzialausschusses auch angeschnitten werden. Ich wäre Ihnen sehr dankbar, wenn Sie mir darüber schon etwas mitteilen könnten. Die Angelegenheit von Eynern halte ich doch für vollkommen aussichtslos.

Mit bestem Gruss
Ihr sehr ergebener
A[denauer]

Dokument 63

29. Mai 1928: Adenauer an Staatssekretär Pünder, Berlin

Quelle: HAStK 902/105/4, Bl. 597. Durchschrift ohne Ort mit Paraphe, in Fußzeile Vermerk: „evtl. nochmalige Anfrage bei Herrn Staatssekretär Weismann nach dem Stande der Angelegenheit".

Sehr verehrter Herr Pünder!

In Wilhelmshaven ergab sich leider nicht die Möglichkeit zu einem vertraulichen Gespräch. Ich wollte Ihnen folgendes sagen: Die Regierungspräsidentenstelle in Aachen wird dadurch frei, daß Herr Rombach Oberbürgermeister von Aachen wird. Die Preußische Staatsregierung hat mit mir als Vorsitzendem des Provinzialausschusses wegen Neubesetzung der Stelle Fühlung genommen. Ich habe, ohne Ihren Namen zu nennen, gebeten, man möchte mit der Besetzung der Stelle warten, bis die Frage der Kabinettsbildung in Preußen und im Reich entschieden sei. Ich weiß nicht, wie die Verhandlungen laufen werden. Ich bitte aber jedenfalls daran zu denken, daß Sie uns hier immer sehr willkommen sein werden.

Hoffentlich geht bei Ihnen alles wohl. Meine Frau hat sich über das wunderhübsche Geschenk sehr gefreut.

Mit herzlichen Grüßen von Haus zu Haus
Ihr sehr ergebener
A[denauer]

Dokument 64

Köln, 20. Juni 1925: Artikel der „Kölnischen Volkszeitung":
„Der Ruf vom Rhein. Oberbürgermeister Dr. Adenauer:
Schmiedet freiwillig keine neuen Ketten!"

Quelle: „Kölnische Volkszeitung" Nr. 448, 20. Juni 1925.

Im Anschluß an den erhebenden Festakt in der großen Halle des Rheinparks fand im großen Gürzenichsaale, der in lockendstem Blumenschmuck sich darbot, ein Festmahl statt. Als erster Redner ergriff das Wort zu nachstehenden eindrucksvollen Ausführungen Oberbürgermeister Dr. Adenauer: Schier überwältigend sind die Eindrücke, die auf uns Rheinländer in diesen Wochen nach all der Not und Bedrängnis der vergangenen Jahre hereinströmen. Ein heiliger Strom der Heimatliebe, ein mächtiger Strom heiliger Vaterlandsliebe fließt frei und mächtig durch das rheinische Land. Wenn ich des gestrigen Tages gedenke, wenn ich des heutigen Tages gedenke, wenn ich diese Versammlung sehe, wenn ich sehe wie hier aus dem ganzen weiten deutschen Vaterlande alles vertreten ist, was Rang und Klang hat, dann jubelt mein kölnisches, jubelt mein rheinisches Herz. Deutschland hat seinen heiligen Strom wiedergefunden (Lebhaftes Bravo!), es hat ihn wiedergefunden, nachdem sein Glanz verblaßt war vor dem Kriege; es hat ihn wiedergefunden als Symbol seiner Kultur, als Symbol seiner politischen Einheit. (Beifall.)

Nach Begrüßung der Vertreter der Reichsregierung, der Minister Frenken und Brauns, fuhr Dr. Adenauer fort: Wenn auch dieser Tag und diese Stunde unsere Zugehörigkeit zum ganzen deutschen Vaterlande gewidmet sind, so wäre es doch unrichtig, wenn wir nicht auch in dieser Stunde den Vertretern der preußischen Staatsregierung sagen, daß wir wohl die Wohltaten zu schätzen wissen, wie sie die Zugehörigkeit zu einem großen und gefestigten Staatswesen während der letzten hundert Jahre uns gebracht hat. (Lebhafter Beifall.) Nach Begrüßung der offiziellen Vertretungen des Reichstages und des Preußischen Landtages entbot Dr. Adenauer besonders dankbaren Willkommensgruß den Staatspräsidenten und Ministerpräsidenten einer Reihe deutscher Länder sowie dem vollzählig erschienenen Rheinischen Provinziallandtag, den Oberpräsidenten und Landeshauptleuten der preußischen Provinzen, insbesondere den Vertretern unserer teuren Nachbarprovinz Westfalen. (Bravo!) Dann entbot er noch einen herzlichen Dank den Vertretern der verschiedenen Religionsgesellschaften, insbesondere aber ein Wort besonders herzlichen Dankes dem Herrn Kardinal und Erzbischof von Köln, Se. Eminenz Schulte. (Bravo!) Durch sein Entgegenkommen und seine Förderung, fuhr Dr. Adenauer fort, ist es wesentlich mitgelungen, daß die kostbaren und wundervollen Schätze die drüben in der Jahrtausendausstellung vereinigt sind, ihrem eigentlichen Zwecke für diese Monate entzogen wurden, um dort Hunderttausenden Zeugnis abzulegen von der großen rheinischen Kultur der vergangenen Jahrhunderte. (Bravo!) Dankbar und mit Trauer möchte ich auch jener Deutsch-Amerikaner gedenken, die auf dem Wege zu ihrem Stammeslande, auf dem Wege zur Stadt Köln, zur Ausstellung der Rheinlande, von einem jähen Tode ereilt worden sind.

Unsere Jahrtausendfeier ist ein Fest eines der edelsten und reinsten Gefühle im menschlichen Leben, eines Gefühls der Heimatliebe und der Vaterlandsliebe. Nur der, der wie wir es in den vergangenen Jahren erfahren hat, was es heißt, um Heimat, um Vaterland zittern zu müssen, nur der kann ganz begreifen, mit welch' tiefer Inbrunst wir dieses Fest feiern. (Beifall) Wenn dabei die Töne und die Akkorde vielleicht voller und rauschender erklingen, wie das in anderen Kreisen unseres Vaterlandes der Fall sein würde, wer will uns deshalb tadeln! (Sehr richtig!) Aber niemals vergessen wir Rheinländer auch in den Stunden der Begeisterung und Freude des Ernstes unserer Lage. Seien Sie aus dem unbesetzten Deutschland, dessen gewiß: Wir Rheinländer – und das sage ich voll Stolz – haben in den Jahren, die hinter uns liegen, unsere Vaterlandsliebe im Feuer erprobt. Wie unsere Traube gekeltert wird und wie sie in der Gärung die unreinen Bestandteile ausstößt, um dann zu dem köstlichen Gold heranzuwachsen, das die Strahlen der Sonne in sich aufgenommen hat, so ist es uns Rheinländern gegangen. Auch wir haben die Kelter durchgemacht in den vergangenen Jahren, auch wir haben in unserer Gärung alle unreinen Elemente ausgestoßen. (Beifall.) Wir sind stolz darauf, denn ich weiß mich mit allen Rheinländern eins, daß wir Rheinländer ein selbstsicheres und freies Volk geworden sind, innerlich frei und wenn wir äußerlich noch so unfrei waren. (Starker Beifall!)

Unsere Feier fällt in eine Zeit außenpolitischer Spannung, die, für mein Empfinden, so stark ist wie zur Zeit nach dem Zusammenbruch. Es wäre nicht richtig, die Schwierigkeiten der Situation durch öffentliche Besprechung aller dieser Fragen, die sich aus dem gegenwärtigen Notenwechsel ergeben,[1] zu stören, ehe das Reichskabinett und die verantwortlichen Vertreter des deutschen Volkes dazu Stellung genommen haben. Ein Wort aber muß ich heute doch dazu sagen, da wir die Ehre haben, die Vertreter verschiedener Länderregierungen und die Vertreter des Reichstages unter uns zu sehen. Wir Rheinländer tragen Ketten; wir in der Kölner Zone tragen diese Ketten nach unserer ehrlichen Überzeugung zu Unrecht. (Stürmisches sehr richtig!) Sie, die Sie verantwortlich für die Entscheidungen sind, die jetzt getroffen werden – das eine rufe ich Ihnen zu, und ich weiß mich darin einig mit dem überwältigenden Teil meiner engeren Landsleute – schmieden Sie keine neuen Ketten freiwillig für Deutschland. (Bravo! Anhaltender starker Beifall.) Lieber wollen wir die Ketten, die wir jetzt tragen, noch lange weiter tragen, bis Recht und Gerechtigkeit, auf deren Sieg wir unerschütterlich bauen, uns diese Ketten abnimmt. (Bravo!)

Sie wissen, daß ich immer ein Freund einer Verständigung in Europa gewesen bin. Aber es muß wirklich eine Verständigung sein, eine Verständigung setze ich voraus, daß diejenigen, die sich verständigen, gleichberechtigt einander gegenüberstehen. (Sehr richtig!) Wenn das alternde Europa wirklich sich so in die Atmosphäre des Hasses, des Unfriedens und der gegenseitigen Beargwöhnung verrannt hat – trotzdem ich hoffe, daß doch einmal Gott das Recht wieder zum Siege führen wird – so hoffe ich, daß schließlich das junge Volk jenseits des Ozeans, das in diesem Kriege eingegriffen hat, sich auch der Verantwortung wieder bewußt wird und den Mut dazu findet, in Europa den Geist des wahren Friedens wieder herzustellen. (Bravo!)

Ganz Deutschland hat an unserem Fest teilgenommen. Soll diese tausendjährige Gedenkfeier, ohne ein sicheres Zeichen für die kommenden Jahrzehnte und Jahrhunderte zu hinterlassen, vorübergehen? Nach meiner Überzeugung nein. Deutschland hat bisher kein Nationaldenkmal für die im Weltkrieg Gefallenen. Die Siegerstaaten haben diese Denkmäler errichtet. Sie haben sie in einer Form errichtet, die dem menschlichen Empfinden unserer Tage angepaßt ist, in dem sie die Reste eines unbekannten Soldaten an feierlicher Stätte und in feierlicher Weise beigesetzt haben. Wenn auch die früheren Feindstaaten zuerst auf diesen Gedanken gekommen sind – warum soll Deutschland sich nicht diesen Gedanken auch zu eigen machen? Er ist schöner und seelenvoller als ein Auftürmen von Steinen und von Erz. (Sehr richtig!) Viele Hunderttausende von Witwen und von Kindern, deren Gatte und Vater draußen in feindlicher Erde an unbekannter Stelle ruht, werden in Gedanken sich an das Grab des unbekannten Soldaten wenden und dort auch für die Seelenruhe ihres Dahingeschiedenen beten. Wo aber gehört ein solches Denkmal eher hin, als an den deutschen Rhein. (Sehr richtig!) Der Rhein ist doch das Ziel des ganzen Kampfes gewesen. Hier herüber ist der Donner der Geschütze geklungen. Hier ist die deutsche Armee aufmarschiert, um den Rhein hat es gegangen und an den Rhein gehört auch dieses Nationaldenkmal. Es gehört nicht in die Einsamkeit des Waldes, nicht auf die Einsamkeit des Berges, es gehört mitten hinein in das brausende Leben des

Tages, damit es unsere Generation immer wieder daran erinnert, daß die Vielen, Vielen für uns gestorben sind und damit es auch kommenden Geschlechtern zum Zeugnis wird.

Es gehört an den Rhein, es gehört an den Kölner Dom. Der Kölner Dom ist das Sinnbild der Einheit der deutschen Stämme. Alle Konfessionen und alle Stände haben gewetteifert, um dieses erhabenste Denkmal deutschen Geistes zur Vollendung zu bringen. Darum deucht mir, daß an die Südseite des Kölner Doms das Denkmal des unbekannten Soldaten gehört. Damit wird das Gedächtnis unserer teuren Gefallenen den kommenden Geschlechtern in der würdigsten Weise überliefert. (Bravo!)

Einigkeit und Recht und Freiheit für das deutsche Vaterland! Das sind die schönen Worte unserer Nationalhymne. Recht und Freiheit – niemand schenkt sie uns. Wir müssen sie uns erarbeiten. Wir Deutsche stehen allein in der Welt. Der Schwache hat keinen Freund. Sorgen wir, daß wir einig sind. Aus dem besetzten Gebiet können wir nicht oft und nicht laut genug und nicht dringend genug den Ruf hinaustönen lassen in das unbesetzte Gebiet: Seid einig, einig, einig! (Bravo!) Dann werden wir wieder frei werden und dann werden wir ein mächtiges deutsches Volk werden, ein Volk, das für ganz Europa segenbringend und segenspendend sein soll. Gott schütze das Rheinland, Gott schütze das deutsche Vaterland!

In heller Begeisterung erhebt sich die Versammlung und singt stehend das Deutschlandlied. Danach brach eine langanhaltende Beifallskundgebung aus als wuchtiger Beweis, wie sehr Oberbürgermeister Dr. Adenauer mit seinen Ausführungen der Herzensstimmung aller Teilnehmer Ausdruck verliehen hatte.

[1] Im Vorfeld der Konferenz von Locarno im Oktober 1925, die durch die Unterzeichnung der „Locarno-Verträge" die politische Isolierung Deutschlands in Europa beendete, gab es einen intensiven Notenwechsel zwischen den beteiligten Staaten.

Dokument 65

Zeitplan einer Berlin-Reise Adenauers

Quelle: HAStK 902/288/2.

Reise nach Berlin am 24. 1. 1927

Dienstag 25. 1. 27	vorm. 10 Uhr –	Zimmer 89 – Ältestenausschuss
Dienstag 25. 1. 27	nachm. 5 Uhr	Staatsrat
Mittwoch 26. 1. 27	abends 8 Uhr	Einladung Ministerpräsident Braun Wilhelmstrasse 64
Donnerstag 27. 1. 27	vorm. 10 Uhr	Alsenstrasse 7, engere Vorstandssitzung des Deutschen und Preussischen Städtetages Hier Besprechung über die Art der Vorlage der diesjährigen Haushaltspläne an die Stadtverordneten-Versammlung – Ausgleichung –

Mit Herrn Ministerialdirektor Dr. von Leyden Termin zu einer Besprechung über die kommunalen Bezirksveränderungen im Osten des Rhein.-Westf.-Industriebezirks vereinbaren.

Herrn Landeshauptmann[1] Düsseldorf bezüglich des Termins der nächsten Provinzialausschussitzung Mitteilung machen.

Besprechung mit dem Herrn Preuss. Finanzminister[2] wegen Verkaufs der Ulrichkaserne an die Stadt Köln.

Besprechung mit dem Herrn Landwirtschaftsminister[3] wegen Versteigerung – wenigstens eines Teils – der Weinvorräte der Preussischen Domänen in Köln. Besprechung mit Herrn Staatssekretär Dr. Pünder über die Frage des Reichskommissars für die Presseausstellung und die Übernahme des Protektorats durch Hindenburg.

Besprechung mit Herrn Ministerialdirektor Dr. Richter wegen der Frage des katholischen Historikers. Beschleunigung der Berufung des Professors Dr. Rukop.

Vorschlag des Direktors Ilse von der Westdeutschen Wegebau-Gesellschaft, den Bau der Autobahn Düsseldorf–Köln einer Baugesellschaft zu übertragen, die zur Provinz in ein Treuhändler-Verhältnis tritt.

Schriftwechsel Böss/Mulert wegen der engeren Vorstandssitzung.

Herr Präsident Dr. Mulert bittet um Mitteilung über die Unterredung des Herrn Oberbürgermeisters mit Herrn Min. Brauns bezüglich des Verhältnisses zum Reichsarbeitsministerium.
Besprechung mit Herrn Prälaten Professor Dr. Kaas.

Einladung der Kaiser–Wilhelm–Gesellschaft zur Förderung der Wissenschaften zu Vorträgen im Winter 1926/27.

Antrag des Bundes Westdeutscher Oberversicherungs-Direktoren (Geheimrat Sayffaerth) auf Besoldung nach Gruppe 13.

[1] Johannes Horion.
[2] Hermann Höpker-Aschoff.
[3] Heinrich Steiger.

8. Europa

Köln, als alte Hansestadt, hatte traditionell zahlreiche gute und enge Verbindungen zu Europa. An der Grenze zum westlichen Europa gelegen, nahm die Stadt als Handelszentrum eine Brückenfunktion zu den Nachbarstaaten ein. Die wirtschaftliche Verflechtung mit Belgien, den Niederlanden und dem nördlichen Frankreich wurde jedoch durch den Ersten Weltkrieg unterbrochen. Wie würden sich die Beziehungen Deutschlands zu den europäischen Nachbarn in den nächsten Jahren gestalten? Europa und die Fragen der weiteren Entwicklung der auswärtigen Beziehungen Kölns, des Rheinlandes und des Reiches gehörten von Anfang an zu den wichtigen Inhalten von Konrad Adenauers Wirken in der Weimarer Republik.

Bereits im Dezember 1917, kurz nach seiner Wahl, äußerte er, er habe die Absicht „Cöln zum Mittelpunkt der Bestrebungen zu machen, die nach Friedensschluß auf eine Wiederanknüpfung der kulturellen und wirtschaftlichen Lage mit unseren Nachbarländern hinzielen."[1] Nach Kriegsende stand dem aber einiges entgegen. Zur Jahreswende 1918/19 herrschte weitgehend Unsicherheit darüber, wie die territoriale Zukunft Deutschlands aussehen würde und welche Pläne Frankreich bezüglich des Rheinlandes hatte.[2] Adenauers Vorstellungen von Europa erfuhren durch die Situation nach Ende des Ersten Weltkrieges eine wichtige Prägung.[3] Vor dem Hintergrund der Bedrohung durch den westlichen Nachbarn entwickelte er seine Gedanken zur politischen Konstellation in Europa weiter. Bereits in seinen ersten Reden als Oberbürgermeister stand die deutsch-französische Verständigung im Zentrum seiner Überlegungen. Am 1. Februar 1919 analysierte er vor den linksrheinischen Abgeordneten in der Nationalversammlung und in der preußischen Landesversammlung die außenpolitische Lage und zog seine Folgerungen für das Deutsche Reich. Von den USA erwartete er kein Eingreifen. Doch habe England kein Interesse an einer französischen Hegemonie und werde sich deshalb auf die Seite des geschwächten Deutschland schlagen. Adenauers Überlegungen zielten darauf ab, das französische Sicherheitsbedürfnis gegenüber dem Reich zu befriedigen. Dazu gebe es keine Alternative, weil nur diese Politik mit den englischen und amerikanischen Interessen vereinbar sei.[4] Abgeleitet von seiner Analyse der

[1] Siehe Dokument 6.

[2] Vgl. Kapitel II, 5.

[3] Hacke, Adenauers Stellung zum deutschen Nationalstaat, S. 34.

[4] Siehe Dokument 37.

außenpolitischen Rahmenbedingungen entwickelte er ein eigenes Konzept einer Europapolitik, „die experimentierend, induktive Züge besaß".[5]

Der Ausgleich mit Frankreich blieb weiter der bestimmende Faktor in Adenauers europapolitischen Erörterungen der folgenden Jahre. Während der Ruhrbesetzung 1923 sah er den Ausweg aus der Krise in der Gründung eines Bundesstaates am Rhein mit engen wirtschaftlichen Verbindungen zu den westlichen Nachbarstaaten. Adenauers Vorstellungen eines Rheinstaates widersprachen den französischen Interessen, aber er blieb ein Verfechter französisch-deutscher Zusammenarbeit und befürwortete grundsätzlich industrielle Kooperation und ausländische Investitionen im Ruhrgebiet.[6] Eine organische Verflechtung zwischen der deutschen und französischen Industrie bzw. zusätzlich der luxemburgischen und belgischen Wirtschaft stellte für Adenauer die Basis für die Verständigung innerhalb Europas dar und war für ihn der Schlüssel zur Neuregelung der innereuropäischen Beziehungen.[7] Die Konzeption eines westdeutschen Bundesstaates entsprang dabei der Not der Zeit. Sie sollte in erster Linie den Forderungen Frankreichs Rechnung tragen und somit die Abspaltung des Rheinlands vom Reich verhindern. Es war der Versuch, dem französischen Verlangen nach Sicherheit durch übernationale Kooperation entgegenzukommen. Nach Überwindung der Krisensituation im Gefolge der Ruhrbesetzung verfolgte Adenauer die Idee einer Rheinischen Republik nicht weiter. Grundlegend für ihn blieb aber die Überzeugung, dass die wirtschaftlichen Verbindungen zwischen den europäischen Staaten die Voraussetzung für die Vereinbarungen auf politischem Feld sein würden.[8] Dies brachte er u.a. in seiner Rede zur Eröffnung der Kölner Messe am 11. Mai 1924 zum Ausdruck: „Es muss in Europa wieder eine Atmosphäre des Friedens geschaffen werden und es scheint, dass dabei die Wirtschaft der Politik Wegbereiterin sein muss. Die letzten 10 Jahre haben soviel Schutt und Geröll zwischen den Völkern angehäuft, dass es scheinbar den Politikern fast zu schwer ist, es zu entfernen."[9]

Die Verständigung innerhalb Europas wollte er jedoch nicht nur an die wirtschaftlichen Verbindungen koppeln. Ohne die Rückbesinnung auf gemeinsame kulturelle Werte hielt er eine dauerhafte Befriedung für aussichtslos. In seiner Rede bei der Eröffnung der Universität am 12. Juni 1919 maß er der Völkerverständigung und

[5] Werner Weidenfeld, Konrad Adenauer und Europa. Die geistigen Grundlagen der westeuropäischen Integrationspolitik des ersten Bonner Bundeskanzlers (Bonn 1976), S. 33.

[6] Hacke, Adenauers Stellung zum deutschen Nationalstaat, S. 37.

[7] Siehe Kapitel II, 5.

[8] Hans-Peter Schwarz, Dannie N. Heineman und Konrad Adenauer im Dialog (1907–1962), in: Karl Dietrich Bracher u.a. (Hg.), Staat und Parteien (Berlin 1992), S. 818.

[9] Siehe Dokument 10.

den gemeinsamen Werten der europäischen Nationen große Bedeutung bei. Zu den wichtigen Aufgaben der Universität gehöre es, „das hohe Werk dauernder Völkerversöhnung und Völkergemeinschaft zum Heile Europas zu fördern". Hier deutete er noch recht allgemein seine Vorstellung von einer Neugestaltung der Beziehungen in Europa an. Die Probleme ließen sich am besten lösen durch Zusammenarbeit und Versöhnung. Diese müsse von der Besinnung auf die gemeinsamen Ursprünge mitgetragen werden. Wenn es nicht gelinge, die Völker Europas durch kulturelle Annäherung zu einigen und damit einem neuen Krieg vorzubeugen, werde Europas Vormacht in der Welt verlorengehen.[10] Adenauer suchte vor allem Ausgleich und Kooperation in der Außenpolitik, womit er seiner Zeit voraus war.[11]

Auch die PRESSA nutzte der Oberbürgermeister, um internationale Kontakte zu knüpfen. In seiner Eröffnungsrede sprach er sich gegen nationale Beengtheit und für ein Streben „zur geistigen Gemeinschaft und Verbundenheit aller Kulturvölker" aus.[12] Besondere Bedeutung hatte der Besuch des französischen Erziehungsministers Edouard Herriot, dem gegenüber Adenauer in seiner Begrüßung die Bereitschaft zur Verständigung betonte. Das Zeitalter nach Ende des Weltkrieges könne nur besser werden, wenn der Gedanke des Friedens siegreich sei. Er sei diesem Gedanken zunächst mit Zweifel begegnet, habe sich aber überzeugen lassen.[13] Adenauer deutete hier seine anfänglichen Bedenken gegenüber der Außenpolitik Stresemanns an, die Deutschland nach den Verhandlungen von Locarno den Weg in den Völkerbund ebnete. Adenauer war der Meinung, Deutschland habe sich aus den Konflikten anderer herauszuhalten. Die Verhandlungen in Locarno hätten zudem von deutscher Seite geschickter geführt werden können.[14] Aus dieser Sicht kritisierte er die Außenpolitik Stresemanns.[15]

Die PRESSA ermöglichte Adenauer auch die ersten Begegnungen mit Persönlichkeiten, die nach 1945 zu Partnern wurden, unter ihnen der Bürgermeister von Antwerpen, Frans van Cauwelaert, und der Ministerpräsident und Außenminister von Luxemburg, Joseph Bech.[16] Viel Aufmerksamkeit widmete der Oberbürgermeister auch der sowjetischen Delegation, die auf der Ausstellung stark vertreten war. Die kulturelle und wirtschaftliche Entwicklung der Sowjetunion erregte damals

[10] Siehe Dokument 9.

[11] Hacke, Adenauers Stellung zum deutschen Nationalstaat, S. 36.

[12] Siehe Dokument 13.

[13] Siehe Dokument 66.

[14] Paul Weymar, Konrad Adenauer. Die autorisierte Biographie (München 1955), S. 132.

[15] Schwarz, Aufstieg, S. 306; Rödder, Mythos Westbindung, S. 572.

[16] Hans Peter Mensing, Konrad Adenauer und die Beneluxstaaten, in: Jahrbuch des Zentrums für Niederlande-Studien 15 (2004), S. 50.

Abb. 24: Empfang in Amsterdam anlässlich Adenauers Besuch in den Niederlanden 1929

allgemein Aufsehen. Besonders der Kölner Industrielle Otto Wolff hatte großes Interesse am russischen Markt.[17] Die Bemühungen um die Teilnahme der Sowjetunion entsprachen daher auch Kölner Wirtschaftsinteressen. Darüber hinaus warb er um die Beteiligung des faschistischen Italien, das zunächst zusagte, dann aber auf Mussolinis Intervention absagte und sich schließlich, mit Verspätung, doch noch präsentierte. Adenauer entwickelte im Gefolge der PRESSA einen intensiven Kontakt nach Italien. Gegenstand dieser Beziehungen war der italienische Vorschlag, in Köln ein deutsch-italienisches Kulturinstitut einzurichten. Davon war der Oberbürgermeister begeistert.[18] Obwohl das Auswärtige Amt einer Annäherung an Italien zurückhaltend gegenüberstand und das Interesse Mussolinis bald schwand, bemühte sich Adenauer weiter um das Institut. Es wurde schließlich im März 1931 unter dem Namen Petrarca-Haus gegründet. Wegen der Unterstützung der Institutsgründung wurde Adenauer heftig kritisiert.[19] So verfasste er anlässlich des Abschlusses der

[17] G. Müller, Adenauers Europa- und Kulturpolitik, S. 63; Dittmar Dahlmann, Das Unternehmen Otto Wolff: Vom Alteisenhandel zum Weltkonzern, in: Peter Danylow/Ulrich S. Soénius (Hg.), Otto Wolff. Ein Unternehmen zwischen Wirtschaft und Politik (München 2005), S. 42–56.

[18] Hoffend, Adenauer und das faschistische Italien, S. 490.

[19] Die Annäherung Adenauers wurde besonders vor dem Hintergrund des Südtirol-Problems kritisch betrachtet. Vgl. ebd., S. 504ff.

Lateran-Verträge ein Glückwunschtelegramm nicht nur an den päpstlichen Nuntius Pacelli, sondern auch an Mussolini, der sich für die Glückwünsche bedankte.[20] In einem Interview mit einem faschistischen Jugendfunktionär äußerte er sich zudem anerkennend über die staatsmännischen Leistungen Mussolinis mit Hinweis auf die Aussöhnung mit der katholischen Kirche.[21] Derartige Bekundungen waren in der Weimarer Republik im konservativen Lager freilich keine Seltenheit. Andere Vertreter des Katholizismus, etwa Heinrich Brüning, äußerten sich ähnlich.[22] Das Regime des Faschismus war für den Oberbürgermeister außerhalb Italiens jedoch nicht denkbar. Damit lag er auf einer Linie mit der herrschenden Meinung im politischen Katholizismus, dessen Mussolini-Bild durch die Lateran-Verträge positiv beeinflusst war, ohne den Faschismus grundsätzlich zu befürworten.[23] Aus den auf der PRESSA geknüpften Auslandskontakten entstand nicht nur das Petrarca-Haus, sondern auch ein deutsch-französisches Institut. Zunächst sollte dieses in Bonn errichtet werden, doch dies lief Adenauers Plänen zuwider, Köln zum Mittelpunkt der westlichen Auslandsbeziehungen zu machen. Durch Intervention bei Jean de Pange gelang es ihm, das Institut in der Domstadt zu gründen. Mit der Berufung des hoch angesehenen Romanisten Leo Spitzer an die Universität wurde 1930 ein geeigneter Institutsleiter gefunden, so dass das „Deutsch-Französische Institut der Stadt Köln“ im November 1930 eingeweiht werden konnte.[24]

Adenauer unternahm Ende der zwanziger Jahre vermehrt Reisen ins Ausland. Im Frühjahr 1929 besuchte er London, wo sein Sohn Konrad studierte.[25] Im November des Jahres führte ihn eine Reise in die Niederlande, mit denen Köln und das Rheinland traditionell enge Verbindungen pflegten. Während der Reise hielt er auch zwei Vorträge über die deutsch-niederländischen Wirtschaftsverbindungen. Seine Eindrücke über den Besuch fasste er in einem ausführlichen Bericht zusammen. Bereits 1927 hatte er aus Anlass eines Fußballfreundschaftsspiels[26] Gäste aus dem Nachbarland begrüßt: „Wir haben heute im Stadion und heute Abend hier den Sport

[20] Siehe Dokument 67. Das Telegramm Adenauers an Mussolini ist nicht erhalten, Adenauer hat es aber selbst bestätigt. Siehe dazu: Verhandlungen der Stadtverordnetenversammlung zu Köln vom Jahr 1929, Sitzung vom 14. Februar, Köln 1930, S. 6.

[21] Hoffend, Adenauer und das faschistische Italien, S. 537f.

[22] Ebd., S. 539.

[23] Wolfgang Schieder, Das italienische Experiment. Der Faschismus als Vorbild in der Krise der Weimarer Republik, in: Historische Zeitschrift 262 (1996), S. 94ff.

[24] Manfred Bock/Katja Marmetschke, Gesellschaftsverflechtungen zwischen Deutschland und Frankreich, in: Klaus Schwabe (Hg.), Konrad Adenauer und Frankreich 1949–1963. Stand und Perspektiven der Forschung zu den deutsch-französischen Beziehungen in Politik, Wirtschaft und Kultur (Bonn 2005), S. 167f.

[25] Schwarz, Aufstieg, S. 298.

[26] Das Länderspiel Deutschland–Niederlande endete 2:2.

von einer andern Seite kennengelernt, nämlich von der völkerverbindenden. Die Herren aus Holland sind uns hier in Köln schon seit Jahrhunderten liebe Freunde, und diese Nachbarn sind uns immer herzlich willkommen. [...] Freuen wir uns, daß durch solche Spiele die Völker in unserm armen Europa näher gebracht werden.“[27] Während der PRESSA empfing er den Prinzgemahl der niederländischen Königin Wilhelmina, Heinrich von Mecklenburg-Schwerin, in seinem Haus in Köln-Lindenthal.[28]

Adenauer zeigte sich auch gegenüber der Paneuropa-Idee aufgeschlossen und war Mitglied im deutschen Komitee der Paneuropa-Union. Graf Richard Coudenhove-Kalergi, der Initiator der Paneuropa-Bewegung, rechnete den Oberbürgermeister zu denjenigen Mitgliedern der Zentrumspartei, die der Bewegung besonders gewogen waren.[29] Tatsächlich verfolgte er diese, wie andere Initiativen zur internationalen Verständigung, mit Interesse. Gegenüber Coudenhove-Kalergi hegte er jedoch gewisse Vorbehalte, wie er in einem Brief an Dannie Heineman äußerte.[30] Darin ging er auch auf einen Vortrag ein, den Heineman im Herbst 1930 auf seine Einladung hin – als zweiten Redner hatte der Oberbürgermeister Jean de Pange geladen, der seine Eindrücke von Köln und Adenauer niederschrieb[31] – unter dem Titel „Outline of a new Europe“ über die Zukunft einer Föderation Europas hielt. Adenauer begrüßte diese Ausführungen. Die Gewinne der Nationalsozialisten bei den Reichstagswahlen im September deuteten jedoch auf eine Entwicklung hin, die die Aussicht auf eine dauerhafte europäische Verständigung verschlechterten.[32]

Im Dezember 1930, wenige Monate nach Heinemans Vortrag, äußerte sich Konrad Adenauer in einem Brief an Ella Schmittmann, die Cousine seiner ersten Frau, pessimistisch über die Lage Deutschlands in Europa. Allgemein sah er den Zustand Europas düster, ja sogar als „eine Schmach und eine Schande für den christlichen Gedanken“. Er verstehe nicht, warum Deutschland immer noch die Rolle des Schuldigen und Büßers habe.[33] Dies brachte er einen Monat später gegenüber dem amerikanischen Botschafter erneut zum Ausdruck. In seiner Begrüßung des Botschafters aus Anlass der Eröffnung der Kölner Niederlassung der amerikanischen Handelskammer wies er auf die Rolle Amerikas für Europa hin. Adenauer erhoffte sich von Amerika die Führungsrolle bei der politischen und wirtschaftlichen

[27] Siehe Dokument 68.
[28] Mensing, Adenauer und die Beneluxstaaten, S. 50.
[29] Richard Coudenhove-Kalergi, Eine Idee erobert Europa. Meine Lebenserinnerungen (Wien u.a. 1958), S. 125.
[30] Siehe Dokument 69.
[31] Jean de Pange, Die Mühlen Gottes: Frankreich, Deutschland, Europa (Heidelberg 1954), S. 314–320.
[32] Schwarz, Aufstieg, S. 301.
[33] Siehe Dokument 70.

Abb. 25: Der niederländische Prinzgemahl, Herzog Heinrich zu Mecklenburg-Schwerin, 1928 zu Gast im Garten von Adenauers Privathaus

Befriedung des alten Kontinents sowie eine gerechte Beurteilung Deutschlands, die seine wirtschaftliche, innen- und außenpolitische Lage angemessen berücksichtige.[34] Seine negative Einschätzung der Möglichkeit einer europäischen Verständigungspolitik verstärkte sich im Herbst 1932. Auf die Einladung zu einem Kongress der Paneuropa-Bewegung in Basel, an dem er auf Coudenhove-Kalergis Wunsch hin teilnehmen sollte, antwortete er, dass eine deutsch-französische Verständigung seine Sympathie finde, er halte sie jedoch „augenblicklich für völlig aussichtslos". Derartige Bestrebungen seien „von vornherein zum Scheitern" verurteilt.[35] Durch das baldige Ende der Weimarer Republik und die nationalsozialistische Diktatur wurde er in seinem Urteil bestätigt.

Konrad Adenauer setzte sich seit Beginn seiner Arbeit als Oberbürgermeister ausführlich mit dem Thema Europa auseinander. Bereits früh formulierte er das Konzept, Köln zum Bindeglied für die wirtschaftlichen und kulturellen Verbindungen mit dem Ausland zu machen. Viele Projekte seiner Amtszeit wie die Universität,

[34] Siehe Dokument 71.

[35] Zitiert nach Anita Ziegerhofer-Prettenthaler, Botschafter Europas. Richard Nikolaus Coudenhove-Kalergi und die Paneuropa-Bewegung in den zwanziger und dreißiger Jahren (Wien u.a. 2004), S. 212.

die Messe und die PRESSA dienten zugleich dem geistig-kulturellen Austausch mit den Nachbarländern und der europäischen Aussöhnung. Die deutsch-französische Verständigung hatte für Adenauer Priorität. Durch die wirtschaftliche Verflechtung der heimischen Industrie mit den Nachbarn hoffte er eine dauerhafte Basis für die Zusammenarbeit zu finden. Damit verbunden war der Gedanke, durch die Beziehungen zum Ausland den Standort und die Wirtschaft Kölns zu stärken. Adenauers Engagement für Europa war in vielen Punkten eng mit den Bedürfnissen der Stadt verknüpft. Kulturelle und wirtschaftliche Verflechtung mit den westlichen Nachbarländern hatten in der Domstadt jahrhundertealte Tradition. Doch setzte sich Adenauer nicht nur aus der Perspektive des Oberbürgermeisters für die Verständigung in Europa ein. Wenn er den Zustand des alten Kontinents als Schmach für den christlichen Gedanken bezeichnete, kam darin die Befürchtung zum Ausdruck, Europa werde einen Werte- und damit auch einen Bedeutungsverlust erleiden. Die Besinnung auf gemeinsame Ursprünge, auf Recht und Gerechtigkeit sollte zu engerem Miteinander und zur Stärkung Europas beitragen. Intensive Zusammenarbeit betrachtete er als Voraussetzung für politische Stabilität, nur in diesem Rahmen könne sich die Situation für Deutschland normalisieren. Aus dieser Sicht sprach sich Adenauer für eine Neugestaltung der Beziehungen in Europa aus und sympathisierte mit den Ideen der Paneuropa-Bewegung.

Dokument 66

Köln, 2. August 1928: Ansprache Adenauers aus Anlass des Besuchs des französischen Erziehungsministers Herriot

Quelle: „Licht und Leben", „Evangelisches Wochenblatt", 40. Jg., 14. August 1928, S. 535.

Ich bin kein Diplomat und kein Regierungsvertreter. Ich bin ein freier Mann und Bürger und kann daher frei und offen sprechen. Lassen Sie mich in aller Offenheit und mit allem Freimut, aber auch mit dem ganzen Ernst, den die Bedeutung der Fragen erheischt, zur öffentlichen Meinung Frankreichs von den Dingen sprechen, die das Herz eines jeden verantwortungsbewußten Menschen in Europa bewegen und bewegen müssen. Wir haben Furchtbares erlebt, wir haben gesehen, welches Geschick der Menschheit droht, wenn die Mittel einer fortgeschrittenen Technik, wenn die Menschenmassen unserer Zeit, wenn die Organisationsfähigkeit unseres Zeitalters zu Zwecken der Vernichtung gebraucht werden. Das alte Europa liegt in Trümmern, wir stehen an der Schwelle eines neuen Zeitalters, einer neuen Epoche der Menschheit.

Das neue Zeitalter kann und muß ein besseres werden, wenn die Gutgesinnten in allen Ländern es wollen und dafür arbeiten: wollen und arbeiten mit Ernst, mit Ausdauer, mit Hingabe, unentmutigt durch Spott oder Fehlschläge, in der sicheren Überzeugung, daß der Gedanke des Friedens und der Verständigung siegen muß, wenn nicht Europa untergehen soll. Die Gedanken der Ächtung des Krieges, der Abrüstung, der Verständigung, der friedlichen Beilegung aller Streitpunkte, der Sammlung aller Völker in einer Gesellschaft gleichberechtigter Mitglieder marschieren, sie marschieren, wenn auch langsam. Viele in Deutschland – auch ich gehörte zu ihnen – haben diesen Gedanken zuerst voll Zweifel und voll Zurückhaltung gegenübergestanden, aber wir haben uns überzeugen lassen. Und trotz mancher großen und tiefen Enttäuschung, die wir erlitten haben, trotzdem dass manches noch nicht in Erfüllung gegangen ist, dessen Erfüllung wir erwarten durften, glauben wir, glaubt mit verschwindenden Ausnahmen ganz Deutschland, daß dieser Weg der einzige ist, der zur Wohlfahrt aller Völker in Europa und auch zur Wohlfahrt unseres eigenen Landes führt. Der Weg ist weit, und das Ziel ist hoch. Es wird in Abschnitten gehen, und Rückschläge werden nicht ausbleiben. Es werden Höhen erklommen und Tiefen durchschritten werden müssen. Aber das Ziel, die Verständigung der Völker, die Gleichberechtigung aller Völker, die Wohlfahrt aller Völker kann nur auf diesem Wege erreicht werden.

Dokument 67

12. Februar 1929: Danktelegramm Mussolinis an Adenauer (Faksimile)

Quelle: StBKAH, Nl. Adenauer 01.19, Bl. 20.

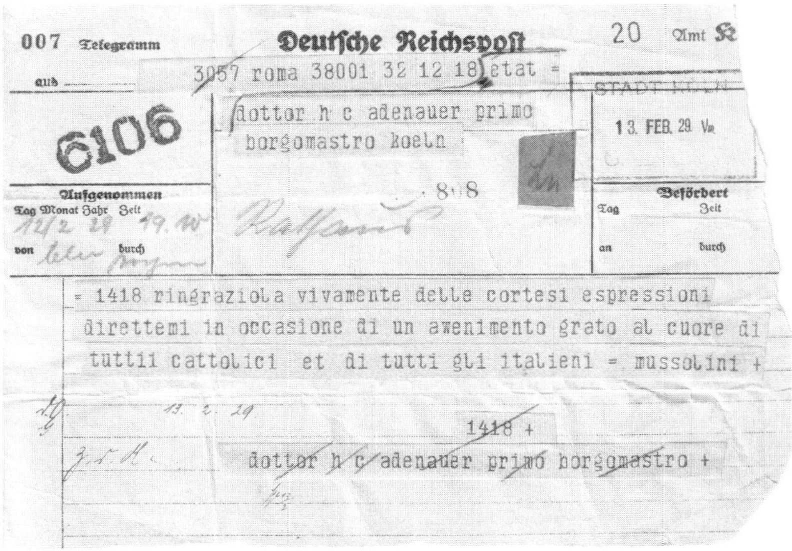

007 Telegramm Deutsche Reichspost 20 Amt K

aus 3057 roma 38001 32 12 18 etat =

dottor h c adenauer primo
borgomastro koeln

6106

STADT KÖLN 13. FEB. 29 Vm

Aufgenommen Tag Monat Jahr Zeit 12/2 29 19. W
von durch

Befördert Tag Zeit an durch

= 1418 ringraziola vivamente delle cortesi espressioni direttemi in occasione di un awenimento grato al cuore di tuttii cattolici et di tutti gli italieni = mussolini +

13. 2. 29

1418 +

dottor h c adenauer primo borgomastro +

Dokument 68

Köln, 20. November 1927: Rede Adenauers auf dem Bankett des Deutschen Fußball-Bundes anlässlich des Länderspiels Deutschland–Niederlande

Quelle: „Kicker“, Nr. 48, 29. November 1927.

Wir haben einen Krieg verloren und einen Zusammenbruch erlebt, wie ihn die Welt seit Jahrhunderten nicht gesehen hat. Wir haben eine fürchterliche Inflation mit all ihren körperlichen und geistigen Schrecken durchgemacht. Ich bin überzeugt, daß, wenn das deutsche Volk nicht in seiner Turn- und Sportbewegung eine so ausgezeichnete Schulung in eiserner Disziplin gehabt hätte, es noch nicht da stände, wo es heute schon steht. Der Deutsche Fußball-Bund mit seiner Million Mitglieder (Herr Direktor Klose, vielleicht machen Sie den Herren in Berlin einmal klar, daß das alles Wähler sind!), der 300 000 Jugendliche schult, soll mit den großen Verbänden in der Öffentlichkeit seine Stimme erheben und soll in der ausgezeichneten klaren und von Übertreibung freien Weise, wie sie eben Herr Linnemann vorgetragen hat, der Öffentlichkeit und Herrn Dr. Schacht sagen, wie die Dinge liegen. Ich habe die Überzeugung (ich kenne Herrn Dr. Schacht seit vielen Jahren), daß, wenn Sie zu ihm gehen und ihm Ihre Gründe dartun, dies von großem Erfolg begleitet sein wird. Ich bitte Sie, das zu tun.

Herr Linnemann hat eben gesagt, daß in Bochum gerade die Schwerindustrie so reichen Beifall zollte. Ich kann Ihnen verraten, daß ich vor einigen Tagen einem Gespräch zwischen zwei Schwerindustriellen beigewohnt habe; einer der Herren griff in der Unterhaltung etwas abweisend auf die Sportbewegung über. Da hat ihm der andere erwidert: „Sie haben nicht recht; früher sahen Sie unsere Arbeiter an den Feierabenden fast nur mit der Schnapsflasche; die hat ihnen die Sportbewegung aus der Hand genommen. Heute sehen Sie sie auf dem Sportplatz." Wir haben heute im Stadion und heute Abend hier den Sport von einer andern Seite kennengelernt, nämlich von der völkerverbindenden. Die Herren aus Holland sind uns hier in Köln schon seit Jahrhunderten liebe Freunde, und diese Nachbarn sind uns immer herzlich willkommen. Daß heute die beiden Mannschaften so fair gekämpft haben, war für alle Zuschauer ein ausgezeichnetes Bild und machte einen hervorragenden Eindruck. Freuen wir uns, daß durch solche Spiele die Völker in unserm armen Europa näher gebracht werden. Ich bitte Sie, Ihr Glas zu erheben und mit mir zu trinken auf den völkerverbindenden und völkererziehenden Sport.

Dokument 69

Köln, 22. April 1930: Adenauer an Direktor Dr. Heineman, Brüssel

Quelle: Dannie N. Heineman, Brüssel, Kopie mit Paraphe.

Sehr geehrter Herr Heineman!

Wegen des Vertragsentwurfs schreibe ich Ihnen besonders. Ihre übrigen Mitteilungen, insbesondere auch wegen des Colonel House, haben mich sehr interessiert. Er kennt ja Hoover wohl recht gut. Ich bedauere sehr, daß er ein solches Urteil fällen muß.

Ich habe an unseren Professor für Germanistik[1] und an unseren Professor für Anglistik[2] wegen der zwischen Ihrer verehrten Gattin und mir erörterten Fragen geschrieben. Beide Herren sind aber zurzeit auf Urlaubsreisen; ich kann also die Antwort erst im Mai nach ihrer Rückkehr erwarten. Ich neige inzwischen doch mehr zu der von Ihrer Gattin geäußerten Ansicht. Emil Ludwig ist ein sehr gefährlicher Mann. Seine ersten Bücher waren gut. Jetzt fabriziert er Bücher. Seine historischen Feststellungen entbehren absolut der Sicherheit.

Ich danke Ihnen dafür, daß Sie den Vortrag in Berlin abgelehnt haben, und freue mich, Sie und Ihre Gattin demnächst hier in Köln bei Gelegenheit Ihres Vortrages begrüßen zu können.[3] Der Graf Coudenhove-Calergi genießt zurzeit in Deutschland ziemlich wenig Kredit, nicht wegen der von ihm vorgetragenen Ideen, sondern wegen gewisser Behauptungen, die mit Bezug auf seine Person aufgestellt worden sind. Sie haben auch, abgesehen von dem Kölner Vortrag, meines Erachtens sehr gut gehandelt, daß Sie nicht auf seine Veranlassung und unter seiner Firma einen Vortrag in Deutschland übernommen haben.

Das genaue Datum des Kölner Vortrags wird Ihnen in den nächsten 14 Tagen mitgeteilt werden, wenn die Universitätsprofessoren, die am Kulturbund führend beteiligt sind, aus dem Urlaub zurück sind.

Den Jahresbericht der Sofina[4] habe ich bisher nicht erhalten. Ich würde die Ausführungen über „Krieg gegen Verschwendung" gern lesen.

Wie ich Ihnen in einem gleichzeitig abgehenden Briefe schreibe, sind meine Frau und ich im Begriffe, für 3 Wochen nach Karlsbad (Hotel Königsvilla) abzureisen. Wenn wir zurückkommen, ist hier die große Ausstellung der Deutschen Landwirtschaftsgesellschaft,[5] die bis Anfang Juni dauert. Dann bin ich in meiner Zeit freier, und es wird uns alsdann eine besondere Freude sein, Sie in Brüssel aufzusuchen.

Für Ihre Mitteilung wegen Gesfürel[6] bin ich Ihnen sehr verbunden. Ich wäre Ihnen dankbar, wenn Sie bei Comes & Co.[7] das Nötige für mich veranlassen würden.

Mit vielen herzlichen Grüßen von Haus zu Haus
Ihr sehr ergebener
A[denauer]

2. Wv. nach 14 Tagen zwecks Feststellung, ob Herrn Direktor Heineman der Termin für den Vortrag in Köln bekanntgegeben worden ist.
3. Wv. nach Rückkehr aus Karlsbad mit den Äußerungen des Professors für Ger-

manistik und des Professors für Anglistik zwecks Weitergabe an Herrn Direktor Heineman.
4. Termin für eine Reise nach Brüssel?

[1] In Frage kommen: Friedrich von der Leyen, 1920–1937 Professor für Ältere Germanistik in Köln; Carl Karstien, 1923–1959 Professor für Vergleichende Sprachwissenschaft in Köln; Ernst Bertram, 1922–1946 Professor für Deutsche Philologie in Köln.
[2] Herbert Schöffler, 1926–1941 Professor für Anglistik in Köln.
[3] Heineman hielt am 28. November 1930 im Hansa-Saal in Köln den Vortrag „Skizze eines neuen Europa".
[4] Société Financière de Transports et d'Entreprises Industrielles.
[5] 36. Wanderausstellung der Deutschen Landwirtschaftsgesellschaft, 27. Mai–1. Juni in Köln.
[6] Gesellschaft für Electrische Unternehmungen.
[7] Comes & Co. war eine Berliner Privatbank, bei der Adenauer ein Aktiendepot unterhielt.

Dokument 70

Berlin, 13. Dezember 1930: Adenauer an Ella Schmittmann

Quelle: Archiv Benedikt Schmittmann: Helene Schmittmann.

Liebe Ella!
Hier dachte ich mehr Ruhe zu haben, als in Köln und wollte Dir daher von hier aus auf Deinen Brief vom 4.12. antworten. Es ist aber anders gekommen, als ich dachte; es war eine überaus schwere und drückende Woche. Erst jetzt am Abend der Rückreise habe ich eine ruhige Stunde. Die von Dir entwickelten, auf religiösem Untergrunde beruhenden Gedanken decken sich durchaus mit den unsrigen. Ich finde den heutigen Zustand in Europa und in der ganzen Welt eine Schmach und eine Schande für den christlichen Gedanken.

Aber was ich nicht verstehe und nie verstehen werde, das ist, dass wir, die wir nicht mehr und nicht weniger Schuld tragen als die andern, immer im Büsserhemd dastehen und Pater peccavi sagen sollen. Das verlangt unsere christliche Überzeugung nicht von uns, und das verstehe ich nicht. M.E. muss sich Benedikt mit Joos möglichst bald in Verbindung setzen, um die Angelegenheit aufzuklären, sie ist wichtig genug!

Von hier ist nicht viel Gutes zu berichten und in Köln erwartet mich auch nichts Gutes. Ich habe nur den einen Wunsch: 4 Monate weiter zu sein.

Mit vielen herzlichen Grüssen
wie stets Dein
gez. Konrad

Dokument 71

Köln, 26. Januar 1931: Ansprache Adenauers aus Anlass des Besuchs des amerikanischen Botschafters

Quelle: SBA, E 2300 Köln 1–4.

In Ihrer gestrigen ausgezeichneten Rede haben Sie, Herr Botschafter,[1] Ihres Besuchs in Köln vor nunmehr fast 30 Jahren gedacht, auch Ihre verehrte Frau Gemahlin[2] hat mir von diesem Besuche erzählt. Sie haben gesagt, Herr Botschafter, Sie seien kein Fremder in unserer Mitte, sondern vielmehr einer, der seit dieser Zeit immer mit Interesse die Entwicklung dieser Stadt verfolgt habe. Ich danke Ihnen im Namen der Stadt Köln herzlich für diese Worte. Ich darf Ihnen sagen, dass auch wir Sie nicht als „Fremder in unserer Stadt" betrachten. Ich glaube, die herzliche Begrüssung und die warmherzige Aufnahme, die Sie und Ihre Frau Gemahlin gestern auf dem ausgezeichneten Bankett gefunden haben, sind der beste Beweis für die Richtigkeit und Wahrheit meiner Worte. Wir haben das Empfinden, in Ihnen einen warmherzigen Freund Deutschlands zu sehen.

Die Stellung eines Botschafters der Vereinigten Staaten in einem europäischen Lande und zumal in Deutschland ist nicht leicht. Von Ihrem Lande erwartet Europa die führende Hand, die es aus der Wirrnis, in die es sich verstrickt hat, herausführt. Die Führung allein aber tut es nicht: Der Geführte muss sich auch selbst klar sein über den einzuschlagenden Weg, und ich fürchte, dass diese Klarheit in Europa zwar auf dem Marsche, aber jetzt noch nicht Allgemeingut geworden ist. Ich habe die Überzeugung, dass Ihr grosses und starkes Land, Herr Botschafter, die weltgeschichtliche Rolle, die das Geschick ihm zugewiesen hat, erfasst hat und dass es den Mut hat und das Vertrauen zu sich und der Welt hat, im geeigneten Augenblick die Führerschaft auf dem Wege zur wirklichen politischen und wirtschaftlichen Befriedung Europas mit entschlossener Hand zu übernehmen. Ihre Kenntnis der Dinge, Ihre Stimme, Ihr Urteil, Exzellenz, wird dabei von massgeblicher Bedeutung sein. Darum begrüssen wir es alle, dass Sie deutsches Land und deutsche Leute selbst kennen lernen wollen. Ich begrüsse es, dass Sie die deutschen Städte aufsuchen. Die deutschen Städte sind ein ganz wesentlicher Bestandteil deutschen Wesens, und auf ihrer durch viele Jahrhunderte hindurch sich erstreckenden Arbeit beruht ein grosser Teil der Kultur und des Fortschritts in Deutschland. Die Städte spielen zwar augenblicklich die Rolle des Aschenbrödels im öffentlichen Leben, aber die Zeiten kommen, die Zeiten gehen, es wird auch wieder einmal anders werden.

Studieren Sie wie bisher, Herr Botschafter, das deutsche Volk, lernen Sie es immer genauer kennen, seine guten Eigenschaften, seine Schattenseiten – jedes Volk hat sie – , seine wirtschaftliche, seine innenpolitische, seine aussenpolitische Lage und Nöte und lassen Sie ihm in Ihrem Urteil Gerechtigkeit widerfahren: Mehr wünschen wir nicht, mehr wollen wir nicht. Exzellenz, Sie sind diesmal an den Rhein gekommen im Winter. So schön auch der Frühling am Rhein und in unserer Stadt ist: ich freue mich, dass Sie nicht bis zum Frühjahr gewartet haben. Aber es darf nicht wieder eine 30jährige Pause eintreten. In wenigen Monaten wird die Fordfabrik, die Sie heute im Bau gesehen haben, in vollem Gange sein, wird die Amerikanische Handelskammer ihre Tätigkeit in ganzem Umfange aufgenommen haben. Kommen Sie im Frühling wieder, um das zu sehen und um dann die Schönheiten unserer Stadt und des Rheines auch in sommerlicher Pracht zu geniessen. Ich habe gestern mit Ihrer verehrten Frau Gemahlin ein Abkommen geschlossen, und ich hoffe, dass wir im Frühjahr Sie beide hier werden begrüssen können.

Ihrer Arbeit im Interesse der Gleichberechtigung, der Wohlfahrt und des Friedens aller Völker wünsche ich Segen und Erfolg.

[1] Frederic M. Sackett.

[2] Olive Speed Sackett.

9. Zeitgenossen, Weggefährten, Netzwerke

Konrad Adenauer hatte zahlreiche Wegbegleiter aus Politik, Wirtschaft, Gesellschaft, Verwaltung und Kultur, die ihn beeinflussten, unterstützten und prägten. Sein Wirken in den verschiedenen Ämtern wäre ohne den Ratschlag von und den Austausch mit Fachleuten und Personen seines Vertrauens nicht möglich gewesen. Er förderte Vertraute und hatte selbst von Anfang an Förderer, die seinen Aufstieg begleiteten und ihm weiter beratend zur Seite standen. Als Oberbürgermeister besaß er vielfältige Kontakte zu den führenden Vertretern der Stadt und des Rheinlandes in Politik, Wirtschaft und Gesellschaft. Schon bald nach seinem Amtsantritt entwickelten die Großen der Ruhrindustrie Interesse an ihm.[1] Eine große Kommune wie Köln war ein bedeutender Auftraggeber, und Unternehmer suchten aus den Verbindungen zum Oberbürgermeister Nutzen zu ziehen. Durch seine Ämter im Provinzialverband der Rheinprovinz und im Preußischen Staatsrat stand er auch mit bekannten Persönlichkeiten in Berlin in Verbindung.[2] Adenauer war ein „Netzwerker", der über Verbindungen auf vielen Ebenen verfügte, die ihm für sein Wirken in der Weimarer Republik hervorragende Dienste leisteten und die er gezielt für die Durchsetzung seiner Pläne einsetzte. Neben den dienstlichen Beziehungen entwickelten sich auch zahlreiche private Kontakte, die freundschaftlich geprägt waren und die über die Weimarer Republik hinaus auch in seiner Zeit als Bundeskanzler weiterwirkten.

Bereits seine Wahl zum Oberbürgermeister hatte Adenauer neben seiner unbestrittenen Qualifikation und Leistung auch der Unterstützung einflussreicher Personen der Kölner Kommunalpolitik zu verdanken. Zu seinen frühesten und wichtigsten Förderern zählte Louis Hagen, Teilhaber des Bankhauses A. Levy, das in den zwanziger Jahren eng mit dem Haus Sal. Oppenheim verbunden war. Hagen war Großaktionär, Mitglied in den Aufsichtsräten zahlreicher Unternehmen und Präsident der Kölner Industrie- und Handelskammer.[3] Er wurde früh auf Adenauer aufmerksam und förderte als Mitglied der Liberalen dessen Aufstieg. In der Weimarer Republik war er ein enger Berater des Oberbürgermeisters in kommunalpolitischen Fragen und freundschaftlich mit ihm verbunden. Im Austausch, der von gegenseitiger Hochachtung geprägt war, besprachen sie persönliche Angelegenheiten sowie aktuelle Entwicklungen und anstehende Probleme.[4]

[1] Schwarz, Aufstieg, S. 180.

[2] Vgl. Kapitel 7.

[3] Vgl. Kellenbenz, Louis Hagen, S. 141.

[4] Siehe Dokumente 72 und 73.

Abb. 26: Konrad Adenauer und seine Gattin zu Gast auf Schacht Loberg anlässlich der letzten Grubenfahrt August Thyssens am 21. Juli 1924: Thyssen (dritter von rechts) flankiert vom Ehepaar Adenauer

Ein Förderer Adenauers war auch Johann Hamspohn, seit 1910 Mitglied des Aufsichtsrates der AEG und ein hervorragender Kenner der deutschen und internationalen Wirtschaft.[5] Er war von den Fähigkeiten Adenauers überzeugt und stand ihm, wenn immer es möglich war, mit seinen vielfältigen Kontakten und seinem wirtschaftlichen Fachwissen bei. Die umfangreiche persönliche Korrespondenz zwischen den beiden zeugt von großer gegenseitiger Wertschätzung. Seine hohe Meinung über Adenauer brachte Hamspohn in einem Brief an Hjalmar Schacht, seit 1923 Reichsbankpräsident, zum Ausdruck. Auf Bitte Adenauers leitete Hamspohn einen Brief an Schacht weiter und verband dies mit einem Plädoyer für den Kölner. Er versicherte, dass dieser „eine der prominentesten, von größtem Ernst beseelten, uneigennützigsten Persönlichkeiten Deutschlands ist – ein Mann von Schrot und Korn, wie es vielleicht unter den Politikern in unserem, auch geistig verarmten Vaterlande keinen zweiten gibt".[6] Hamspohn gehörte zu einer Reihe von Vertretern der

5 Schwarz, Aufstieg, S. 180.

6 Siehe Dokument 74. Der Begleitbrief Adenauers ist nicht in den Akten enthalten.

Wirtschaft, die Adenauer für höhere politische Aufgaben geeignet hielten. Dazu zählte auch August Thyssen, der regelmäßigen Briefkontakt mit ihm unterhielt. Er war wie Hamspohn der Überzeugung, dass Adenauer Führungspositionen in der Reichspolitik einnehmen könne und setzte große Hoffnungen in ihn. Kurz vor Weihnachten 1925 schrieb er dem Oberbürgermeister: „Hoffentlich kommt bald die Stunde, wo Sie mit tüchtigen Leuten an die Spitze der Regierung treten, die unsere Bedürfnisse verstehen, was weder bei Luther noch bei Stresemann der Fall ist."[7] Thyssen sah in Adenauer den Mann, der über die richtigen Ansätze zur Lösung der wirtschaftlichen Probleme Deutschlands verfügte. Noch kurz vor seinem Tod im Dezember 1926 richtete er ein Schreiben an ihn.

Auch Carl Duisberg, seit 1912 Vorstandsvorsitzender von Bayer und 1925 bis 1931 Präsident des Reichsverbandes der Deutschen Industrie, war dem Kölner Oberbürgermeister eng verbunden. Er war ein engagierter Förderer von Wissenschaft und Bildung – er war Begründer und langjähriger Vorsitzender der Gesellschaft von Freunden und Förderern der Universität Bonn – und spendete unter anderem der Universität zu Köln 200 000 Reichsmark für eine Seminarbibliothek. Die Wertschätzung Adenauers für Duisberg kommt in einem Brief zu dessen 70. Geburtstag zum Ausdruck. Der Oberbürgermeister bedauerte, dass Duisberg als Präsident des RDI ausschied und gratulierte ihm mit großer Verehrung zum Geburtstag: „Mich und meine Frau hat immer der Mensch Duisberg, sein Charakter und seine Art so überaus sympathisch und gewinnend berührt."[8] Mit Duisberg verband ihn wohl eine echte Freundschaft. Als er sich im April 1933 nach Maria Laach zurückzog, blieb Duisberg mit ihm in Briefkontakt und versuchte den abgesetzten Oberbürgermeister zu unterstützen. Die Verbindung blieb bis zum Tod Duisbergs 1935 erhalten.[9] Über stärker sachlich geprägte gute Kontakte verfügte Adenauer zu Hugo Stinnes, der über Verflechtungen das größte Unternehmenskonglomerat der Weimarer Republik leitete, und seiner rechten Hand Albert Vögler, der Vorsitzender des Aufsichtsrates des RWE war. Mit Stinnes und Vögler arbeitete Adenauer bereits in der Rheinlandpolitik zusammen, in der sie ähnliche wirtschaftliche Konzepte vertraten.[10] Die Verbindung zu Stinnes war wohl für Adenauers Einblick in die Wirtschaftsverbindungen Deutschlands mit dem westlichen Ausland maßgeblich.[11] Er profitierte von der Sachkenntnis der Industriellen und machte sie sich für seine eigenen wirtschaft-

7 Siehe Dokument 75.

8 Siehe Dokument 76.

9 Curt Duisberg, Nur ein Sohn. Ein Leben mit der Großchemie (Stuttgart 1981), S. 181.

10 Siehe Kapitel II, 5.

11 Schwarz, Aufstieg, S. 256.

Abb. 27: Gesellschaftliches Großereignis 1930 in Köln: Hochzeit der Tochter von Oberpräsident Fuchs, als Gäste Konrad und Gussie Adenauer und Peter Klöckner (zweite Reihe zweiter bis vierter von links)

lichen Konzepte zu Nutze. Auf der anderen Seite hatte auch die Industrie konkrete Interessen. Albert Vögler, der nach dem Tod von Stinnes 1924 und der Liquidierung des Stinnes-Konzerns Vorstandsvorsitzender der Vereinigten Stahlwerke wurde, in denen Teile des Stinnes-Konzerns aufgingen, bat Adenauer im Januar 1927, er möge eine Unterbeteiligung des Unternehmens beim Bauauftrag für die geplante Mülheimer Brücke erwägen, und wies auch auf andere Pläne hin, über die er mit dem Oberbürgermeister reden wolle.[12]

Zu manchen Wirtschaftsgrößen stand die Stadt Köln in regelmäßigen geschäftlichen Beziehungen. So etwa zu Paul Silverberg, der Vorstands- bzw. Aufsichtsratsvorsitzender der Rheinischen AG für Braunkohlenbergbau und Brikettfabrikation (RAG) war und über deren Tochterunternehmen, die Rheinischen Elektrizitätswerke (REW), die Stadt Köln mit Strom belieferte. Adenauer kannte Silverberg bereits aus seiner Zeit am Kölner Oberlandesgericht. Selbst Mitglied des Aufsichtsrats der RAG, versuchte er in Verhandlungen mit Silverberg stets die bestmöglichen

[12] Siehe Dokument 77.

Konditionen zu erreichen. Dieser bemerkte dazu einmal, die Stadt verfüge doch bereits über den billigsten Strompreis der Welt.[13] Die geschäftlichen Beziehungen zwischen der Kommune und Silverberg verliefen zwar nicht ohne Unstimmigkeiten, das persönliche Verhältnis zwischen dem Oberbürgermeister und dem Industriellen belastete dies aber nicht. Anlässlich der Wahl Silverbergs zum Vorsitzenden der Kölner Industrie- und Handelskammer im Jahr 1932 als Nachfolger von Louis Hagen widmete Adenauer ihm ein freundliches Glückwunschschreiben, in dem er nicht vergaß, neben der amtlichen Zusammenarbeit auf ihre persönliche Verbindung hinzuweisen.[14] Nach dem Zweiten Weltkrieg versuchte Adenauer den 1933 in die Schweiz emigrierten Silverberg zur Rückkehr in die deutsche Wirtschaft zu bewegen, doch dieser lehnte ab.

Auch Robert Pferdmenges, in der Bundesrepublik Adenauers wichtigster finanzpolitischer Berater, gehörte schon im Köln der Weimarer Republik zu seinem Bekanntenkreis. Der Vorstandsvorsitzende des Schaaffhausen`schen Bankvereins und spätere Teilhaber des Bankhauses Sal. Oppenheim unterstützte den Neubau der Universität durch eine Spendensammlung in Kölner Finanz- und Industriekreisen, die zwei Millionen Reichsmark erbrachte und den Bau erst ermöglichte. Freundschaftliche Beziehungen unterhielt Adenauer auch zu Benedikt Schmittmann, Professor für Sozialpolitik an der Kölner Universität, und dessen Frau Ella, die eine Cousine von Adenauers erster Frau Emma Weyer war. Adenauer kannte Benedikt Schmittmann bereits aus der Studienzeit.[15] Der Kontakt intensivierte sich während der gemeinsamen Tage im Tennisclub „Pudelnaß“[16], lange bevor sich sein Aufstieg in der Kölner Stadtverwaltung anbahnte. Die Familien Adenauer und Schmittmann verband seitdem eine enge Beziehung, die sich auch in regelmäßigem Briefkontakt ausdrückte.[17]

Von besonderer Bedeutung unter den Weggefährten war Dannie N. Heineman. Der amerikanische Staatsbürger hatte in Braunschweig Elektrotechnik studiert. Er trat nach vielen beruflichen Stationen 1905 in die Société Financière de Transports et d`Entreprises Industrielles (SOFINA) ein und baute diese zu einem Großkonzern aus. Johann Hamspohn brachte ihn 1907 mit Konrad Adenauer zusammen. Fortan blieben die beiden in Verbindung. Heineman investierte in kommunale Versorgungs-

[13] Siehe dazu Gehlen, Adenauer und die Elektrizitätswirtschaft.

[14] Siehe Dokument 78.

[15] Martin Strickmann, Benedikt Schmittmann (1872–1939) als rheinischer Föderalist zwischen antihegemonialen Reichsneugliederungsinitiativen und sozialethischen Demokratie-Idealen, in: Geschichte im Westen 17 (2002), S. 49.

[16] Schwarz, Aufstieg, S. 117.

[17] Siehe auch Dokument 70.

betriebe und war damit für den Oberbürgermeister schon aus wirtschaftspolitischen Gründen interessant.[18] Er wurde für ihn bereits im Ersten Weltkrieg ein wichtiger Ansprechpartner in wirtschaftlichen Fragen.[19] Aber auch persönlich verstanden sich beide sehr gut. Neben Treffen, die häufig während Adenauers Aufenthalt in Berlin stattfanden, entspann sich ein reger Briefwechsel. Er schätzte den ökonomischen Sachverstand und die politischen Visionen Heinemans. Auf Einladung Adenauers hielt dieser seinen Vortrag „Outline of a new Europe" in Köln.[20] Auch wenn es trotz diesbezüglicher Überlegungen nie zu geschäftlichen Beziehungen zwischen der Stadt Köln und der SOFINA kam, war Heineman stets bereit, dem Oberbürgermeister eine Gefälligkeit zu erweisen. Beispielsweise ließ er ihm Aktien zuteilen.[21] Auch in schwierigen Zeiten konnte sich Adenauer auf seinen amerikanischen Freund verlassen. Als ihm nach der Absetzung im März 1933 die Bankkonten und die Einkünfte gesperrt wurden, war es Heineman, der ihm ungefragt 10 000 Reichsmark brachte, damit er nicht in Not gerate.[22] Adenauer hat diese Geste nie vergessen, sie ist Ausdruck einer seiner wenigen engen, lebenslangen Freundschaften.[23]

Ein wichtiger kommunalpolitischer Wegbegleiter und zugleich auch Gegner war Wilhelm Sollmann, 1919 bis 1924 Vorsitzender der sozialdemokratischen Ratsfraktion in Köln. Er unterstützte Adenauer bei zahlreichen kommunalpolitischen Projekten, unterzog ihn aber zugleich mittels der „Rheinischen Zeitung", deren Chefredakteur er war, und in persönlicher Korrespondenz manchmal recht heftiger Kritik. Der Oberbürgermeister schätzte Sollmanns offene und ehrliche Art und seine stringente, klare politische Linie, die ihn nie im Unklaren darüber ließ, was er von seinem politischen Mitstreiter und Gegner zu erwarten hatte. Wenn er sich bei Sollmann für dessen Glückwünsche zum 50. Geburtstag mit den Worten „In den zurückliegenden bedeutungsvollen Jahren hat uns unsre Arbeit so oft zusammengeführt, dass mich Ihr Glückwunsch besonders gefreut hat"[24] bedankte, so war dies keine Floskel. Zwar wurde das Verhältnis durch die kommunalpolitischen Auseinandersetzungen am Ende der zwanziger Jahre belastet,[25] doch hielten sie den Kontakt bis zu Sollmanns Tod 1951 aufrecht. Der in die USA emigrierte Sollmann war bei der Eröffnung des ersten Deutschen Bundestages Ehrengast des Bundeskanzlers.

[18] Schwarz, Heineman und Adenauer im Dialog, S. 804.

[19] Siehe auch Dokument 6.

[20] Vgl. Kapitel II, 8.

[21] Siehe Dokument 79.

[22] Konrad Adenauer, Erinnerungen 1953–1955 (Stuttgart 1966), S. 157.

[23] Schwarz, Heineman und Adenauer im Dialog, S. 804.

[24] Siehe Dokument 80.

[25] Vgl. Kapitel II, 4.

Abb. 28: Der Landeshauptmann der Rheinprovinz, Johannes Horion

In der Rheinprovinz hatte Konrad Adenauer neben den Beziehungen zu seinen Amtskollegen in den anderen rheinischen Städten[26] durch sein Amt als Vorsitzender des Provinzialausschusses zahlreiche Kontakte zu Mitgliedern der Provinzialverwaltung und der staatlichen Aufsichtsbehörden. Seine langjährige Amtszeit wurde besonders durch die Zusammenarbeit mit Landeshauptmann Johannes Horion geprägt. Adenauer setzte dessen Wahl 1922 gegen einen anderen Kandidaten durch und schuf damit die Voraussetzung für eine jahrelange gute Zusammenarbeit.[27] Der gleichaltrige Horion, der bis zu seinem Tod im Februar 1933 Landeshauptmann blieb, erwies sich als zuverlässiger Partner innerhalb der Provinzialverwaltung, war aber auch selbstbewusst genug, dem Oberbürgermeister Widerstand entgegenzusetzen, wenn er es für angebracht hielt. Adenauers Wertschätzung für Horion zeigte sich u.a. darin, dass er diesem 1925 davon abriet, den Posten des Landeshauptmanns zu verlassen, um Ministerpräsident von Preußen zu werden, weil ihm an der weiteren Zusammenarbeit sehr gelegen war.[28] Der Landeshauptmann war maßgeblich an Adenauers Politik auf Provinzialebene beteiligt – so auch im Falle der Kraftwagenstraße Köln–Bonn, deren Bau 1926 beschlossen und bis 1932 vollendet wurde. Am 31. Dezember 1926 schrieb Adenauer an Horion: „Der gestrige Beschluß über den Bau der Kraftwagenstraße ist dein Werk. Ich habe sehr bedauert, nicht Zeuge deines Erfolges werden zu können."[29] Der freundschaftliche Ton, der in diesen Zeilen mitschwingt, schwand in den letzten Jahren ihrer Zusammenarbeit zunehmend. Die Gründe für die spürbare Entfremdung sind nicht deutlich, waren möglicherweise durch Vorgänge begründet, in denen der Kommunalpolitiker Adenauer gegen den leitenden Beamten der Rheinprovinz Horion stand.[30]

Ausgesprochen gut verstand sich der Oberbürgermeister mit dem Oberpräsidenten der Rheinprovinz, Hans Fuchs, seit 1922 in diesem Amt tätig. Fuchs hatte sich von Anfang an um gute Beziehungen zu dem Kölner bemüht und dieser seinerseits ein konstruktives Miteinander angestrebt. So entwickelte sich über die Jahre ein sehr enges und herzliches Verhältnis, das die Zusammenarbeit zwischen dem Vertreter der staatlichen Aufsichtsbehörde und dem Kommunal- und Provinzialpolitiker erleichterte. Adenauer konnte auf diese Weise ihm besonders wichtige Anliegen dem Oberpräsidenten direkt vortragen und um dessen Unterstützung bitten.[31] Zwar blie-

[26] Siehe dazu u.a.: Först, Rheinische Städte und ihre Oberbürgermeister.
[27] Romeyk, Adenauers Beziehungen, S. 299f.
[28] Ebd., S. 300.
[29] Siehe Dokument 81.
[30] Romeyk, Adenauers Beziehungen, S. 301.
[31] Ebd., S. 310f.

Abb. 29: Adenauer und der Oberpräsident der Rheinprovinz, Hans Fuchs, im Ständehaus Düsseldorf 1930

ben gewisse Kompetenzstreitigkeiten nicht aus. Typisch für Konrad Adenauer war etwa, dass er auf die genaue Beachtung der eigenen Zuständigkeiten pochte. So wies er Fuchs im März 1926 darauf hin, dass der anstehende Besuch des Reichspräsidenten der Stadt Köln gelte und Verhandlungen anderer Stellen bezüglich dieses Besuches zu unterbleiben hätten.[32] Der Oberbürgermeister reagierte stets empfindlich, wenn er seine Kompetenzen beeinträchtigt sah. Im Falle des Oberpräsidenten kam es aber nie zu nachhaltigen Streitigkeiten, die das Verhältnis hätten belasten können. Zeugnis der engen Beziehungen, die auch zwischen den Familien bestanden, ist eine Urlaubskarte Adenauers an Fuchs aus Chandolin in der Schweiz, wo er Jahr für Jahr einen sechswöchigen Sommerurlaub verbrachte.[33]

Als Teil eines weit gespannten Beziehungsnetzes und durch seine gehobene gesellschaftliche Stellung fungierte Konrad Adenauer des Öfteren als Gastgeber

[32] Siehe Dokument 82.

[33] Siehe Dokument 83.

bei offiziellen oder privaten Anlässen in seinem Haus in der Max-Bruch-Straße 6 in Köln-Lindenthal. Einen Einblick in das breite Spektrum der Besucher bietet das Gästebuch des Oberbürgermeisters, in dem sich Einträge zahlreicher bekannter Persönlichkeiten des öffentlichen Lebens finden. Dazu gehört Reichskanzler Wilhelm Marx, ein Vertrauter Adenauers, der sich zur Einweihung des durch einen Anbau erweiterten Privathauses bei ihm aufhielt. Zum selben Anlass waren auch Hermann Pünder, Staatssekretär in der Reichskanzlei, Felix Frank, österreichischer Gesandter in Berlin, Wilhelm Külz, Reichsminister a.D., und Hans Elfgen, Regierungspräsident in Köln, erschienen. Auch Reichsbankpräsident Hjalmar Schacht, mit dem Adenauer wegen der Finanzpolitik Kölns einige Male heftig aneinandergeraten war, zählte zu den Gästen.[34]

Neben diesen direkten gab es eine Reihe von indirekten Verbindungen zu bekannten Persönlichkeiten, mit denen Adenauer während der Weimarer Republik noch nicht im näheren Kontakt stand. Dazu gehörte etwa der spätere Bundespräsident Theodor Heuss, der mehrere Jahre Mitglied des Reichstages und als Dozent an der Hochschule für Politik in Berlin tätig war. Beide waren Mitglied im „Bund der Auslandsdeutschen", Heuss zwischen 1925 und 1932 als zweiter Vorsitzender und Adenauer als Mitglied des Ehrenpräsidiums.[35] Daneben zählten mit Carl Petersen, 1. Bürgermeister in Hamburg, und Gustav Böß, Oberbürgermeister von Berlin, auch Personen zum Ehrenpräsidium, die Adenauer gut kannte. Dies ist ein Beispiel von vielen, wie sich auch durch die zahlreichen Mitgliedschaften Adenauers in Vereinen, Gesellschaften und anderen Institutionen Verbindungen ergaben, die in ihrer Gesamtheit kaum zu überschauen sind.[36]

[34] Siehe Dokument 84

[35] Siehe Dokument 85. Der Bund war eine Interessenvertretung, die sich besonders für die im Ausland im Zuge des Ersten Weltkrieges beschlagnahmten Vermögen deutscher Staatsangehöriger einsetzte. Siehe dazu Manfred Weißbecker, Bund der Auslandsdeutschen (BdA). 1919–1939, in: Dieter Fricke (Hg.), Lexikon zur Parteiengeschichte. Die bürgerlichen und kleinbürgerlichen Parteien und Verbände in Deutschland (1789–1945), Bd. 1 (Köln 1983), S. 202–209. Zu einem Vergleich der Lebenswege Adenauers und Heuss' vor 1933 siehe Müller, Adenauer und Heuss.

[36] Auch unter diesem Aspekt ist die Mitgliedschaft Adenauers im Komitee Pro Palästina interessant, zu dessen Mitgliedern zahlreiche bekannte Persönlichkeiten der Weimarer Republik gehörten. Siehe Dokumente 51, 54 und 59.

Dokument 72

Karlsbad, 25. Juli 1929: Louis Hagen an Adenauer

Quelle: HAStK 902/102/1.

Sehr verehrter Herr Oberbürgermeister!

Zunächst muss ich Ihnen ein unangenehmes Geständnis machen, das Ihnen zugleich die Erklärung dafür gibt, dass ich Ihnen bisher noch nicht geschrieben habe. Vorigen Sonntag wurde ich von einem schweren Hitzschlag getroffen, der mit einer unangenehmen Ohnmacht anfing, die der Arzt dadurch kupierte, dass er in 5 Minuten bei mir war und mir sofort eine Einspritzung machte; es sind aber dann sehr unangenehme Erscheinungen zunächst übrig geblieben, es hatte sich alles in mir verkrampft, ich litt unter furchtbaren Kopfschmerzen, absoluter Appetitlosigkeit und war nicht ohne Sorgen für das bisschen Leben.

Die Depeschen an Sie sowie die Herren Oehme und Langen habe ich in diesem, zwar bereits etwas verbesserten Zustand diktiert; dass sie, wie mir beide Herren berichteten, wie Sie aus den Einlagen ersehen werden, fruchtlos waren, bedauere ich ungemein. Sie kennen meine Einstellung für die Universität und ich möchte gar so gerne, dass das nicht nur grosszügige, sondern ideale Projekt auch in möglichst schneller Zeit durchgeführt wird.[1] Ich glaube, dass damit wirkliche Hochschul-Verhältnisse eintreten können, dann aber auch, um der Sorge enthoben zu sein, ob nicht der eine oder der andere der Garantiezeichner nach und nach sich zurückzieht. Es wird Ihrer Zähigkeit und Ihrer Energie schon gelingen, möglichst bald dieses Projekt in die Tat umzusetzen; eher dürfen wir nicht ruhen.

Günstiger scheint mir die Frage der Kölner Anleihe[2] zu liegen. Ich gebe mich – und ich glaube nicht in übertriebener Weise – der Hoffnung hin, dass die Hälfte jedenfalls bei der Zeichnung genommen wird. Ich urteile natürlich in erster Reihe nach den bisherigen Resultaten bei meiner Firma, die durchaus befriedigend sind, ich weiss aber auch, dass bei Oppenheim und Schaaffhausen viel bessere Vorzeichnungen vorliegen, wie von den beiden Häusern angenommen wurde. Von Berlin habe ich nichts gehört. Warburg schrieb mir, dass bei ihm vor einigen Tagen 500 000 Mark gezeichnet worden waren. Wenn ein einigermassen erträgliches Resultat herauskommt, hoffe ich auch, dass es ja nicht schwierig sein wird, die noch nicht ausgeübte Option im Lombard unterzubringen. Darüber uns noch zu unterhalten haben wir ja bis September Zeit.

Das veränderte Ferngasprojekt[3] finde ich sehr gut. Selbstverständlich kann ich die technischen Unterschiede gegenüber dem 1. Entwurf nicht beurteilen, aber es ist bestimmt gut, wenn derartige grosse Projekte gründlich durchgearbeitet werden.

Sehr grosse Sorge macht mir die innere Politik und ich finde es geradezu ein Verhängnis, dass der Reichskanzler Müller nun auch, für die nächsten Monate wenigstens, ausgeschaltet werden muss. Es ist ja zweifelhaft – aber ich will hoffen, dass ich mich irre –, ob er mit dem Leben davon kommt. Es ist ein schweres Verhängnis, dass er an demselben Übel leidet und sich derselben Operation unterziehen mußte wie seinerzeit Ebert. Im Deutschen Reich sind nur zwei Menschen vorhanden, die im äussersten Falle berufen wären einzutreten, das sind Sie und der Ministerpräsident Braun. Sie denken Gott sei Dank nicht daran, diesen dornenvollen Weg zu wandeln. Nach Ihrer im März erfolgten Wiederwahl dürften wohl in den nächsten 12 Jahren von Ihnen solche Extratouren nicht erwartet werden. Braun wird, wie ich zu meinem grossen Erstaunen durch Weissmann erfuhr, ganz wahrscheinlich eine eventuelle Kanzlerwahl annehmen. Ich will nur hoffen, dass dann trotz seines Freundes Weissmann Herr Pünder mindestens auch Staatssekretär bleibt.

Weissmann war während der letzten, für mich verhängnisvollen Tage sehr reizend, hat sehr viel an meinem Bette gesessen, das ich erst heute verlassen durfte. Auch mein alter hiesiger Arzt, Dr. Toepfer, hat sich sehr bemüht. Nicht nur, dass er gleich nach 5 Minuten bei mir war, war er dreimal am Tag persönlich bei mir, stand morgens 7 Uhr schon an meinem Bette und war sehr glücklich, dass er mich schon gestern abends als Rekonvaleszent entlassen konnte. Ich leugne aber nicht, dass ich mich noch ungemein schlapp befinde, trotz Erlaubnis keine Neigung habe, auszugehen oder auszufahren. Ich bin nur heute Morgen zu Frau Krupp von Bohlen ausgefahren, da sie sich in den letzten Tagen um mich besonders gesorgt hat.

Über Karlsbad brauche ich Ihnen ja nichts zu melden, es war in den letzten Tagen bei der Hitze unausstehlich. Ich werde sehr froh sein, wenn ich in den nächsten Tagen auf meinen geliebten Aberg hinaufkomme, werde mir aber in diesem Jahre das Hinaufgehen verkneifen müssen. Ihnen und Ihrer sehr verehrten Frau Gemahlin geht es hoffentlich nach Wunsch, wenn ich mir auch vorstellen kann, dass die heissen Tage auch für Sie eine Qual waren.

In der Rheinischen Braunkohlen-Versammlung[4] am 27., wo Sie wohl anwesend sein werden, dürfte es wohl kaum zu Diskussionen kommen. Diejenigen, die gegen eine Bevorzugung der bisherigen Vorzugsaktionäre rebellieren, dürften wohl am besten tun zu schweigen, da die Abstimmung doch sehr stark gegen sie lauten wird.

Meine bestimmte Absicht, am 30. zu den am 31. und 1. Aug. stattfindenden Generalrats-Sitzungen der Reichsbank nach Berlin zu fahren, werde ich wohl gezwungenermassen aufgeben müssen, denn ich fühle mich noch heute derartig hinfällig, dass jeder, dem ich von dieser Absicht sprach, mich warnte, nicht mit dem Leben zu spielen. Ich bin auch entschlossen, auf diese Warnung zu hören und es darauf ankommen zu lassen, dass es auch ohne mich geht.

Darf ich Ihnen noch zum Schluss eine Merkwürdigkeit mitteilen, das ist die, dass ich die auf Ihren gütigen Rat erfolgte Zuschrift an den Kollegen Rings mit der Einlage von 5 Scheinen am Tage vor meiner Abreise absandte, aber – wie ich mir schon erlaubte, bei meinem Abschiedsbesuch zu berichten – ohne jede Antwort und ohne jede Quittung von ihm geblieben bin.

Ich will Sie nicht länger durch meine Mitteilungen in Anspruch nehmen, es war mir aber ein wirkliches Bedürfnis, über manches Ihnen zu berichten und ich bitte zum Schluss, mir zu glauben, dass ich mit der aufrichtigsten Bewunderung für Sie immer verbleibe Ihr grösster Freund und Anhänger, der auch Ihrer vorzüglichen anderen Hälfte seine verehrungsvollsten Empfehlungen zu übermitteln bittet.

In diesem Sinne stets der Ihre
Louis Hagen

[1] Hagen bezieht sich auf den Neubau der Universität zu Köln, der am 29. Juli 1929 von der Stadtverordnetenversammlung beschlossen wurde.

[2] Die Stadt Köln nahm 1929 eine Inlandsanleihe über 40 Mio. Reichsmark auf, woran mehrere Bankhäuser beteiligt waren.

[3] Die Stadt Köln schloss im August 1929 Verträge mit Ruhrgas und Thyssengas über den Bezug von Ferngas aus den Kohlenrevieren vor Aachen und dem Ruhrgebiet.

[4] Generalversammlung der Rheinischen Aktiengesellschaft für Braunkohlenbergbau und Brikettfabrikation.

Dokument 73

Köln, 1. August 1929: Adenauer an Geheimrat Hagen, Karlsbad

Quelle: HAStK 902/102/1, Kopie mit Paraphe.

Sehr verehrter Herr Geheimrat!
Über die Einleitung Ihres Briefes vom 25. v.Mts. bin ich aufrichtig erschrocken. Ich bin sehr erfreut, daß Sie die Sache nunmehr überstanden haben und hoffe zuversichtlich, daß das kühlere Wetter, das wohl auch dort in der Zwischenzeit eingetreten sein wird, in Verbindung mit den Karlsbader Heilfaktoren Ihnen doch noch die gewünschte und dringend notwendige Erholung bringen wird. Vielleicht entschließen Sie sich dazu, etwas länger in Karlsbad zu bleiben, als Sie vorher beabsichtigten. Wer nunmehr seit Jahren beobachtet, wie Sie jedesmal so erfrischt aus Karlsbad zurückkehren, muß Ihnen dringend dazu raten.

Durch mein Telegramm und inzwischen wohl auch durch die Zeitungen sind Sie über den Verlauf der Universitätsangelegenheit unterrichtet. Es war eine sehr schwierige Sache. Ich danke Ihnen und auch Herrn Weißmann für Ihre große Anteilnahme. Ich weiß, daß Sie von dort aus sich mitgesorgt haben.

Ich bleibe noch bis zum 12.8. hier und gehe dann, wie gewöhnlich, nach Chandolin bis etwa Mitte September. Es hat, wie Sie sich denken können, viele und heiße Arbeit hier gegeben, auch alle Stadtverordneten waren zum Schluß mehr oder weniger erschöpft; auch sie werden froh sein, jetzt für einige Zeit Ruhe zu bekommen.

Herrn Rings habe ich gesagt, daß Sie gar keine Bestätigung bekommen hätten. Er hat mir sofort erklärt, daß er Ihnen selbstverständlich gedankt habe, er wisse nicht, wo der Brief dann hingeraten sei. Er wird Ihnen wohl, wie ich annehme, in der Zwischenzeit geschrieben haben. Ich wäre Ihnen sehr dankbar, wenn Sie mir, falls das Ihre Zeit nicht zu sehr in Anspruch nimmt, bald nochmals mitteilen würden, wie es mit Ihrem Befinden steht und wie der Arzt mit Ihnen zufrieden ist. Grüßen Sie bitte Herrn Weißmann vielmals von mir und seien Sie insbesondere herzlichst gegrüßt von

Ihrem Ihnen ganz ergebenen
A[denauer]

N.B. Den Brief des Herrn Oehme und den des Herrn Langen füge ich nach Kenntnisnahme mit bestem Dank wieder bei.[1]

[1] Die Anlage ist hier nicht mit abgedruckt.

Dokument 74

Wannsee, 30. Januar 1924: Johann Hamspohn an Reichsbankpräsident Schacht, Berlin

Quelle: StBKAH, Nl. Adenauer 01.03, Bl. 14, hs.

Sehr geehrter Herr Doktor,

In der Anlage[1] überreiche ich Ihnen einen Brief des Oberbürgermeisters Dr. Adenauer, den ich heute Nachmittag durch Eilboten mit der in einem Begleitbriefe enthaltenen Bitte empfing, Ihnen die Wichtigkeit der Sache dringend ans Herz zu legen. Ich entledige mich dieses Auftrages gern, indem ich mir gestatte, Ihnen zu versichern, dass nach meiner langjährigen Erfahrung Dr. Adenauer einer der prominentesten, von grossem Ernst beseelten, uneigennützigsten Persönlichkeiten Deutschlands ist – ein Mann von Schrot & Korn, wie er vielleicht unter den Politikern in unserem, auch geistig verarmten Vaterlande keinen zweiten gibt. Dannie Heineman, den ich vor Jahren mit Adenauer zusammenführte, teilt diese meine Meinung durchaus und hält A. für einen der Faktoren, der für den Wiederaufbau Deutschlands in erster Linie in Betracht kommen.

Es wäre deshalb ausserordentlich zu begrüssen, wenn Sie A's Wunsch erfüllen könnten.

Mit freundlichstem Gruss
Ihr ergebener
J. Hahmspohn

[1] Die Anlage ist nicht in der Akte enthalten.hh

Dokument 75

Dezember 1925: August Thyssen an Adenauer

Quelle: StBKAH, Nl. Adenauer 01.03, Bl. 13., hs., ohne Ort und Datum.

Sehr geehrtester Herr Oberbürgermeister!
Durch das Unwetter der vorigen Woche wurden meine Augen entzündet. Mein Körper war sehr angegriffen, und leichte Schwindelanfälle traten hinzu. Eine

Berliner Reise war für mich zu anstrengend, weshalb ich mit Dr. Marotty verabredete, nach der Heerdter Krankenanstalt zu kommen, um meine Entzündung zu beseitigen und meine Staroperation zu machen, so hervorragend tüchtig mir auch Ihr Berliner Bekannter resp. Augenarzt von allen Seiten in jeder Beziehung, auch von Dr. Marotty geschildert wurde.

Der Zufall will, dass ich Ihre grosse Rede[1] durch Herrn Kern erhalte und daraus ersehe, wie klar Sie die Aufgabe ersehen, die der Staat zu leisten vermag, wenn die Arbeitslosen mit der Industrie gerettet werden sollen. Trotz der schweren Sorgen und Lasten, die auf uns lasten, bleibt uns nur übrig, gesunde Werte zu schaffen, um den Arbeitern möglichst Arbeit und Brot zu geben. Hoffentlich kommt bald die Stunde, wo Sie mit tüchtigen Leuten an die Spitze der Regierung treten, die unsere Bedürfnisse verstehen, was weder bei Luther noch bei Stresemann der Fall ist.

Meine Augen versagen vollkommen, verzeihen Sie mir, wenn ich [unleserlich]

Ihr Sie hochverehrender
ganz ergebener
gez. Aug. Thyssen

[1] Thyssen bezieht sich hier sehr wahrscheinlich auf eine Rede Adenauers am 17. Dezember 1925 vor der Kölner Stadtverordnetenversammlung, in der dieser die wirtschaftliche Situation Deutschlands analysierte.

Dokument 76

Köln, 26. September 1931: Adenauer an Geheimrat Prof. Dr. Duisberg, Leverkusen b/Köln

Quelle: Bayer Archiv, Autographen-Sammlung Duisberg.

Sehr verehrter Herr Geheimrat!

Viele verdiente Ehrungen werden Ihnen in diesen Tagen, in denen Sie aus Ihrem Amte als Präsident des Reichsverbandes der Deutschen Industrie scheiden und zugleich Ihren 70. Geburtstag feiern, zuteil.

Sie wissen, dass ich sowohl in meiner Eigenschaft als Oberbürgermeister der Stadt Köln wie auch als Privatmann immer mit grösster Verehrung und grösster Bewunderung Ihnen gegenübergestanden habe. Es drängt mich daher, Ihnen zu danken und Ihnen Glück zu wünschen. Ich kann ein starkes Bedauern darüber, dass Sie aus Ihrer Tätigkeit als Präsident des Reichsverbandes der Deutschen Industrie scheiden wollen, nicht unterdrücken, und dieses Bedauern wird nur wenig durch die Hoffnung und Überzeugung gemildert, dass Sie Ihrem Nachfolger[1] eine gewisse Tradition in der Führung des Amtes zurücklassen, die fortleben wird.

Ein Wort drängt es mich, Ihnen noch zu sagen: Mich und auch meine Frau hat immer der Mensch Duisberg, sein Charakter und seine Art so überaus sympathisch und gewinnend berührt. Wir sind Ihnen und Ihrer Gattin in herzlichster Verehrung zugetan. Ich bedaure ausserordentlich, dass ich Ihnen am Dienstag nicht diese Wünsche, wenigstens mit einem kurzen Wort mündlich sagen kann; aber unabweisbare Pflichten zwingen mich zur Reise nach Berlin. Wir gedenken Ihrer und Ihrer verehrten Gattin an diesem Tage in besonderer Verehrung. Betrachten Sie bitte die beifolgenden Kinder der Natur als kleines Zeichen unserer guten Wünsche und Gesinnung Ihnen gegenüber.

Mit verehrungsvollen und herzlichen Grüssen an Sie und Ihre Gattin, auch von meiner Frau, bin ich Ihr sehr ergebener

Adenauer

[1] Gustav von Bohlen und Halbach.

Dokument 77

Dortmund, 19. Januar 1927: Albert Vögler an Oberbürgermeister Dr. Adenauer, Köln a. Rhein

Quelle: HAStK 902/223/1.

Sehr verehrter Herr Adenauer,

Sie fragten mich bei unserer Aussprache über die Kölner Brücke, ob wir bei Gustavsburg beteiligt seien. Ich habe inzwischen festgestellt, daß dies nicht der Fall ist. Wenn nun auch die ganze Frage des Bauauftrages, wie es scheint, noch ungeklärt ist, so darf ich vielleicht doch die Bitte aussprechen, bei der Vergebung, da ein einzelnes Werk den Bau nicht ausführen wird und kann, doch an die Interessen der Vereinigten Stahlwerke zu denken. Wenn wir auch über große Produktionsstätten in Köln selbst nicht verfügen, so ist doch eine unserer besten Verkaufsabteilungen dort, und wir haben ja auch noch andere Pläne, über die in einer späteren Zeit ich mich vielleicht mit Ihnen noch mal unterhalten möchte.

Wir wollen ja nicht particularistisch sein wie die Bayern. Ich darf wohl einen Ausschnitt[1] aus einer bayerischen Submission beilegen. Man kann aber doch jedenfalls mit einem gewissen Recht die Forderung stellen, daß die rheinische Industrie mit berücksichtigt werden solle, und unsere ganzen Werke liegen ja doch im Rheinland und in nächster Nähe Kölns. Jedenfalls wäre ich Ihnen zu ganz besonderem Dank verpflichtet, wenn Sie die Frage einer Unterbeteiligung der Vereinigten Stahlwerke in Erwägung ziehen könnten.

Mit verbindlichster Begrüßung bin ich Ihr sehr ergebener
Vögler

[1] Die Anlage wird nicht mit abgedruckt.

Dokument 78

Köln, 21. Oktober 1932: Adenauer an den Präsidenten der Kölner Industrie- und Handelskammer, Dr. Silverberg, Köln

Quelle: RWE-Power, Abt. PFM-IB Zentralarchiv, 210/201.

Sehr verehrter Herr Präsident!

Zu Ihrer Wahl zum Präsidenten der Kölner Industrie- und Handelskammer bitte ich, die herzlichsten Glückwünsche der Stadt Köln entgegenzunehmen. Ich begrüsse es mit besonderer Genugtuung, dass die Wahl in Ihnen auf einen Mann gefallen ist, der, wie kaum ein anderer, berufen erscheint, ein wirklicher Führer der Kölner und der westdeutschen Wirtschaft zu sein, und von dem man annehmen kann, dass durch ihn die Kölner Wirtschaft wieder zur führenden Stellung im Westen Deutschlands gelangen wird. Mit Ihren beiden Herren Vorgängern[1] haben mich enge persönliche Bande verbunden, die das amtliche Zusammenarbeiten besonders erleichterten und fruchtbar machten. Es wird mir eine besondere Freude sein, wenn die persönlichen Bande, die uns jetzt schon verbinden, während Ihrer Tätigkeit als Präsident der Kölner Industrie- und Handelskammer weiter ausgebaut und gefestigt werden.

Mit ausgezeichneter Hochachtung
Ihr sehr ergebener
Adenauer

[1] Josef August Hubert Neven DuMont und Louis Hagen.

Dokument 79

Köln, 6. Dezember 1928: Adenauer an Dannie Heineman

Quelle: Dannie N. Heineman, Brüssel, Kopie des Originals.

Sehr verehrter Herr Heinemann [sic!],

Ende November erhielt ich von Comes & Co in Ihrem Auftrag eine Zuschrift wegen Zuteilung von 200 [unleserlich] Aktien an mich. Da dem Schreiben eine ganze Anzahl Anlagen beigefügt waren, und ich einige Zeit nach Berlin musste, habe ich leider erst heute das Ganze ordentlich durchgelesen. Daher schreibe ich Ihnen – zu meiner grossen Beschämung – erst heute. Ich danke Ihnen recht von Herzen für diese wirklich sehr großzügige Zuteilung und wünsche Ihnen nicht nur mit Worten, sondern einmal mit Taten danken zu können. Lassen Sie mich nicht viele Worte machen, aber seien Sie überzeugt, daß mein Dank wirklich von Herzen kommt.

Zu Ihrem grossen Erfolge in der Neugründung wünsche ich Ihnen von Herzen Glück; nach den Nachrichten der deutschen Zeitungen scheinen Sie ja den Welt-Gletton-Trust zu Stande zu bringen. Können wir Ihre Gattin und Sie bald einmal in Köln sehen, Sie passieren doch sicher oft unsere Stadt. Es würde mich dann sehr interessieren, Ihre Ansicht über die Separationsfrage zu hören, ich bin in grosser Sorge um unsere Zukunft.

Mit nochmaligem herzlichen Danke und aufrichtigen Grüssen von Haus zu Haus.

Ihr sehr ergebener
Adenauer

Dokument 80

Köln, 9. Januar 1926: Adenauer an den Reichstagsabgeordneten Sollmann, Köln

Quelle: HAStK 1120/533/I-5-15,16.

Sehr geehrter Herr Sollmann!

In den zurückliegenden bedeutungsvollen Jahren hat uns unsere Arbeit so oft zusammengeführt, dass mich Ihr Glückwunsch besonders gefreut hat. Was Sie über Kritiken schreiben ist richtig, aber vielleicht doch nicht in vollen Umfange; darüber bei anderer Gelegenheit einmal ein Wort. Ich danke Ihnen sehr für Ihre guten Wünsche und bin mit besonderer Hochachtung und freundlichen Grüssen

Ihr ergebener
Adenauer
Oberbürgermeister

Dokument 81

Köln, 31. Dezember 1926: Adenauer an Johannes Horion

Quelle: ACDP, Best. 01-006, Nr. 178, hs.

Lieber Horion,

der gestrige Beschluß über den Bau der Kraftwagenstraße ist dein Werk. Ich habe sehr bedauert, nicht Zeuge deines Erfolges sein zu können – ich liege noch immer an einer verschleppten Entzündung zu Bett – und möchte dir aber doch wenigstens schriftlich meine herzlichsten Glückwünsche aussprechen.

Dir und den deinen wünsche ich auch, daß das Jahr 1927 für Euch ein besseres werden möge, als es das Jahr 1926 war.

Mit besten Grüßen dein
Adenauer

Dokument 82

Köln, 3. März 1926: Adenauer an den Oberpräsidenten der Rheinprovinz, Koblenz

Quelle: LHAK 403/15353, Bl. 267ff.

Euer Hochwohlgeboren

bestätige ich ergebenst den Empfang des gefl. Schreibens D. 365 vom 1. dieses Monats. Einige Ausführungen dieses Schreibens nötigen mich, darauf hinzuweisen, dass der Besuch des Herrn Reichspräsidenten[1] in Köln der Stadt Köln gilt, und dass daher die Einzelheiten dieses Besuches in Köln von der einladenden Stadt Köln im Einvernehmen mit dem Herrn Reichspräsidenten bezw. seinem Büro unmittelbar zu regeln sind, wie das in gleicher Weise beim Besuche des Herrn Reichspräsidenten Ebert im Jahre 1924 und durch unmittelbare Verhandlungen zwischen der Stadt Köln und dem Hofmarschallamt beim Besuche des früheren Kaisers im Jahre 1911 geschehen ist. Ich darf hinzufügen, dass hierzu auch die Frage der Unterbringung des Herrn Reichspräsidenten bei seinem Aufenthalt in Köln gehört, und dass ich es daher bedauere, dass Verhandlungen hierüber anderweitig ohne mein Wissen und ohne meine Zustimmung geführt worden sind. Damit aus meinem bisherigen Schweigen hierzu kein Präzedenzfall für die Zukunft entsteht, sehe ich mich zu dieser Feststellung genötigt.

Von einem Wunsche des Herrn Reichspräsidenten, vor dem geselligen Beisammensein im Gürzenich Abordnungen der englisch und französisch besetzt gewesenen Stadt- und Landkreise zu empfangen, hat mir Herr Staatssekretär Meissner bei einer Besprechung mit ihm am 24.2. nichts mitgeteilt, ich werde mich mit ihm darüber in Verbindung setzen. Ob die Wünsche des Ministeriums des Innern wegen Einladung bestimmter Persönlichkeiten, von denen mir übrigens der Herr Minister des Innern[2] bisher keine Mitteilung gemacht hat, sich erfüllen lassen, ist mir zweifelhaft, da der Kreis der Teilnehmer eventuell zu gross werden würde. An die Reichsminister und preussischen Minister werden die Einladungen seitens der Stadt Köln in diesen Tagen ergehen. Die Stadt Köln wird wie bisher für die Unterkunft ihrer Gäste selbst Sorge tragen, soweit die Herren nicht den Wunsch haben, sich selbst Unterkunft zu beschaffen. Ich darf wohl annehmen, dass die Mitteilung, dass dem Herrn Regierungspräsidenten in Köln ein ausgesuchter Wagen zum Gebrauch des Herrn Reichspräsidenten von

Privatseite zur Verfügung gestellt würde, sich nur auf die Fahrt von der Bahn zum Regierungsgebäude und von dort zum Rathause bezieht.

Adenauer

[1] Paul Hindenburg.
[2] Wilhelm Külz.

Dokument 83

Chandolin près Sierre, 10. August 1926: Postkarte Adenauers an Oberpräsident Fuchs (Faksimile)

Quelle: LHAK 403/16242.

Chandol[in] près Sierre

Sehr verehrter Herr Fuchs!
Ihrem Wunsche entsprechend habe ich gern 500 M[ark] aus m[einem] Dispos[itions]fonds als Vors[itzender] d[es] Prov [inzial] Aussch[usses] für die Görresfeier überwiesen.

Aus Ihrem u[nd] Ihrer Gattin Aufenthalt in Aachen schließe ich, dass es Ihnen beiden besser geht. Wir freuen uns sehr darüber u[nd] wünschen weitere Fortschritte. Uns geht es gut. Herzl[iche] Grüsse von Haus zu Haus, wie stets

Ihr Adenauer

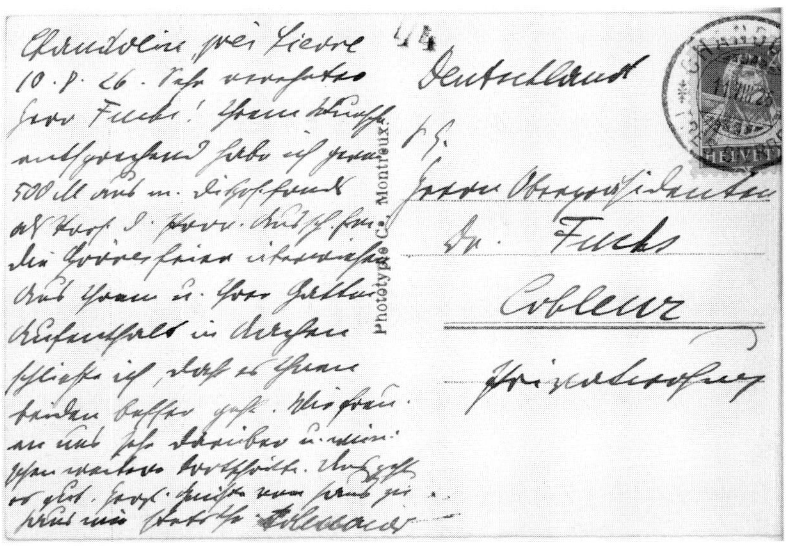

Dokument 84

24. Mai 1927–11. September 1928: Auszug aus dem Gästebuch Adenauers (Faksimile)

Quelle: StBKAH, hs.

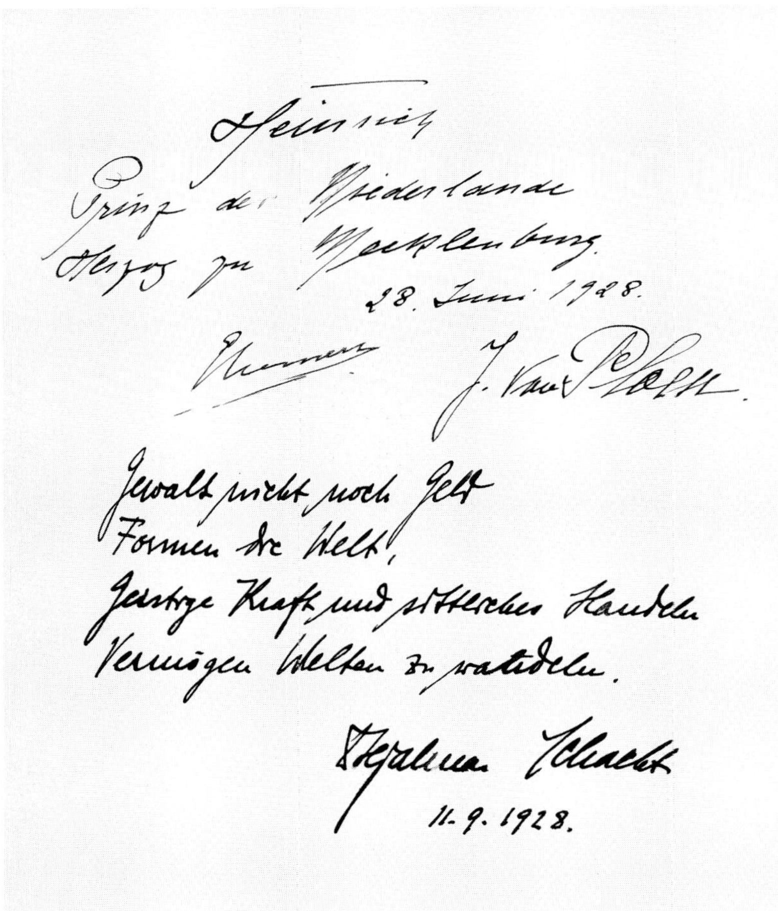
Heinrich
Prinz der Niederlande
Herzog zu Mecklenburg.
28. Juni 1928.

Gewalt nicht noch Geld
Formen die Welt,
Geistige Kraft und sittliches Handeln
Vermögen Welten zu wandeln.
Hjalmar Schacht
11.9.1928.

Dokument 85

31. Dezember 1930: Mitgliedsliste des Bundes der Auslandsdeutschen (Faksimile)

Quelle: Bund der Auslandsdeutschen e.V., Aufgaben und Ziele, o.O., o.J.

Bund der Auslandsdeutschen

(E. V.)

Aufgaben und Ziele

(1930)

Präsidium:

1. Vorsitzender: Dr. Heinrich Schnee, Wirkl. Geheimer Rat, Gouverneur z. D., M. d. R.
1. stellv. Vorsitzender: Dr. Theodor Heuß.
2. stellv. Vorsitzender: Dr. Otto von Hentig, Staatsminister a. D.

Geschäftsführendes Präsidialmitglied: Ernst Grosse, Geheimer und Oberregierungsrat z. D.

1. Schatzmeister: Dr. Arnold, Reichsbankdirektor.
2. Schatzmeister: Emil Spahn, Dipl.-Ingenieur.
1. Schriftführer: Behrendt, Ministerialdirektor.
2. Schriftführer: Bamberger, Direktor bei der Friedrich-Krupp-A.-G.

Bail, Min.-Dir., Geh. Oberregierungsrat.
H. von Eckardt, Gesandter a. D.
Dr. Karl Einhorn, Rechtsanwalt.
Heinrich Gebhard, Direktor.
C. J. Lange, Direktor.
Dr. Walter Lessing.
Botho Lilienthal, geschäftsf. Vorstandsmitglied der Abt. Amerika.
Paul Mohn, Direktor der Zentralverwaltung der Firmen Brüder Mannesmann.
Erich Röhlke, Marinebaurat z. D.
Walther Salinger, Inhaber der Firma Salinger & Leppmann, Major d. L. a. D.
Fürst von Schönburg-Waldenburg.
Heinrich Treeck.

Ehrenpräsidium:

Dr. Adenauer, Oberbürgermeister, Köln a. Rhein.
Freifrau Marschall von Bieberstein.
Ludwig Borchardt, Geh. Reg.-Rat, Professor, Cairo, Aegypten.
Dr. h. c. Ernst von Borsig, Geheimer Kommerzienrat, Berlin-Tegel.
Paul Nikolaus Coßmann, Professor, München.
Richard Diercks, Konsul, Berlin.
Dr. F. Donandt, 1. Bürgermeister, Präsident des Senats der Freien Hansestadt Bremen.
Dr. O. Franke, Professor, Berlin.
Dr. O. Hoetzsch, Professor, M. d. R., Berlin.
Katharina von Kardorff, Berlin.
H. Kraemer, Direktor, Mitglied d. vorl. Reichswirtschaftsrats, Berlin.
Dr. Wilhelm Külz, Reichsminister a. D., Dresden.
P. Löbe, M. d. R., Präsident des Deutschen Reichstages, Berlin.
W. von Mallinckrodt, Frankfurt a. Main.
Franz von Mendelssohn, Präsident der Industrie- u. Handelskammer, Berlin.
Dr. Carl Petersen, 1. Bürgermeister der Freien Hansestadt Hamburg.
Dr. phil. E. H. E. Rabbethge, Kommerzienrat, Berlin.
Freiherr von Ritter zu Groenesteyn, Berlin.
Dr. Justus Strandes, Senator, Hamburg.
Oscar von Truppel, Admiral u. Gouverneur a. D., Frohnau b. Berlin.

5

III. KURSBUCH ADENAUER 1917–1933

von Hans Peter Mensing

Das Kursbuch stützt sich in erster Linie auf Archivbestände, die im Rahmen der Editionstätigkeit der Stiftung Bundeskanzler-Adenauer-Haus (StBKAH) durch vergleichende Nachlassforschung und Ermittlung von Parallelüberlieferungen nachgewiesen und für andere Zwecke vorab ausgewertet wurden, insbesondere für die in der „Rhöndorfer Ausgabe" erschienene biographische Dokumentation: Adenauer im Dritten Reich, hg. von Rudolf Morsey und Hans-Peter Schwarz, bearb. von Hans Peter Mensing (Berlin 1991).

Neben den in der StBKAH erhaltenen Akten zur Oberbürgermeisterzeit und dem dort auch archivierten Bestand Dannie N. Heineman (mit den Ergänzungen in der Dannie N. Heineman Collection der Pierpont Morgan Library, New York) wurden vor allem herangezogen: aus dem Bundesarchiv Koblenz die Nachlässe Otto Geßler, Erich Koch-Weser, Hans Luther, Hermann Pünder und Kurt von Schleicher sowie die Bestände R 43 (Reichskanzlei) und R 53 (Stellvertreter des Reichskanzlers); aus dem Geheimen Staatsarchiv Preußischer Kulturbesitz, Berlin (Dahlem) die Bestände Hist. Abt. II (Akten des Preußischen Staatsrates), Rep. 77 (Innenministerium) und Rep. 151 (Finanzministerium) sowie aus dem Historischen Archiv der Stadt Köln der Bestand 902 (Oberbürgermeister Adenauer). Von dort übernommene Informationen, Zitate und Textauszüge finden sich auch in Beiträgen zu: Hugo Stehkämper (Hg.), Konrad Adenauer. Oberbürgermeister von Köln. Festgabe der Stadt Köln zum 100. Geburtstag ihres Ehrenbürgers am 5. Januar 1976 (Köln 1976).

Das vorliegende Kursbuch 1917–1933 findet seine Fortsetzung im Adenauer-Itinerar 1933–1949 in dem von der Stiftung Bundeskanzler-Adenauer-Haus herausgegebenen Band: Freundschaft in schwerer Zeit. Die Briefe Konrad Adenauers an Dora Pferdmenges 1933–1949, bearbeitet von Hans Peter Mensing und Ursula Raths (Bonn 2007), S. 188–211.

1917

20. 3.
Erleidet bei einem Autounfall (Zusammenstoß des Dienstwagens mit einer Straßenbahn) schwere Kopfverletzungen; danach mehrere Monate arbeitsunfähig, hält sich später zur Nachkur in St. Blasien auf.

5. 4.
Ihm wird „in Anerkennung Ihrer Verdienste um den Vaterländischen Hilfsdienst das Verdienstkreuz für Kriegshilfe" verliehen.

August
Beginn der Diskussion um die Nachfolge des Kölner Oberbürgermeisters Max Wallraf (nach dessen Berufung zum Staatssekretär des Reichsamtes des Innern und preußischen Staatsminister).
Vgl. 18.9., 18.10.1917.

18. 9.
Einstimmige Wahl durch die Kölner Stadtverordnetenversammlung zum Bürgermeister der Stadt Köln.
Vgl. 17.12.1929.

18. 10.
Offizielle Einführung als Oberbürgermeister. – Danach bei einem Essen im Gürzenich: „Ich bin der Letzte, der einem faulen Misch-Masch das Wort redet. Streit der Meinungen und Streit der Parteien muß sein, denn er ist die Wurzel des Fortschritts. Aber die Achtung vor der Meinung des Gegners, die Überzeugung, daß er auch das beste will, darf uns niemals mehr verlassen."

29. 11.
Anstellung zum Oberbürgermeister auf zwölf Jahre (Jahresgehalt von 30 000 Mark zuzüglich 12 000 Mark Dienstaufwandsentschädigung).

10. 12.
Besuch Dannie N. Heinemans in Köln.
Siehe Dokument 6.

28. 12.
Wahl zum Mitglied des Rheinischen Provinziallandtages.
Vgl. 11.12.1920.

31. 12.
Er notiert im Tagebuch: „Das Jahr 1917 war für mich schwer, sehr schwer, voll körperlicher und geistiger Qual und Elend. Das ganze Jahr ist erfüllt von Schmerz und Leid und Sehnsucht nach meiner teuren Frau. Sehr schwer lastet auch auf mir die Sorge um die Erziehung meiner geliebten Kinder, der ich mich kaum widmen kann; mutterlose Kinder – das ist etwas unendlich Trauriges. Ein Übermaß von Arbeit brachten mir die ersten Monate des Jahres; die Arbeit war mir ein Narkotikum für mein Leid. In jungen Jahren zu einer großen Stellung berufen, bin ich ein vielbeneideter Mann, und dabei arm, bitterarm!"

1918

25. 1.
Durch allerhöchsten Erlass in das Preußische Herrenhaus berufen.

8. 3.
Nimmt erstmals an einer Sitzung des Herrenhauses teil.

8. 11.
Revolutionäre Unruhen in Köln; vom Arbeiter- und Soldatenrat Köln mit der „Aufrechterhaltung von Ruhe und Ordnung" beauftragt.

Revolution 1918
Aus einer eigenhändigen Aufzeichnung Adenauers: „Der Gouverneur der Festung Köln erklärte mir am 10.11.1918 auf meinen telefonischen Anruf, er werde im Gouverneursgebäude gefangen gehalten, seine sämtlichen Offiziere hätten ihn verlassen, er könne nichts gegen die Revolution und die Revolutionäre tun, ich solle sehen, mit ihnen fertig zu werden, um im Interesse der Bürgerschaft, der Heeresvorräte, des Rückmarsches der deutschen Armeen Schlimmeres zu verhindern. Ich habe dann, als Sollmann zu mir kam und Räume, ferner Bürokräfte verlangte, unter der Bedingung, daß nicht die rote Fahne auf dem Rathaus gehißt würde,

ihm die vom Einquartierungsamt benutzten Räume [...] einige Maschinenschreiberinnen und Schreibmaschinen zur Verfügung gestellt. In den nächsten Tagen habe ich die sehr großen Heeresvorräte gesichert, vor Plünderungen geschützt und durch Bildung eines aus allen Parteien bestehenden Wohlfahrtsausschusses, dem der Arbeiter- und Soldatenrat den größten Teil seiner Befugnisse übertrug, für Ruhe und Ordnung gesorgt. Die rote Fahne ist nicht auf dem Rathaus gehißt worden, wohl auf allen anderen öffentlichen Gebäuden. Auf dem Gouvernementsgebäude ist sie auf meine Intervention hin auch nicht gehißt worden."

9. 11.

Gespräch mit führenden Vertretern der Kölner Zentrumspartei über die Gefahr der Annexion der Rheinprovinz durch Frankreich.

Vgl. 29.12.1918.

28. 11.

Aufruf an die Kölner Schülerinnen und Schüler wegen des bevorstehenden Einzugs der Besatzungstruppen.

Siehe Dokument 5.

6. 12.

Bittet in Verhandlungen mit dem Kommandeur der britischen Vortruppen, Brigadegeneral Lawson, darum, „möglichst schon heute durch die Stadt zu marschieren, damit die Bevölkerung sich von der Ankunft der Sicherungstruppen überzeugen könne und sich entsprechend verhielte".

11. 12.

Telegramm an Reichstagspräsident Fehrenbach: „Namens der Metropole der nach untrüglichen Mitteilungen aufs äußerste gefährdeten Rheinlande bitte ich aufs dringendste, den Reichstag zur Bestätigung der Regierung Ebert–Haase nach Limburg a. d. Lahn oder Koblenz sofort einzuberufen. Eine zu Friedensverhandlungen fähige Regierung sofort herzustellen, ist nationale Notwendigkeit. Nur auf diesem Weg ist ihre sofortige Schaffung möglich."

Vgl. 5./6.6.1919.

12. 12.

Verhandlungen mit dem britischen Generalgouverneur Fergusson zur Durchführung der Besatzungsbefehle und über die Lebensmittelversorgung.

29. 12.
Bitte an den AEG-Direktor Johann Hamspohn, einen Besuch Dannie N. Heinemans in Köln zu vermitteln; nur Nordamerika könne die Annexion des Rheinlands oder die Errichtung eines rheinischen Pufferstaates verhindern.
Vgl. 10.1.1924, 29.4.1926

1919

4. 1.
Weist im Interview mit dem französischen Journalisten Lucien Chassaigne auf die Gefahren des Bolschewismus hin: „Wenn er bei uns sich ausbreitet, so wird es nicht lang dauern, daß er auch bei Ihnen eindringt [...] Denken Sie, welch' günstiges Terrain die Revolution zur Ausbreitung findet."

7. 1.
Teilnahme an einer Besprechung über die Zukunft der Rheinlande im Kölner Bankhaus Stein; übernimmt die Leitung eines interfraktionellen Ausschusses, der sich für die baldige Schaffung einer „Rheinisch-Westfälischen Republik" ausspricht.
Vgl. 1.2.1919.

1. 2.
Rede vor den linksrheinischen Abgeordneten zur Nationalversammlung und zur Preußischen Landesversammlung sowie den Oberbürgermeistern der besetzten rheinischen Städte.
Siehe Dokument 37.

Anschließend Wahl zum Vorsitzenden des Westdeutschen Politischen Ausschusses (aus Zentrums-, SPD-, DDP- und DVP-Politikern).
Vgl. 30.5.1919.

19. 5.
Berichtet Reichskanzler Scheidemann, der Kölner Militärgouverneur Clive habe ihm mitgeteilt, „maßgebende britische Politiker" seien zu Milderungen des Frie-

densvertrages für Deutschland bereit, wenn eine „Westdeutsche Republik im Rahmen des Deutschen Reiches" errichtet würde.
Vgl. 30.5.1919.

29. 5.
Unterzeichnet den Vertrag zur Errichtung der Kölner Universität (nach Unterzeichnung durch den preußischen Kultusminister Haenisch am 27.5.).
Vgl. 12.6.1919.

30. 5.
Hebt bei einer Sitzung des am 5.6. aufgelösten Westdeutschen Politischen Ausschusses in Köln hervor, „daß es vielleicht möglich ist, eine wesentliche Milderung des Friedensvertrages für Deutschland und den Wegfall der Besatzung dann herbeizuführen, wenn eine Rheinische Republik als Bundesstaat des Deutschen Reiches errichtet wird. Die Gedanken, die wir dabei haben, sind folgende: Die Errichtung einer Rheinischen Republik würde der Beginn der Aufteilung Preußens überhaupt sein. Preußen erscheint aber in der Mentalität der Engländer und Franzosen einmal als der Beherrscher Deutschlands und sodann als der böse Feind des allgemeinen Weltfriedens, gegen den namentlich Frankreich eine Sicherung braucht. Diese Sicherung kann Frankreich sich auf zwei Wegen zu verschaffen suchen. Der eine Weg ist die vollständige Vernichtung Deutschlands [...]. Der zweite Weg, auf dem sich Frankreich Sicherheit für die Zukunft verschaffen könnte, ist vielleicht in der Aufteilung Preußens in Verbindung mit der Gewährung eines Friedens, der von Deutschland getragen werden kann, zu erblicken."

5./6. 6.
Reist als Mitglied einer Gruppe von Sachverständigen zur deutschen Friedensdelegation nach Versailles.

12. 6.
Ansprache zur Eröffnung der Kölner Universität.
Vgl. 23.3.1928. Siehe Dokument 9.

20. 6.
Ihm werden bei der Akademischen Feier in der Aula der Handelshochschule zur Eröffnung der Kölner Universität seine ersten beiden Ehrendoktorwürden (der Wirtschaftswissenschaftlichen und der Medizinischen Fakultät) verliehen.

23. 7.
In Düsseldorf: Teilnahme an einer Unterredung mit dem preußischen Ministerpräsidenten Paul Hirsch; spricht sich für ein „unitarisches Reich mit möglichst autonomen Reichsprovinzen" aus.
Vgl. 16.3.1921.

25. 7.
Plädiert auch im Schreiben an Vizekanzler Erzberger für einen „unitarischen Staat mit starker Zentralgewalt und verhältnismäßig großen Reichsprovinzen".

25. 9.
Heirat mit Gussie Zinsser (geb. 1895). – Aus dieser Ehe stammen die Kinder Ferdinand (jung gestorben), Paul, Lotte, Libet und Georg.

4. 11.
Tod seiner Mutter.

1920

Von der Reichsregierung zum Mitglied der Zentralstelle für das Deutsche Reich berufen; wird Mitglied des Parlamentarischen Beirates des Reichskommissars für die besetzten Gebiete.

April
Wird Mitglied des Wasserbeirates für die Rheinprovinz.

4. 6.
Geburt des Sohnes Ferdinand (gestorben am 8.6.1920).

8. 6.
Veröffentlicht den Artikel „Eine Lebensfrage Kölns. Wald, Feld und Wiese vom Rhein bis zum Rhein": „Die traurigen Ergebnisse unserer Großstadtkultur in körperlicher und geistiger Beziehung schreien zum Himmel. [...] Unsere Großstadt-

einwohner hatten kein Spiel und keinen Sport, keine Luft, keine Sonne, keine Pflege des Bodens, keine Berührung mit der heiligen Erde."
Vgl. 18.10.1927.

10. 7.
Vorlesung in der Universität Köln über die „Wirtschaftlichen Zukunftsaufgaben Kölns".

17. 10.
Rede „Die Kölner Großpläne" vor den Vertretern des Reichsverbandes der Deutschen Presse.

21. 10.
AEG-Generaldirektor Hamspohn im Gespräch mit dem französischen Botschafter Laurent, „er habe Adenauers hervorragendes administratives Talent kennengelernt. Er würde schon längst eine hohe Staatsstellung einnehmen, wenn er es nicht vorzöge, in unabhängiger Weise für das Wohl der Stadt Köln zu wirken. Er habe es verstanden, in dem besetzten Gebiet [...] mit den Vertretern der Alliierten zu verkehren und stünde bei allen in hohem Ansehen."
Vgl. 6.11.1920.

6. 11.
In Berlin: Unterredung mit dem französischen Botschafter Laurent, im Beisein Hamspohns: „Das Volk müsse Nahrung und Kleidung haben. Die Entente hätte gleich nach dem Waffenstillstand Deutschland mit den notwendigen Subsistenzmitteln versehen müssen, dann wäre von vornherein eine versöhnliche Stimmung entstanden. Es sei aber mißlich, von einem verelendeten Volke Entschädigungsleistungen zu verlangen. Wenn die bisherige Drangsalierung des deutschen Volkes fortdauere, so werde immer mehr in Deutschland die jetzt herrschende Meinung gefestigt, daß Frankreich den Untergang Deutschlands wolle, und es werde eine Erbitterung erzeugt, die in 10, 20 oder 30 Jahren zu einem Revanchekriegsversuch führen müsse."
Vgl. 12.11.1931.

19. 11.
Nimmt an einer Sitzung des Preußischen Städtetags teil; beklagt dort den „Widerspruch zwischen der in amtlichen Auslassungen stets versicherten besonderen Rücksichtnahme auf die Selbstverwaltung und der die Rechte der Gemeinden schwer benachteiligenden Praxis“.

11. 12.
Wahl zum Vorsitzenden des Provinzialausschusses der preußischen Rheinprovinz.
Vgl. 4.3.1921.

1921

Januar
Erarbeitet die Denkschrift „Schleifung der Festung Köln unter Berücksichtigung für die Zukunft der Stadt entscheidender Projekte“.
Vgl. 17.11.1927.

5. 1.
Nimmt an einer Sitzung des Engeren Vorstands des Deutschen Städtetages teil.
Vgl. 23.9.1927.

4. 3.
Bittet als Vorsitzender der Städtevereinigung für das besetzte Gebiet und als Vorsitzender des Provinzialausschusses der preußischen Rheinprovinz die Reichsregierung um Schutz des Rheinlandes „vor wirtschaftlichem Ruin“.
Vgl. 20.7.1922.

16. 3.
In Berlin: Teilnahme an einer Sitzung des Parlamentarischen Beirates beim Reichskommissar für die besetzten Gebiete; betont „die Notwendigkeit der stärksten inneren Einigkeit der besetzten Gebiete“.
Vgl. 23.7., 25.7.1919.

Mai

In Berlin wird seine Kandidatur zum Reichskanzler diskutiert (vor Bildung der ersten Regierung Wirth am 10.5.).
Vgl. November 1922.

7. 5.

In Berlin: Wahl zum Präsidenten des Preußischen Staatsrates.
Vgl. 18.1.1922.

10. 5.

Nennt in der Vorstandssitzung der Reichstagsfraktion der Zentrumspartei seine Bedingungen für die Übernahme des Kanzleramtes: „1. Die Parteien müßten seinem Steuerprogramm, vor allem den indirekten Steuern, zustimmen unter Aufhebung der Novelle zum Einkommensteuergesetz. 2. Es dürfe in nächster Zeit nicht sozialisiert werden. 3. Die neunte Arbeitsstunde müsse eingeführt werden. 4. Er müsse sich seine Minister unabhängig von den Parteien wählen und später eventuell wechseln können."
Vgl. 14.5.1926.

20. 5.

Veröffentlicht im „Kölner Tageblatt" den Artikel „Kanzlerbedingungen".

2. 6.

Nimmt in der Stadtverordnetenversammlung zum Protest der städtischen Arbeiter gegen seine Forderung nach dem Neun-Stunden-Tag Stellung; sie hätten günstigere Arbeitsbedingungen als in jeder anderen Stadt Deutschlands.

18. 6.

Erläutert AEG-Direktor Hamspohn seine politischen Ziele.
Siehe Dokument 40.

23./24. 6.

Nimmt an der Hauptversammlung des Deutschen Städtetages in Stuttgart teil.
Vgl. 11.11.1921.

September

Eine Delegation des italienischen Partito Popolare besucht während eines Deutschland-Aufenthaltes Köln, dabei kommt es zur ersten Begegnung mit Don Luigi Sturzo und Alcide De Gasperi (1942/43 Mitbegründer der Democrazia Cristiana, 1946–1953 italienischer Ministerpräsident).

23. 9.

Der New Yorker Anwalt Malcolm Sumner berichtet in der „Financial News" über eine Deutschlandreise; zählt den Kölner Oberbürgermeister zu den Männern „von unantastbarer Ehrenhaftigkeit, hoher politischer Stellung und bemerkenswertem Geschäftssinn [...]. Wenn diese Männer den Kern eines neuen Ministeriums bilden würden und sich mit einem endgültigen Bekenntnis des Zusammenbruches und einer Bitte um Hilfe an die Alliierten, und besonders an Großbritannien und Amerika wendeten, so bin ich sicher, daß die verantwortliche öffentliche Meinung ähnliche Schritte verlangen würde".

11. 11.

Nimmt in Berlin als einer der Hauptredner an einer außerordentlichen und gemeinsamen Hauptversammlung des Deutschen Städtetages und des Reichsstädtebunds teil, auf der das Reich wegen der Notlage der Gemeinden zu Hilfsaktionen aufgerufen wird.

1922

18. 1.

In Berlin: Wiederwahl zum Präsidenten des Preußischen Staatsrates.
Vgl. 16.1.1923.

10. 3.

Fordert vor Vertretern der Handels- und Handwerkskammern und vor Betriebsräten die Gründung der Messe, um „Köln als wirtschaftlichen Exponenten für das gesamte Rheinisch-Westfälische Wirtschaftsgebiet zu stabilisieren".
Vgl. 11.5.1924.

22. 3.
Weist in einer Gemeinschaftssitzung der Kölner Industrie- und Handelskammer, der Handwerkskammer und der Betriebsräte auf das Wohnungsproblem als die „entscheidende Frage Deutschlands für die Zukunft" hin.
Vgl. 18.10.1927.

23. 4.
Erscheint als Mitunterzeichner einer Anzeige des Bühnenvolksbundes, die mit dem Aufruf „Bekämpft die Entartungserscheinungen des deutschen Theaters!" für die Errichtung von christlichen Theatergemeinden wirbt.

27. 5.
Teilnahme an der Hauptversammlung des Preußischen Städtetages in Goslar.

31. 5.
Veröffentlicht sein Dementi zu einer am 28.5. in der „Vossischen Zeitung" erschienenen Meldung: „Aus Besorgnis vor dem geplanten französischen Gewaltstreich zur Losreißung des Rheinlandes vom Reiche haben führende rheinische Persönlichkeiten seit Monaten Verhandlungen mit unverantwortlichen englischen Stellen gepflogen mit dem Endziel der Errichtung einer rheinischen Scheinrepublik auf 15 Jahre unter englischem Protektorat. [...] In diesem Zusammenhang werden die Namen von dem Oberbürgermeister von Köln, Adenauer, dem Prorektor der Universität Köln, Eckert, dem Leiter des Volksbildungswesens, Bender, und einer Reihe höherer Beamter genannt."

26. 6.
Nach der Ermordung von Außenminister Walther Rathenau durch Rechtsextremisten (24.6.) an Hamspohn: „Hoffentlich werden die Folgen der Mordtat nicht zu einer weiteren Verschärfung der Gegensätze führen. Es wäre mir sehr interessant gewesen, Ihr Urteil über die gesetzgeberischen Schritte, die nunmehr geplant werden, zu hören. Ich fürchte, daß man mit solchen [...] Augenblicksmaßnahmen des Übels nicht Herr wird, sondern es noch verschlimmert. Meine Ansicht, daß wir innerlich noch viel zerrissener sind, als wir vor drei Jahren waren, hat eine unerwartet schnelle Bestätigung erfahren."
Vgl. 12.11.1931.

17. 7.
Wird Ehrendoktor der Juristischen Fakultät der Universität Köln (Promotion findet in seinem Wohnhaus in der Max-Bruch-Straße statt).

20. 7.
Mit dem Vorstand der Städtevereinigung der besetzten Gebiete bei Reichskanzler Wirth; fordert stärkere finanzielle Unterstützung und Verteilung der „Besatzungsschäden" auf das ganze Reich.
Vgl. 28.1.1924.

27.–31. 8.
Präsident des 62. Deutschen Katholikentages in München; am Begrüßungsabend: „Wir leiden schwer am Rhein! Es ist nicht mehr das lachende, sonnige, das freie Rheinland. Was es heißt, unter der Faust des Siegers zu stehen, das kann nur der ermessen, der Jahr für Jahr in dieser Atmosphäre leben und arbeiten muß."

28. 8.
Hält Eröffnungsrede des Katholikentags.
Siehe Dokument 45.

30. 8.
Geht in seiner Schlussansprache auf die Angriffe des Münchener Kardinals von Faulhaber gegen die Revolution von 1918/19 und gegen die republikanische Staatsform ein: „Es sind hie und da Äußerungen gefallen, die man sich aus Verhältnissen örtlicher Natur erklären kann, hinter denen aber die Gesamtheit der deutschen Katholiken nicht steht. Unsere Einigkeit in der Einschätzung und Bewertung mancher Dinge leidet unter der Verschiedenheit unserer Beurteilung der gegenwärtigen staatlichen Verhältnisse [...]. Manche katholischen Kreise müssen ihr Gefühl etwas zurücktreten lassen [...]. Im staatlichen Leben dürfen Gefühlsmomente, und mögen sie an sich noch so großer Achtung wert sein, keine ausschlaggebende Rolle spielen. Feste, in Ruhe überlegte Grundsätze sind nötig [...]. Es verrät Mangel an historischem Blick, die heutige Verfassung verantwortlich zu machen für die heutigen Zustände."
Vgl. 9.11.1922.

22. 9.

Rechtfertigt in einer Vorstandssitzung der Rheinischen Zentrumspartei sein Verhalten in der Auseinandersetzung mit Kardinal Faulhaber: „Der Katholikentag sei mißbraucht worden zu einer Demonstration gegen die neuen Zustände und zugunsten der Wiederherstellung der Wittelsbachischen Monarchie."
Vgl. 9.11.1922.

November

Erneute Diskussion um eine Reichskanzler-Kandidatur (vor Bildung der Regierung Cuno am 22.11.).
Vgl. Mai 1921, 13.5.1926.

9. 11.

Aufzeichnung über „Die politische Lage innerhalb des deutschen Katholizismus".
Vgl. 30.8.1922.
Siehe Dokument 46.

1. 12.

Wird Vorsitzender des in Köln gebildeten „Verbandes der Stadt- und Landkreise des besetzten Gebietes".

11. 12.

Schreiben an den Landeshauptmann der Provinz Westfalen: „Die rheinische Bevölkerung ist und bleibt kerndeutsch. Sie wird auch in Zukunft treue Wacht am deutschen Strom halten und allen Verrätern und Bedrohern entschlossen entgegentreten."
Vgl. 31.1./1.2.1926.

14. 12.

Besprechung mit Reichswirtschaftsminister Becker über finanzielle Unterstützung der Kölner Messe.
Vgl. 11.5.1924.

1923

6. 1.
An Dannie N. Heineman (vor dem Hintergrund des Scheiterns der Pariser Reparationskonferenz am 4.1.): „In englischen Zeitungen wird der Gedanke erwogen, die englischen Truppen vom Rhein zurückzuziehen. [...] Sie sagten mir s. Zt., daß Sie auf Lord Beaverbrook [konservativer britischer Politiker und Zeitungsverleger, u.a. des „Daily Express", d. Bearb.] Einfluß hätten. Ich wäre Ihnen ganz außerordentlich dankbar, wenn Sie mit größter Beschleunigung Ihren Einfluß auch auf sonstige in Betracht kommende Leute ausüben würden, daß bis auf weiteres eine Zurückziehung der englischen Truppen nicht stattfindet. Wenn diese Truppen vom Rhein zurückgezogen würden, so ist damit [...] allem vollständig freie Bahn gegeben."

16. 1.
In Berlin: Wiederwahl zum Präsidenten des Preußischen Staatsrates; gibt nach der Besetzung des Ruhrgebiets durch französische und belgische Truppen (11.1.) eine Protesterklärung gegen „die französisch-belgische Gewaltpolitik" ab.
Vgl. 22.1.1924.

19. 1.
Geburt des Sohnes Paul.

27. 1.
Schreiben an Reichskanzler Cuno über die Lage im britisch besetzten Gebiet; erbittet Instruktionen, „damit wir unser Verhalten immer entsprechend den Intentionen der Reichsregierung einrichten können".
Vgl. 6.9.1923.

8. 2.
An Johann Hamspohn: „Sobald die Engländer hier abziehen, wird auch für mich die Gefahr, ausgewiesen zu werden, sehr nahe heranrücken. Ich treffe für diesen Fall [...] schon die nötigen Vorkehrungen."
Vgl. 6.1.1923.

14. 2.
Treffen mit dem polnischen Generalkonsul Eugen de Jordan Roswadowski.
Siehe Dokument 38.

22.–25. 4.
Reist mit dem Präsidium und dem Hauptausschuss des Staatsrates nach Norddeutschland (u.a. Harburg, Altona und Wilhelmsburg).

2. 6.
Wird Ehrendoktor der Philosophischen Fakultät der Universität Köln.

23. 6.
Berichtet der Kölner Zentrumspartei über ein in der Vorwoche in Berlin mit Reichsaußenminister Frederic von Rosenberg geführtes Gespräch; die Besatzungsmächte wollten den für Ende August in Köln geplanten 63. Deutschen Katholikentag verbieten (wie am 18.7. durch die Rheinlandkommission verfügt): „Er habe aber entschieden abgelehnt; wenn die Franzosen den Katholikentag nicht haben wollten, sollten sie ihn offen verbieten; wir würden nur der Gewalt weichen."

Juli
Urlaubsreise in den Schwarzwald, Aufenthalt in Schweigmatt (Kreis Lörrach).

6. 9.
In Berlin: Teilnahme an einer Aussprache zwischen Mitgliedern der Reichsregierung und rheinischen Abgeordneten über Verhandlungen mit Frankreich und die Aufrechterhaltung des passiven Widerstandes.
Vgl. 13.11.1923.

9. 9.
Gespräch mit dem Duisburger Oberbürgermeister Karl Jarres über die Formen des Widerstandes im besetzten Gebiet.

14. 9.
In Koblenz: Erste Begegnung mit dem Präsidenten der Interalliierten Rheinlandkommission, Paul Tirard.
Vgl. 17.9.1923.

16. 9.
Teilnahme an der Einweihung des Köln-Müngersdorfer Stadions.
Vgl. 14.6.1931.

17. 9.
Erneut in Koblenz bei Tirard, um Verhandlungen über die Zukunft des Rheinlandes anzubieten; der Präsident lehnt ab, da Adenauer in Frankreich als „Frankophobe" gelte und als „der Mann, der das Zustandekommen der Rheinischen Republik verhindert habe".
Vgl. 14.11.1923.

Anfang Oktober
Krankenhausaufenthalt, danach zur Kur im Kloster Maria Hilf in Neuenahr.

22. 10.
Wahl zum Vorsitzenden eines Verhandlungsausschusses der besetzten Gebiete (aus Vertretern der Großindustrie des Ruhrgebiets, der Handels- und Handwerkskammern, der Gewerkschaften und Landwirtschaft, der Städte und Beamtenorganisationen).
Vgl. 25.10.1923.

24. 10.
Teilnahme an einer Konferenz rheinischer Politiker in Barmen über die politische Zukunft des Rheinlandes.

25. 10.
Plädiert bei einer Konferenz von Vertretern der besetzten Gebiete, im Beisein von Reichskanzler Stresemann, in Hagen dafür, „im Wege der Verhandlungen mit dem Feinde, mit den Franzosen zu einem Rechtsgebilde zu kommen. Dieses Rechtsgebilde könne verschiedene Formen annehmen. [...] Als solche Lösung käme in Frage eine Abtrennung von Preußen. [...] Er bezweifle, daß das heute noch möglich sei. Deshalb müßte man sich auch mit dem Gedanken abfinden, daß äußersten Falles auch eine Loslösung vom Reiche im Wege der Verständigung erfolge. Diese Verständigung würde für das Reich einerseits und für das besetzte Gebiet andererseits folgendes Gute haben: Er hoffe, daß es auf dem Wege dieser Verstän-

digung möglich sei, das Reich von dem Versailler Friedensvertrag los zu machen und die ganzen Lasten dieses Vertrages dem Reich auf diese Weise zu nehmen."
Vgl. 5./6.6.1919, 5.11.1923.

2. 11.
An Hamspohn: „Die Bevölkerung fängt an mürbe zu werden. Es muß uns gelingen, die Frage, was aus dem Rheinland werden soll, zu einer von einem internationalen Forum zu entscheidenden zu machen. Wenn es lediglich eine Frage bleibt, mit der sich Deutschland, Frankreich, Belgien und die Rheinlande beschäftigen, so sind wir verloren."
Vgl. 28.12.1923.

5. 11.
Spricht sich im Interview mit der Tageszeitung „Dernière Heure" „gegen eine autonome Rheinische Republik [aus]. Um den Frieden zu garantieren, sei eine Interessengemeinschaft zwischen Deutschland, Frankreich und Belgien notwendig."
Vgl. 29.11.1923.

13. 11.
In Berlin: Teilnahme an einer Sitzung des Reichskabinettes mit Repräsentanten der besetzten Gebiete: „Der Reichsminister der Finanzen [Hans Luther] behauptet immer, daß das Reich gewisse Zahlungen an das besetzte Gebiet nicht mehr leisten könne. Ich bestreite, daß das Reich in einer so schwierigen finanziellen Lage ist. Mag selbst die Rentenmark dadurch ebenso wie die Papiermark in einen Abgrund getrieben werden, daß das Reich umfangreiche Zahlungen an das besetzte Gebiet leistet, das Rheinland muß mehr wert sein als ein oder zwei oder selbst drei neue Währungen. Ohne Lösung des Reparationsproblems wird es überhaupt nicht möglich sein, eine wertbeständige Währung zu schaffen. Wenn der Reichsminister der Finanzen aber die neue Währung retten will, dann hat er dabei den Hintergedanken, das Rheinland preiszugeben, um dadurch von Reparationen freizukommen."
Vgl. 17.11.1923.

14. 11.
Mit dem Verhandlungsausschuss der besetzten Gebiete bei Tirard in Koblenz.
Vgl. 23.11.1923.

17. 11.
In Berlin: Teilnahme an einer Sitzung des Reichskabinettes mit Repräsentanten der besetzten Gebiete; hebt hervor, „daß von England wenig zu hoffen ist. Das englische Kabinett ist schwach, weil es in sich gespalten ist. Es muß immer wieder versucht werden, mit Frankreich zu einer Einigung zu kommen."
Vgl. 5.11., 24.11.1923.

23. 11.
Mit dem Verhandlungsausschuss der besetzten Gebiete bei Tirard in Koblenz.
Vgl. 29.11.1923.

24. 11.
Empfiehlt vor dem Verhandlungsausschuss der besetzten Gebiete als „Verzweiflungsschritt in größter Not", damit das Rheinland nicht zu einer „französischen Kolonie" werde, die Bildung eines „Bundesstaates innerhalb des Deutschen Reiches. [...] Dieser Bundesstaat werde einen großen Einfluß auf die deutsche Politik ausüben können, da er aufgrund seiner wirtschaftlichen Bedeutung eine Vormacht habe und sowohl mit Preußen wie mit Süddeutschland Politik machen könne. Die Bevölkerung dieses Bundesstaates werde sich immer sagen, für sie bestehe die Gefahr, daß ihr Gebiet Kriegsschauplatz werde. Infolgedessen werde die Einstellung der Bevölkerung dahin gehen, daß leitender Gesichtspunkt der Politik dieses Bundesstaates Vermeidung eines Krieges mit Frankreich und vernünftiges Nebeneinanderleben von Deutschland und Frankreich sei."
Vgl. 28.12.1923.

28. 11.
In Berlin: Leitet eine Sitzung des Preußischen Staatsrates. – Mit Geheimrat Louis Hagen bei Generaloberst Hans von Seeckt: „Sie beschweren sich über die Weigerung der Reichsbank, Notgeld der Städte und Industrie anzunehmen und weisen auf die dann unausbleibliche Hungersnot hin."
Vgl. 13.11., 6.12.1923.

29. 11.
Erneut bei Tirard in Koblenz: „Gemeinschaftliche wirtschaftliche Interessen müssen erstrebt werden."
Vgl. 13.12.1923.

1.12.

„Le Figaro“ berichtet über ein mit ihm geführtes Gespräch: „… die Trennung dieses Landes von Preußen wäre für uns ein wahres Opfer. Trotzdem würden wir nicht zögern, dieses Opfer auf uns zu nehmen für den allgemeinen Frieden, den wir alle wünschen, wenn wir sicher wären, daß dieses Opfer die komplette Lösung der französisch-deutschen Probleme mit sich brächte.“

Vgl. 30.5.1919, 10.1.1924.

6. 12.

In Berlin: Teilnahme an einer Besprechung des Rhein-Ruhr-Ausschusses des Reichskabinettes mit Vertretern der besetzten Gebiete über die Gründung einer Rheinischen Notenbank und über die Einlösung des städtischen Notgeldes. Gespräch mit Reichskanzler Marx über die weitere Entwicklung, „wenn gleichzeitig die Reparationsfrage in einer annehmbaren Weise gelöst und ein westdeutscher Bundesstaat mit den Rechten und Pflichten der übrigen Bundesstaaten unter Fortfall der Rheinlandkommission und Ersatz der militärischen Besatzung durch eine internationale Gendarmerie zwecks Kontrolle der Entmilitarisierung auf eine Reihe von Jahren errichtet werde“.

Vgl. 28.12.1923.

7. 12.

In Berlin: Teilnahme an einer Besprechung des Reichskabinettes mit Vertretern der besetzten Gebiete über Finanz- und Ernährungsfragen.

Vgl. 21.12.1923.

12./13. 12.

Erneut bei Tirard in Koblenz.

Vgl. 28.12.1923. Siehe Dokument 41.

14. 12.

In Berlin: Gespräch mit Reichskanzler Marx.

Vgl. 9.1.1924.

21. 12.

In Berlin: Teilnahme an einer Besprechung des Reichskabinetts mit Vertretern der besetzten Gebiete; spricht „im Auftrage sämtlicher politischen und wirtschaftli-

chen Parteien des Rheinlandes die Bitte aus, unter keinen Umständen jetzt eine Einstellung der Zahlungen von Besatzungskosten vorzunehmen".
Vgl. 28.1.1924.

28. 12.
Besteht im Gespräch mit Tirard in Koblenz darauf, „daß dieser westdeutsche Bundesstaat nur auf gesetzlichem Wege geschaffen werden dürfe und könne, und zwar durch Reichsgesetz. Wenn man dem Reichstag eine annehmbare Lösung der Reparationsfrage vorlege, wenn man ihm dann gleichzeitig ein Gesetz betreffend die Errichtung eines westdeutschen Bundesstaates unterbreite und wenn die Mehrheit der Bevölkerung des besetzten Gebietes dafür sei, dann würde der Reichstag zustimmen."
Vgl. 24.11.1923, 10.1.1924.

1924

9. 1.
Teilnahme an einer Besprechung in der Berliner Reichskanzlei unter Vorsitz von Reichskanzler Marx.
Vgl. 17.11.1923, 10.3.1933. Siehe Dokument 42.

10. 1.
In Berlin: Erläutert im Gespräch mit einem Abgesandten des französischen Wirtschaftspolitikers Louis Loucheur, daß „eine Entente zwischen Frankreich und Deutschland möglich und wahrscheinlich erscheint, trotz der von beiden Seiten begangenen Fehler. [...] Niemals werden sie akzeptieren, wie es kein Deutscher, der dieses Namens würdig ist, akzeptieren wird, daß das Gebiet des Rheins vom Reich abgetrennt wird. Das Interesse Frankreichs müßte in die gleiche Richtung zielen, denn ein abgetrenntes Rheinland würde selbstverständlich nicht mehr dazu bereit sein, seinen Anteil der Deutschland auferlegten Reparationen zu zahlen. Ein dem Rheinland beraubtes Deutschland wiederum hätte nur noch eine eingeschränkte Zahlungsfähigkeit. Es wäre überdies nicht imstande, die Rolle des Pufferstaates zu übernehmen und würde in die Einflußsphäre des einen oder anderen seiner großen Nachbarn gelangen. Im Gegenteil, ein weitgehend abgegrenztes Rheinland mit einer Bevölkerung von 15 Millionen Einwohnern würde im Reich

einen wichtigen Staat und ein einflußreiches und moderates Element darstellen und es wäre um so friedlicher, als es im Kriegsfalle als erstes besetzt würde."
Vgl. 17.11.1923. Siehe Dokument 43.

19. 1.
Erneut bei Tirard in Koblenz.

22. 1.
In Berlin: Wiederwahl zum Präsidenten des Preußischen Staatsrates.
Vgl. 20.1.1925.

24. 1.
Teilnahme an einer Sitzung des Reichsparteiausschusses der Zentrumspartei.

28. 1.
Schreiben an Reichskanzler Marx: „Der Vorstand des Verbandes der Stadt- und Landkreise richtet [...] die dringende Bitte an die Reichsregierung, unter allen Umständen den bedrängten Gemeindeverwaltungen die für die Erfüllung der Besatzungsforderungen notwendigen Gelder mit aller Beschleunigung zur Verfügung zu stellen."
Vgl. 21.2.1924.

7. 2.
In Berlin: Teilnahme an einer Besprechung des Rhein-Ruhr-Ausschusses des Reichskabinettes mit Vertretern der besetzten Gebiete.

21. 2.
In Berlin: Gespräch mit Reichskanzler Marx, u.a. über weitere finanzielle Zuwendungen an die Gemeinden der besetzten Gebiete.
Vgl. 14.3.1924.

14. 3.
Übermittelt Reichskanzler Marx eine Denkschrift zur wirtschaftlichen Situation und zu den Gemeindefinanzen in den besetzten Gebieten.
Vgl. 28.1.1924, 31.12.1924.

11. 5.
Eröffnung der Kölner Messe im Beisein von Reichspräsident Ebert, Reichskanzler Marx und Reichsaußenminister Stresemann.
Vgl. 14.12.1922, 12.9.1926. Siehe Dokument 10.

21. 7.
Nimmt mit seiner Frau Gussie an der letzten Grubenfahrt von August Thyssen in Schacht Lohberg teil.

31. 7.–3. 9.
Urlaubsreise in die Schweiz, Aufenthalt in Chandolin (Wallis).

11. 10.
Grußwort bei der Jubiläumstagung zum 25-jährigen Bestehen der christlichen Gewerkschaften.

6. 11.
Bittet als Vorsitzender des Provinzialausschusses der Rheinprovinz die Reichsregierung um Notstandsbeihilfe nach der Hochwasserkatastrophe in den besetzten Gebieten.

Dezember
Wird Mitglied des Beirates für das Luftfahrtwesen.

31. 12.
An Reichskanzler Marx: „Wenn ich am Schlusse des Jahres 1924 Deutschlands Lage und insbesondere unsere Lage im Rheinland mit der Situation zu Beginn des Jahres vergleiche, dann erfüllt mich tiefer Dank, insbesondere auch Ihnen gegenüber. Ich kann mir nicht vorstellen, was aus uns geworden wäre, wenn die Politik Ihres Vorgängers [Gustav Stresemann] weiter fortgeführt worden wäre. Ihrer klugen Einwirkung ist es wohl in erster Linie zuzuschreiben, daß unsere Lage heute verhältnismäßig gut ist.“

1925

10. 1.
In Berlin: Protestiert gemeinsam mit Reichskanzler Marx gegen die Nichträumung der Besatzungszone Köln.
Vgl. 31.1./1.2.1926.

20. 1.
In Berlin: Wiederwahl zum Präsidenten des Preußischen Staatsrates.
Vgl. 19.1.1926.

9. 2.
Empfängt Reichskanzler Hans Luther (Regierungschef seit dem 15.1.) in Köln.

8. 3.
Gedenkrede für den am 28.2.1925 verstorbenen Reichspräsidenten Friedrich Ebert: „Ihm vornehmlich ist es zu danken, daß schon so bald nach der Revolution Deutschland den Boden des Rechts und des Gesetzes wiederfand, und er war es, der der Institution des Reichspräsidenten Leben und Inhalt gegeben hat. […] So ist sein Hinscheiden ein herber Verlust für unser deutsches Vaterland geworden, dem er auch nach Ablauf seiner Wahlzeit ein treuer Diener sein wollte. Ein schwerer Verlust ist sein Tod besonders auch für uns Rheinländer; denn er hat immer erkannt, daß Rheinlands Schicksal Deutschlands Schicksal ist, er ist dem besetzten Gebiet immer […] ein treuer Freund gewesen."

29. 4.
Geburt der Tochter Lotte.

9. 5.
Erklärt beim Sparkassentag in Köln: „20 Milliarden Goldmark haben die deutschen Sparkassen bei Beginn des Weltkrieges verwaltet. Fast restlos ist diese, uns jetzt märchenhaft hoch erscheinende Summe durch die Inflation vernichtet worden. Diese wenigen Worte zeigen einmal die große Blüte und die große Bedeutung der deutschen Sparkassen und andererseits den tiefen Zerfall unserer Wirtschaft und die tiefe Zerrüttung, die nach dem Kriege über uns hereingebrochen ist. Die deutschen Sparkassen haben sich aber durch eine solche Katastrophe nicht entmutigen lassen. Sobald die Stabilisierung unserer Währung geglückt war, haben

sie frischen Mutes von neuem angefangen. Sie haben die ungesunden Erscheinungen, die, zu ihrer Ehre sei es gesagt, in verhältnismäßig kleinem Ausmaße sich während der Inflationsjahre bei ihnen gezeigt haben, ausgemerzt und, auf ihre alten Grundsätze gestützt, aufs neue angefangen zu arbeiten und zu wirken."

16. 5.
Nimmt mit Reichskanzler Luther und dem preußischen Ministerpräsidenten Otto Braun an der Eröffnung der Jahrtausendausstellung der Rheinlande teil.

26. 5.
Hält die Begrüßungsansprache zur Eröffnung des 10. Preußischen Städtetages in der Deutzer Halle.

19. 6.
Fordert in seiner Rede „Schmiedet keine neuen Ketten" im Kölner Gürzenich aus Anlass der Jahrtausendfeier der Rheinlande ein nationales Grabmal des unbekannten Soldaten am Dom.
Siehe Dokument 64.

27. 6.
Eröffnet in der Messehalle das Sängerfest des rheinischen Sängerbundes: „Wir wollen schwören im Angesicht des Domes, des schönsten Gotteshauses, das die Erde trägt, daß, so lange der Rhein seine Wogen zur Messe rollt, dieses Land deutsch bleiben soll."
Vgl. 5.10.1925.

14. 7.
Wendet sich wegen der Sportförderung an den Reichsausschuss für Leibesübungen; der Sport sei der „Arzt am Krankenlager des deutschen Volkes".

6. 8.–19. 9.
Urlaubsreise in die Schweiz, Aufenthalt in Chandolin (Wallis).

5. 10.
Bei der offiziellen Eröffnung der Hochschule für Musik in Köln (nach Abschluss des Gründungsvertrags am 2.10.): Mit Musik könne man „weiten Kreisen der

Bevölkerung am ehesten und unmittelbarsten die geistige Befreiung und die geistige Erhebung geben [...], die das Kennzeichen jeder wahren und echten Kunst ist".

20. 10.

Nimmt in der Berliner Reichskanzlei an einer Besprechung von Reichskanzler Luther und Außenminister Stresemann mit Repräsentanten des Rheinlandes über die Konferenz von Locarno (5.–16.10.) teil: „Der Reichstag werde erst zu dem Vertragswerke von Locarno Stellung nehmen können, wenn er die Früchte von Locarno sehe. Zur Zeit sei eine abschließende Stellungnahme nicht möglich."
Vgl. 21.3.1926.

21. 10.

Nach einer Besprechung des Reichskabinettes mit den Ministerpräsidenten der Länder Mitarbeit an einem Pressekommuniqué zu den Ergebnissen der Konferenz von Locarno: „daß das Vertragswerk erst dann als endgültig abgeschlossen angesehen werden könne, wenn, insbesondere in den besetzten Gebieten, Maßnahmen erfolgten, die dem verkündeten Geist des Friedens entsprächen und den berechtigten Erwartungen des deutschen Volkes Rechnung trügen".
Vgl. 20.10.1925, 15.10.1929.

17. 12.

Vor der Kölner Stadtverordnetenversammlung: „Die wirtschaftliche Lage in Deutschland, auch in Köln, ist nach meiner Meinung außerordentlich düster. Der Krieg, die Inflation, der passive Widerstand, namentlich für die besetzten Gebiete, vor allem weiter die passiven Handelsbilanzen der letzten Jahre [...] [–] alles das hat einen Tiefstand der deutschen Wirtschaft hervorgebracht, der jeden irgendwie Einsichtigen nur mit größtem Schrecken vor der weiteren Entwicklung erfüllen kann. [...] Durch alle diese Umstände ist tatsächlich unsere Wirtschaft in eine Erstarrung geraten, die sie aus eigener Kraft, wie mir scheint, nicht wird überwinden können. [...] Ich bin der Auffassung, daß derartige Anleihen heutzutage geradezu unbedingt notwendig sind und auch den Gemeinden bewilligt werden müssen, damit die Gemeinden bei der Wirtschaft wieder bestellen können. Denn darüber muß man sich klar sein: Einrichtung der üblichen Notstandsarbeiten, Erhöhung der Unterstützungssätze, das ist doch eine symptomatische Behandlung des Übels; damit schafft man aber in keiner Weise die Wurzel des Übels weg, sondern bringt im Gegenteil dadurch, daß man auch das hierfür nötige Geld noch der Erzeugung und der Wirtschaft entzieht, den Prozeß des Ersterbens wieder ein gutes Stück voran. Gerade umgekehrt müßte der Weg doch gegangen werden, nämlich unter allen Umständen dafür zu sorgen, daß die Arbeitslosen wieder in ihre eigentlichen Arbeitsstätten hineinkommen […] . Sowohl Reich, Staat, Kommunen und Private handeln falsch, wenn sie jetzt aus Angst den Beutel zuhalten und nicht mehr arbeiten lassen. […] Ich bin […] bereit, soweit wir die Mittel dazu auftreiben können, auch weitere Notstandsarbeiten in Gang zu bringen."

1926

5. 1.

Verbringt seinen 50. Geburtstag im Benediktinerkloster Maria Laach.

19. 1.

In Berlin: Wiederwahl zum Präsidenten des Preußischen Staatsrates.
Vgl. 26.1.1927.

30. 1.

Rede zur Eröffnung der Kölner Funkausstellung.

31. 1./1. 2.

Befreiungsfeier auf dem Domplatz: Mitternachtsansprache aus Anlass der Räumung des Rheinlands von britischer Besatzung.
Siehe Dokument 11.

Adenauer 1928: „Millionen In- und Auslandsdeutscher, fremdstämmiger Freunde und Gegner wurden durch den Rundfunk Zeuge dieser Schwurnacht am deutschen Schicksalsstrom, erlebten aufs tiefste mitergriffen den Klang der Deutschen Glocke am Rhein, deren volltönende Schwingungen als ein Symbol der rheinischen Seele Zuversichtlichkeit, Festigkeit und Herzhaftigkeit verkündeten. Die Übertragung der nächtlichen Befreiungsfeier schuf eine ungeahnte Resonanz, die sich aus den tausendfältigen telegrafischen und schriftlichen Glückwünschen aus allen Himmelsrichtungen vom Atlantischen Ozean bis nach Sibirien, von Schweden bis nach der Riviera ersehen ließ."
Vgl. 21.3.1926.

21. 3.

Rede anlässlich des Besuches von Reichspräsident Paul von Hindenburg in Köln: „Ob der Weg über London, Locarno, Genf zum Wiederaufstieg Deutschlands, ob er zur Befriedung und Wohlfahrt Europas führen wird, nur die Zukunft kann es erweisen. So weit auch die Rückwirkungen von Locarno auf das besetzte Gebiet hinter unsern berechtigten Erwartungen zurückgeblieben sind, das eine steht fest; ohne London, ohne Locarno würden wir diese Feier noch nicht begehen können! Weil wir immer und immer wieder gebeten haben, die folgenschweren Entscheidungen, die mit den Namen London und Locarno verknüpft sind, ohne Rücksicht auf das besetzte Gebiet, allein im Hinblick auf das deutsche Gesamtinteresse zu treffen, dürfen wir uns heute trotz allem frohen Herzens der Freude hingeben über diesen Erfolg der deutschen Politik und der Gerechtigkeit; die Räumung der ersten Zone. Die Räumung der Kölner Zone ist ein Ereignis von historischer Tragweite. Sie bedeutet die endgültige Verneinung jener Rheinlandpläne, die über unser Land unsägliches Elend gebracht und Europa im Laufe der Zeit mit absoluter Notwendigkeit in einen neuen Krieg gestürzt haben würden."

Vgl. 31.1./1.2.1926, 10.3.1933.

22. 3.

Reichsaußenminister Stresemann in seiner Reichstagsrede zum deutschen Gesuch um Aufnahme in den Völkerbund: „Die Ruhr wurde befreit, obwohl die deutschen Zweifler es nicht glaubten; Düsseldorf und Duisburg wurden frei, die nördliche Rheinlandzone ist geräumt, und ein Mann, der so skeptisch diesen Dingen gegenüberstand wie der Oberbürgermeister Adenauer, der damals die Parole ausgegeben hatte: Nehmen Sie keine neuen Bindungen auf sich, nur um des Rheinlandes willen – er hat sich doch auch gestern dazu bekannt, daß ohne diese Politik von London und von Locarno es Befreiungsfeiern in Köln wahrscheinlich nicht geben würde."

29. 4.

Rede vor amerikanischen Hotelbesitzern: „Sie sind Träger einer Industrie, die wie keine andere die Völker verbindet; Sie sind Angehörige einer großen Nation, die von jugendfrischem Idealismus getragen, eine entscheidende Rolle in der Weltgeschichte spielt."

Vgl. 30.8.1928, 26.1.1931.

13. 5.
Spricht in Aachen auf der Generalversammlung der Kommunalpolitischen Vereinigung der Zentrumspartei über den „Kampf gegen die Selbstverwaltung".
Siehe Dokument 26.

Wird von den Zentrumspolitikern Stegerwald und von Guérard telegraphisch nach Berlin gebeten; Beginn der Verhandlungen zur Übernahme des Reichskanzleramts (vor Bildung der dritten Regierung Marx am 17.5.).
Vgl. Mai/Juni 1928.

13./14. 5.
Erste Verhandlungen im Hotel Kaiserhof.

14. 5.
Teilt seine Bedingungen zur Übernahme des Kanzleramtes mit: „Wenn ich mich auch nach Abschluß von Locarno vollständig, auch innerlich, auf den Boden der Tatsachen stelle, um möglichst viel für Deutschland herauszuholen, so mißfallen mir doch dieses Unstete und Schaukelnde an der deutschen Außenpolitik, die Art, wie diese Politik gemacht werde. Deutschland solle sich, als ein vollkommen waffenloses Volk, meines Erachtens aus allen Konflikten der anderen möglichst herauszuhalten suchen, bis man es brauche. [...] Ich könnte also die auswärtige Politik, die bisher gemacht worden sei, nicht gerade als glücklich ansehen. [...] Herr Stresemann aber müßte im Kabinett bleiben, er sei zudem Führer einer der künftigen Koalitionsparteien, und ich sähe Schwierigkeiten mit ihm voraus, falls ich nicht mich mit ihm verständige."
Vgl. 21.3.1926.

Danach Beratungen mit dem geschäftsführenden Reichskanzler Geßler, dem Fraktionsvorsitzenden der Deutschen Volkspartei Scholz, dem Sozialdemokraten Hilferding sowie den Spitzengremien der Zentrumspartei. – Im anschließenden Gespräch mit Dannie N. Heineman: „He was asked to accept the Chancellorship but declined because he could not see his way to getting all the parties to agree to form a Ministry of National Union. Further, his wife did not very much like the idea of moving to Berlin as she has lived all her life in Cologne and she also feared that if Mr. Adenauer had for some reason or other to resign the Chancellorship it would be difficult for him to find a job as agreeable as the one he holds at present."

26. 5.
Besucht den Flugplatz Butzweilerhof aus Anlass der Eröffnung der Lufthansa-Linie Berlin–Köln–Paris.

4. 7.
Rede zur Eröffnung der 2. Deutschen Kampfspiele in Köln.

11. 7.
Besucht mit Reichskanzler Marx im Stadion Köln-Müngersdorf die Abschlussveranstaltung der 2. Deutschen Kampfspiele.

26. 7.–5. 9.
Urlaubsreise in die Schweiz, Aufenthalt in Chandolin (Wallis), anschließend (1.–5.9.) in Spiez am Thuner See.

6. 9.
Wahl in den Vorstandsrat des Deutschen Museums (München).

12. 9.
Eröffnet im Beisein der mit ihm befreundeten Industriellen Carl Duisberg und Paul Silverberg die Kölner Herbstmesse.
Grußwort zur Eröffnung des 34. Deutschen Juristentages.

22. 12.
Besprechung mit Dr. Reinhold Heinen (Generalsekretär der Kommunalpolitischen Vereinigung der Zentrumspartei).
Der Journalist Hans Rörig erinnert sich an die Oberbürgermeisterzeit:
Aus Rörigs 1963 veröffentlichten Erinnerungen „Riesen und Zwerge werfen Schatten“: „Beim Kölner Verleger Alfred Neven DuMont habe ich zum erstenmal erlebt, welchen Einfluß Dr. Konrad Adenauer selbst auf Persönlichkeiten ausübte, die völlig unabhängig waren und eine ungleich stärkere Stellung besaßen als ein Oberbürgermeister. Dr. Adenauer war als Kölner Oberbürgermeister mit einer Artikelreihe, die sich kritisch mit den städtischen Finanzen befaßte, unzufrieden. Bei einem Abendessen im Hause von Louis Hagen, wo, nach einer spöttischen Bemerkung des Verlegers, von goldenen Tellern gegessen wurde, bezeichnete Adenauer eine Zusammenkunft mit den zuständigen Redakteuren im Rathaus als „unbedingt notwendig“. Der Kommerzienrat stimmte zu. Vergebens versuchten

Dr. August Dresbach und ich ihm klar zu machen, daß die „Kölnische Zeitung" sich nicht vor eine Stadtverwaltung zitieren lassen dürfe. Falls die Artikel nicht hieb- und stichfest seien, könne die Stadt uns ja eine Gegendarstellung schicken. Der Einwand nutzte nichts. Der Kommerzienrat nahm Dresbach und mich sozusagen bei der Hand, und wir gingen zu dritt ins Rathaus. Wir wurden vor eine große Wand voll Karten, Bildern und Zahlen gesetzt, ließen uns von Adenauer ein großartiges Zukunftsbild Kölns entwerfen, erfuhren nichts Zuverlässiges über die Finanzen, wurden wegen der „negativen Tendenz" der Artikel nur leise gerügt und gingen nach fast drei Stunden, zwar nicht überzeugt, aber doch stark beeindruckt, nach Hause. Für die Stadt Köln war es ein Jammer, daß zwei Jahrzehnte später die Engländer diesen Mann mit seinen großartigen städtebaulichen Konzeptionen und kommunalen Plänen als Oberbürgermeister absetzten. Welche Möglichkeiten hätte ihm das zerstörte Köln geboten! Was ist alles versäumt worden!"

1927

26. 1.
In Berlin: Wiederwahl zum Präsidenten des Preußischen Staatsrates.
Vgl. 25.1.1928.

11. 4.
Der österreichische Generalkonsul Wildner überreicht ihm im Anschluss an eine Reise nach Wien das Große Ehrenzeichen am Bande für Verdienste um die Republik Österreich.

14. 5.
Hält die Begrüßungsansprache beim 3. Verbandstag des Zentralverbandes der Angestellten.

20. 5.
Eröffnet auf dem Messegelände die Internationale Automobil-Ausstellung für Lastwagen und Spezialfahrzeuge.

24. 5.
Feierlicher Empfang aus Anlass der Fertigstellung des Erweiterungsbaues des Wohnhauses in der Max-Bruch-Straße 6; zu den Gästen gehört Reichskanzler Marx.
Siehe Dokument 84.

25. 7.–7. 9.
Urlaubsreise in die Schweiz, Aufenthalt in Chandolin (Wallis).

23. 9.
Nimmt am 7. Deutschen Städtetag in Magdeburg teil; erneut als Mitglied des Engeren Vorstandes gewählt. Aus seinem dortigen Referat: „[...] daß die Sache der Selbstverwaltung in den letzten Jahren außerordentlich Schaden gelitten hat, und das bedauern wir in erster Linie [...] um des Staates und des Volkes willen. [...] Der Augenblick ist tatsächlich gekommen, in dem es sich entscheiden muß, ob die Selbstverwaltungskörper lebende Organismen bleiben sollen, oder ob sie zu erstarrten Unterverwaltungsinstanzen herabsinken."

18. 10.
Veröffentlicht im „Kölner Lokal-Anzeiger" den Beitrag „Aufgaben in der Großstadt": „Warum soll nicht dieselbe Anzahl Menschen, die heute in einem solchen Häusermeer wohnt, ebenso gut, namentlich bei der Vervollkommnung unserer Verkehrsmittel, ihrer wirtschaftlichen und sonstigen Tätigkeit nachgehen können, wenn anstelle dieses geschlossenen Häusermeeres sich um einen geschäftlichen Kern und einzelne Industrieviertel in das Grün der Natur gebettete Siedlungen von 10 bis 20 000 Einwohner herumlegen? Warum soll der Großstädter ein Höhlenbewohner sein, in dessen Mauern Sonnenaufgang und Sonnenuntergang, der weite Horizont des Himmels, das Sternenmeer, das Wachsen, Blühen und Welken der Natur, der Erdgeruch nicht mehr zu sehen, zu spüren ist." (Erscheint auch als Artikel „Großstadt" im Staatslexikon der Görresgesellschaft).
Vgl. 10.7.1920, 7./8.11.1930. Siehe Dokument 25.

17. 11.
Rede vor Vertretern der Kölner Zentrumspartei über die „Entwicklung der Stadt Köln im letzten Jahrzehnt": „Das, was geschaffen ist, läßt sich in drei große Gruppen zusammenfassen, in Arbeiten auf wirtschaftlichem, kulturellem und sozialem Gebiete. [...] Es ist dankbarer, mit guten Worten über Arbeiten auf kulturellem

und sozialem Gebiete zu sprechen als über wirtschaftliche Dinge. Aber zur Arbeit auf kulturellem und sozialem Gebiet gehört Geld und wiederum Geld, und die kulturellen und sozialen Belange kann man auf die Dauer nicht fördern, wenn man nicht zunächst auch für die wirtschaftlichen Dinge sorgt. Kölns wirtschaftliche Stärke liegt in seiner Verkehrslage. Es muß alles geschehen, um die günstige Verkehrslage Kölns für Handel, Industrie und Handwerk, für das gesamte Gewerbe nutzbar zu machen."

20. 11.
Rede Adenauers nach dem Fußballländerspiel Deutschland–Niederlande (2:2 im Stadion Köln-Müngersdorf) auf dem Bankett des DFB.
Siehe Dokument 68.

22. 11.
Schreibt dem Vorsitzenden des deutschen Pro-Palästina-Komitees, Graf Bernstorff.
Siehe Dokument 59.

Dezember
Fordert in den „Europäischen Gesprächen": „Das Deutsche Reich muß unbedingt den Erwerb von Kolonien anstreben. Im Reiche selbst ist zu wenig Raum für die große Bevölkerung. Gerade die etwas wagemutigen, stark vorwärts strebenden Elemente, die sich im Lande selbst nicht betätigen konnten, aber in den Kolonien ein Feld für ihre Tätigkeit finden, gehen uns dauernd verloren. Wir müssen für unser Volk mehr Raum haben und darum Kolonien."

1928

Wird Mitglied der Deutsch-Französischen Gesellschaft (Ende 1928 in das Präsidium gewählt, dem u.a. auch Otto Dix, Albert Einstein, André Gide, Thomas Mann und Otto Wolff angehören).

25.1.
In Berlin: Wiederwahl zum Präsidenten des Preußischen Staatsrates.
Vgl. 20.2.1929.

23. 2.
In Berlin: Teilnahme an einem Empfang im Reichskanzlerpalais aus Anlass des Deutschland-Besuchs des Königs von Afghanistan.

20. 3.
Erklärt seinen Beitritt zum Ehrenausschuss der Confédération Internationale des Sociétés d'Auteurs et Compositeurs.

23. 3.
Veröffentlicht in der Zeitschrift „Die Sendung" den Beitrag „Rheinland und Rundfunk"; die bevorstehende PRESSA solle „ein Ausdruck von Deutschlands gutem Willen zu friedlichem wirtschaftlichem und kulturellem Wettbewerb unter den Völkern der Erde sein [...] Der Rundfunk steht nicht nur im Dienste großzügigster Volksbildung, er versieht auch die rheinische Presse und Wirtschaft auf dem schnellsten Wege mit Nachrichtenstoff. Gerade für die gefährdeten Grenzgebiete erfüllt der Rundfunk somit eine nationale Aufgabe, ohne jedoch irgendwie gegenüber den Besatzungsmächten aggressiv geworden zu sein; denn gerade die Tatsache, daß die Ruhe im besetzten Gebiet in den letzten beiden Jahren keinerlei Störung erfahren und sich das Verhältnis der Besatzung zur Bewohnerschaft im allgemeinen erträglich gestaltet hat, ist ein Beweis für die korrekte Haltung des Rundfunks."
Vgl. 12.6.1919, 12.5.1928.

16. 4.
Teilnahme an der Gründungsversammlung des Rotary-Clubs Köln.

12. 5.
Eröffnung der Internationalen Presseausstellung PRESSA, im Beisein der Vertretungen von 43 Staaten (u.a. des amerikanischen Botschafters Jacob G. Schurman und des Generalsekretärs des Völkerbundes, Sir Eric Drummond).
Siehe Dokument 13.

17. 5.
Geburt der Tochter Libet.

20. 5.
Begegnung mit dem russischen Schriftsteller Maxim Gorkij.

25. 5.
Bei der Eröffnung des sowjetischen Pavillons auf dem PRESSA-Gelände, im Beisein der Vorsitzenden der Gesellschaft für kulturelle Verbindung der Sowjetunion mit dem Ausland, Olga Kamenewa (Schwester Trotzkis): „Die Ausstellung ist besonders interessant nach Form und Inhalt. Nach Form: weil sie mit zahlreichen neuen Ausstellungsmitteln nach einer anschaulichen Darstellungsart zu gelangen versucht; nach Inhalt: weil das große russische Land die gewaltigen Aufgaben des russischen Volkes in einer von jedem zu bewundernden Energie, wenn auch auf eigene Weise, zu lösen versucht hat und von der Art dieser Lösung hier eine Vorstellung gegeben wird. [...] In diesem Sinne ist es zu begrüßen, daß die Sowjetrepublik durch ihre Ausstellung Kenntnis von dem Wesen ihres Staates vermittle. Er hoffe, daß das gegenseitige Kennenlernen zu friedlicher Verständigung und Versöhnungsarbeit führe."

Mai/Juni
Erneute Diskussion um eine Reichskanzler-Kandidatur (nach den Reichstagswahlen vom 20.5., vor Bildung der zweiten Regierung Müller am 29.6.).
Vgl. 13.5.1926.

28. 6.
Empfängt privat den niederländischen Prinzgemahl Heinrich von Mecklenburg-Schwerin (Ehemann der Königin Wilhelmina).
Vgl. 5.–10.11.1929.

3. 7.
Dankt der Comédie Française für ein Gastspiel in Köln, „daß es dazu beigetragen hat, die kulturellen Beziehungen zwischen den beiden Nationen zu fördern und zu stärken, [...] daß das deutsche Volk keine Schranken zwischen deutscher und französischer Kultur aufgerichtet sehen will".
„[...] den Kanzlerposten zu übernehmen [...]" Aus einer Aktennotiz von Edgar Stern-Rubarth: „Während der Pressa-Eröffnung, bei der Herr Külz als Innenminister und Löbe und alle Prominenten von Berlin zugegen waren, saßen meine Frau und ich Adenauer gegenüber an dem goldenen Brunnen im Gürzenich. Es war eine sehr vergnügte Nacht, die bis 4 Uhr morgens dauerte, weil ein kleiner Kreis, darunter z.B. der Herr von Schröder, nachher in ein Nebenzimmer gebeten wurden zum Tanzen zur Schrammelmusik und Bier und Würstchen. Adenauer hat bis 4 Uhr morgens mit den Damen getanzt. Wir sind etwas früher ins Excel-

sior gegangen. Um 7 Uhr morgens weckten uns die Glocken, es war Himmelfahrtstag und ich sah Adenauer, der bis 4 Uhr getanzt hatte, im Bratenrock mit der Kerze der Himmelfahrts-, nein, Fronleichnams-Prozession vorangehen. Ich ging wieder nach Berlin zurück und ein paar Wochen später erhielt ich ein langes Telegramm von Adenauer. „Bitte dringend sofort nach Köln kommen. Der französische Minister Herriot kommt auf drei Tage zu Besuch und ich brauche Sie, um die Honneurs zu machen." Ich nahm mir den nötigen Urlaub und sprach vorher – und nun kommt der Witz – vertraulich mit Stresemann, der Adenauer nicht riechen konnte, der mir aber sagte: ‚Also hören Sie mal, wir müssen doch dafür sorgen, daß wir einen anderen Reichskanzler kriegen, und Adenauer ist schließlich doch der einzige Kerl, den wir haben usw. Tasten Sie ihn mal vorsichtig ab darauf, ob er geneigt wäre, den Posten des Reichskanzlers zu übernehmen.' Gegen Schluß dieser drei Tage, die außerordentlich vergnügt waren, vor allem mit einer illuminierten Stadtfront vom Wasser aus, bei der wir eine Rundfahrt auf dem Rhein machten, wobei der Herriot ganz sentimental wurde, mir den Arm um die Schulter legte und sagte: „Sehen Sie sich das an, dieser Strom, der der Herzstrom unserer beiden Völker sein sollte, ist die Wasserscheide, um die Blut vergossen wird, seit tausend Jahren, anstatt zu erkennen, daß das, was uns verbindet, daß das, was uns scheidet, gerade das ist, was jeder vom anderen braucht usw." [...] Gegen Schluß dieser drei Tage hatte ich eine vertrauliche Aussprache mit Adenauer und bot ihm informell, aber mit Wissen Stresemanns, der natürlich die Regierung in Berlin durchaus beherrschte, obwohl er ja nur Außenminister war, bot ihm an, Reichskanzler zu werden. [...] Darauf erwiderte er mir sehr ernst. Ich versuche, es ungefähr im Wortlaut wiederzugeben: „Ne, wissen Sie, hier in Köln habe ich meine Lebensaufgabe und eine große, mich befriedigende Tätigkeit, und ich weiß, was ich tun und lassen kann. In Berlin den Kanzlerposten zu übernehmen, wäre ich höchstens bereit, wenn ich eine sichere Majorität, also große Koalition, hinter mir hätte, auf die ich mich verlassen könnte. In eine Regierung einzutreten und die Verantwortung für eine Regierung zu übernehmen, die mit einer schwankenden oder überhaupt nicht vorhandenen Mehrheit zu arbeiten hat, bin ich keinesfalls bereit."

2. 8.

Besuch des ehemaligen französischen Ministerpräsidenten Edouard Herriot auf der PRESSA.

Siehe Dokument 66.

30. 8.
Bei einer Begegnung auf der PRESSA bietet ihm Henry Morgenthau jr. (1934–1945 amerikanischer Finanzminister) seine Unterstützung bei einer geplanten, dann nicht zustande gekommenen USA-Reise an: „[...] about your visiting the United States and making to our citizen some speeches of the same tenor as you delivered upon the opening of your exposition. If it is at all possible for you to manage please let me know. I am sure I can arrange a most satisfactory reception for you in New York as well as in other large cities in America."
Erklärt im Geleitwort zur Sondernummer „Presse und Pressa" der Zeitschrift „Prismen. Blätter für Kultur und Wirtschaftspropaganda":
„Der bisherige Verlauf der Pressa hat gezeigt, daß die auf sie gesetzten Hoffnungen sich erfüllen werden. Millionen von Besuchern sind bereits von fern und nah nach Köln gekommen, um diese große Schau der Presse zu besuchen.

- Die Pressa ist eine Ausstellung eigener Art. Ihre Ziele sind vor allem geistiger und kultureller Natur. Die Presse als die bewegende Kraft des geistigen und kulturellen Lebens, als Trägerin und Formerin der öffentlichen Meinung zu zeigen, war die große Aufgabe, die der Pressa zu lösen aufgegeben war.
- Das erhält sein besonderes Schwergewicht durch die Internationalität der Pressa. Schon die Tatsache, daß es gelungen ist, 43 Auslandsstaaten und den Völkerbund auf der Pressa zu vereinen, ist ein Ereignis, das der Pressa die Beachtung der gesamten Kulturwelt sichert. So ist vor allem die Voraussetzung geschaffen, daß die Auswirkungen der Ausstellung breitesten Boden finden.
- Die Pressa ist eine Kundgebung für die kulturelle Verbundenheit und Zusammenarbeit der Völker. Daß diese Kundgebung unter dem Zeichen der Presse steht, verleiht ihr eine einzigartige Bedeutung. Sie ist der Appell der Weltpresse an sich selbst, sich der Verantwortung bewußt zu sein, die ihr mit ihrem großen Einfluß auf die Gestaltung der internationalen Beziehungen zufällt.
- Seite an Seite vereinigt das Staatenhaus der Pressa die großen Kulturvölker der Welt. Möge die Zeit der Ausstellung auch eine innere Verbundenheit schaffen, die stark genug ist, dem Fortschritt der internationalen Zusammenarbeit eine Brücke zu sein."

September
Trifft auf der PRESSA mit Theodor Wolff (1906–1933 Chefredakteur des „Berliner Tageblatts") zusammen.

14. 10.
Nimmt an der Schlussfeier der PRESSA teil.

Oktober/November
Gründung des von ihm mit vorbereiteten „Deutsch-französischen Instituts der Stadt Köln“ („Institut franco-allemand de la Ville de Cologne“).

27. 11.
Verleihung des spanischen Ordens Caballero Gran Cruz de la Orden del Merito Civil.

1929

12. 2.
Sendet Glückwunschtelegramme an den Apostolischen Nuntius in Berlin, Eugenio Pacelli (1939–1958 als Pius XII. Papst), und an den italienischen Ministerpräsidenten Benito Mussolini zum Abschluss des Lateranvertrages zwischen Italien und dem Vatikan.

19. 2.
Nimmt am Parlamentarischen Abend der Preußischen Staatsregierung in den Festräumen der Staatsoper am Platz der Republik teil; mit ihm an Tisch 1: Landtagspräsident Friedrich Bartels, Ministerpräsident Otto Braun, Professor Dr. Adolf von Harnack, Reichsjustizminister Erich Koch-Weser, DGB-Vorsitzender Theodor Leipart, Reichstagspräsident Paul Löbe, Reichskanzler Hermann Müller, Nuntius Eugenio Pacelli, Vorsitzender des Vorläufigen Reichswirtschaftsrates Carl Friedrich von Siemens.

20. 2.
In Berlin: Wiederwahl zum Präsidenten des Preußischen Staatsrates.
Vgl. 18.2.1930.

14. 3.
Gespräch mit dem britischen Diplomaten Harold Nicolson, der anschließend notiert: „Es gibt Leute, die meinen, wenn der Parlamentarismus in Berlin wirklich

versagte, würde man Adenauer rufen, damit er eine Art von fascismo einführe. Gegenwärtig regiert er in Köln mit eiserner Faust; Dinge wie die neue Rheinbrücke und die Presse-Ausstellung sind ihm zu verdanken. […] Der seltsame Mongole mit seinen schlauen Augen im gelben Gesicht […] verbreitete sich sehr über das Thema Stadtplanung."

17.–24. 3.
Aufenthalt in Berlin.

20. 4.
Aufenthalt bei Dannie N. Heineman in Brüssel.
Vgl. 12.10.1930.

nach dem 20. 4.
Reise nach Großbritannien, Aufenthalt in London; dazu meldet die „Times" am 24.4.: „Dr. Adenauer, Oberburgomaster of Cologne, is on a short unofficial visit to this country. A few personal friends, which included members of Parliament on both sides of the House, entertained him at dinner at the House of Commons on Monday night [22.4.]. Major-General Sir Robert Hutchison, M.P., formerly Colonel-in-Charge of Administration of the British Army on the Rhine, and Mr. J.I. Piggott, British Commissioner in Cologne from 1920 to 1925, spoke, and Dr. Adenauer replied." – Der „Observer" am 21.8.1949: „[…] as a tribute to his behaviour towards the occupation authorities, Adenauer was invited […] to a dinner at the House of Commons".
Vgl. 14.2.1933.

7. 9.
Unterzeichnet den Vertrag zur Errichtung der Kölner Fordwerke.
Vgl. 2.10.1930. Siehe Dokument 17.

10. 10.
Ansprache vor dem Katholischen Frauenbund in der Kölner Bürgergesellschaft: „Die Stadtgemeinde, ihre Geschichte, ihre Aufgaben": „[…] daß es unmöglich ist, alles und jedes zentral zu verwalten und zu regieren und daß die Menschen nur zu wirklich einsichtigen und ihrer Verantwortung bewußten Staatsbürgern erzogen werden können, wenn es gelingt, sie zur Mitarbeit an den örtlichen Aufgaben des

Gemeinwesens, in dem sie wohnen, zu interessieren und zur Erfüllung dieser Aufgaben heranzuziehen."

13. 10.
Rede zur Eröffnung der Köln-Mülheimer Rheinbrücke.

15. 10.
Unterzeichnet den Aufruf „An das deutsche Volk", mit dem führende Persönlichkeiten (u.a. Albert Einstein, Thomas Mann, Friedrich Meinecke) das Volksbegehren gegen den im Januar 1930 endgültig angenommenen Young-Plan zur Herabsetzung und Begrenzung der deutschen Reparationszahlungen und zum Ende der Kontrollen und Sanktionen heftig kritisieren: „Kein vernünftig denkender Deutscher, dem der Wiederaufstieg seines Vaterlandes am Herzen liegt, kann ein solches Vorhaben fördern. Trotzdem wagen die Urheber dieses Planes, ein Gesetz vorzuschlagen, das diejenigen Deutschen, die sich in verantwortlicher Stellung zu der bisher erfolgreich betriebenen Verständigungspolitik bekennen, als gemeine Landesverräter gehandelt und mit Zuchthaus bedroht, ein Vorschlag, so ungeheuerlich, daß er als Versuch schlimmster Volksverhetzung gebrandmarkt werden muß. [...] Das deutsche Volk hat jetzt zwischen Vernunft und Unsinn zu wählen."

21. 10.
Referiert im Politischen Seminar der Kölner Zentrumspartei über „Die Grünflächenpolitik der Stadt Köln".

26. 10.
Legt mit dem preußischen Kultusminister Becker den Grundstein für das neue Universitätsgebäude in Köln-Lindenthal.

5.–10. 11.
Reise durch die Niederlande, u.a. zur Besichtigung von Wohnsiedlungen.
Vgl. 28.6.1928.

6. 11.
Vortrag in Amsterdam über „Die Bedeutung der Rheinschiffahrt für die deutsch-niederländische Wirtschaftsverbindung"; dabei geplanter Attentatsversuch des Separatistenführers Josef Friedrich Matthes wird vereitelt.
Vgl. 14.11.1929.

8.11.
Spricht vor dem Niederländisch-Deutschen Verein in Rotterdam.

14.11.
Fasst in einem ausführlichen Bericht die Eindrücke während seiner „Reise nach Amsterdam“ zusammen: „1) Auf der Fahrt durch Holland fiel mir auf, wie fast überall, auch in kleineren und kleinsten Orten in Holland, viel gebaut und, soweit man das, ohne in die Häuser hineinzugehen, beurteilen konnte, sehr gediegen gebaut worden ist. Durchweg ist das bekannte holländische Klinker-Material verwandt worden, das an sich schon den Häusern einen sehr freundlichen Anblick gibt. Ich habe übrigens festgestellt, daß bei Häusern in Amsterdam, die 200–300 Jahre alt und ganz aus Klinker-Material gebaut sind, das Aussehen überaus freundlich, fast neu ist. Inwieweit dabei die Reinheit der Seeluft eine Rolle spielt, kann ich nicht ohne weiteres beurteilen. Ich habe aber diesen Eindruck auch gehabt bei Orten, die recht weit von der See entfernt liegen. [...] Ich habe mich [...] in Amsterdam durch Herrn Direktor Keppler vom dortigen Wohnungsamt, der von Haus aus Ingenieur ist, führen lassen. Ich habe unter seiner Führung fast alle neuen Bauten von Amsterdam gesehen und bin auch in verschiedenen Wohnungen gewesen. [...] Herr Keppler ist Sozialist. Er hat mir erklärt, daß schon seit einer Reihe von Jahren [...] Wirtschaftlichkeit das oberste Prinzip ihres gesamten Wohnungsbaues sei, so daß die Mieten, die Mieten, die sie erhielten, ausreichten zur Instandhaltung und zur Verzinsung und Tilgung des Baukapitals. [...] Er erklärte, derartige Sachen, wie Badezimmer usw., auch Warmwasserbelieferung etc. würden absolut abgelehnt, weil eben die Leute mit ihrem Einkommen derartige Dinge nicht bezahlen könnten. [...] Was den Grund und Boden angeht, so muß er durch Meeressand mehrere Meter hoch aufgefüllt werden. Dann muß die ganze Fundierung auf Pfählen erfolgen. Da der Grund und Boden zu teuer würde, würde er von der Gemeinde in Erbpacht gegeben. Die teuere Fundierung in Amsterdam sei aber in den Baukosten mit enthalten. Auch mir erschien es auf den ersten Blick als Nichtfachmann, daß die Amsterdamer viel leichter bauen und sich mit viel geringeren Mauerstärken begnügen als wir. Herr Keppler erklärte aber, daß für das dortige Klima und auch für die Haltbarkeit der Häuser diese geringere Stärke absolut ausreichend sei. Da das Kölner Klima milder ist als das Amsterdamer, würde also zu prüfen sein, ob wir nicht in Köln ständig zu stark bauen und dadurch die Kosten unnötig erhöhen. Natürlich ist die Frage der Helltönigkeit der Häuser und der Beheizbarkeit mit dabei zu berücksichtigen. Die

meisten von der Gemeinde Amsterdam errichteten Bauten werden nicht in Form des Flachbaues ausgeführt, sondern haben drei und mehr Stockwerke. Die Straßen in diesen Siedlungen sind ganz außerordentlich breit, ebenfalls die angelegten Plätze, so daß man trotz der Höhe der Bauten einen ungewöhnlich freundlichen Eindruck bekommt. Die Auswüchse der modernen Baukunst sieht man nicht mehr an den neuen Bauten. Sie werden unbedingt abgelehnt. Der Direktor des Wohnungsamtes erklärte mir, daß sie mit den flachen Dächern sehr schlechte Erfahrungen gemacht hätten. Sie seien nicht dicht, und sie hätten die größten Schwierigkeiten und Ausgaben, um einigermaßen diese Undichtigkeiten zu steuern. Die Baukosten in Amsterdam würden dadurch verteuert, daß in den Häusern jeder seine eigene Treppe haben wolle. Infolgedessen gibt es Häuser mit 6 Haustüren und 6 Treppen. Die Treppen sind sehr schmal. Wie ich aber von wohlhabenden Mitgliedern der Deutschen Kolonie hörte, die schon sehr viel umgezogen sind und in den verschiedensten europäischen Städten gewohnt haben, habe sich noch niemals ein Umzug so leicht und glatt vollzogen wie in Amsterdam mit dem Heraufziehen der Möbel an der Außenfront des Hauses."

17. 12.

Wiederwahl zum Oberbürgermeister von Köln; erreicht in der Stadtverordnetenversammlung mit Zustimmung des Zentrums, der Deutschen Volkspartei und der Deutschen Demokratischen Partei 49 von 96 gültigen Stimmen.

Vgl. 13.3.1933.

1930

„Was wirkt sich heutzutage in einer Gemeinde nur noch örtlich aus? Nur noch sehr wenige Dinge. Fast alles ist von überörtlicher Bedeutung: Festsetzung der Anschlußsätze, der Straßenbahntarife, der Preis für Gas, Strom und Wasser, die Krankenhauspflegesätze, die Arbeitslöhne, die Art des Wohnungsbaues, die Gestaltung der öffentlichen Einrichtungen wie Bäder, Märkte usw. usw., alles das wirkt sich doch überörtlich aus. Soll da nun überall der Staat eingreifen?" (Aus Adenauers Beitrag „Staat und Gemeinden. Zum Entwurf des Selbstverwaltungsgesetzes" in den Kommunalpolitischen Blättern, Jg. 21 [1930]).

Vgl. 20.2.1930. Siehe Dokument 28.

18. 2.
In Berlin: Wiederwahl zum Präsidenten des Preußischen Staatsrates.
Vgl. 4.2.1931.

20. 2.
Veröffentlicht in der Dortmunder Zeitung „Tremonia" seinen Aufsatz über den „Sozialetat der Städte": „Dieses gewaltige Ringen wird in erster Linie ausgetragen auf den Schultern der Gemeinden, die [...] in den letzten Jahren immer mehr zum Lastenträger der niedergehenden wirtschaftlichen Konjunktur, der außenpolitischen Verpflichtungen und der deutschen Sozialgesetzgebung wurden."
Vgl. 1.10.1930.

8. 4.
Einladung an das Sekretariat des Internationalen Olympischen Komitees, die 11. Olympischen Spiele 1936 in Köln abzuhalten (vor der dann getroffenen Berlin-Entscheidung).
Siehe Dokument 7.

1.–23. 5.
Kuraufenthalt in Karlsbad; genehmigt von dort aus am 15.5. die Unterbringung des Olympischen Kongresses in den Räumen des Staatsrates: „In meinem Zimmer bitte ich, falls nötig, auf den Fußboden irgend etwas zur Schonung zu legen."

27. 5.
Eröffnet die 36. Wander-Ausstellung der Deutschen Landwirtschaftsgesellschaft in Köln.

29. 5.
Spricht in Koblenz auf der Generalversammlung der Kommunalpolitischen Vereinigung der Zentrumspartei über „Staat und Gemeinden. Zum Entwurf des Selbstverwaltungsgesetzes".
Vgl. 12.11.1931.
Siehe Dokument 28.

9. 7.
An Reichskanzler Heinrich Brüning: „daß es ein schwerer Fehler sein wird, wenn das Kabinett nicht jetzt auch die Gesetze mit zur Vorlage und Verabschiedung

bringt, die dazu bestimmt sind, die trostlose und infolge der Arbeitslosigkeit immer trostloser werdende Lage der Gemeinden zu stabilisieren".
Vgl. 12.5.1931.

4. 8.–6. 9.
Urlaubsreise in die Schweiz, Aufenthalt in Chandolin (Wallis).

7. 9.
Vortrag vor dem Rotary-Club Köln über die „Wirtschaftliche Notlage im kommenden Winter".

17. 9.
Schreibt Dannie N. Heineman nach den Reichstagswahlen vom 14.9.: „Sehr bedenklich ist nur, daß es in Deutschland eine solche Millionenmenge von ganz radikalen und verzweifelten Menschen gibt. Ich rechne dazu die Kommunisten und die Nationalsozialisten."
Vgl. 4.5.1932.

22. 9.
Rede auf der 44. Generalversammlung der Görres-Gesellschaft in Köln.
Siehe Dokument 47.

26. 9.
Erklärt auf dem 8. Deutschen Städtetag in Dresden, er halte es „nicht für richtig, daß die gegenwärtige Krise allein auf die innenpolitischen, auf die innenwirtschaftlichen Fehler zurückgeführt [wird], die zweifellos gemacht worden sind. [...] man muß [...] in diesem Zusammenhange die Weltwirtschaftskrise [...] und vor allen Dingen [...] die ungeheuren Leistungen und Zahlungen erwähnen, die wir auf Grund der getroffenen Abkommen an das Ausland haben machen müssen. [...] man würde gerade im Ausland ein nicht richtiges Bild gewinnen, wenn wir nicht erwähnten, daß gerade diese ungeheuren Zahlungen an der ganzen Katastrophe, die über Deutschland hereingebrochen ist, in erster Linie mit Schuld tragen." Die Fehler dieser Gesetzgebung „haben letzten Endes ihre Quellen in der verfehlten Konstruktion von Reich, Ländern und Gemeinden, haben ihre letzte Quelle darin, daß [...] die Reichsgesetze von der Bürokratie der Reichsministerien [gemacht werden, die] vollständig unvertraut ist mit der praktischen Arbeit, nichts von den örtlichen Verhältnissen und von der praktischen Arbeit kennt".

30. 9.
Besucht mit seiner Frau Gussie in Dresden u.a. die Hygiene-Ausstellung.

Oktober
Wird Mitglied des Kuratoriums der Deutschen Hochschule für Politik (Präsident: Ernst Jäckh; einer der Dozenten: Theodor Heuss).

1. 10.
Nimmt in Berlin an einer Besprechung führender Kommunalpolitiker mit Reichskanzler Brüning zum Wirtschafts- und Finanzplan der Reichsregierung und über Hilfsmaßnahmen für die Gemeinden teil.
Vgl. 20.2., 7./8.11.1930.

2. 10.
Grundsteinlegung der Kölner Fordwerke in Anwesenheit von Henry Ford I.
Vgl. 7.9.1929.

10./11. 10.
Aufenthalt in Antwerpen als Gast des Oberbürgermeisters Frans van Cauwelaert.

12. 10.
Besucht mit seiner Frau und den Söhnen Konrad und Max Dannie N. Heineman in Brüssel.

7./8. 11.
Nimmt in Berlin an einer Vorstandssitzung des Deutschen Städtetages teil; aus dem anschließenden Schreiben an Reichskanzler Brüning: „Aus diesen ethischen und wirtschaftlichen Gründen heraus bitte ich Sie auf das Dringendste, doch für den Wohnungsbau, vielleicht unter Abzug derjenigen Mittel, die infolge der Senkung des Bauindexes entbehrt werden können, dieselben Mittel bereitstellen zu lassen wie im vergangenen Jahre."

28. 11.
Dannie N. Heineman hält im Hansa-Saal des Kölner Rathauses den Vortrag „Skizze eines neuen Europa". – Adenauer am 7.2.1961: „Es ist in der Tat verblüffend, wie zeitgemäß und geradezu prophetisch sich Ihr Vortrag aus dem Jahre 1930 heute liest."

1931

26. 1.

Rede zur Eröffnung der Kölner Niederlassung der amerikanischen Handelskammer, im Beisein des Botschafters der USA, Frederic M. Sackett.

Vgl. 29.4.1926. Siehe Dokument 71.

4. 2.

In Berlin: Wiederwahl zum Präsidenten des Preußischen Staatsrates.

Vgl. 2.3.1932.

7. 5.

Zehnjähriges Amtsjubiläum als Präsident des Preußischen Staatsrates.

12. 5.

Untersagt, zur Schaffung von Arbeitsplätzen, den Kölner Beamten jegliche Nebentätigkeit.

Juni

Teilnahme an einer Vorstandssitzung des Deutschen Städtetages im Schloss Cappenberg bei Münster (Alterssitz des preußischen Reformers Karl Reichsfreiherr vom und zum Stein).

1. 6.

Begrüßungsansprache aus Anlass einer Tagung der Gesellschaft für Rheinische Geschichtskunde.

14. 6.

Besucht das Endspiel um die deutsche Fußballmeisterschaft im Müngersdorfer Stadion (Hertha BSC Berlin–1860 München 3:2).

28. 8.

Geburt des Sohnes Georg. – Adenauer erinnert sich in einem Glückwunschschreiben an die Ehefrau von Franz Josef Strauß, Marianne Strauß, am 13.6.1959 „an meine Frau, die kurz vor der Niederkunft – ich war damals in Köln Oberbürgermeister – ins Theater ging. Ich war in Berlin, alle anderen Kinder waren an der See, sie war alleine. Sie hat dort im Theater so herzlich gelacht, daß sie nur mit großer Mühe noch nach Hause gekommen ist. Die Geburt meines jüngsten Sohnes erfolgte noch in der gleichen Nacht. Als ich am anderen Morgen zurückkam, war er da."

13.–26. 10.
Aufenthalt auf der Bühlerhöhe.

9. 11.
Veröffentlicht in der „Kölnischen Zeitung" den Beitrag „Zentralismus und Selbstverwaltung".
Vgl. Januar 1933.

12. 11.
Schreiben an den Ford-Generaldirektor E. C. Heine.
Vgl. 26.7.1932. Siehe Dokument 22.

28. 11.
Grundsatzrede bei einer Abendveranstaltung der Deutschen Kolonialgesellschaft in Köln.

1932

15. 1.
Nimmt in der Kölner Messe gemeinsam mit dem Leiter des Westdeutschen Rundfunks, Ernst Hardt, an einer Festveranstaltung zum Rückblick auf die ersten fünf Jahre Rundfunkprogramm teil.

26. 1.
Schreibt Dannie N. Heineman: „[…] ich habe noch nie eine politische und wirtschaftliche Situation seit 1918 [als] so gründlich verfahren angeschaut wie die gegenwärtige. Wie Deutschland daraus herauskommt und wie Europa daraus herauskommt, das ist mir einstweilen völlig schleierhaft."
Vgl. 12.11.1931, 4.5.1932.

3. 2.
Hält sich mit Paul Silverberg in Düsseldorf auf; bei der Rückfahrt stößt der Dienstwagen des Oberbürgermeisters bei Neuss mit einem Lastwagen zusammen, der befreundete Industrielle wird verletzt.

6. 2.
Teilnahme an der Eröffnung des Kölner Kunstgewerbemuseums.

2. 3.
In Berlin: Wiederwahl zum Präsidenten des Preußischen Staatsrates.
Vgl. 18.1.1933.

Bezieht im März die Dienstwohnung des Staatsratspräsidenten (Berlin, Wilhelmstraße 64).

9. 4.
Die „Vossische Zeitung" veröffentlicht Antworten prominenter Deutscher auf die Frage „Warum Hindenburg?" (vor der Wiederwahl Paul von Hindenburgs zum Reichspräsidenten am 10.4.); darunter Adenauers Plädoyer: „Wir wählen Hindenburg als Vorbild eines jeden Deutschen in treuester Pflichterfüllung und selbstloser Liebe zum Vaterland."

4. 5.
In Berlin: Äußert sich nach einer Staatsratssitzung besorgt, „daß das Bürgertum massenhaft bei der Landtagswahl [24.4.] ins nationalsozialistische Lager hinübergeschwenkt sei [...], daß man unter allen Umständen versuchen müsse, diese Massen zurückzugewinnen".
Vgl. 12.12.1932.

1. 6.
In Berlin: Nimmt an einer Vorstandssitzung der Reichstagsfraktion der Zentrumspartei teil (nach dem Scheitern des zweiten Kabinetts Brüning am 30.5.).
Vgl. 2.2.1933.

6. 7.
Regt im Gespräch mit dem Vertreter der Reichsregierung in Süddeutschland, Kurt Freiherr von Lersner, engere Kontakte der Zentrumspartei mit der Reichsregierung unter Kanzler von Papen an.
Vgl. 7.7., 17.8.1932.

7. 7.
Von Lersner berichtet Reichswehrminister von Schleicher über das am 6.7. geführte Gespräch: Adenauer „sagte vertraulich: ‚Wir glauben nicht, daß Kaas Zentrumsvorsitzender bleibt. Er hat sich persönlich zu sehr mit der Reichsregierung festgezogen.‘ Aus allem, was er sagte, ging der Wunsch hervor, das Zentrum möge sich mit der Regierung vertragen. Adenauer behauptete, immer ein Gegner Brünings gewesen zu sein. – Adenauer hat den dringenden Wunsch, Sie kennen zu lernen. Ich versprach ihm, das gelegentlich zu vermitteln bei einem Essen bei mir.“
Vgl. 17.8.1932.

12. 7.
Gespräch mit dem preußischen Innenminister Severing nach der am gleichen Tag getroffenen Entscheidung des Reichskabinetts über ein Eingreifen in Preußen.
Vgl. 26.7.1932.

26. 7.
Schreibt dem Ford-Generaldirektor E. C. Heine nach dem „Preußenschlag“ (der durch Reichskanzler von Papen am 20.7. staatsstreichartig eingeleiteten Ablösung der preußischen Regierung), „daß für längere Zeit in Deutschland Ruhe und Ordnung gewährleistet sind. Dazu trägt, wenn ich auch die verfassungsrechtlichen Bedenken gegenüber dem Vorgehen der Reichsregierung in Bezug auf Preußen durchaus teile, die Zusammenfassung der polizeilichen Schutzmittel in Preußen mit der Reichsgewalt, der die Reichswehr zur Verfügung steht, sehr stark bei. Ich bin der Auffassung, daß gegenüber radikalistischen Tendenzen sowohl von rechts wie von links diese Macht stark genug ist, um durchaus für Ruhe und Ordnung einzustehen.“
Vgl. 7.8.1932.

6. 8.
Rede zur Eröffnung der Autostraße Köln–Bonn (Europas erste Autobahn).

7. 8.
Schreibt den Staatsratsmitgliedern Wilhelm Elfes und Adolf Freiherr von Oer, daß „wegen der Vorgänge in Preußen [...] ein Zusammentritt des Staatsrats oder eines Ausschusses, so lange die Klage beim Staatsgerichtshof schwebt, keinen Zweck hat. Die Herren von der Sozialdemokratie haben sich auch auf diesen Standpunkt gestellt.“
Vgl. 26.7., 24.8.1932.

7. 8.–6. 9.

Urlaubsreise in die Schweiz, Aufenthalt in Chandolin (Wallis), anschließend (2.–6.9.) in Montreux (am 7./8.9. bei seinen Schwiegereltern in Tübingen).

17. 8.

Sagt in Chandolin Kurt Freiherr von Lersner zu, er werde bis zur Entscheidung des Staatsgerichtshofes in der Preußenfrage den Staatsrat nicht mehr einberufen.

24. 8.

Aus Chandolin an den Hotelier Kracht: „Zunächst sitze ich hier ‚wie ein Vogel auf dem Ast', d.h. ich muß jeden Tag gewärtigen, plötzlich nach Köln oder Berlin abreisen zu müssen mit Rücksicht auf die Lage in Deutschland."

4. 10.

Hält die Trauerrede „Über Leben und Wirken des verstorbenen Handelskammerpräsidenten Geh. Kommerzienrats Louis Hagen".

November

Wird in der zur Reichstagswahl vom 6.11.1932 veröffentlichten rechtsextremen Hetzschrift „Deutschlands heimliche Herren! Rotaryklub und Herrenklub als Stoßtrupp Judas" als Rotarier angeprangert (gemeinsam mit u.a. Theodor Däubler, Rudolf Petersen, Karl Scharnagl und Theodor Wolf): „Man hat hier [...] waschechtes Freimaurertum vor sich, das sich zu vertarnen sucht, weil die Völker es doch allmählich spitzgekriegt haben, daß man unter der stolzen Bezeichnung ‚Königliche Kunst' nichts als ein satanisches Intrigenspiel zur Verjudung und Verelendung aller arischen Menschen zu verstehen hat."

12. 12.

Rede vor dem Rotary-Club über „Stadtkölnische Fragen".
Vgl. November 1932.

An den Vorsitzenden der Deutschen Zentrumspartei, Prälat Ludwig Kaas: „Die Verhältnisse in Preußen sind derartig, daß, sobald wie möglich, Ordnung in das Chaos, das jetzt besteht, gebracht werden muß. [...] Daher hat [...] jeder, der in irgendeiner Eigenschaft eine gewisse Verantwortung für die preußischen Verhältnisse trägt, die Verpflichtung, dafür zu sorgen, daß, sobald die politische Lage das erlaubt, in Preußen eine Regierung zusammen mit den Nationalsozialisten, die die Zurückziehung des Reichskommissars durch die Reichsregierung zur Folge hät-

ten, gebildet wird. […] Auch erscheint es mir richtig, daß die Nationalsozialisten zunächst in Preußen als der weniger gefährlichen Stelle zeigen, ob sie wirklich in der Lage sind, so hohe Ämter zu versehen."
Vgl. 4.3.1933.

1933

Januar

Veröffentlicht in den „Kommunalpolitischen Blättern" den Beitrag „System der Systemlosigkeit, Zustand völliger Erstarrung": „Man ruft, und zwar mit Recht, nach einer organischen Gestaltung des Verhältnisses von Reich, Ländern und Gemeinden. Das darf aber nicht nur territoriale Neugliederung und staatliche Organisation von oben her bedeuten, auch der innere Aufbau, organischer Aufbau von unten her, Wiederaufbau der Gemeinde, die die unterste und darum die tragende Stufe des ganzen staatlichen und gesellschaftlichen Organismus bildet, ist nötig."

18. 1.
In Berlin: Letzte Wiederwahl zum Präsidenten des Preußischen Staatsrates.

2. 2.
In Berlin: Teilnahme an einer Vorstandssitzung der Reichstagsfraktion der Zentrumspartei zur Vorbereitung der Reichstagswahl vom 5.3.: „Für das Volk ist jede einseitige Machtentwicklung von Nachteil. Eine starke Mitte ist eine Staatsnotwendigkeit. Diesen Gedanken besonders herausstellen."
Vgl. 7.2.1933.

4./6. 2.
Besprechungen des Drei-Männer-Kollegiums (des preußischen Ministerpräsidenten, Landtags- sowie Staatsratspräsidenten) über die geplante Landtagsauflösung; widerspricht unter Hinweis auf Artikel 17 der Weimarer Reichsverfassung, der die Eigenstaatlichkeit der Länder gewährleistet.

7. 2.
Ansprache bei einer Wahlkampfveranstaltung der Rheinischen Zentrumspartei:

„Diejenigen, die jetzt von der Rechten aus am Rechtsgedanken rütteln, begehen die schwerste Sünde, die ein Mensch oder eine Partei an der Seele des Volkes begehen kann.“
Vgl. 2.2., 25.2.1933.

14. 2.
In London berichtet die „Times“: „ [...] the able chief burgomaster of Cologne, Dr. Adenauer, [...] said that he was ‚deeply shaken by the calamitous views about law and the Constitution which he found in certain influential circles. The driving force was the Nationalist Party, not the Nazis. There was a grave danger that the German people would be divided into two extremist camps and that civil war would thus become inevitable.‘“

17.–19. 2.
Gibt beim Besuch Adolf Hitlers in Köln den Auftrag, Hakenkreuzfahnen auf der Deutzer Hängebrücke entfernen zu lassen.

20./21.–24./28. 2.
Aufenthalt in Berlin.

22. 2.
In Düsseldorf: Teilnahme an der Beisetzungsfeier für den Landeshauptmann der Rheinprovinz, Johannes Horion.

25. 2.
Im Gespräch mit Reichsminister Hermann Göring sichert dieser zu, „daß gegen jeden Übertreter von Gesetzen, gleichgültig welcher Partei er angehört, vorgegangen würde“.

1. 3.
Äußert vor den Reichstags- und Kommunalwahlen gegenüber Vizekanzler von Papen „große Besorgnis, daß die Wahl sowohl am 5. wie am 12. März nicht absolut frei vonstatten gehen werde. Man befürchtet sowohl Belästigungen der Wähler durch kommunistische Gruppen wie auch Beeinträchtigung der Wahlfreiheit durch Anwesenheit von SA- und SS-Leuten in den Wahllokalen.“
Vgl. 10.3.1933.

4. 3.
Gespräch mit dem Lothringer Historiker Jean de Pange; das Zentrum habe „nicht das Recht, eine Zusammenarbeit, auch nicht mit Hitler und Hugenberg, zurückzuweisen, wenn dies das einzige Mittel sei, das parlamentarische Leben zu retten".

9. 3.
Der nationalsozialistische „Westdeutsche Beobachter" in einer Sonderausgabe zur Kommunalwahl am 12.3.1933: „Fort mit Adenauer! Schluß mit der schwarz-roten Korruptionsmehrheit! Herunter mit den Riesengehältern! Nationalsozialisten ins Kölner Rathaus!"
Vgl. 13./14.3.1933.

10. 3.
Verbot einer Wahlveranstaltung des Zentrums; aus dem Entwurf der für den 11.3. geplanten, dann auf Flugblättern verbreiteten Ansprache: „[…] wenn das Rheinland deutsch geblieben ist, so verdankt es das nur sich selbst, seinen eigenen Kämpfen, seinen eigenen Leiden und seiner eigenen Aufopferung, und niemand hat das Recht, uns Rheinländern irgendwie einen Mangel an Nationalgefühl oder separatistische Neigungen vorzuwerfen."
Vgl. 21.3.1926.

12. 3.
Letzter öffentlicher Auftritt bei der Gedenkfeier für die Toten des Ersten Weltkrieges.

13. 3.
Mitteilung des Kölner Regierungspräsidenten Elfgen an Reichsminister Göring: „Ich habe den OB Dr. Adenauer inzwischen beurlaubt, da die Gesamtlage sonst nicht mehr zu meistern war."
Polizeifunkspruch Görings zur Beurlaubung Adenauers und anderer führender Kommunalpolitiker (auch der Oberbürgermeister Landmann, Reuter, Brauer und Lueken in Frankfurt/Main, Magdeburg, Altona und Kiel).

14. 3.
„Ungeheurer Jubel Kölns über die Verjagung Adenauers" („Westdeutscher Beobachter").

IV. ANHANG

Abkürzungsverzeichnis

ADGB	Allgemeiner Deutscher Gewerkschaftsbund
AEG	Allgemeine Elektricitäts-Gesellschaft
AG	Aktiengesellschaft
a.o.	außerordentlich
Bd./Bde.	Band, Bände
Best.	Bestand
Bl.	Blatt
BVP	Bayerische Volkspartei
ChrBP	Christlich-Nationale Bauern- und Landvolkpartei
DDP	Deutsche Demokratische Partei
ders.	derselbe
DFB	Deutscher Fußball-Bund
DFrP	Deutsche Freisinnige Partei
DNVP	Deutschnationale Volkspartei
DStP	Deutsche Staatspartei
DVP	Deutsche Volkspartei
F	Fortschrittspartei
FO	Foreign Office
HAStK	Historisches Archiv der Stadt Köln
Hg.	Herausgeber
hs.	handschriftlich
IHK	Industrie- und Handelskammer
KPD	Kommunistische Partei Deutschlands
LHAK	(Rheinland-pfälzisches) Landeshauptarchiv Koblenz
ms.	maschinenschriftlich
MdA	Mitglied des Preußischen Abgeordnetenhauses
MdH	Mitglied des Herrenhauses
MdL	Mitglied des Landtags
MdNV	Mitglied der Nationalversammlung
MdPl	Mitglied des Provinziallandtags
MdPrLV	Mitglied der verfassunggebenden preußischen Landesversammlung
MdPS	Mitglied des Preußischen Staatsrats
MdR	Mitglied des Reichstags

MdRr	Mitglied des Reichsrats
MdRWR	Mitglied des Reichswirtschaftsrats
Nl.	Nachlass
NSDAP	Nationalsozialistische Deutsche Arbeiterpartei
PRO	Public Record Office
RDI	Reichsverband der deutschen Industrie
RdV	Rat der Volksbeauftragten
REW	Rheinisches Elektrizitätswerk im Braunkohlenrevier AG
RWE	Rheinisch-Westfälische Elektrizitätswerke
SBA	Schweizerisches Bundesarchiv
SOFINA	Société Financiére de Transports et d'Entreprises Industrielles
SPD	Sozialdemokratische Partei Deutschlands
StBKAH	Stiftung Bundeskanzler-Adenauer-Haus
UdSSR	Union der Sozialistischen Sowjetrepubliken
USPD	Unabhängige Sozialdemokratische Partei Deutschlands
WP	Wirtschaftspartei

Archivalische Quellen

Bad Honnef-Rhöndorf: Stiftung Bundeskanzler-Adenauer-Haus
– Nachlass Konrad Adenauer
– Bestand Dannie N. Heineman
– Redensammlung

Berlin: Bundesarchiv
– Bestand R 43I

Bern: Schweizerisches Bundesarchiv,
– Bestand E 2300 Köln

Koblenz: Landeshauptarchiv
– Bestand 403: Oberpräsidium der Rheinprovinz

Köln: Archiv Benedikt Schmittmann
– Bestand Helene Schmittmann

Köln: Historisches Archiv der Stadt
– Bestand 610: Wallraf-Richartz-Museum
– Bestand 725: Marktverwaltung
– Bestand 902: Oberbürgermeister Adenauer
– Bestand 903: Billstein
– Bestand 1010: Josef Bayer
– Bestand 1120: Wilhelm Sollmann
– Bestand 1070: Wilhelm Marx

Leverkusen: Bayer-Archiv
– Autographen-Sammlung Carl Duisberg

London: Public Record Office
– Foreign Office

New York: The Pierpont Morgan Library
– Heineman Collection

Sankt Augustin: Archiv für Christlich-Demokratische Politik der Konrad-Adenauer-Stiftung,
– Bestand 01–006: Johannes Horion

Weisweiler: RWE-Power, Abt. PFM-IB Zentralarchiv
– Bestand 210/201

Gedruckte Quellen und Literatur

Abramowski, Günter (Bearb.), Die Kabinette Marx I und II, 30. Nov. 1923 bis 3. Juni 1924; 3. Juni 1924 bis 15. Jan. 1925 (Akten der Reichskanzlei), Bd. 1 (Boppard a. Rh. 1973).
Adenauer, Konrad, Erinnerungen 1953–1955 (Stuttgart 1966).
Adenauer, Konrad, Konrad Adenauer als Präsident des Preußischen Staatsrats, in: Hugo Stehkämper (Hg.), Konrad Adenauer. Oberbürgermeister von Köln. Festgabe der Stadt Köln zum 100. Geburtstag ihres Ehrenbürgers am 5. Januar 1976 (Köln 1976), S. 355–404.
Adenauer, Petra, Konrad Adenauers sportpolitisches Wirken als Oberbürgermeister von Köln 1917–1933, in: Jahrbuch des Kölnischen Geschichtsvereins 57 (1985), S. 243–292.
Beckstein, Hermann, Städtische Interessenpolitik. Organisation und Politik der Städtetage in Bayern, Preußen und im Deutschen Reich 1896–1923 (Düsseldorf 1991).
Bock, Manfred/**Marmetschke,** Katja, Gesellschaftsverflechtungen zwischen Deutschland und Frankreich, in: Klaus Schwabe (Hg.), Konrad Adenauer und Frankreich 1949–1963. Stand und Perspektiven der Forschung zu den deutsch-französischen Beziehungen in Politik, Wirtschaft und Kultur (Bonn 2005), S. 163–189.
Brandmann, Paul, Leipzig zwischen Klassenkampf und Sozialreform. Kommunale Wohlfahrtspolitik zwischen 1890 und 1929 (Köln u.a. 1998).
Bund der Auslandsdeutschen e.V., Aufgaben und Ziele, o.O., o.J.
Coudenhove-Kalergi, Richard, Eine Idee erobert Europa. Meine Lebenserinnerungen (Wien u.a. 1958).
Dahlmann, Dittmar, Das Unternehmen Otto Wolff: Vom Alteisenhandel zum Weltkonzern (1904–1929), in: Peter Danylow/Ulrich S. Soénius (Hg.), Otto Wolff. Ein Unternehmen zwischen Wirtschaft und Politik (München 2005), S. 13–98.
Deeters, Joachim, Die Vorfahren Konrad Adenauers (nach Vorarbeiten von Konrad Adenauer), in: Hugo Stehkämper (Hg.), Konrad Adenauer. Oberbürgermeister von Köln. Festgabe der Stadt Köln zum 100. Geburtstag ihres Ehrenbürgers am 5. Januar 1976 (Köln 1976), S. 21–31.
Deuerlein, Ernst, Das Rheinische in Konrad Adenauer (Köln 1968).
Deutsches Komitee Pro Palästina (Hg.), Tagung in Köln am 22. November 1927 (Berlin 1927).
Diederich, Toni, Adenauer als Kölner Oberbürgermeister von Mai bis Oktober 1945, in: Hugo Stehkämper (Hg.), Konrad Adenauer. Oberbürgermeister von Köln.

Festgabe der Stadt Köln zum 100. Geburtstag ihres Ehrenbürgers am 5. Januar 1976 (Köln 1976), S. 499–530.

Die Reden gehalten in den öffentlichen und geschlossenen Versammlungen der 62. Generalversammlung der Katholiken Deutschlands in München vom 27. bis 30. August (Würzburg 1923).

Doering-Manteuffel, Anselm, Rheinischer Katholik im Kalten Krieg. Das „christliche Europa" in der Weltsicht Konrad Adenauers, in: Martin Greschat (Hg.), Die Christen und die Entstehung der Europäischen Gemeinschaft (Stuttgart 1994), S. 237–246.

Domke, Monika, Die Kommunalpolitik von SPD und KPD von 1928 bis 1930, in: Reinhold Billstein (Hg.), Das andere Köln. Demokratische Traditionen seit der Französischen Revolution (Köln 1979), S. 224–256.

Duisberg, Curt, Nur ein Sohn. Ein Leben mit der Großchemie (Stuttgart 1981).

Düwell, Kurt, Universität, Schulen und Museen. Adenauers wissenschafts- und bildungspolitische Bestrebungen für Köln und das Rheinland (1917–1932), in: Hugo Stehkämper (Hg.), Konrad Adenauer. Oberbürgermeister von Köln. Festgabe der Stadt Köln zum 100. Geburtstag ihres Ehrenbürgers am 5. Januar 1976 (Köln 1976), S. 167–206.

Ebert, Simon, Konrad Adenauers Beziehungen zur Sozialdemokratie in Köln in der Weimarer Republik, in: Geschichte in Köln 53 (2006), S. 99–120.

Engeli, Christian, Städte und Staat in der Weimarer Republik. Hans Herzfeld zum Gedenken, in: Bernd Kirchgässner/Jörg Schadt (Hg.), Kommunale Selbstverwaltung – Idee und Wirklichkeit (Sigmaringen 1983), S. 163–181.

Erdmann, Karl Dietrich, Adenauer in der Rheinlandpolitik nach dem Ersten Weltkrieg (Stuttgart 1966).

Eröffnungsfeier der Universität Köln. Reden gehalten bei dem Festakt im großen Saal des Gürzenich am 12. Juni 1919 und bei der Akademischen Feier in der Aula der Universität am 20. Juni 1919 (Köln 1919).

Festblatt zur 62. Generalversammlung der Katholiken Deutschlands in München vom 27. bis 30. August, hg. v. der Pressekommission des Lokalkomitees, Nr. 3, 29.8.1922, S. 4f.

Först, Walter, Rheinische Städte und ihre Oberbürgermeister während der Weimarer Zeit, in: Hugo Stehkämper (Hg.), Konrad Adenauer. Oberbürgermeister von Köln. Festgabe der Stadt Köln zum 100. Geburtstag ihres Ehrenbürgers am 5. Januar 1976 (Köln 1976), S. 531–596.

Forster, Bernhard, Adam Stegerwald (1874–1945). Christlich-nationaler Gewerkschafter, Zentrumspolitiker, Mitbegründer der Unionsparteien (Düsseldorf 2003).

Forster, Bernhard, Konrad Adenauer und die Christlichen Gewerkschaften 1917–1933. Schlaglichter auf ein spannungsreiches Vertrauensverhältnis, in: Geschichte im Westen 19 (2004), S. 24–41.

Frielingsdorf, Volker, Konrad Adenauers Wirtschaftspolitik als Kölner Oberbürgermeister (1917–1933) (Basel 2002).

Frohn, Hans-Werner, Arbeiterbewegungskulturen in Köln 1890–1933 (Essen 1997)

Gehlen, Boris, Für Köln und „den billigsten Strompreis der Welt“: Konrad Adenauer und die Rheinische Elektrizitätswirtschaft 1932/33, in: Geschichte im Westen 20 (2005), S. 136–154.

Generalsekretariat der Rheinischen Zentrumspartei (Hg.), Bericht über die Verhandlungen des Parteitages der Rheinischen Zentrumspartei. Abgehalten in Köln 15.–18. September 1919 (o.O., o.J.).

Hacke, Christian, Adenauers Stellung zum deutschen Nationalstaat und zu Europa, in: Anselm Doering-Manteuffel/Hans-Peter Schwarz (Hg.), Adenauer und die deutsche Geschichte (Bonn 2001), S. 34–52.

Häussermann, Ekkhard, Konrad Adenauer und die Presse vor 1933, in: Hugo Stehkämper (Hg.), Konrad Adenauer. Oberbürgermeister von Köln. Festgabe der Stadt Köln zum 100. Geburtstag ihres Ehrenbürgers am 5. Januar 1976 (Köln 1976), S. 207–247.

Hehl, Ulrich von, Wertvorstellungen im Denken Konrad Adenauers, in: ders. (Hg.), Adenauer und die Kirchen (Bonn 1999), S. 11–28.

Heimbüchel, Bernd, Die neue Universität. Selbstverständnis – Idee und Verwirklichung, in: ders./Klaus Pabst, Kölner Universitätsgeschichte, Bd. II: Das 19. und 20. Jahrhundert (Köln/Wien 1988), S. 101–692.

Henning, Friedrich-Wilhelm, Finanzpolitische Vorstellungen und Maßnahmen Konrad Adenauers während seiner Kölner Zeit (1906–1933), in: Hugo Stehkämper (Hg.), Konrad Adenauer. Oberbürgermeister von Köln. Festgabe der Stadt Köln zum 100. Geburtstag ihres Ehrenbürgers am 5. Januar 1976 (Köln 1976), S. 123–153.

Henseler, Andreas, Die Kölner SPD in der Endphase der Weimarer Republik (1928–1933), Auseinandersetzungen mit der KPD, in: Gerhard Brunn (Hg.), Sozialdemokratie in Köln. Ein Beitrag zur Stadt- und Parteiengeschichte (Köln 1986), S. 141–191.

Hoffend, Andrea, Konrad Adenauer und das faschistische Italien. Zur Instrumentalisierung von Kulturpolitik am Beispiel der Gründung des Petrarcahauses zu Köln 1931, in: Quellen und Forschungen aus italienischen Archiven und Bibliotheken 75 (1995), S. 481–544.

Hofmann, Wolfgang, Konrad Adenauer und die Krise der kommunalen Selbstver-

waltung in der Weimarer Republik, in: Hugo Stehkämper (Hg.), Konrad Adenauer. Oberbürgermeister von Köln. Festgabe der Stadt Köln zum 100. Geburtstag ihres Ehrenbürgers am 5. Januar 1976 (Köln 1976), S. 329–354.
Hofmann, Wolfgang, Zwischen Rathaus und Reichskanzlei: Die Oberbürgermeister in der Kommunal- und Staatspolitik des Deutschen Reiches 1890 bis 1933 (Stuttgart u.a. 1974).
Hürten, Heinz, Deutsche Katholiken 1918–1945 (Paderborn u.a. 1992).
Hürten, Heinz, Der Patriotismus Konrad Adenauers (Bonn 1990).
Jahresbericht der Görres-Gesellschaft 1929/30 (Köln 1931).
James, Harold, Deutschland in der Weltwirtschaftskrise (1924–1936) (Darmstadt 1988).
Jeserich, Kurt G. A., Kommunalverwaltung und Kommunalpolitik, in: ders./Hans Pohl/Georg-Christoph von Unruh (Hg.), Deutsche Verwaltungsgeschichte, Bd. 4: Das Reich als Republik und in der Zeit des Nationalsozialismus (Stuttgart 1985), S. 487–524.
Kalender katholischer Jugend 1933, ein Führer- und Taschenbuch als Manifest führender Persönlichkeiten an die katholische deutsche Jugend, hg. von P. Ernst Drouven S. J.
Kellenbenz, Hermann, Louis Hagen, in: Rheinisch-Westfälische Wirtschaftsbiographien 10 (1974), S. 138–195.
Kleinertz, Everhard, Konrad Adenauer als Beigeordneter der Stadt Köln (1906–1917), in: Hugo Stehkämper (Hg.), Konrad Adenauer. Oberbürgermeister von Köln. Festgabe der Stadt Köln zum 100. Geburtstag ihres Ehrenbürgers am 5. Januar 1976 (Köln 1976), S. 33–78.
Kleinertz, Everhard/**Stehkämper**, Hugo, Konrad Adenauer. Seine Zeit – Sein Werk. Ausstellung aus Anlaß des 100. Geburtstages am 5. Januar 1976, hg. vom Historischen Archiv der Stadt Köln (Köln 1976).
Köhler, Henning, Adenauer. Eine politische Biographie (Frankfurt a. M. u.a. 1994).
Kölner Verwaltung, Wirtschaft und Statistik. Der Kölner Arbeitsmarkt (Köln 1932).
Kolb, Eberhard, Die Weimarer Republik (München [6]2002).
Lademacher, Horst, Die Rheinprovinz und ihre Selbstverwaltung, in: Walter Först (Hg.), Provinz und Staat (Köln 1971), S. 11–49.
Loucheur, Louis, Carnets Secret. 1908–1932 (Brüssel/Paris 1962).
Matzerath, Horst, „Kommunale Leistungsverwaltung“. Zu Bedeutung und politischer Funktion des Begriffs im 19. und 20. Jahrhundert, in: Hans Heinrich Blotevogel

(Hg.), Kommunale Leistungsverwaltung und Stadtentwicklung vom Vormärz bis zur Weimarer Republik (Köln/Wien 1990), S. 3–24.
Mensing, Hans Peter (Bearb.), Adenauer im Dritten Reich (Berlin 1991).
Mensing, Hans Peter, Adenauers Beziehungen zu jüdischen Bürgern während seiner Kölner Oberbürgermeisterzeit und im Dritten Reich, in: Hanns Jürgen Küsters (Hg.), Adenauer, Israel und das Judentum (Bonn 2004), S. 117–136.
Mensing, Hans Peter, Adenauer und der Protestantismus, in: Ulrich von Hehl (Hg.), Adenauer und die Kirchen (Bonn 1999), S. 43–60.
Mensing, Hans Peter, „... Den Kopf oben behalten, sich nicht unterkriegen lassen ...", in: Geschichte im Westen 9 (1994), S. 84–106.
Mensing, Hans Peter/**Raths,** Ursula (Bearb.), Freundschaft in schwerer Zeit. Die Briefe Konrad Adenauers an Dora Pferdmenges 1933–1949 (Bonn 2007).
Mensing, Hans Peter (Bearb.), Konrad Adenauer: Briefe 1945–1947 (Berlin 1983); Briefe 1947–1949 (Berlin 1984); Briefe 1949–1951 (Berlin 1985); Briefe 1951–1953 (Berlin 1987); Briefe 1953–1955 (Berlin 1995); Briefe 1955–1957 (Berlin 1998); Briefe 1957–1959 (Paderborn 2000); Briefe 1959–1961 (Paderborn 2004); Briefe 1961–1963 (Paderborn 2006).
Mensing, Hans Peter, Konrad Adenauer und die Beneluxstaaten, in: Jahrbuch des Zentrums für Niederlande-Studien 15 (2004), S. 47–64.
Mergel, Thomas, Grenzgänger. Das katholische Bürgertum im Rheinland zwischen bürgerlichem und katholischem Milieu 1870–1914, in: Olaf Blaschke (Hg.), Religion im Kaiserreich: Milieus – Mentalitäten – Krisen (Gütersloh 1996), S. 166–192.
Michel, Klaas, Der Staatsrat als Vertretungsorgan der Provinzen? Eine Untersuchung über die Rolle des Staatsrats im Verfassungsleben des Freistaates Preußen 1921–1933 (Neuried 1998).
Moltmann, Rainer, Reinhold Heinen (1894–1969). Ein christlicher Politiker, Journalist und Verleger (Düsseldorf 2005).
Morsey, Rudolf, Adenauer und der Nationalsozialismus, in: Hugo Stehkämper (Hg.), Konrad Adenauer. Oberbürgermeister von Köln. Festgabe der Stadt Köln zum 100. Geburtstag ihres Ehrenbürgers am 5. Januar 1976 (Köln 1976), S. 447–497.
Morsey, Rudolf, Der Staatsmann im Kölner Oberbürgermeister Konrad Adenauer, in: Rheinische Vierteljahrsblätter 40 (1976), S. 199–211.
Morsey, Rudolf, Vom Kommunalpolitiker zum Kanzler. Die politische Rolle Adenauers in der Zeit der Weimarer Republik und in der Ära der Besatzungsherrschaft (1919–1949), in: Konrad Adenauer, Ziele und Wege. 3 Beispiele, hg. von der Konrad-Adenauer-Stiftung (Mainz 1972), S. 13–81.
Morsey, Rudolf, Konrad Adenauer, Oberbürgermeister von Köln 1917–1933, in: Klaus

Schwabe (Hg.), Oberbürgermeister. Büdinger Forschungen zur Sozialgeschichte 1979 (Boppard a. Rh. 1981), S. 77–96.

Morsey, Rudolf, Die Rheinlande, Preußen und das Reich, in: Rheinische Vierteljahrsblätter 30 (1965), S. 176–220.

Morsey, Rudolf, Adenauer und Berlin 1901–1949: Ein spannungsreiches Verhältnis, in: Dietrich Murswiek/Ulrich Storost/Heinrich A. Wolff (Hg.), Staat – Souveränität – Verfassung: Festschrift für Helmut Quaritsch zum 70. Geburtstag (Berlin 2000), S. 535–549.

Morsey, Rudolf, Adenauer und Ludwig Kaas (1929–1931), in: ders./Konrad Repgen (Hg.), Adenauer-Studien III. Untersuchungen und Dokumente zur Ostpolitik und zur Biographie (Mainz 1974), S. 226–242.

Morsey, Rudolf, Adenauers Rheinlandpolitik 1918/19 in der Sicht von NSDAP- und SED-Autoren (1933/34 und 1952/61), in: Historisch-Politische Mitteilungen 12 (2005), S. 81–100.

Müller, Guido, Adenauers Europa- und Kulturpolitik als Kölner Oberbürgermeister 1917–1933, in: Geschichte in Köln 47 (2000), S. 48–71.

Müller, Guido, Adenauer und Heuss – ein Vergleich der soziokulturellen und politischen Lebenswelten zweier bürgerlicher Politikerbiographien bis 1933, in: Geschichte im Westen 19 (2004), S. 135–148.

Pabst, Klaus, Konrad Adenauers Personalpolitik und Führungsstil, in: Hugo Stehkämper (Hg.), Konrad Adenauer. Oberbürgermeister von Köln. Festgabe der Stadt Köln zum 100. Geburtstag ihres Ehrenbürgers am 5. Januar 1976 (Köln 1976), S. 249–294.

Pange, Jean de, Die Mühlen Gottes: Frankreich, Deutschland, Europa (Heidelberg 1954).

Poppinga, Anneliese, Konrad Adenauer – Geschichtsverständnis, Weltanschauung und politische Praxis (Stuttgart 1975).

Pünder, Hermann, Konrad Adenauer – Meister der Selbstverwaltung: Aus eigenem Miterleben, in: Der Städtetag 6 (1967), S. 291–297.

Pünder, Hermann, Politik in der Reichskanzlei. Aufzeichnungen aus den Jahren 1929–1932, hg. von Thilo Vogelsang (Stuttgart 1961).

Rebentisch, Dieter, Kommunalpolitik, Konjunktur und Arbeitsmarkt in der Endphase der Weimarer Republik, in: Rudolf Morsey (Hg.), Verwaltungsgeschichte. Aufgaben, Zielsetzungen, Beispiele (Berlin 1977), S. 107–157.

Rebentisch, Dieter, Die Selbstverwaltung in der Weimarer Zeit, in: Handbuch der kommunalen Wissenschaft und Praxis, Bd. 1 (Berlin ^{2}1981).

Recker, Marie-Luise, Adenauer und die englische Besatzungsmacht (1918–1926), in:

Hugo Stehkämper (Hg.), Konrad Adenauer. Oberbürgermeister von Köln. Festgabe der Stadt Köln zum 100. Geburtstag ihres Ehrenbürgers am 5. Januar 1976 (Köln 1976), S. 99–121.

Rödder, Andreas, Der Mythos von der frühen Westbindung. Konrad Adenauer und Stresemanns Außenpolitik, in: Vierteljahrshefte für Zeitgeschichte 41 (1993), S. 543–573.

Romeyk, Horst, Adenauers Beziehungen zum Rheinischen Provinzialverband und zu staatlichen Behörden, in: Hugo Stehkämper (Hg.), Konrad Adenauer. Oberbürgermeister von Köln. Festgabe der Stadt Köln zum 100. Geburtstag ihres Ehrenbürgers am 5. Januar 1976 (Köln 1976), S. 295–328.

Romeyk, Horst, Verwaltungs- und Behördengeschichte der Rheinprovinz 1914–1945 (Düsseldorf 1985).

Saphörster, Sabine, Die Ansiedlung der Ford-Motor-Company 1929/30 in Köln, in: Rheinische Vierteljahrsblätter 53 (1989), S. 178–210.

Schieder, Wolfgang, Das italienische Experiment. Der Faschismus als Vorbild in der Krise der Weimarer Republik, in: Historische Zeitschrift 262 (1996), S. 73–125.

Schirrmacher, Gerd, Hertha Kraus – zwischen den Welten. Biographie einer Sozialwissenschaftlerin und Quäkerin (1897–1968) (Frankfurt a. M. 2002).

Schlemmer, Martin, „Los von Berlin". Die Rheinstaatbestrebungen nach dem Ersten Weltkrieg (Rheinisches Archiv 152) (Köln/Weimar/Wien 2007).

Schlemmer, Martin, Konrad Adenauer und die Rheinlandfrage. Eine unerledigte Streitfrage?, in: Geschichte im Westen 19 (2004), S. 7–23.

Schulz, Günther, Adenauer in seinem Verhältnis zu Wirtschaft und Gesellschaft, in: Anselm Doering-Manteuffel/Hans-Peter Schwarz (Hg.), Adenauer und die deutsche Geschichte (Bonn 2001) S. 63–80.

Schulz, Günther, Konrad Adenauers gesellschaftspolitische Vorstellungen, in: Hans Pohl (Hg.), Adenauers Verhältnis zu Wirtschaft und Gesellschaft (Bonn 1992), S. 154–229.

Schulze, Hagen, Weimar. Deutschland 1917–1933 (Berlin [2]1994).

Schümann, Carl-Wolfgang, Adenauers Ansichten zur Architektur im Spiegel der Akten, in: Hugo Stehkämper (Hg.), Konrad Adenauer. Oberbürgermeister von Köln. Festgabe der Stadt Köln zum 100. Geburtstag ihres Ehrenbürgers am 5. Januar 1976 (Köln 1976), S. 155–166.

Schwabe, Klaus (Hg.), Oberbürgermeister. Büdinger Forschungen zur Sozialgeschichte 1979 (Boppard a. Rh. 1981).

Schwarz, Hans-Peter, Adenauer. Der Aufstieg 1876–1952 (Stuttgart [3]1991).

Schwarz, Hans-Peter, Dannie N. Heineman und Konrad Adenauer im Dialog

(1907–1962), in: Karl Dietrich Bracher u.a. (Hg.), Staat und Parteien. Festschrift für Rudolf Morsey zum 65. Geburtstag (Berlin 1992), S. 803–825.
Schwarz, Hans-Peter, Die Bedeutung Adenauers für die deutsche und europäische Geschichte, in: Nach-Denken über Konrad Adenauer und seine Politik, hg. von der Stiftung Haus der Geschichte der Bundesrepublik Deutschland (Bonn u.a. 1993), S. 32–43.
Schwarz, Hans-Peter (Hg.), Konrad Adenauer. Reden 1917–1967. Eine Auswahl (Stuttgart 1975).
Staatslexikon, im Auftrag der Görres-Gesellschaft hg. von Hermann Sacher, 5. Aufl., Bd. 2 (Freiburg i.Br. 1927).
Stehkämper, Hugo (Hg.), Konrad Adenauer. Oberbürgermeister von Köln. Festgabe der Stadt Köln zum 100. Geburtstag ihres Ehrenbürgers am 5. Januar 1976 (Köln 1976).
Stehkämper, Hugo, Konrad Adenauer und das Reichskanzleramt während der Weimarer Zeit, in: ders. (Hg.), Konrad Adenauer. Oberbürgermeister von Köln. Festgabe der Stadt Köln zum 100. Geburtstag ihres Ehrenbürgers am 5. Januar 1976 (Köln 1976), S. 405–431.
Stehkämper, Hugo, Adenauer als Katholikentagspräsident 1922. Form und Grenzen politischer Entscheidungsfreiheit im katholischen Raum (Mainz 1977).
Stehkämper, Hugo, Der Kölner Oberbürgermeister Konrad Adenauer und die Kanalpläne für den linken Niederrhein (1919–1926). Ein Lehrstück Adenauerscher Verwaltungstechnik, in: Zeitschrift des Aachener Geschichtsvereins 84/85 (1977/78), S. 327–375.
Stenographische Berichte über die Verhandlungen der Stadtverordnetenversammlung zu Köln (Köln 1919).
Stenographische Berichte über die Verhandlungen des Rheinischen Provinziallandtags im Ständehaus zu Düsseldorf (Düsseldorf 1920).
Strickmann, Martin, Benedikt Schmittmann (1872–1939) als rheinischer Föderalist zwischen antihegemonialen Reichsneugliederungsinitiativen und sozialethischen Demokratie-Idealen, in: Geschichte im Westen 17 (2002) S. 48–66.
Stump, Wolfgang, Konrad Adenauers Beziehungen zur Zentrumspartei, in: Hugo Stehkämper (Hg.), Konrad Adenauer. Oberbürgermeister von Köln. Festgabe der Stadt Köln zum 100. Geburtstag ihres Ehrenbürgers am 5. Januar 1976 (Köln 1976), S. 433–446.
Valder-Knechtges, Claudia, … wie war unsere Arbeit damals schön …: Oberbürgermeister Konrad Adenauer und das Kölner Musikleben (1917–1933/45) (Bergisch Gladbach 1995).

Verhandlungen der Stadtverordnetenversammlung Köln, 23. (Außerordentliche) Sitzung vom 18. Oktober 1917, S. 236f.; Sitzung vom 14. Februar 1929 (Köln 1930) S. 6.

Verwaltungsberichte der Stadt Köln (Köln 1921 u. 1923).

Walter, Rolf, Wirtschaftsgeschichte vom Merkantilismus bis zur Gegenwart (Köln 1995).

Wegener, Gertrud, Die Wahl Konrad Adenauers zum Oberbürgermeister von Köln im Jahre 1917, in: Hugo Stehkämper (Hg.), Konrad Adenauer. Oberbürgermeister von Köln. Festgabe der Stadt Köln zum 100. Geburtstag ihres Ehrenbürgers am 5. Januar 1976 (Köln 1976), S. 79–98.

Weidenfeld, Werner, Konrad Adenauer und Europa. Die geistigen Grundlagen der westeuropäischen Integrationspolitik des ersten Bonner Bundeskanzlers (Bonn 1976).

Weikert, Georg Martin, Die Verkehrsbeziehungen der Stadt Köln zur Zeit des Oberbürgermeisters Konrad Adenauer (Trier 1999).

Weiß, Lothar, Rheinische Großstädte während der Weltwirtschaftskrise (1929–1933): Kommunale Finanz- und Sozialpolitik im Vergleich (Köln u.a. 1999).

Weißbecker, Manfred, Bund der Auslandsdeutschen (BdA). 1919–1939, in: Dieter Fricke (Hg.), Lexikon zur Parteiengeschichte. Die bürgerlichen und kleinbürgerlichen Parteien und Verbände in Deutschland (1789–1945), Bd. 1 (Köln 1983), S. 202–209.

Wenzel, Rolf, Konrad Adenauer und die Gestaltung der Wirtschafts- und Sozialordnung in Westdeutschland 1945–1951/52. Ordnungsvorstellungen und politische Praxis (Flensburg 1983).

Werner, Wolfgang Franz, Der Provinzialverband der Rheinprovinz, seine Kulturarbeit und die „Westforschung", in: Burkhard Dietz/Helmut Gabel/Ulrich Tiedau (Hg.), Griff nach dem Westen. Die „Westforschung" der völkisch-nationalen Wissenschaften zum nordwesteuropäischen Raum (1909–1960) (Münster 2003), S. 741–761.

Weymar, Paul, Konrad Adenauer. Die autorisierte Biographie (München 1955).

Ziebill, Otto, Geschichte des Deutschen Städtetags. Fünfzig Jahre deutsche Kommunalpolitik (Stuttgart/Köln 1955)

Ziegerhofer-Prettenthaler, Anita, Botschafter Europas. Richard Nikolaus Coudenhove-Kalergi und die Paneuropa-Bewegung in den zwanziger und dreißiger Jahren (Wien u.a. 2004).

Biographischer Index und Personenregister

Funktionen werden nur bis 1933 aufgeführt.

Adenauer, Gussie (1895–1948), geb. Zinsser, heiratete 1919 Konrad Adenauer. – Aus dieser Ehe stammen die Kinder Ferdinand (jung gestorben), Paul, Lotte, Libet und Georg 26f., 237, 305, 334, 350, 372

Albertus Magnus (um 1200–1280), Mitglied des Dominikanerordens, Philosoph, Naturwissenschaftler und Theologe, Universitätslehrer u.a. in Köln, 1260–1262 Bischof von Regensburg, 1931 heiliggesprochen 73

Aquin, Thomas von (um 1225–1274), Mitglied des Dominikanerordens, 1248–1252 Schüler von Albertus Magnus in Köln, Universitätslehrer, bedeutendster Philosoph des Mittelalters, 1323 heiliggesprochen 73

Arnaud, Vincent-M., Attaché an der französischen Botschaft in Berlin 230f.

Auhagen, Otto (1869–1945), 1905–1928 Professor an der Landwirtschaftlichen Hochschule Berlin, 1927–1930 als landwirtschaftlicher Sachverständiger für die UdSSR an die Botschaft in Moskau beurlaubt, 1931–1933 Direktor des Osteuropa-Instituts in Breslau 260, 263

Badt, Hermann (1887–1946), 1920–1927 Ministerialrat, 1927–1932 Ministerialdirektor im preußischen Innenministerium, 1922–1926 MdL Preußen (SPD) 263

Baeck, Leo (1873–1956), seit 1913 Rabbiner in Berlin, führender Vertreter des deutschen Judentums, u.a. Sachverständiger für jüdische Angelegenheiten im preußischen Kultusministerium, seit 1921 Vorsitzender des „Allgemeinen Deutschen Rabbinerverbands", ab 1933 der „Reichsvertretung der deutschen Juden" 263

Bail, Ernst Alexander (1871–1951), 1920–1929 Ministerialdirektor im preußischen Handelsministerium 326

Bartels, Friedrich (1871–1931), seit 1913 Mitglied des Vorstandes der SPD, 1919–1921 MdPrLV, 1921–1931 MdL Preußen, 1925–1931 Präsident des Preußischen Landtages 365

Becker, Carl Heinrich (1876–1933), seit 1913 Professor für orientalische Philologie in Bonn, ab 1930 in Berlin, 1921 und 1925–1930 preußischer Kultusminister (parteilos) 75, 260, 263, 265, 367

Becker, Johann Baptist (1869–1951), 1916–1918 hessischer Finanzminister, 1920–1930 MdR (DVP), 1922/23 Reichswirtschaftsminister 341

Becker, Wilhelm von (1835–1924), 1886–1907 Oberbürgermeister von Köln 54, 66

Behrendt, Gustav (1860–?), 1920 Eintritt in den Auswärtigen Dienst, seit 1921 Ministerialdirektor im Auswärtigen Amt 326

Beissel von Gymnich, Otto Graf (1851–1931), 1901–1920 Vorsitzender des Provinzialausschusses der Rheinprovinz 62, 217

Bender, Franz (1876–1936), seit 1904 Oberlehrer in Köln, 1916 Ernennung zum Professor, 1921–1923 Direktor der Kölner Volksbibliothek und Lesehallen, danach wieder im Schuldienst tätig 339

Benedikt XV. (1854–1922), 1914–1922 Papst 252

Bernhard, Georg (1875–1944), 1914–1930 Chefredakteur der „Vossischen Zeitung", 1928–1930 Vorsitzender des Reichsverbandes der deutschen Presse, 1920–1928 MdRWR, 1928–1930 MdR (DDP) 263

Bernstein, Eduard (1850–1932), 1902–1907 (SPD), 1912–1918 (SPD/USPD) und 1920–1928 (SPD) MdR, 1910–1919 Stadtverordneter in Berlin 260, 263

Bernstorff, Johann Heinrich Graf von (1862–1939), 1908–1917 Botschafter in Washington, 1917/18 Botschafter in Konstantinopel, 1921–1928 MdR (DDP), Präsident des Deutschen Komitees „Pro Palästina" 260, 263, 265, 267, 360

Bertram, Adolf (1859–1945), 1914 Fürstbischof, ab 1930 Erzbischof von Breslau, seit 1916 Kardinal, seit 1919 Vorsitzender der Bischofskonferenz für das Deutsche Reich 257

Bertram, Ernst (1884–1957), 1922–1946 Professor für Deutsche Sprache und Literatur in Köln 299

Blanckenhorn, Max Ludwig Paul (1861–1947), Privatdozent für Geologie, Paläontologie und Geographie in Erlangen, erhielt für seine Verdienste 1905 den Professorentitel und 1923 die Leibnizmedaille 260, 263

Blumenfeld, Kurt (1884–1963), 1911–1914 Generalsekretär der Zionistischen Vereinigung für Deutschland, führendes Mitglied der World Zionist Organisation 260f., 263, 267

Boecker, Alois (1873–1941), 1919–1941 Hafendirektor in Köln 58, 85f.

Böhler, Wilhelm (1891–1958), seit 1920 Generalsekretär der Katholischen Schulorganisation Deutschlands und der Bischöflichen Zentrale für Ordensschulen und Ordensinternate, seit 1923 Generalsekretär der Katholischen Aktion in Deutschland 270

Böss, Gustav August Johann Heinrich (1873–1946), 1921–1930 Oberbürgermeister von Berlin 128, 140, 145, 149, 311

Borchardt, Ludwig (1868–1938), seit 1907 Direktor des Deutschen Archäologischen Institutes in Kairo 326

Borsig, Ernst von (1869–1933), Mitinhaber der Firma A. Borsig, seit 1919 Vorstands- und Präsidiumsmitglied des RDI, 1924–1931 Vorsitzender der Vereinigung der Deutschen Arbeitgeberverbände 326

Brand, Heinz (1887–1971), seit 1920 Mitarbeiter im preußischen Innenministerium, seit 1923 Ministerialrat, seit 1927 Ministerialdirektor, 1931–1933 Regierungspräsident in Sigmaringen 278

Brandt, Paul (1861–1929), 1922–1929 Regierungspräsident von Koblenz 278

Brauer, Max (1887–1973), 1924–1933 Oberbürgermeister von Altona, 1924–1933 MdPS 380

Braun, Otto (1872–1955), 1913–1918 MdA Preußen (SPD), 1921–1933 MdL, 1918–1921 Landwirtschaftsminister, 1920–1933 preußischer Ministerpräsident (mit Unterbrechungen 1921 und 1925), 1919/20 MdNV, 1920–1933 MdR 83, 85, 184ff., 239, 260, 263, 265, 285, 313, 352, 365

Brauns, Heinrich (1868–1939), 1919/20 MdNV (Zentrum), 1920–1933 MdR, 1920–1928 Reichsarbeitsminister 228, 270, 281, 286

Bredt, Johann Victor (1879–1940), seit 1909 Professor für Staats-, Verwaltungs-, Völker- und Kirchenrecht in Marburg, 1911–1918 MdA Preußen, 1921–1924 MdL, Gründer der WP, als deren Vorsitzender 1924–1932 MdR, 1930/31 Reichsjustizminister 260, 263, 265

Breitscheid, Rudolf (1874–1944), 1914–1920 Stadtverordneter in Berlin-Wilmersdorf, 1919/20 MdPl Brandenburg, 1918/19 preußischer Innenminister, 1920–1933 MdR (USPD/SPD), seit 1928 Vorsitzender der Reichstagsfraktion, seit 1931 Mitglied des Parteivorstandes 260, 263

Breuer, Robert (eigentlich Lucian Friedländer, 1878–1943), seit 1918 stellvertretender Pressechef der Reichskanzlei und des Auswärtigen Amtes, seit 1920 Geschäftsführer des Verlags für Sozialwissenschaften und Chefredakteur der „Glocke", seit 1925 Abteilungsleiter der Reichszentrale für Heimatdienst 260, 263

Bruère, André Charles Jean-Pol (1880–1943), 1919 Vertreter des französischen Außenministeriums im Rheinland, 1919–1922 Generalkonsul in Köln und Mainz 223

Brüning, Heinrich (1885–1970), 1928/29 MdL Preußen (Zentrum), 1924–1933 MdR, 1930-1932 Reichskanzler, 1931/32 auch Reichsaußenminister 20, 120ff., 138ff., 144ff., 270, 291, 370, 372, 375f.

Buber, Martin Mordechai (1878–1965), Schriftsteller, Journalist und Religionsphilosoph, 1916–1924 Leiter der Monatszeitschrift „Der Jude", erhielt 1923 in Frankfurt den einzigen Lehrauftrag für Religionswissenschaft und jüdische Ethik in Deutschland, dort 1930 Honorarprofessur für Sozialwissenschaft 263

Budde, Karl Ferdinand Reinhard (1850–1935), 1900–1921 Professor für alttestamentliche Wissenschaft in Marburg 263

Cahen, Ludwig (1868–1927), Justizrat in Köln 263

Cauwelaert, Frans van (1880–1961), 1921–1932 Oberbürgermeister von Antwerpen 289, 372

Cleinow, Georg (1873–1936), 1909–1920 Herausgeber des „Grenzboten", Dozent an der Berliner Hochschule für Politik und Leiter des Eurasischen Seminars 260, 263

Clive, Sir George Sidney (1874–1959), 1918/19 Militärgouverneur von Köln 332

Cossmann, Paul Nikolaus (1869–1942), Publizist, 1905–1933 Herausgeber der „Süddeutschen Monatshefte" 326

Coudenhove-Kalergi, Richard Nikolaus Graf (1894–1972), Schriftsteller und Gründer der Paneuropa-Bewegung 292f., 298

Cronau, Kurt, 1925–1934 Regierungspräsident in Cöslin 278

Cuno, Wilhelm Carl Josef (1876–1933), 1922/23 Reichskanzler (parteilos) 194, 218, 221f., 341f.

Curzon of Kedlestone, George Nathaniel, Marquess (1859–1925), 1919–1925 britischer Außenminister 220

D'Abernon, Edgar Vincent, Lord (1857–1941), 1920–1926 britischer Botschafter in Berlin 220

Däubler, Theodor (1876–1934), Schriftsteller, Vizepräsident der Deutschen Sektion des PEN-Clubs, Mitglied der Sektion Dichtkunst der Akademie der Künste 377

Dariac, Adrien Louis (1868–1949), 1914 französischer Landwirtschaftsminister, 1926 Minister für die Kolonien 219

Dernburg, Bernhard Jakob Ludwig (1865–1937), 1913–1918 MdH Preußen, 1920–1930 MdR (DDP), 1919 Reichsfinanzminister und Vizekanzler 260, 263

Dix, Otto Wilhelm Heinrich (1891–1969), Maler, 1919 Mitbegründer der „Gruppe 1919", in den zwanziger Jahren Vertreter des Dadaismus, 1927–1933 Professor an der Kunstakademie in Dresden 360

Donandt, Martin (1852–1937), 1898–1933 mit Unterbrechungen Mitglied des Senates der Freien Hansestadt Bremen, seit 1917 Bürgermeister, 1920–1933 Senatspräsident (parteilos) 326

Dreyfus, Willy (1885–1977), seit 1909 Mitinhaber des Bankhauses J. Dreyfus in Köln 263

Drummond, Sir James Eric (1876–1951), 1919–1933 erster Generalsekretär des Völkerbundes 84, 361

DUISBERG, Carl (1861–1935), seit 1884 in der Farbenfabrik vorm. Friedrich Bayer & Co tätig, 1912–1925 deren Generaldirektor, 1925–1935 Vorsitzender des Aufsichtsrates und des Verwaltungsrates der IG Farben, 1925–1931 Vorsitzender des RDI 41, 224, 304, 317f., 357

DUNS SCOTUS, Johannes (1266–1308), Theologe und Philosoph, Mitglied des Franziskanerordens, studierte und lehrte u.a. in Köln 73

EBEL, Wilhelm (1891–1942), 1924–1942 Stadtverordneter in Köln (NSDAP) 189

EBERHARD, Otto (1875–1966), 1909–1927 Schulrat und Oberstudiendirektor am Lehrerseminar und der Deutschen Aufbauschule in Greiz 260, 263

EBERT, Friedrich (1871–1925), 1912–1919 MdR (SPD), 1919 MdNV, 1913–1919 Mitvorsitzender im zentralen Parteivorstand, 1918/19 Vorsitzender des RdV, 1919–1925 Reichspräsident 76, 170, 177, 313, 322, 331, 350f.

ECKARDT, Heinrich von (1861–1944), seit 1886 im Auswärtigen Amt tätig 326

ECKERT, Christian (1874–1952), Professor für Staats- und Wirtschaftswissenschaft an der Kölner Handelshochschule (ab 1901) und der Universität zu Köln (1919–1933), deren Gründungsrektor 56, 74, 110, 339

EGGERMANN, Rudolf (1880–1941), 1914 stellvertretender Syndikus, 1922 hauptamtlicher Syndikus der IHK Köln 85

EINSTEIN, Albert (1879–1955), leitete mit der Begründung der „Speziellen Relativitätstheorie“ 1905 den Übergang zur Wissenschaft des 20. Jahrhunderts ein, 1914 Ruf an die preußische Akademie der Wissenschaften, 1915 Formulierung der „Allgemeinen Relativitätstheorie“, 1921 Nobelpreis für Physik 239, 263, 360, 367

ELFES, Wilhelm (1884–1969), 1921–1933 MdPS (Zentrum), 1919–1933 MdPl Rheinprovinz, 1927–1933 Polizeipräsident in Krefeld 376

ELFGEN, Hans (1889–1960), 1922–1925 im preußischen Staatsdienst, 1926–1933 Regierungspräsident in Köln 37, 311, 380

ENDRES, Franz Carl (1878–1954), bis 1916 im türkischen Armeedienst, danach Mitarbeiter der „Frankfurter Zeitung“ und des „Berliner Tageblatts“, seit 1926 freier Schriftsteller 260, 263

EYNERN, Hans von (1874–1957), Vortragender Rat im preußischen Innenministerium, 1921–1932 MdL Preußen (DVP) 279f.

FALK, Bernhard (1867–1944), Mitglied im Zentralvorstand der Nationalliberalen Partei, seit 1918 DDP, seit 1919 dort Vorstandsmitglied, 1908–1930 Stadtverordneter in Köln, seit 1915 Fraktionsvorsitzender, 1924–1932 MdL Preußen und MdPl Rheinprovinz, 1919/20 MdNV 37, 74, 107, 178, 239

FAULHABER, Michael von (1869–1952), 1917–1952 Erzbischof von München und Freising, seit 1921 Kardinal 42, 178, 238, 254ff., 340f.

Fehrenbach, Konstantin (1852–1926), 1885–1887 und 1901–1913 MdL Baden (Zentrum), 1907–1909 Präsident des Landtages, 1903–1918 MdR, 1919/20 MdNV, 1920–1926 MdR, 1918 Reichstagspräsident, 1919/20 Präsident der Weimarer Nationalversammlung, 1920/21 Reichskanzler, 1923–1926 Fraktionsvorsitzender 331

Fergusson, Sir Charles (1865–1951), 1918/19 Oberbefehlshaber der englischen Besatzungstruppen im Rheinland, 1924–1930 Generalgouverneur von Neuseeland 331

Ford, Henry (1863–1947), gründete 1903 mit weiteren Investoren die Ford Motor Company, deren Vorsitz er bis 1919 innehatte 372

Frank, Felix (1876–1957), 1920–1924 Mitglied des österreichischen Nationalrates, seit 1922 Vizekanzler, 1925–1932 österreichischer Gesandter in Berlin 311

Franke, Otto (1863–1946), seit 1923 Professor für Sinologie, Universität zu Berlin 326

Frenken, Joseph (1854–1943), 1922 Reichsjustizminister und mit der Wahrnehmung der Geschäfte des Ministers für die besetzten Gebiete beauftragt 281

Froberger, Josef (1871–1931), Mitglied des Weltpriesterordens der „Missionare Unserer Lieben Frau von Afrika oder die Weißen Väter des Kardinals Lavigerie“, 1911–1923 Mitarbeiter der „Kölnischen Volkszeitung“ 203

Fuchs, Johannes (Hans) (1874–1956), 1922–1933 Oberpräsident der Rheinprovinz, 1923 Reichsminister für die besetzten Gebiete 279, 305, 309f., 323

Fuchs, Georg Karl Maria Joseph Hubert (1868–1932), 1900–1912 Beigeordneter für sozialpolitische Angelegenheiten in Köln, 1924–1929 Stadtverordneter (DDP) 82

Gail, Jean-Francois-Henri-Gustave de (1869–1951), französischer Offizier, Agent des Präsidenten der Interalliierten Rheinlandkommission Paul Tirard 224

Garrett, Garet (1878–1954), amerikanischer Wirtschaftsjournalist, arbeitete u.a. für das „Wall Street Journal“ und die „New York Times“ 108

Gasperi, Alcide De (1881–1954), 1911–1918 Mitglied des österreichischen Parlamentes, nach dem Ersten Weltkrieg Mitbegründer des „Partito Popolare“, der katholischen Volkspartei Italiens 338

Gessler, Otto (1875–1955), 1913–1919 Oberbürgermeister von Nürnberg, 1919/20 Reichsminister für Wiederaufbau, 1920–1928 Reichswehrminister 328, 356

Gide, André (1869–1951), französischer Schriftsteller 360

Glaser, Karl Andreas (1841–1935), 1883–1895 Vorstandsmitglied, 1895–1920 Mitglied des Aufsichtsrats der BASF, Mitglied des Komitees „Pro Palästina“ 262f., 267

GÖRING, Hermann (1893–1946), seit 1922 Mitglied der NSDAP, 1923–1925 Kommandeur der SA, 1928–1945 MdR, 1932–1945 Reichstagspräsident 379f.

GÖRLINGER, Robert (1888–1954), 1919–1933 Stadtverordneter in Köln (SPD), 1924–1933 Fraktionsvorsitzender 39, 175, 185, 187

GORKIJ, Maksim (eigentlich Alexej Maximowitsch Peschkow) (1868–1936), sowjetischer Schriftsteller, 1921–1931 im Exil in Sorrent, währenddessen auch Besuch in Köln 361

GRABOWSKY, Adolf (1880–1969), 1912–1923 Herausgeber der Zeitschrift „Das neue Deutschland", 1921–1933 Dozent an der Deutschen Hochschule für Politik in Berlin 260, 263

GRAUERT, Ludwig (1891–1964), bis 1923 Staatsanwalt in Münster und Bochum, 1923–1928 Geschäftsführer des Arbeitgeberverbandes Duisburg, 1928–1933 des Arbeitgeberverbandes der Nordwestlichen Gruppe des Vereins Deutscher Eisen- und Stahlindustrieller, ab Februar 1933 Leiter der Polizeiabteilung im preußischen Innenministerium, ab April 1933 als Staatssekretär 93

GRESSMANN, Hugo Ernst Friedrich Wilhelm (1877–1927), 1921–1927 Professor für evangelische Theologie in Berlin, 1925–1927 Direktor des Institutum Judaicum 263

GREVEN, Wilhelm (1875–1939), 1905–1933 Beigeordneter der Stadt Köln, nach 1918 u.a. zuständig für das Wohnungswesen und für die Rechtsabteilung der Stadt (Justiziar der Stadt) 86

GROENESTEYN, Lothar Freiherr Ritter zu (1868–1945), seit 1909 bayerischer Gesandter und bevollmächtigter Minister in Paris und Brüssel, 1917–1920 Reichskommissar bei der Beratungsstelle für Angelegenheiten des Privatvermögens in Frankreich 326

GROOTE, Rudolf Felix Joseph von (1858–1922), 1918–1922 Oberpräsident der Rheinprovinz, 1920 Reichskommissar für die Übergabe des Saargebiets 62

GROSSE, Ernst (1877–?), Oberregierungsrat im Reichsentschädigungsamt für Kriegsschäden 326

GUÉRARD, Theodor von (1863–1943), 1920–1930 MdR (Zentrum), 1928 Reichsminister für Verkehr und besetzte Gebiete, Reichsjustizminister, 1930/31 Reichsverkehrsminister 277, 356

GUTENBERG, Johannes (um 1400–1468), Erfinder des Buchdrucks mit beweglichen Metall-Lettern 82

HAAS, August (1881–1945), 1920–1930 Beigeordneter der Stadt Köln, 1920–1930 MdPl Rheinprovinz, 1919–1921 MdPrLV (SPD), 1921–1932 MdL Preußen, 1930–1932 Oberpräsident von Hessen-Nassau 86, 174, 178

Haenisch, Konrad (1876–1925), 1913–1918 MdA Preußen, 1919–1921 MdPrLV (SPD), 1921–1925 MdL Preußen, 1918–1921 preußischer Kultusminister, 1923–1925 Regierungspräsident in Wiesbaden 333

Hagen, Louis (1855–1932), seit 1873 Inhaber des Bankhauses A. Levy, seit 1922 Mitinhaber des Bankhauses Sal. Oppenheim & Cie, 1915–1932 Präsident der Industrie- und Handelskammer Köln, 1909–1919 (Liberale) und 1919–1929 (Zentrum) Mitglied der Kölner Stadtverordnetenversammlung, 1921–1930 MdPS, 1912–1918 und 1920–1932 MdPl Rheinprovinz 37f., 96, 178, 196f., 228, 239, 302, 306, 312ff., 319, 346, 357, 377

Hamacher, Wilhelm (1883–1951), 1920–1933 Generalsekretär der Rheinischen Zentrumspartei, 1926–1933 Vertreter des Rheinlandes im Reichsrat 113

Hamm, Eduard (1879–1944), 1919–1933 MdL Bayern (DDP), 1919–1922 bayerischer Minister für Handel, Industrie und Gewerbe, 1920–1924 MdR, 1922/23 Staatssekretär in der Reichskanzlei, 1923–1925 Reichswirtschaftsminister 228

Hamspohn, Johann (1840–1926), leitete 1902–1907 die Union Elektricitäts-Gesellschaft AG, 1910–1926 im Vorstand der AEG, 1872–1885 Stadtverordneter in Köln, 1881–1888 MdR (F/DFrP) 41, 69, 223, 230f., 303f., 306, 316, 332, 335, 337, 339, 342, 345

Hansemann, Fritz von (1886–1971), 1921–1930 besoldeter Beigeordneter der Stadt Neuss, 1930 Bürgermeister in Flensburg 125

Harnack, Adolf von (1851–1930), 1888–1921 Professor für Kirchengeschichte in Berlin, 1905–1921 Generaldirektor der Königlichen (nachmals Preußischen Staats-) Bibliothek zu Berlin, 1911–1930 Präsident der Kaiser-Wilhelm-Gesellschaft 365

Hatzfeld-Wildenburg, Hermann Fürst von (1867–1941), 1921–1923 Reichs- und preußischer Staatskommissar für die besetzten rheinischen Gebiete 223

Haussmann, Hermann (1879–1960), 1919–1932 Regierungspräsident in Stralsund 260, 263

Heilberg, Adolf (1858–1936), Rechtsanwalt, 1915–1923 Mitglied der Stadtverordnetenversammlung in Breslau 263

Heimsoeth, Rudolf, Stadtverordneter DNVP Köln 189

Heine, Edmund Richard Carl (1891–?), 1929–1935 Generaldirektor der Ford-Motoren AG in Deutschland 87, 98f., 108, 374, 376

Heineman, Dannie N. (1872–1962), Unternehmer, 1905 Eintritt in den belgischen Elektrokonzern SOFINA, bis 1955 deren Generaldirektor 41, 69, 99, 110, 239, 292, 297ff., 306f., 316, 320, 328, 342, 356, 366, 371f., 374

Hentig, Otto von (1852–1934), 1900–1905 Staatsminister in Sachsen-Coburg und Gotha, Berater von Industrie- und Bankkonzernen 326

Herriot, Edouard (1872–1957), 1916/17 Arbeitsminister, 1924/25, 1926 und 1932 französischer Außenminister, 1926 und 1932 Ministerpräsident, 1926–1928 Erziehungsminister, 1925/26 Präsident des Abgeordnetenhauses 289, 295, 363

Herwegen, Ildefons (1874–1946), 1895 Eintritt in den Benediktinerorden, seit 1913 Abt von Maria Laach 234, 270

Hess, Joseph (1878–1932), 1908–1918 MdA Preußen (Zentrum), 1919–1921 MdPrLV, 1921–1932 MdL Preußen, 1930–1932 Fraktionsvorsitzender und Vorsitzender der preußischen Zentrumspartei, 1928 MdR 278f.

Heuss, Theodor (1884–1963), 1918–1922 Redaktionsleiter der Wochenzeitschrift „Deutsche Politik", 1920–1933 Dozent an der Hochschule für Politik in Berlin, 1924–1928 (DDP), 1930–1933 (DStP) MdR 44, 311, 326, 372

Hilferding, Rudolf (1877–1941), Nationalökonom, Publizist, 1904–1923 Mitherausgeber der „Marx-Studien", 1924–1933 MdR (SPD), 1923 und 1928/29 Reichsfinanzminister 356

Hindenburg, Paul Ludwig Hans Anton von Beneckendorff und von (1847–1934), 1916–1919 Chef des Generalstabes des Feldheeres und der Obersten Heeresleitung, 1925–1934 Reichspräsident 83, 235, 286, 323, 355, 375

Hirsch, Paul (1868–1940), 1900–1921 Stadtverordneter in Berlin und Charlottenburg, 1908–1918 MdA Preußen, 1919–1921 MdPrLV, 1918/19 Mitglied des Präsidiums des preußischen Staatsministeriums, 1919/20 Ministerpräsident, 1920/21 Staatssekretär im Wohlfahrtsministerium, 1925–1933 Bürgermeister von Dortmund 334

Höfle, Anton (1882–1925), 1920–1925 MdR (Zentrum), 1923–1925 Reichspostminister und Reichsminister für die besetzten Gebiete 228, 232

Höpker-Aschoff, Hermann (1883–1954), 1921–1932 MdL Preußen (DDP), 1925–1931 Finanzminister, 1930–1932 MdR 85, 285

Hoetzsch, Otto (1876–1946), 1920–1928 Professor für Osteuropäische Geschichte in Berlin, 1919–1921 MdPrLV (DNVP), 1920–1930 MdR 260, 263, 265

Hoover, Herbert Clark (1874–1964), 1929–1933 Präsident der Vereinigten Staaten von Amerika (Republikaner) 297

Horion, Johannes (1876–1933), seit 1904 als Landesrat für das Wohlfahrtswesen der Rheinprovinz zuständig, 1922–1933 Landeshauptmann der Rheinprovinz 47, 285, 308f., 321, 379

House, Edward Mandell (1858–1938), Berater von Präsident Woodrow Wilson, 1917–1919 Chefunterhändler für Wilson in Europa und Hauptdelegierter in den Pariser Friedensverhandlungen 297

Hueck, Julius Arnold (1852–1921), 1901–1921 MdPl Rheinprovinz, 1918–1921 Mitglied des Provinzialausschusses 62

Hünefeld, Ehrenfried Günther Freiherr von (1892–1929), seit 1923 Presse- und Propagandachef des Norddeutschen Lloyd, überflog 1928 erstmals den Atlantischen Ozean in ost-westlicher Richtung 189

Hugenberg, Alfred (1865–1951), 1909–1918 Vorsitzender des Direktoriums der Krupp-Werke, 1916 Begründer des nach ihm benannten Presse-Konzerns, 1919/20 MdNV (DNVP), 1920–1945 MdR (DNVP/NSDAP), 1928–1933 Parteivorsitzender, 1933 Reichswirtschaftsminister 59, 88, 380

Hutchison, Sir Robert (1873–1950), Major-General, 1922/23 und 1924–1932 Mitglied des englischen Parlaments 366

Jäckh, Ernst (1875–1959), seit 1914 Professor für Türkische Geschichte in Berlin, 1926–1933 geschäftsführender Vorsitzender der von ihm gegründeten Hochschule für Politik in Berlin, seit 1918 stellvertretender Vorsitzender der Deutschen Liga für Völkerbund 372

Jansen, Hermann (1869–1945), Begründer der modernen Städtebaukunst, 1920 außerordentlicher Professor, seit 1923 Professor für Städtebaukunst in Berlin, seit 1918 Mitglied des Senats der Preußischen Akademie der Künste, seit 1929 Mitglied der Preußischen Akademie des Bauwesens 104

Jarres, Karl (1874–1951), 1910–1914 Oberbürgermeister von Remscheid, 1914–1923 und 1925–1933 Oberbürgermeister von Duisburg, 1923–1925 Reichsinnenminister (DVP), Vizekanzler in den ersten beiden Kabinetten Marx 228, 232, 343

Jirku, Anton (1885–1972), 1922–1934 Professor für Alttestamentliche Wissenschaft in Breslau 263

Joos, Josef (1878–1965), seit 1905 Chefredakteur der „Westdeutschen Arbeiterzeitung", 1920–1933 MdR (Zentrum), seit 1928 stellvertretender Vorsitzender der Zentrumsfraktion, seit 1928 Präsident der Katholischen Arbeiterinternationale 270, 299

Jordan Roswadowski, Eugen de (1883–?), polnischer Generalkonsul in Köln 193, 218, 343

Junghann, Otto (1873–1964), 1919–1925 Regierungspräsident in Köslin, später Geschäftsführender Vorsitzender der Deutschen Liga für Völkerbund 260, 263

Kaas, Ludwig (1881–1952), 1919/20 MdNV (Zentrum), 1920–1933 MdR, 1928–1933 Parteivorsitzender 41ff., 172, 239, 260, 262ff., 286, 376f.

KAHL, Wilhelm (1849–1932), seit 1895 Professor für evangelisches Kirchenrecht, Staatsrecht und Kirchenrecht in Berlin, 1919/20 MdNV (DVP), 1920–1932 MdR, Mitbegründer und Vorstandsmitglied der DVP 263, 265

KAMENEWA, Olga Davidovna (1881–1941), Schwester Leo Trotzkis, 1926–1928 Beauftragte der UdSSR für die kulturellen Beziehungen zum Ausland, in dieser Eigenschaft Vertreterin des Landes bei der PRESSA in Köln 362

KARDORFF, Siegfried von (1873–1945), 1909–1918 MdA Preußen, 1919–1921 MdPrLV (DVP), 1921–1924 MdL Preußen, 1920–1932 MdR, 1928–1932 Reichstagsvizepräsident 260, 263, 265

KARDORFF-OHEIMB, Katharina von, siehe OHEIMB, Katharina

KARSTIEN, Carl (1893–1961), 1923–1959 Professor für Vergleichende Sprachwissenschaft, Universität zu Köln 299

KERN, Wilhelm (1871–1952), 1908–1917 bei der zum Thyssen-Konzern gehörigen Gewerkschaft Deutscher Kaiser, seit 1917 als Vorstandsmitglied bei der zum Stinnes-Konzern gehörigen Oberrheinischen Eisenbahngesellschaft, um 1922–1945 Vorstandsmitglied der Rheinisch-Westfälischen Elektrizitätswerk AG 317

KETTELER, Wilhelm Emmanuel Freiherr von (1811–1877), seit 1850 Bischof von Mainz 250

KILMARNOCK, Victor Alexander Sereld Hay, Lord (1876–1928), 1921–1926 Hoher Kommissar der Interalliierten Rheinlandkommission 220ff.

KLEPPER, Otto (1888–1957), 1924–1928 Vorstandsvorsitzender der Deutschen Domänenbank, danach Präsident der Preußischen Zentralgenossenschaftskasse (Preußenkasse), 1931/32 preußischer Finanzminister 88

KLOTH, Hans, Stadtverordneter in Köln 81, 189

KOCH-WESER, Erich (1875–1944), 1901–1909 MdL Oldenburg, 1909–1913 Mitglied der Bremer Bürgerschaft, 1913–1919 Oberbürgermeister von Kassel, 1919/20 MdNV (DDP), 1920–1930 MdR (DDP/DStP), 1919–1921 Reichsinnenminister, 1928–1930 Reichsjustizminister, seit 1924 Vorsitzender der DDP 328, 365

KÖHL, Hermann (1888–1938), seit 1924 für die Junkers Luftverkehrs AG tätig, die 1926 in der Deutschen Lufthansa AG aufging, überquerte 1928 erstmals den Atlantischen Ozean in ost-westlicher Richtung 189

KOLLONTAY, Alexandra Mikhaylovna (1872–1952), sowjetische Politikerin und Diplomatin, Mitglied der russischen Delegation auf der PRESSA 1928 in Köln 186f.

KOLPING, Adoph (1813–1865), gründete 1848 den „Gesellenverein", der obdachlos gewordenen Gesellen eine Zufluchtstätte bot 25, 250

KONEN, Heinrich (1874–1948), 1920–1933 Direktor des Physikalischen Instituts, Universität zu Bonn 181

Kraemer, Hans (1870–?), Fabrikdirektor, 1920–1933 MdRWR, seit 1919 Vorstands- und Präsidiumsmitglied, 1931–1933 stellvertretender Vorsitzender des RDI 326

Kranold, Hermann (1888–1942), 1925–1932 Landrat in Sprottau 260, 263

Krone, Heinrich (1895–1989), 1923–1929 stellvertretender Generalsekretär der Zentrumspartei, 1923–1929 Geschäftsführer und 1929–1933 Bundesführer des Windthorstbundes, der Jugendorganisation der Zentrumspartei, 1925–1933 MdR 270

Krupp von Bohlen und Halbach, Bertha (1886–1957), 1906 Heirat mit Gustav von Bohlen und Halbach, 1903–1943 Alleininhaberin des Unternehmens 313

Krupp von Bohlen und Halbach, Gustav (1870–1950), 1906 Heirat mit Bertha Krupp (1886–1957), der Alleinerbin des Krupp-Unternehmens, 1909–1943 Vorsitzender des Aufsichtsrates der Friedrich Krupp AG, 1931–1943 Präsident des RDI (ab 1933 Reichsstand der Deutschen Industrie), 1921–1933 MdPS, 1920 MdPl Rheinprovinz

Külz, Wilhelm (1875–1948), 1920–1932 MdR (DDP), 1926/27 Reichsminister des Innern, 1931–1933 Oberbürgermeister von Dresden 84, 128, 311, 323, 362

Kuenzer, Richard (1875–1945), 1903–1923 Mitarbeiter des Auswärtigen Amtes, 1925–1927 Redakteur bei der Berliner Tageszeitung „Germania“ 260, 263

Kuske, Bruno (1876–1964), 1919–1951 Professor für Wirtschaftsgeschichte und seit 1923 zugleich für Wirtschaftsgeographie, Universität zu Köln 32, 58, 86

Lampson, Miles Wedderburn (1880–1964), 1922–1926 Leiter des Central European Department 220

Landau, Eugen Freiherr von (1852–1935), 1898 Aufsichtsratsvorsitzender der Nationalbank für Deutschland in Berlin, Mitglied des Aufsichtsrates der AEG und der Commerz- und Privatbank 263

Landmann, Ludwig (1868–1945), 1898–1917 Stadtsyndikus in Mannheim, 1917–1924 Stadtrat (DDP), 1924–1933 Oberbürgermeister von Frankfurt a. M. 380

Langen, Arnold (1876–1947), Generaldirektor der Humboldt-Deutzmotoren AG, 1929–1936 Vizepräsident der IHK Köln 312, 315

Laurent, Charles-François (1856–1939), französischer Finanzbeamter und Diplomat, 1920–1922 Botschafter in Deutschland 230, 335

Lawson, Algernon (1869–1929), Brigadegeneral der englischen Armee, 1918 Chef des Vorkommandos der englischen Besatzungstruppen in Köln 331

Leipart, Theodor (1867–1947), 1920/21 MdL Württemberg (SPD), 1919/20 Arbeitsminister, 1922–1933 Vorsitzender im ADGB-Bundesvorstand, 1922–1933 Vizepräsident des Internationalen Gewerkschaftsbundes, 1922–1933 Vorsitzender des Vorläufigen Reichswirtschaftsrates 365

LENSING, Lambert (1851–1928), Verleger, seit 1891 Stadtverordneter in Dortmund (Zentrum), 1921–1928 MdRr, Vorstandsmitglied des Vereins Deutscher Zeitungsverleger und des Volksvereins für das katholische Deutschland 138, 144

LERSNER, Kurt Freiherr von (1883–1954), seit 1908 im Auswärtigen Dienst tätig, 1919 Vorsitzender der deutschen Friedensdelegation in Versailles, 1920–1924 MdR (DVP), 1929–1934 Vertrauensmann der IG-Farbenindustrie 375ff.

LEYDEN, Viktor von (1880–1963), 1921–1933 Ministerialrat und -direktor im preußischen Innenministerium, Leiter der Kommunalabteilung 40, 285

LEYEN, Friedrich von der (1873–1966), 1921–1937 Professor für Deutsche Philologie, Universität zu Köln 299

LILIENTHAL, Botho, geschäftsführendes Vorstandsmitglied der Abteilung Amerika im Bund der Auslandsdeutschen 326

LILLERS, Édmond Marquis de (1881–1941), 1919 Delegierter bei der Hohen Interalliierten Rheinlandkommission in Wiesbaden, 1920 Verbindungsoffizier bei der britischen Armee in Köln, später Präsident des Roten Kreuzes in Frankreich 224

LINNEMANN, Felix (1882–1948), 1919–1925 Vizepräsident, 1925–1933 Präsident des Deutschen Fußball-Bundes 297

LÖBE, Paul (1875–1967), 1919/20 MdNV (SPD), 1920–1933 MdR, 1919/20 Vizepräsident der Weimarer Nationalversammlung, 1920–1932 (mit Unterbrechung 1924) Reichstagspräsident, 1919–1921 MdPS, 1915–1920 MdPl Schlesien 239, 277, 362, 365

LOEBELL, Friedrich Wilhelm von (1855–1931), 1898–1900 MdR (Deutschkonservative), 1901–1904 MdA Preußen, 1904–1909 Vortragender Rat und Unterstaatssekretär in der Reichskanzlei, 1914–1917 preußischer Innenminister, 1909–1910 und 1917–1919 Oberpräsident der Provinz Brandenburg 124

LOENARTZ, Friedrich (1887–1929), 1919–1927 Landrat in Bitburg, 1921–1929 MdL Preußen (Zentrum) 278

LOUCHEUR, Louis Albert Joseph (1872–1931), 1919–1931 Mitglied des französischen Parlaments, 1917 Rüstungsminister, 1917–1920 Wiederaufbauminister, 1921–1922 Minister für die befreiten Gebiete, 1924 und 1926 Minister für Handel und Industrie, 1928–1931 Arbeitsminister, 1930–1931 Wirtschafts- und Handelsminister 200, 233, 348

LUDWIG, Emil (1881–1948), Schriftsteller, Verfasser zahlreicher Biographien zu bedeutenden historischen Persönlichkeiten 298

LUEKEN, Emil (1879–1961), 1920–1933 Oberbürgermeister von Kiel (parteilos) 380

Luther, Hans (1879–1962), 1918–1922 Oberbürgermeister von Essen, 1922/23 Reichsminister für Ernährung und Landwirtschaft (parteilos), 1923/24 Reichsfinanzminister, 1925/26 Reichskanzler, 1927 Beitritt zur DVP, 1930–1933 Reichsbankpräsident 197, 228, 304, 317, 328, 345, 351ff.

Mann, Thomas (1875–1955), Schriftsteller, 1929 Nobelpreis für Literatur 239, 260, 264, 360, 367

Marschall v. Bieberstein, Freifrau Marie Luise (1862–1945), gründete 1916 den „Frauenbund für Innere Mission" 326

Marx, Wilhelm (1863–1946), 1910–1918 MdR (Zentrum), 1919/20 MdNV, 1920–1932 MdR, 1922–1928 Vorsitzender der Zentrumspartei, 1923–1924 und 1926–1928 Reichskanzler, 1926 Reichsminister der Justiz und der besetzten Gebiete, 1925 preußischer Ministerpräsident 41, 76, 83, 170, 172, 198, 200, 228, 231f., 270, 311, 347ff., 356f., 359

Matthes, Josef Friedrich (1886–1943), Journalist, Anhänger der separatistischen Bewegung im Rheinland, die am 21. Oktober 1923 die Rheinische Republik ausrief 367

Matzerath, Bruno (1866–1936), 1900–1931 Beigeordneter der Stadt Köln, 1917–1931 Erster Beigeordneter 90

Mecklenburg-Schwerin, Heinrich von (1870–1934), 1901 Heirat mit der niederländischen Königin Wilhelmina und dadurch Prinz der Niederlande 292f., 362

Meerfeld, Johann (1871–1956), seit 1894 Mitarbeiter, 1906–1920 Chefredakteur der „Rheinischen Zeitung", 1917/18 und 1919–1924 MdR (SPD), 1920–1933 Beigeordneter der Stadt Köln, 1917–1933 MdPS 74, 174f., 178

Mehlis, Eugen (1869–1945), 1905–1933 Beigeordneter in Linz 139

Meinecke, Friedrich (1862–1954), 1914–1930 Professor für Neuere Geschichte, Universität zu Berlin, 1896–1935 Herausgeber der „Historischen Zeitschrift" 367

Meinhof, Carl (1857–1944), 1919–1936 Professor für Afrikanistik, Universität zu Hamburg 264

Meissner, Otto Leberecht Eduard (1880–1953), 1920–1933 Leiter des Büros des Reichspräsidenten, ab 1923 im Rang eines Staatssekretärs 322

Mendelssohn, Franz von (1865–1935), seit 1892 Mitinhaber, seit 1919 Seniorchef des Bankhauses Mendelssohn & Co., Berlin, seit 1921 Präsident des Deutschen Industrie- und Handelstages 326

Mevissen, Gustav von (1815–1899), Gründer zahlreicher Großunternehmen der Versicherungsbranche, 1844–1880 Präsident der Rheinischen Eisenbahngesellschaft, seit 1848 Direktor und 1857–1874 Verwaltungsratsvorsitzender des Schaaffhausen'schen Bankvereins, 1848/49 Mitglied der Frankfurter Nationalversammlung, 1856–1860 Präsident der Kölner Handelskammer, 1866–1891 MdH, danach ehrenhalber auf Lebenszeit MdH 74

MEYER, Lothar (1865–1954), Ökonomierat, Mitglied des Komitees „Pro Palästina" 260, 264

MÖNNIG, Hugo (1864–1950), 1902–1906, 1907–1919, 1919–1933 Stadtverordneter in Köln (Zentrum), seit 1913 Fraktionsvorsitzender, 1921–1933 MdPS, 1908–1933 MdPl Rheinprovinz, seit 1920 Vorsitzender der Zentrumsfraktion, seit 1922 Vorsitzender der Rheinischen Zentrumspartei und stellvertretender Vorsitzender der Deutschen Zentrumspartei 37, 74, 110, 168, 171, 181ff., 189, 228, 231f., 278f., 326

MOHN, Paul, Direktor der Zentralverwaltung der Firmen Brüder Mannesmann 326

MOLDENHAUER, Paul (1876–1947), 1919–1921 MdPrLV (DVP), 1920–1930 MdR, 1929/30 Reichswirtschafts- und Reichsfinanzminister 230

MORITZ, Friedrich (1861–1938), 1911–1919 Professor an der Akademie für Praktische Medizin in Köln, danach bis 1928 Direktor der Medizinischen Universitätsklinik, Stadtverordneter in Köln 74

MÜLLER, August (1873–1946), 1917 Unterstaatssekretär, ab 1918 Staatssekretär im Reichswirtschaftsamt, seit 1920 Leiter des Wiederaufbauministeriums, 1920–1933 MdRWR 218

MÜLLER, Hermann (1876–1931), 1916–1918 MdR (SPD), 1919/20 MdNV, 1920–1931 MdR, 1919/20 Reichsaußenminister, 1920 und 1928–1930 Reichskanzler, 1919–1928 Vorsitzender im Zentralen Parteivorstand, 1920–1928 Vorsitzender der Reichstagsfraktion 239, 261, 264, 313, 362, 365

MULERT, Oskar (1881–1951), 1925–1933 geschäftsführender Präsident des Deutschen und Preußischen Städtetages 286

MUSSOLINI, Benito Amilcare Andrea (1883–1945), 1922–1943 faschistischer Diktator Italiens 290f., 296, 365

NAPHTALI, Fritz (1888–1961), 1921–1926 Wirtschaftsredakteur der „Frankfurter Zeitung", 1927–1931 Leiter der Forschungsstelle für Wirtschaftspolitik beim ADGB 264

NELL-BREUNING, Oswald von (1890–1991), 1911 Eintritt in den Jesuitenorden, seit 1928 Professor für Moraltheologie, Kirchenrecht, Wirtschafts- und Gesellschaftslehre an der Philosophisch-Theologischen Hochschule St. Georgen, Universität zu Frankfurt 270

NEVEN DUMONT, Josef August Hubert (1857–1915), Verleger, übernahm 1896 mit seinem Bruder Alfred die Leitung des Verlags M. DuMont Schauberg, 1892–1915 Stadtverordneter in Köln (Nationalliberale), 1900–1912 MdPl Rheinprovinz,

Mitglied im Provinzialausschuss, 1909–1915 Vorsitzender der Kölner Handelskammer 320, 357
Nicolson, Harold (1886–1968), englischer Diplomat und Journalist 365
Oehme, Adolf (1863–1930), Teilhaber der Fa. Gebr. Liebmann und Oehme, 1921–1930 Vizepräsident der IHK Köln, dänischer Generalkonsul in Köln 312, 315
Oer, Adolf Freiherr von (1863–1941), 1921–1926, 1930–1933 MdPS (Zentrum), Vorsitzender der Zentrumsfraktion, 1897–1933 MdPl Westfalen 376
Oheimb, Katharina von, auch Kardorff-Oheimb (1879–1962), 1920–1924 MdR (DVP) 264
Oppenheimer, Franz (1864–1943), 1919–1929 Professor für Soziologie und theoretische Nationalökonomie, Universität zu Frankfurt a. M. 264
Papen, Franz von (1879–1969), 1921–1928, 1930–1932 MdL Preußen (Zentrum), 1933–1945 MdR (DNVP/NSDAP), 1932 Reichskanzler, 1932/33 Reichskommissar für Preußen, 1933/34 Vizekanzler 122, 375f., 379
Petersen, Carl (1868–1933), 1899–1918, 1921–1924 und 1928–1933 Mitglied der Hamburgischen Bürgerschaft, seit 1923 Senatspräsident, 1924–1929 und 1932/33 Erster Bürgermeister von Hamburg, 1919/20 MdNV, 1920–1924 MdR (DDP), 1920–1924 und 1932 Parteivorsitzender 311, 326
Petersen, Rudolf Hieronymus (1878–1962), Unternehmer, Vorsitzender des Verbandes Deutscher Exporteure, 1929–1933 MdRWR 377
Piggott, Julian Ito (1882–1965), britischer Major, 1919–1924 Bezirksdelegierter der Interalliierten Rheinlandkommission in Köln 222, 224, 360
Pius XI. (1857–1939), 1922–1939 Papst 252
Poincaré, Raymond (1860–1934), 1912/13 Ministerpräsident und Außenminister, 1913–1920 französischer Staatspräsident, 1922–1924 Ministerpräsident und Außenminister, 1926–1929 Ministerpräsident, 1926–1928 Finanzminister 195, 198f., 221, 230f.
Preuss, Hugo (1860–1925), 1918 Staatssekretär des Innern, 1919 Reichsinnenminister, 1919–1921 MdPrLV (DDP), 1921–1925 MdL, war maßgeblich an der Erarbeitung der Verfassung der Weimarer Republik beteiligt 210, 285
Prüfer, Curt Max (1881–1959), 1926/27 Generalkonsul in Tiflis, 1927–1930 Deutscher Gesandter in Addis Abeba 261, 264
Pünder, Hermann (1888–1976), 1926–1932 als Staatssekretär Chef der Reichskanzlei, 1932/33 Regierungspräsident in Münster 40, 187, 265, 273, 276f., 280, 286, 311, 313, 328
Rabbethge, Erich (1870–1934), seit 1900 Vorstandsmitglied der Zuckerfabrik Klein Wanzleben, vormals Rabbethge & Giesecke AG 326

RATHENAU, Walther (1867–1922), seit 1904 Mitglied, seit 1910 stellvertretender Vorsitzender, seit 1912 Vorsitzender des Aufsichtsrates der AEG, 1921 Reichsminister für Wiederaufbau, 1922 Reichsaußenminister 339

RECHENBERG, Albrecht Freiherr von (1861–1935), 1906-1912 Gouverneur in Deutsch-Ostafrika, 1914–1918 MdR (Zentrum) 264

REUTER, Ernst (1889–1953), seit 1919 führender Funktionär der KPD, 1921/22 Generalsekretär, seit 1922 nach Ausschluss aus der KPD Mitglied der SPD, 1926–1931 Stadtrat in Berlin, 1931–1933 Oberbürgermeister von Magdeburg, 1932/33 MdR 380

RICHTER, Stadtverordneter in Köln (Zentrum) 182f.

RICHTER, Werner (1887–1960), 1920–1932 Ministerialrat, später Ministerialdirigent im preußischen Ministerium für Wissenschaft, Kunst und Volksbildung, gleichzeitig Honorarprofessor in Berlin, 1932/33 als ordentlicher Professor für moderne deutsche Literaturgeschichte 286

RINGS, Johannes (1856–1950), 1900–1933 Mitglied der Stadtverordnetenversammlung (Zentrum), 1919–1933 Vorsitzender der Zentrumspartei in Köln, 1922–1932 Chefredakteur des „Kölner Lokalanzeigers" bzw. der „Rheinischen Volkswacht" 37, 168, 171, 183, 314f.

ROMBACH, Wilhelm (1884–1973), 1920–1922 Landrat des Kreises Düren, 1923–1928 Regierungspräsident in Aachen, 1928–1933 Oberbürgermeister von Aachen 280

ROSENBERG, Frederic (1874–1937), 1918/19 Leiter der Politischen Abteilung im Auswärtigen Amt, 1920–1922 Gesandter in Wien und Kopenhagen, 1922/23 Reichsaußenminister, seit 1924 Gesandter in Stockholm 343

RUKOP, Hans (1883–1958), 1927–1933 Professor für Technische Physik, Universität zu Köln 286

SACKETT, Frederic Mosley (1868–1941), 1925–1930 Senator (Republikaner), 1930–1933 amerikanischer Botschafter in Deutschland 300f., 373

SACKETT, Olive Speed, Ehefrau des amerikanischen Botschafters Frederic M. Sackett 300f.

SALINGER, Walther (1878–?), Inhaber der Firma Salinger & Leppmann 326

SAYFFAERTH, Mitglied des Bundes der Westdeutschen Oberversicherungsdirektoren 286

SCHACHT, Hjalmar (1877–1970), 1923–1930 Reichsbankpräsident 297, 303, 311, 316

SCHÄFER, Heinrich (1880–1924), 1919–1921 MdPrLV (SPD), 1920–1924 Beigeordneter der Stadt Köln 67, 174

Scharnagl, Karl (1881–1963), 1911–1918, 1920–1924, 1928–1932 MdL Bayern (Zentrum/BVP), 1925–1933 Erster Bürgermeister von München 377
Schlack, Peter (1875–1957), seit 1912 Generaldirektor der Großeinkaufs-Zentrale Deutscher Konsumvereine (später Großeinkaufs- und Produktions-AG deutscher Konsumvereine), 1919/20 MdNV (Zentrum), 1920–1933 MdR 171, 182
Schleicher, Kurt von (1882–1934), seit 1913 im Generalstab, seit 1926 Abteilungsleiter im Reichswehrministerium, 1932 Reichswehrminister, 1932/33 Reichskanzler 328, 376
Schmelzer, Josef (1876–1962), 1921–1933 MdL Preußen (Zentrum), 1930–1932 MdR 138
Schmitt, Carl (1888–1985), 1922–1928 Professor für Öffentliches Recht und Kirchenrecht, Universität zu Bonn, 1928–1933 Professor an der Handelshochschule, Berlin 111, 113
Schmittmann, Helene (gen. Ella, 1880–1970) Cousine Emma Weyers, der ersten Frau Adenauers, seit 1903 verheiratet mit dem Sozialwissenschaftler Benedikt Schmittmann (1872–1939), 1919–1933 Professor für Sozialpolitik, Universität zu Köln 292, 299, 306
Schnee, Heinrich (1871–1949), 1912–1919 Gouverneur von Deutsch-Ostafrika, 1924–1932 MdR (DVP) 326
Schöffler, Herbert (1888–1946), 1926–1941 Professor für Anglistik, Universität zu Köln 299
Schönburg-Waldenburg, Günther Fürst von (1887–1960), Präsident der Deutschen Kunstgesellschaft, Mitglied des Bundes der Auslandsdeutschen 326
Scholz, Ernst (1874–1932), 1913/14 und 1917–1920 Oberbürgermeister von Charlottenburg, 1912–1918 MdH, 1920/21 Reichswirtschaftsminister, 1921–1932 MdR (DVP), seit 1923 Fraktionsvorsitzender, 1929/30 Parteivorsitzender 356
Schubert, Carl Theodor Conrad von (1882–1947), 1924–1930 Staatssekretär im Auswärtigen Amt, 1930–1932 Botschafter in Rom 265
Schücking, Walther Max Adrian (1875–1935), 1926–1933 Leiter des Institutes für Internationales Recht an der Universität Kiel, 1919/20 MdNV (DDP), 1920–1928 MdR, 1930–1935 Richter am Internationalen Gerichtshof in Den Haag 264
Schüling, Hermann, 1919–1921 MdPrLV (Zentrum), 1921–1932 MdL Preußen 138
Schulte, Carl Josef (1871–1941), 1920–1941 Erzbischof von Köln, seit 1921 Kardinal 42, 196, 235, 237, 239, 241, 282
Schumacher, Fritz (1869–1947), 1920–1923 Beigeordneter der Stadt Köln, u.a. zuständig für Hoch- und Tiefbauamt und öffentliche Bauten, erstellte den Generalbebauungsplan für den inneren Grüngürtel 55, 71, 104

SCHURMAN, Jacob Gould (1854–1942), 1925–1930 amerikanischer Botschafter in Deutschland 361

SEECKT, Hans von (1866–1936), 1919 Chef des Truppenamtes im Reichswehrministerium, 1920–1926 Chef der Heeresleitung, 1930–1932 MdR (DVP) 346

SEIPEL, Ignaz (1876–1932), 1899 Priesterweihe, 1909–1917 Professor für Moraltheologie in Salzburg, danach in Wien, 1918 Minister für soziale Fürsorge, 1919/20 Mitglied der Konstituierenden Nationalversammlung, 1920–1932 Abgeordneter zum Nationalrat, 1921–1929 Obmann der Christlichsozialen Partei, 1922–1924 und 1926–1929 Bundeskanzler der Republik Österreich, 1930 Außenminister 112

SELIGMANN, Paul (1875–1944), Inhaber des Bankhauses Leopold Seligmann in Köln, 1913–1932 Mitglied der IHK Köln 222

SELLIN, Ernst Franz Max (1867–1946), 1921–1935 Professor für evangelische Theologie, Universität zu Berlin 261, 264

SEVERING, Carl Wilhelm (1875–1952), 1907–1912 MdR (SPD), 1919/20 MdNV, 1920–1933 MdR, 1919–1921 MdPrLV, 1921–1933 MdL Preußen, 1920–1926 und 1930–1932 mit Unterbrechungen preußischer Innenminister, 1928–1930 Reichsinnenminister 162, 187, 376

SIEMENS, Carl Friedrich von (1872–1941), seit 1912 Vorstandsvorsitzender der Siemens-Schuckertwerke GmbH, seit 1919 Aufsichtsratsvorsitzender von Siemens & Halske und von den Siemens-Schuckertwerken, seit 1923 Vorsitzender des Vorläufigen Reichswirtschaftsrates, 1924–1934 Präsident des Verwaltungsrates der Deutschen Reichsbahn-Gesellschaft 365

SIKORSKI, Wladyslaw Eugeniusz (1881–1943), 1922–1923 polnischer Premierminister 220

SILVERBERG, Paul (1876–1959), 1908–1926 Generaldirektor, 1926–1933 Aufsichtsratsvorsitzender der Rheinischen AG für Braunkohlenbergbau und Brikettfabrikation, 1919–1923 Vorstandsmitglied, 1923–1933 Präsidiumsmitglied des RDI, 1929–1933 MdPl Rheinprovinz (DVP), 1932/33 Präsident der Industrie- und Handelskammer Köln 41f., 96, 199f., 228, 239, 305f., 319, 357, 375

SIMONS, Hans (1893–1972), 1925–1930 Leiter der Deutschen Hochschule für Politik, Berlin, 1931–1932 Oberpräsident der Provinz Niederschlesien 261, 264

SINN, Josef (1868–1929), 1922–1929 MdR (Zentrum), 1920–1924 Stadtverordneter in Aachen 145

SNOWDEN, Philip (1864–1937), 1924 und 1929–1931 britischer Finanzminister 150

SOBERNHEIM, Moritz Sebastian (1872–1933), Privatgelehrter, ab 1908 Professor in Kairo, seit 1918 im Auswärtigen Amt tätig 264

Sobernheim, Walter (1869–1945), seit 1920 Generaldirektor der Vereinigte Schultheiß-Patzenhofer Brauerei AG Berlin, Vorstands- und Aufsichtsratsmitglied in mehreren Industrieunternehmungen 264

Sollmann, Wilhelm (1881–1951), 1920–1933 Chefredakteur der „Rheinischen Zeitung", 1917–1924 Stadtverordneter in Köln (SPD), 1919–1924 Fraktionsvorsitzender, 1919/20 MdNV, 1920–1933 MdR, 1923 Reichsinnenminister 74, 173ff., 178, 185f., 307, 321, 330

Sombart, Werner (1863–1941), 1917–1940 (1931 em.) Professor für wirtschaftliche Staatswissenschaften, Universität zu Berlin 261, 264

Spahn, Emil, Diplom-Ingenieur, Mitglied des Bundes der Auslandsdeutschen 326

Spiritus, Wilhelm (1854–1931), 1891–1919 Oberbürgermeister von Bonn 63

Starck, Karl von (1867–1937), 1917–1919 Regierungspräsident in Köln, 1919–1921 Reichs- und preußischer Staatskommissar für die besetzten rheinischen Gebiete 51, 66

Stegerwald, Adam (1874–1945), 1903–1929 Generalsekretär des Gesamtverbandes der christlichen Gewerkschaften Deutschlands, 1918 Gründer des Deutschen Gewerkschaftsbundes (DGB), 1919–1921 MdPrLV (Zentrum), 1919–1921 Minister für Volkswohlfahrt, 1921 preußischer Ministerpräsident, 1919/20 MdNV, 1920–1933 MdR, 1929/30 Reichsverkehrsminister, 1930–1932 Reichsarbeitsminister, seit 1920 stellvertretender Parteivorsitzender 270, 356

Steiger, Heinrich (1862–1943), 1924–1928 MdR (Zentrum), 1928–1933 MdL Preußen, 1925–1933 preußischer Landwirtschaftsminister 286

Stein, Ludwig (1859–1930), 1911–1924 Dozent an der Humboldt-Akademie, seit 1887 Mitherausgeber des „Archiv für Geschichte der Philosophie", seit 1912 Herausgeber der Monatsschrift „Nord und Süd", seit 1914 ständiger Mitarbeiter der „Vossischen Zeitung" 261, 264

Steinmeister, Otto von (1860–1937), 1905–1917 Regierungspräsident in Köln 66

Stern-Rubarth, Edgar (1883–1972), als Journalist für verschiedene Zeitungen tätig, 1925–1933 Chefredakteur der Nachrichtenagentur Wolffs Telegraphisches Büro, seit 1924 Präsident des von ihm gegründeten Europäischen Zollvereines und Generalsekretär der Deutsch-Französischen Gesellschaft 362

Stinnes, Hugo (1870–1924), 1902–1924 Aufsichtsratsvorsitzender der Deutsch-Luxemburgischen Bergwerks- und Hütten AG und des Rheinisch-Westfälischen Elektrizitätswerkes, 1918 Initiator, bis 1924 Mitglied der Zentralarbeitsgemeinschaft der Gewerkschaften und Arbeitgeber, 1920–1924 MdR (DVP) 41, 197, 199f., 228, 230ff., 304f.

Stooss, Alfred (1881–1956), seit 1913 Stadtbauinspektor, 1920–1945 Stadtbaurat in Köln 104

Strandes, Justus (1854–1931), seit 1911 Mitglied der Hamburgischen Bürgerschaft, seit 1925 Hamburgischer außerordentlicher Gesandter und bevollmächtigter Minister in Berlin 326

Stresemann, Gustav (1878–1929), 1907–1912, 1914–1918 MdR (Nationalliberale Partei), 1918/19 Mitbegründer und bis zu seinem Tod Vorsitzender der DVP, 1919/20 MdNV, 1920–1929 MdR, 1923 Reichskanzler, 1923–1929 Reichsaußenminister 29, 44, 194–201, 228, 273, 304, 317, 344, 350, 353, 355f., 363

Suth, Willy (1881–1956), verheiratet mit Adenauers Schwester Lilli (1879–1950), 1920-1933 Stadtkämmerer von Köln 146

Sybel, Heinrich Ernst von (1885–1969), 1928–1945 MdR (1928–1932 ChrBP, 1932–1945 NSDAP), 1926–1933 MdRWR 278f.

Thomsen, Peter (1875–1954), 1902–1934 im höheren Schuldienst, 1911–1912 Mitarbeiter des Deutschen Evangelischen Instituts für Altertumswissenschaften des Heiligen Landes in Jerusalem 264

Thyssen, August (1842–1926), 1870 Gründer des Walzwerks Thyssen & Co., das unter seiner Leitung einer der größten europäischen Montankonzerne wurde, Aufsichtsratsmitglied der RWE 41, 96, 303f., 316f., 350

Tirard, Paul (1879–1945), 1919–1931 Hoher Kommissar im besetzten Rheinland, 1919–1925 Präsident der Interalliierten Rheinlandkommission 195f., 198, 201, 224, 230f., 343–349

Trimborn, Karl (1854–1921), 1896–1918 MdR (Zentrum), 1919/20 MdNV, 1920/21 MdR, 1896–1918 MdL Preußen, seit 1894 Vorsitzender der Rheinischen Zentrumspartei, seit 1920 Vorsitzender der Deutschen Zentrumspartei 37, 172, 180

Truppel, Oscar von (1854–1931), 1901–1911 Gouverneur von Kiautschou 326

Vögler, Albert (1877–1945), 1915–1926 Generaldirektor der Deutsch-Luxemburgischen Bergwerks- und Hütten AG, 1926–1936 Generaldirektor, danach Aufsichtsratsvorsitzender der Vereinigten Stahlwerke, 1919/20 MdNV (DVP), 1920–1924 MdR, 1926–1929 MdPS, 1919–1933 Präsidiumsmitglied des RDI 197, 199f., 228, 230ff., 304f., 318f.

Vomfell, Andreas (1885–?), 1921–1933 Amtmann in Netphen 138

Wallraf, Max (1859–1941), Onkel der ersten Frau Adenauers, Emma Weyer (1880–1916, Heirat 1904), 1903–1907 Oberpräsident in Koblenz, 1907–1917 Oberbürgermeister von Köln und MdH Preußen, 1917/18 Staatssekretär und Leiter des Reichsamtes des Innern, 1921–1924 MdL Preußen (DNVP), 1924–1930 MdR 21, 25, 37, 66, 255, 329

WARBURG, Max Moritz (1867–1946), Teilhaber des Bankhauses Warburg & Co. in Hamburg, gehörte 1919 zu den Beratern der deutschen Delegation in Versailles, Sitz und Stimme im Generalrat der Reichsbank 312
WASSERMANN, Oscar (1869–1934), 1912–1933 Vorstandsmitglied der Deutschen Bank, 1929–1933 Sprecher des Vorstandes, Mitglied des Generalrates der Reichsbahn 264
WEBER, Helene (1881–1962), 1916–1919 Leiterin der Wohlfahrtsschule des Katholischen Deutschen Frauenbundes in Köln, seit 1916 Vorsitzende des Berufsverbandes katholischer Fürsorgerinnen, seit 1920 Ministerialrätin im preußischen Wohlfahrtsministerium, 1922–1924 MdL Preußen (Zentrum), 1919/20 MdNV, 1924–1933 MdR, seit 1925 Vorsitzende des Reichsfrauenbeirates der Zentrumspartei, seit 1927 im Vorstand der Reichstagsfraktion 270
WEINBRENNER, Karl Edmund (1877–1946), Stadtverordneter in Duisburg 138ff., 144
WEISMANN, Robert (1869–1942), 1920–1923 preußischer Staatskommissar für öffentliche Ordnung, 1923–1932 Staatssekretär im preußischen Staatsministerium 84, 186f., 261, 264, 280
WEYER, Emma (1880–1916), erste Ehefrau Adenauers, Heirat 1904 25, 306
WIRTH, Josef (1879–1956), 1913–1921 MdL Baden (Zentrum), 1914–1918 MdR, 1919/20 MdNV, 1920–1933 MdR, 1920/21 Reichsfinanzminister, 1921/22 Reichskanzler, 1929/30 Minister für die besetzten Gebiete, 1930/31 Reichsinnenminister 265, 337, 340
WOLFF, Otto (1881–1940), gründete 1904 mit Ottmar Strauss die Eisengroßhandlung Otto Wolff, die er zu einem international tätigen Großkonzern ausbaute und die 1926 mit ihren Produktionsstätten in die Vereinigten Stahlwerke einging 290, 360
WOLFF, Theodor (1868–1943), 1906–1933 Chefredakteur des „Berliner Tageblatt“ 364
WOLFF-METTERNICH ZUR GRACHT, Paul Graf (1853–1934), 1901–1912 Botschafter in London 172, 184

Institutionenregister
Orte, Verbände, Firmen, Parteien und Länder

Allgemeine Electricitäts-Gesellschaft (AEG) 41, 303, 332, 335, 337
Allgemeine Zeitung 255
Amerikanische Handelskammer 301
Amsterdam 106, 290, 367ff.
Antwerpen 106, 289, 372
Arbeiter- und Soldatenrat (A.S.R.) 28, 53, 67, 173f., 330f.
Bankhaus A. Levy 302
Bankhaus Sal. Oppenheim 37, 302, 306, 312
Bankhaus Seligmann 21
Barmen 195f., 344
Bayer Werke / Bayer 41, 304
Bayerische Volkspartei 172, 253f.
Bayern 159, 210, 226, 238, 242, 253f., 256f., 276, 319
Belgien 69, 145, 206, 243, 287, 345
Berlin 40f., 46, 55, 61, 69, 84, 87f., 93, 104, 121, 128, 131, 140, 142, 143, 149, 150, 172, 187, 195, 197, 199, 210, 218, 220, 222ff., 228, 230, 232, 260ff., 264, 266f., 271, 273, 275-280, 285, 296, 298f., 302, 307, 311f., 314, 316ff., 320, 335-338, 342f., 345-349, 351, 353f., 356ff., 360-363, 365f., 370, 372f., 375, 377ff.
Bonn 23, 31, 63, 113, 181, 291, 309, 376
Bremen 106
Brüssel 69, 110, 297ff., 366, 372
Bund der Auslandsdeutschen 311, 325
China 208
Comes & Co. 298f.
Dedi-Bank 88
Deutsche Bank 92
Deutsche Demokratische Partei (DDP) 169, 178, 332
Deutsche Lufthansa AG 41, 97, 357
Deutsche Volkspartei (DVP) 169, 178, 253, 332
Deutscher Bundestag 307
Deutscher-Fußball-Bund 296, 360
Deutscher Städtetag 36, 45f., 117ff., 123, 128, 140, 142, 145, 285, 336ff., 359, 371f., 379
Deutschnationale Volkspartei (DNVP) 169, 178, 332

Dortmund 20, 138, 318
Düsseldorf 41, 59, 62, 72, 84, 98, 143, 164, 285f., 310, 334, 355, 375, 379
England siehe Großbritannien
Entente 53, 206-209, 211, 214f., 335
Europa 31, 36, 55f., 71, 74, 77f., 99f., 106, 194, 207, 211, 219, 245f., 283f., 287-295, 297, 299f., 355, 372, 374, 376
Ford Motor Company AG 31, 44, 47, 59, 86f., 98f., 108, 301, 366, 372
Frankfurt 71f., 380
Frankfurter Zeitung 55, 71, 151
Frankreich 43, 137, 165, 191-197, 199, 202f., 205-212, 214, 216, 218f., 224ff., 228ff., 243, 246, 256, 268, 271f., 287f., 295, 331, 333, 335, 343f., 346, 348
Gelsenkirchen 20
Gemeinnützige Aktiengesellschaft für Wohnungsbau (GAG) 41, 47
Gesellenverein 25
Gesellschaft für Electrische Unternehmungen (Gesfürel) 298
Glanzstoff Courtaulds GmbH 31
Görres-Gesellschaft 113, 238, 257, 371
Großbritannien 53, 94, 192-195, 197, 199, 206-212, 214ff., 219, 223f., 228, 243, 268, 287, 333, 338, 342, 346, 358, 366
Hagen 195f., 344
Hamburg 55, 104, 106f., 264, 311
Heerdter Krankenanstalt 317
Hessen 226f.
Historisches Museum der Stadt Köln 32
Indien 208
Industrie- und Handelskammer Köln 302, 306, 319f., 339
Internationales Olympisches Komitee 70, 370
Italien 209, 246, 290f., 338, 365
Jerusalem 269
Kalk 21
Karlsruhe 72
Katholische Kirche 42, 234, 236ff., 242f., 245f., 248, 256f., 291
Koblenz 28, 45, 147, 220, 230, 278f., 322, 328, 331, 343-349, 370
Köln-Bonner Eisenbahn 41
Kölner Bürgerverein 192
Kölner Lokalanzeiger 171, 359
Kölner Messe- und Ausstellungsgesellschaft 41

Kölner Rückversicherungsgesellschaft 25
Kölnische Volkszeitung 24, 37, 110, 121, 171, 188, 191, 203, 226, 255, 281
Kommunalpolitische Vereinigung [der Zentrumspartei] 119f., 123, 138, 147, 356f., 370
Kommunistische Partei Deutschlands (KPD) 38f., 57, 81, 179, 188f., 253
Krupp 79-82, 313
Landesbank der Rheinprovinz 36, 51
Landesregierung 105, 174
Landgericht Köln 23
Le Havre 106
Linke-Hofmann-Werke 72
Luxemburg 225, 239, 288f.
Mainz 28, 72, 212, 223, 250
Mannheim 72
Maschinenbauanstalt Humboldt AG 90
Mehrheitssozialdemokratische Partei Deutschlands (MSPD) 37, 169, 174
Merheim 21
Motoren-Fabrik Deutz AG 90
Mülheim 21, 31, 39, 47, 57, 60, 79f., 91, 175, 179, 305, 367
München 23, 42f., 178, 237, 242, 254ff., 340, 357
Museum für Naturkunde 32
Museum für Vor- und Frühgeschichte 32
Musikhochschule 32, 47, 55
Nationalsozialistische Deutsche Arbeiterpartei (NSDAP) 17f., 27, 60f., 172f., 179, 184, 239
Neuß 72, 125
Niederlande 287, 290f., 296, 360, 367
Niehl 31, 47, 55, 58f., 85f., 108, 174
Oberlandesgericht Köln 21, 23, 41, 299, 305
Ölwerk Stern-Sonneborn 72
Ostpreußen 209, 276
Palästina 239, 260, 265, 268f.
Paneuropa-Union 36, 292ff.
Paris 74, 153, 199, 207, 215, 223, 230f., 342, 357
Pfalz 227
Polen 207, 212, 220

Preußen 17, 27, 38, 40, 83, 119, 126, 128, 136f., 142f., 148, 150, 159, 162f., 166, 169, 172, 191ff., 195, 209-212, 216, 226, 229, 254, 271-277, 280, 309, 333, 344, 346f., 376ff.
Preußischer Landtag 120, 127f., 136, 146, 162, 188, 275, 281
Preußischer Staatsrat 36, 40, 46, 128, 136, 145, 166, 169, 171f., 175, 267, 274ff., 285, 302, 337f., 342f., 346, 349, 351, 354, 358, 360, 365, 370, 373, 375-378
Preußischer Städtetag 45f., 118, 123, 285, 336, 339, 352
Preußisches Finanzministerium 143
Preußisches Kultusministerium (auch Unterrichtsministerium) 55, 130, 143
Preußisches Ministerium für Volkswohlfahrt 131
Preußisches Staatsministerium 51, 84, 135, 143, 161, 267, 272, 275
Pro-Palästina-Komitee 239, 260ff., 264-268, 360
Provinzialausschuss der Rheinprovinz 36, 40, 45f., 51f., 54, 58f., 62, 123, 169, 171, 181, 273, 279f., 285, 309, 336, 350
Provinzial-Feuerversicherungsanstalt 36
Provinziallandtag 51f., 62f., 196, 217, 227, 281, 330
Provinzial-Schulkollegium 130
Provinzialverwaltung 46, 51f., 62f., 85, 227, 309
Regierungspräsident 28, 37, 39f., 51, 135, 278f., 311, 322, 380
Reichskanzler 20, 29, 41, 76, 83, 162, 170, 172, 194f., 198ff., 218, 228, 230f., 261, 264, 276, 311, 313, 332, 337, 340f., 344, 347-353, 356f., 359, 362f., 365, 370, 372, 376
Reichsministerium der Finanzen 164
Reichsministerium des Inneren 162
Reichspräsident 76, 78, 83, 170, 177, 235, 310, 322, 350f., 355, 375
Reichsregierung 20, 36, 82f., 105, 120f., 127, 147, 166, 172, 184, 193, 195f., 199, 201, 210, 228f., 231f., 238, 275, 281, 334, 336, 342f., 349f., 372, 375ff.
Reichstag 40, 60, 82, 120f., 127f., 140f., 143f., 146f., 153, 162, 171f., 188, 253, 275f., 281f., 292, 311, 331, 348, 353, 362
Reichsverband der Deutschen Industrie (RDI) 125, 128, 304, 317f., 335
Reichswirtschaftsrat 41, 365
Rheinhessen 212
Rheinische Aktiengesellschaft für Braunkohlebergbau und Brikettfabrikation (RAG) 41, 305
Rheinisches Elektrizitätswerk im Braunkohlenrevier AG (REW) 305
Rheinische Goldnotenbank 196
Rheinische Luftverkehrsgesellschaft 41
Rheinische Republik / Westdeutsche Republik 191f., 211f., 214f., 217, 333, 345
Rheinische Volkswacht 181

Rheinische Wohnungsfürsorge-Gesellschaft 41
Rheinische Zeitung 186
Rheinischer Städtetag 36
Rheinisches Museum 32, 274
Rheinisch-Westfälische Elektrizitätswerke AG (RWE) 304
Rheinisch-Westfälischer Industriebezirk 285
Rheinland / Rheinprovinz 17, 29-32, 36ff., 40ff., 44f., 47, 51f., 55ff., 58, 62ff., 91, 94, 169, 171f., 174, 178, 191-201, 203f., 209, 211f., 215f., 219, 225ff., 229, 231, 253, 256, 271-277, 281f., 284, 287f., 291, 302, 304, 308ff., 319, 322, 331f., 334, 336, 339f., 343-348, 350-355, 361, 379f.
Riehl 32
Riehler Heimstätten 32, 47
Rotterdam 106, 368
Ruhr-Gas-A.-G. 91
Ruhrgebiet 17, 36, 193ff., 195, 198, 201, 272, 288, 342, 344
Saturday Evening Post 108
Schaaffhausen'scher Bankverein 41, 306
Schnütgen-Museum 32
Société Financière de Transports et d'Entreprises Industrielles (SOFINA) 41, 298, 306f.
Sowjetunion / Russland 289f., 362
Sozialdemokratische Partei Deutschlands (SPD) 28, 38f., 44, 46, 59, 81f., 96, 101, 128, 145, 171, 173ff., 178, 203, 217, 253, 278, 307, 332, 376
Speyer 72
Staatsanwaltschaft Köln 23
Städtevereinigung für die besetzen Gebiete 123, 336, 340
Stadtverordnetenversammlung 21, 24, 37ff., 51, 57, 59, 64, 71, 80, 94, 101, 117, 133f., 139f., 145f., 151-155, 165, 169, 171, 173, 178f., 188f., 329, 337, 353, 369
Studien-Gesellschaft für die Rheinisch-Westfälische Schnellbahn 41
Stuttgart 224, 337
Synagogen-Gemeinde Adass Jeschurun 258f.
Tennisklub „Pudelnaß“ 26, 306
Unabhängige Sozialdemokratische Partei Deutschlands (USPD) 37, 169, 174
Universität Bonn 23, 304
Universität Freiburg 23
Universität München 23
Vereinigte Staaten von Amerika (USA) 197, 199, 287, 307, 364, 373

Vereinigte Stahlwerke AG 305, 319
Verfassunggebende deutsche Nationalversammlung *auch* Weimarer Nationalversammlung 105, 153, 192, 203, 214f., 217, 287, 332
Verfassunggebende Preußische Landesversammlung 51, 192, 203, 214f., 287, 332
Versailles 106, 243, 333
Vingst 21
Völkerbund 201, 206, 268, 289, 355, 364
Wallraf-Richartz-Museum 32
Westdeutsche Rundfunk AG (WERAG) 32, 47, 98
Westfalen 227, 281, 341
Wilhelmshaven 280
Worringen 31, 71
Zentrum / Deutsche Zentrumspartei 24, 37f., 40ff., 46, 52, 59, 81, 101, 112, 119, 123, 138f., 144f., 147, 169-174, 180ff., 184, 187, 203f., 217, 253f., 292, 331, 337, 341, 343, 349, 356f., 359, 367, 370, 375-378, 380

Verzeichnis der Abbildungen

Abb. 1 (S. 22):	Konrad Adenauer im Alter von 5 Jahren
Abb. 2 (S. 23):	Adenauer im Kreise von Kommilitonen 1896
Abb. 3 (S. 26):	Am Tag der Hochzeit 1919: Adenauer und seine zweite Frau Gussie mit den Kindern aus erster Ehe Konrad, Maria und Max (von links)
Abb. 4 (S. 29):	Besetzung der Stadt durch englische Truppen im Juni 1919
Abb. 5 (S. 30):	Eröffnung des Müngersdorfer Stadions am 16. September 1923
Abb. 6 (S. 56):	Eröffnung der Universität 1919: Konrad Adenauer und Gründungsrektor Christian Eckert (Bildmitte von links)
Abb. 7 (S. 57):	Befreiungsfeier vor dem Kölner Dom nach Abzug der britischen Besatzungstruppen 1926
Abb. 8 (S. 60):	Die Mülheimer Brücke nach der Einweihung 1929
Abb. 9 und 10 (S. 95):	Der Neubau der Messe 1924
Abb. 11 (S. 97):	Besichtigung einer Lufthansa-Maschine auf dem Flughafen Butzweiler-Hof 1926
Abb. 12 (S. 98):	Besuch bei Generaldirektor Heine in den Ford-Werken
Abb. 13 (S. 100):	Der Stadtplaner: Adenauer vor einem Modell des Grüngürtels
Abb 14 (S. 117):	Vorstandssitzung des deutschen Städtetages in Schloss Cappenberg im Juni 1931
Abb. 15 (S. 168):	Treffen mit Kölner Zentrumspolitikern: Johannes Rings, Konrad Adenauer, Hugo Mönnig und Johannes Dech 1926 (von links)
Abb. 16 (S. 170):	Besuch von Reichspräsident Friedrich Ebert und Reichskanzler Wilhelm Marx anlässlich der Eröffnung der Kölner Messe 1924 (Bildmitte von links)
Abb. 17 (S. 176f.):	Kondolenzschreiben Adenauers zum Tode von Reichspräsident Friedrich Ebert
Abb. 18 (S. 201):	Gustav Stresemann, der englische Außenminister Joseph Austen Chamberlain, der französische Außenminister Aristide Briand und der italienische Delegierte beim Völkerbund Vittorio Sciajola (von links) bei der Locarno-Konferenz 1925

Abb. 19 (S. 235): Kardinal Schulte, Reichspräsident Hindenburg und Adenauer 1926 (vordere Reihe von links)

Abb. 20 (S. 236): Konrad Adenauer mit Gattin in Maria Laach 1936

Abb. 21 (S. 272): Das Ehepaar Adenauer mit der Abordnung eines Kölner Karnevalvereins 1932

Abb. 22 (S. 274): Die Zentrumsfraktion im Preußischen Staatsrat 1930

Abb. 23 (S. 277): In der Brill-Oper in Berlin 1929 (von links nach rechts): Reichstagspräsident Löbe, Reichtstagsvizepräsident Esser, Badischer Gesandter Hanold, Reichsjustizminister von Guérard, Staatssekretär Pünder (Reichskanzlei), Konrad Adenauer, preußischer Minister für Volkswohlfahrt Hirtsiefer, Abgeordneter Herold

Abb. 24 (S. 290): Empfang in Amsterdam anlässlich Adenauers Besuch in den Niederlanden 1929

Abb. 25 (S. 293): Der niederländische Prinzgemahl, Herzog Heinrich zu Mecklenburg-Schwerin, 1928 zu Gast im Garten von Adenauers Privathaus

Abb. 26 (S. 303): Das Ehepaar Adenauer zu Besuch auf Schacht Loberg anlässlich der letzten Grubenfahrt von August Thyssen am 21. Juli 1924 (dritter von rechts, flankiert vom Ehepaar Adenauer)

Abb. 27 (S. 305): Gesellschaftliches Großereignis 1930 in Köln: Hochzeit der Tochter von Oberpräsident Fuchs, als Gäste Konrad und Gussie Adenauer und Peter Klöckner (zweite Reihe zweiter bis vierter von links)

Abb. 28 (S. 308): Der Landeshauptmann der Rheinprovinz, Johannes Horion

Abb. 29 (S. 310): Adenauer und der Oberpräsident der Rheinprovinz, Hans Fuchs, im Ständehaus Düsseldorf 1930

Nachweise:

Stiftung Bundeskanzler-Adenauer-Haus 1-10, 12-14, 16, 18-27, 29
Bundesbildstelle 11, 15
Landschaftsverband Rheinland 28
Bundesarchiv 17